UN
NZE
ADT
IAUPTSTADT
Mercator-Projektion
Tchad-See
Chari
Makari
N'Djamena
Maiduguri
GERIA
Mokolo
Maroua
Mubi
Chari
TCHAD
Garoua
Réservoir de Lagdo
Jalingo
Moundou
Benoue
Mbé
Banyo
Nkambe
Tibati
Mbam
Bankim
Ouham
Bea
Foumban
Bafoussam
Bangangté
Noun
ZENTRAL-AFRIKANISCHE REPUBLIK
Lom
Bélabo
KAME
Bafia
Sanaga
Bertoua
Nanga Eboko
Batouri
Lobaje
Yabassi
Berbérati
Sanaga
Yaoundé
Ndélélé
Edéa
Akonolinga
Kadei
Ebolowa
Dja
Minvoul
UATORIAL GUINEA
GABUN
REPUBLIK CONGO

Mein Leben
als Königin in Kamerun

Katharina Paholo · Ruth Troxler

Mein Leben als Königin in Kamerun

Bearbeitet von Susanne Dieminger

Weltbild

In Erinnerung an meinen Vater
Rudolf Hänni

Bildnachweis
Tafelteil:
Fotos 1, 2, 3, 4, 5, 7, 9, 15: Monika Flückiger
Alle weiteren Bilder stammen von Katharina Paholo-Hänni.

Impressum
Weltbild Buchverlag – Originalausgaben

Lektorat: Susanne Dieminger
Umschlaggestaltung: HAUPTMANN & KOMPANIE Werbeagentur, Zürich, David Hauptmann
Vorsatzkarte: Thomas Uhlig, Augsburg, www.coverdesign.net

ISBN 978-3-03812-325-5

2012 2011 2010
Die letzte Jahreszahl gibt die aktuelle Auflage an.

Besuchen Sie uns im Internet:
– Schweiz: weltbild.ch
– Deutschland: weltbild.de
– Österreich: weltbild.at

Inhalt

Vorwort

»Wie geht es der Königin in Kamerun?« Wohl kaum eine andere Frage wurde mir in den letzten Jahren öfter gestellt als eben diese, und ich gestehe, dass ich mich jedes Mal ein klein wenig darüber ärgerte. Hatte ich nicht schon manch andere Filme realisiert? Filme, die künsterlisch viel anspruchsvoller waren als die wohl abenteuerliche aber auch etwas absurde Geschichte einer Frau, die im Internet einen Prinzen aus Kamerun entdeckt hatte und kurz darauf Hals über Kopf in die afrikanische Abgeschiedenheit zog, um ihren Traum von Liebes- und Lebensglück zu verwirklichen. Nein, die Dreharbeiten zu den mehrteiligen Filmen über die weiße Königin und ihrem schwarzen Prinzen empfand ich nie als kreative Herausforderung. Christoph Müller (Leiter der Abteilung Dokumentarfilm beim Schweizer Fernsehen) und ich dokumentierten einfach realitätsnah das Leben einer Schweizerin, die freiwillig in ein Land zog, wo Erkrankungen wie Cholera, Tuberkulose, Gelbfieber und Malaria ein größeres Ausmaß annehmen können. Mehrmals schon erkrankte Katharina schwer; einmal war es Blutmangel, dann wieder ein Malariaschub und ein anderes Mal schwächten Würmer ihren Körper, die sie vermutlich durch verunreinigtes Trinkwasser zu sich nahm. Nicht gerade förderlich fürs Wohlbefinden der schweizerisch-kamerunischen Beziehung sind auch die anhaltenden finanziellen Probleme. Diese nahmen zeitweise ein dramatisches Ausmaß an. Bei einem meiner Besuche in Kamerun hatte Katharina nur noch eine halbe Portion Teigwaren als Essensvorrat. Ansonsten gab es keine Lebensmittel in der staubigen Hütte, alles Geld war ausgegeben. Katharina, ihr Mann Marcelin und Sohn Sky standen vor dem Nichts. Und trotzdem ging es irgendwie weiter. Ein wahrer Existenzkampf, dem manche bewundernd gegenüberstehen, andere als leichtsinnig abtun mögen. Und so gäbe es noch viele Reminiszenzen über die kleine Familie zu erzählen, die dramatisch, bizarr, gefährlich, nervenaufreibend, lustig und herzerwärmend sind. In ihrer Gesamtheit ergeben sie die ideale Mischung für ein spannendes Drama aus dem wirklichen Leben, das niemanden unberührt lässt und auch viele Fernsehzuschauer mehr zu fesseln vermag als manch andere, künstlerlisch noch so hochstehend gemachte Produktion. Das vorliegende Buch ist gespickt mit neuen, fesselnden Geschichten und dramatischen Erlebnissen aus dem Leben der Familie Paholo-Hänni. Mit der Publikation dieser Biographie glaube ich, dass die Frage nach Katharinas derzeitigem Befinden ausreichend beantwortet ist. Doch vermutlich wird es nicht lange dauern und man wird mir angesichts dieser außergewöhnlichen Geschichte erneut die Frage stellen: »Wie geht es eigentlich der Königin in Kamerun?«

Hanspeter Bäni
SF-Redaktion »DOK« und »Reporter«

Kapitel 1

Bonjour mon Afrique

Nur im Vorwärtsgehen gelangt man ans Ende der Reise

»Passagiere des Swiss-Fluges nach Douala zum Boarding bitte«, tönt es aus den Lautsprechern im Flughafen Zürich. Ich hänge mir das Handgepäck um, nehme Sky auf den Arm und eile zum Schalter. Mein Herz schlägt höher, bald werden wir beide wieder zu Hause sein. Zu Hause, in meiner kamerunischen Heimat im kleinen Dörfchen Bametcha bei Bangangté. Bei all den liebenswerten Menschen, die mich so gut in ihrer Mitte aufgenommen haben, als wäre ich eine von ihnen. Mir wird ganz warm bei diesem Gedanken und meine Sehnsucht nach Marcelin wird immer stärker.

Es ist Ende August 2007, mein erster Besuch in der Schweiz seit meiner Auswanderung im Dezember 2005 liegt hinter mir. Ich nehme meinen Platz im Flugzeug ein, Sky behalte ich auf meinem Schoß. Schon bald schläft er ein, sodass ich ihn, sobald wir die Flughöhe erreicht haben, in ein bereitgestelltes Bettchen legen kann.

Entspannt lehne ich mich zurück und lasse meine Gedanken noch einmal Revue passieren. Vor sechs Monaten war ich mit Christoph Müller vom Schweizer Fernsehen wieder in die Schweiz geflogen. Hanspeter Bäni erwartete uns damals mit seiner Kamera am Flughafen. Er begleitete uns nach Hause, um dann den Augenblick zu filmen, in dem meine Eltern ihren Enkel zum ersten Mal sehen und in der schweizerischen Heimat begrüßen dürfen. Die Bahnreise vom Flughafen Zürich bis Interlaken Ost dauerte gut zwei Stunden. Mein Vater holte uns am Bahnhof Interlaken Ost ab. Ich erkannte ihn schon von Weitem, denn er trug wie immer, wenn es kühl ist, seine mir altvertraute Wollmütze, um seine empfindlichen Ohren vor Kälte und Zugluft zu schützen.

Nachdem er mich prüfend angesehen hatte, sagte er als Erstes zu mir: »Mager bist du geworden!«

»Nein, nein, das sieht man doch gar nicht in diesem Kleid«, entgegnete ich eher belustigt, denn ich trug das weite, hellbraune Kleid mit dem bodenlangen Rock, das ich zur Hochzeitszeremonie am Königshof getragen hatte. Mein Vater fuhr uns nach Hause, nach Bönigen am Brienzersee. Dort wohnten meine Eltern in einem vierhundert Jahre alten, unter Denkmalschutz stehenden Haus, mitten im alten Dorfkern. Meine Eltern fühlten sich dort sehr wohl. In den zehn Jahren, seit sie in diesem Haus wohnten, hatten sie sich ein kleines Reich eingerichtet. Als wir ankamen, erwartete uns meine Mutter bereits unten an der Treppe. Überglücklich, uns gesund und munter zu sehen, schloss sie uns mit Tränen in den Augen fest in die Arme.

Nach der ersten allgemeinen Wiedersehensfreude, in die natürlich auch Pico, der kleine Familienhund einbezogen werden wollte, und einem kurzen Plauderstündchen mit einer feinen Tasse Kaffee, zeigte meine Mutter mir das Zimmer, das sie extra für uns hergerichtet hatte. Sky bekam das Kinderbett, in dem schon meine Geschwister und ich groß geworden sind. Sogar einen Fernseher haben meine Eltern für dieses Zimmer besorgt, in dem ich viele Nächte mit Schreiben verbringen werde.

An diesem Abend verabschiedete sich Hanspeter Bäni bald und so konnten wir uns von der langen Reise etwas ausruhen. Dann überschlugen sich die Ereignisse:

Für die Ausreise mit Sky stellte mir die Schweizer Botschaft in Yaoundé ein *Laissez-Passer* aus, also eine Bestätigung, dass er in die Schweiz einreisen darf. Auf der Botschaft sagten sie mir, ich könne das *Laissez-Passer* auf der Gemeinde ganz einfach abgeben und werde dafür einen Pass für Sky bekommen. Als ich mich mit dem Schreiben bei der Einwohnergemeinde Bönigen gemeldet hatte, ahnte ich noch nicht, dass dies der Anfang einer langen Odyssee sein würde. Das Standesamt Bern stellte es doch tatsächlich infrage, ob Sky überhaupt mein Kind sei. Es war einfach unglaublich. Man kann sich gar nicht vorstellen, wie verletzt man sich als Mutter fühlt, wenn einem so etwas vorgeworfen wird. Knapp ein Jahr lang konnte Sky in der Schweiz nicht registriert werden, weil die Vaterschaft angeblich nicht geklärt sei. Und das, obwohl ich eine Geburtsurkunde aus Kamerun hatte, die Marcelin eindeutig als Vater ausweist. Nach Schweizer Gesetz ist der Ehemann der Vater. Zum Zeitpunkt der Zeugung und Geburt war ich leider auf dem Papier noch mit Nuruddin verheiratet. Ich hätte mich gerne vorher scheiden lassen, aber das war durch die örtliche Distanz nicht eher möglich. Obwohl Nuruddin, als Sky gezeugt wurde, 4600 Kilometer weit weg war, galt er trotzdem rechtlich als Vater! Natürlich war es für alle Beteiligten klar, dass Nuruddin nicht der Vater von Sky ist. Wir wollten dies mit einem Schreiben bestätigen, doch das wurde nicht akzeptiert. Bei der Gerichtsverhandlung mussten wir dies bezeugen und sogar erklären, wo wir zum Zeitpunkt der Zeugung waren. Man sagt immer, die Gerichte seien überlastet, aber wenn selbst für so etwas ein Gerichtsverfahren durchgeführt wird, wundert mich das nun nicht mehr.

Als Erstes kontaktierte ich dann meine Anwältin, um die Scheidung von Nuruddin in die Wege zu leiten. Ich hoffte sehr, dass wir den Scheidungstermin noch vor den Gerichtsferien bekommen würden, da ich für Ende Juli das Rückflugticket nach Kamerun gebucht hatte. Wir bekamen jedoch erst für den 16. August einen Termin. Dadurch war ich gezwungen, meine Ferien zu verlängern, und das nur, um für zwanzig Minuten vor Gericht zu stehen. Das ärgerte mich wirklich sehr, denn für Nuruddin und mich gab es ja keinerlei Unstimmigkeiten. Warum kann man eigentlich eine Scheidung nicht einfach gemeinsam schriftlich einreichen, wenn man sich doch einig ist?

Wie dem auch sei, nach der Scheidung wünschten wir uns gegenseitig alles Gute. Nuruddin sagte mir noch beim Abschied, dass seine Mutter krank sei und er deshalb bald wieder nach Kenia fliegen werde, um nach ihr zu sehen. Ich bat ihn, Grüße von mir auszurichten und gute Besserung zu wünschen. Im Frühling 2008 erfuhr ich, dass sie gestorben ist. Sie war nur vier Jahre älter als ich.

Schon bald nach meiner Ankunft in der Schweiz kam mich meine Jugendfreundin Brigitte mit ihrem Mann René besuchen. Natürlich hatten die beiden tausend Fragen. Sie könnten sich niemals vorstellen, in Afrika zu leben. Nach einem unterhaltsamen Nachmittag verabschiedeten sie sich gegen Abend und ich begleitete die beiden noch vors Haus zu ihrem Auto. Als ich draußen an der frischen Luft stand, wurde mir plötzlich sehr heiß. Mehr zu mir selber murmelte ich: «Hoffentlich ist das keine Malaria.«

»Du machst Witze!«, meinte Brigitte erstaunt. »So schnell kann das doch gar nicht gehen!«

»Doch, leider, das kann so schnell gehen«, gab ich leicht beunruhigt zurück, winkte den Wegfahrenden noch nach und ging in die Wohnung zurück. Meinen Eltern sagte ich, dass ich mich nicht gut fühle und mich deshalb etwas hinlegen möchte. Sofort döste ich weg. Wie durch einen Schleier hörte ich Papa zu Mama sagen: »Ihr Zustand gefällt mir gar nicht, so kenne ich unsere Tochter überhaupt nicht.« Einige Zeit später erwachte ich wieder und fragte Mutter nach dem Fieberthermometer. Innerhalb von 15 Minuten stieg die Temperatur auf 41 Grad!

»Ruf unverzüglich im Spital Interlaken an und informiere sie gleich, dass ich mit Malaria komme. Frag, ob ich Sky mitnehmen kann, da ich ihn ja noch stille«, bat ich meine Mutter.

Wir sollen direkt zur Notaufnahme fahren, Sky könne ich mitnehmen. Meine Kräfte reichten gerade noch, um das Wichtigste für Sky und mich zu packen, und schon bald waren wir im Spital. Meine Eltern blieben an meiner Seite, bis die ersten Tests die Malaria bestätigten. Sky durfte in einem Kinderbett in meinem Zimmer bleiben. Er wurde der absolute Liebling der Abteilung. Dass er meine Milch nicht verweigerte, versetzte alle in großes Erstaunen. Durch das Chinin wurde die Muttermilch nämlich bitter. Nach einer Woche konnte ich nach Hause. Dadurch, dass ich früh genug ins Spital ging, verlor ich während dem ganzen Krankheitsverlauf nie das Bewusstsein.

Ich war mit meinem handgeschriebenen Manuskript in die Schweiz gereist. Nach meiner Genesung musste ich mir als Erstes einen Computer besorgen, um es abzutippen. Eigentlich hatte ich gehofft, für ein paar Wochen bei meiner Schwester Hedi wohnen zu können. Sie besitzt einen Computer, braucht ihn nicht beruflich und ihre Kinder sind inzwischen erwachsen und in der Berufsausbildung. So dachte ich, sie hätten genug Platz für mich. Doch dem war leider nicht so und ich musste mir eine andere Lösung einfallen lassen.

Daraufhin versprach mir Christoph Müller, sich nach einem Laptop für mich umzuhören. Einige Tage später bekam ich ein altes Gerät einer Fernsehmitarbeiterin. Da ich einen Abgabetermin für den ersten Teil des Rohmanuskriptes hatte und es alleine niemals geschafft hätte, half mir meine Freundin Susanne liebenswürdigerweise beim Abtippen.

Kurze Zeit nach meiner Ankunft in der Schweiz erhielten meine Eltern die Kündigung für ihre Haushälfte. Das war sehr schlimm für sie. Noch kurz zuvor sagte Vater voller Stolz zu Mutter, nachdem er wieder etwas am Haus renoviert hatte: »So, Mameli, jetzt nach zehn Jahren haben wir endlich unseren Alterssitz fertig eingerichtet.« Die Kündigung traf beide schwer, denn damit hatten sie niemals gerechnet, obschon sie wussten, dass das Haus seit einem Jahr zum Verkauf stand. Da der Besitzer gestorben war, gehörte das Haus einer Erbengemeinschaft. Meine Eltern hätten zwar das Vorkaufsrecht gehabt, aber ein Kauf war aus mehreren Gründen nie ein Thema. Zum einen fehlten die dafür notwendigen finanziellen Mittel und zum andern bekam Mutter immer mehr Beschwerden mit den Beinen, sodass die beiden Treppen des Hauses für sie eines Tages wohl zum Problem geworden wären. Die neuen Besitzer wollten nun so schnell wie möglich selber einziehen.

Was Vater auch sehr zu schaffen machte, war, dass sie auch ihren Apfelbaum mit sieben Sorten Äpfeln zurücklassen mussten, den sie ein oder zwei Jahre zuvor extra hatten präparieren lassen. Wegen diesem Baum gab es dann noch Streitigkeiten mit den Käufern, da sie nicht mal die geforderten hundert Franken dafür bezahlen wollten. Blutenden Herzens hat ihn Vater kurzerhand umgesägt.

So begann nun die Suche nach einer neuen, nicht zu teuren Wohnung, an der sich auch meine Geschwister intensiv beteiligten. Es wurden Wohnungen im Emmental und in Thun besichtigt, aber für keine konnten sich meine Eltern entscheiden, zu sehr waren sie noch mit ihrem Haus verbunden. Im Alter unerwartet umziehen zu müssen, ist nicht einfach. Zudem hatte sich Vater im Haus eine kleine Schreinerwerkstatt eingerichtet, von der er sich nur ungern trennen wollte. Eine Wohnung, in der er sich diese nicht wieder einbauen könnte, war für ihn undenkbar.

Schließlich fand meine Schwester Margrith eine Wohnung in Kehrsatz bei Bern. Meine Eltern waren zuerst auch von dieser nicht begeistert, jedoch des Suchens müde und die Aussicht, dass die Tochter im Nachbardorf wohnt, ließ sie schlussendlich zustimmen – zumal Papa im Haus von Margrith seine kleine Werkstatt wieder einrichten könnte.

Sky war zu diesem Zeitpunkt erst sechs Monate alt. Da ich schon beim Packen und den ganzen Umzugsarbeiten nicht viel helfen konnte, beschloss ich nach Absprache und mit dem Einverständnis meiner Eltern, wenigstens nicht auch noch im Weg zu sein. Als ich noch überlegte, wo ich während dieser Zeit eine Bleibe finden könnte, kam eines Tages meine Freundin Bea mit ihrer Tochter Angela auf Besuch. Wir machten zusammen ein gemütliches Picknick am See und natürlich kamen wir auch auf meine missliche Lage zu sprechen. Spontan und nett wie sie ist, schlug sie mir vor, dass Sky und ich doch bei ihr einziehen könnten. Dieses großzügige Angebot nahm ich sehr gerne an, zumal wir uns auch gut verstanden. So zog ich für zwei Monate mit Sky nach Biel.

Während dieser Zeit fand gerade die »Braderie« statt, so heißt das Stadtfest von Biel. Das Wetter war herrlich, wir schlenderten durch die Stadt, gingen Fisch essen und genossen ganz einfach das Fest. Bei diesem Anlass wurde mir zum ersten Mal bewusst, dass mich in der Schweiz mittlerweile viele Leute kennen, denn ich wurde einfach von Fremden angesprochen. Eine Begebenheit war besonders lustig: Bevor wir abends nach Hause gehen wollten, beschlossen wir spontan, noch ein Eis zu essen, Bea kannte eine gute Eisdiele. Während sie das Eis besorgte, wartete ich draußen vor dem großen Schaufenster. Plötzlich kam ein Mann zielstrebig auf mich zu. Ganz kurz überlegte ich noch, ob ich ihn von früher kenne, vielleicht war er ja ein alter Schulkollege. Er stellte sich vor und erklärte, dass er meine »Reporter«-Filme im Fernsehen gesehen hätte und mich für meinen Mut bewundere. Dann kam noch seine Freundin dazu. Wir unterhielten uns kurz, bevor sie wieder in der Menge verschwanden. Erst als Bea wieder zurückkam, löste sich meine Überraschung und ich bedauerte, die beiden nicht an unseren Tisch eingeladen zu haben. Bea erzählte mir, dass dieser Mann ebenfalls in der Eisdiele gewesen sei. Als er mich gesehen habe, sei er ganz aufgeregt rausgelaufen und habe seine Freundin einfach stehen lassen. Wenn ich heute nach Bern oder sonst wohin einkaufen gehe, werde ich noch viel öfters angesprochen.

Nach dieser schönen Zeit bei Bea verbrachte ich den Rest meines »Heimaturlaubes« wieder bei meinen Eltern in ihrer neuen kleinen Wohnung in Kehrsatz.

In diesem Moment werde ich unsanft von einer stereotypen Lautsprecherstimme aus meinen Erinnerungen gerissen.

»Meine Damen und Herren, in wenigen Minuten beginnen wir mit dem Sinkflug auf Douala. Bitte schnallen Sie sich wieder an, stellen Sie Ihre Sitzlehne gerade und klappen Sie Ihren Tisch hoch. Vielen Dank.«

Gleich werden wir in Douala landen, Marcelin wird uns in seine Arme schließen und wir werden endlich wieder zu Hause sein. Eine große Glückswelle durchströmt mich in diesem Augenblick.

»Bonjour mon Afrique«, sage ich leise vor mich hin.

Da wir bestimmt noch auf die Koffer warten müssen, beeile ich mich nicht beim Aussteigen, sondern ziehe in aller Ruhe Sky an und werfe noch einen letzten Blick auf meinen Sitz, um mich zu vergewissern, dass ich auch nichts vergessen habe. Als wir das Flugzeug schließlich verlassen, schlägt uns die typisch feuchtwarme Luft entgegen. Ja, wir sind zu Hause!

Jetzt nur noch schnell die Formalitäten erledigen und auf die Koffer warten – dachte ich. Bei der ersten Kontrollstelle gibt es keine Probleme, dort werden nur die vorgeschriebenen Impfungen überprüft. Ein Holzhäuschen weiter geht es um die Einreiseformalitäten. Die Frau, die dort sitzt, schaut skeptisch auf das Papier, das ich ihr anstelle eines Passes für Sky vorlege.

»Ich kann Ihr Kind nicht einreisen lassen, es hat keine Papiere.«

»Doch, das ist ein Schreiben der kamerunischen Polizei in Yaoundé, dass er einreisen darf«, versuche ich ihr das Laissez-Passer zu erklären. Dies hatte mir Marcelin extra noch in die Schweiz gemailt, um etwaigen Problemen vorzubeugen. Doch es hilft alles nichts. Ich habe den Eindruck, dass sie die Machtsituation ausnutzt und ich keine Chance habe, bei ihr damit durchzukommen. Aufgrund der langen Reise mittlerweile leicht aggressiv und genervt, sage ich ihr bestimmt, man solle meinen Mann rufen lassen. Das wirkt. Ich weiß nicht, wer ihn angerufen und geholt hat, jedenfalls steht Marcelin bereits fünf Minuten später neben uns. Nach einer kurzen Begrüßung erkläre ich ihm unser Problem. Er diskutiert eine Weile mit ihr, während ich mich etwas im Hintergrund aufhalte. Bald höre ich, dass die Diskussion hitziger wird und Marcelin den Polizeichef des Flughafens zu sprechen verlangt. Die anderen Passagiere sind schon längst verschwunden. Widerwillig führt sie uns ins Büro des Polizeichefs. Dieser begrüßt uns freundlich und fragt die Frau, was es für ein Problem gäbe. Sie legt ihm das Schreiben vor und erklärt ihm, dass sie Sky nicht durchlassen könne, da er keine gültigen Reisepapiere besitze. Auf Marcelin zeigend, fragt der Polizeichef, ob er der Vater sei und sich als Kameruner ausweisen könne. Sie bestätigt beides. Der Polizeichef ist verärgert und belehrt vorwurfsvoll seine Angestellte: »Schauen Sie sich mal den Vater an und dann das Kind! Er könnte nicht mal abstreiten, dass dies sein Sohn ist!« Die Frau nickt nur noch.

»Der Vater ist Kameruner, das ist sein Kind, also lassen Sie ihn unverzüglich einreisen!«, befiehlt er nun lautstark. Sie nickt wortlos und geht zur Tür. Zu uns gewandt sagt er in freundlichem Ton: «Ich wünsche Ihnen einen schönen Abend und eine gute Heimreise.«

Dann schaut er mich an und sagt sehr höflich: » Bienvenue en Cameroun!«

Selbst nach diesem Zwischenfall müssen wir noch weiter aufs Gepäck warten. Danach geht es zügig durch die letzte Kontrolle und mit dem Taxi zum Hotel »Foyer du Marin«. Nach dem Begrüßungshallo setzen wir uns im Garten an den großen, runden Tisch mit dem Strohdach. Bestellen können wir relativ schnell, doch bis das Essen kommt, dauert es natürlich eine Weile. Froh, wieder zusammen zu sein, plaudern wir ausgiebig und spielen mit Sky, der langsam unruhig wird. Danach verkriechen wir uns rasch in die Federn, denn die lange Reise war doch recht anstrengend.

Da wir länger geschlafen haben als vorgesehen, müssen wir uns nun überlegen, wie wir so schnell wie möglich nach Bangangté kommen. Die ersten Busse sind schon weg. Nach dem Frühstück beschließt Marcelin, dass wir zum großen Busbahnhof Bonabéri fahren und nicht wie üblich in die Stadt zum Busbahnhof Brazzaville. Ich finde jedoch, es wäre besser, nach Brazzaville zu fahren, da dort der Ausgangsbahnhof ist. Wenn die Busse in Bonabéri halten, sind sie meistens schon voll. Marcelin entscheidet trotzdem, mit einem Taxi aus der Stadt raus nach Bonabéri zu fahren.

Dort angekommen, stellen wir bald fest, dass kein Bus in unsere Richtung fahrbereit ist. Da es schon langsam heiß wird, begleitet uns Marcelin zu einem kleinen Lokal am Rand des Busbahnhofs, das angenehm im Schatten liegt. Er will sich nach einem Bus in unsere Richtung umsehen, während Sky und ich uns die Zeit damit vertreiben, das bunte Treiben um uns herum zu beobachten. Wie in jeder afrikanischen Stadt laufen auch hier viele fliegende Händler vorbei: Einer kommt mit einem großen Karton voller Stangenbrote auf dem Kopf, eine ältere Frau balanciert einen Teller Avocados vorbei und ein weiterer trägt eine Ziege auf den Schultern.

Nach einiger Zeit kommt Marcelin zurück und bringt uns Grillfleisch mit Bâtons de Manioc. Diese Köstlichkeit gehört hier fast zum täglichen Brot. Dazu wird fermentiertes Maniokmehl zu einem Teig geknetet, in ungefähr vier Zentimeter dicke und etwa zwanzig Zentimeter lange Rollen geformt, in Bananenblätter eingerollt, gebunden und dann gekocht. Zum Verkauf werden meistens vier Stück zusammengebunden angeboten. Gegessen wird dann nur das Innere, also die Maniokwurst. Meiner Meinung nach schmecken sie am besten zusammen mit Avocadostücken, ansonsten sind sie fad und sehr gewöhnungsbedürftig.

Für Sky gibt es wie immer Bananen.

Inzwischen ist schon Mittag vorbei, doch ein Bus ist noch immer nicht in Sicht. Nervös tigert Marcelin wieder los, um weiter Ausschau zu halten. Die Hitze wird langsam unangenehm. Endlich, gegen 14 Uhr, hat er einen Bus gefunden, der wenigstens bis Bafang fährt. Dieser Ort ist eine Stunde von Bangangté entfernt. Dort können wir dann den Bus wechseln oder gar ein Taxi nehmen.

Wir kaufen noch Verpflegung für unterwegs. Natürlich dauert

es nochmals eine Stunde, bis der Bus ganz voll ist und es endlich losgeht. Je höher wir kommen, umso mehr Wolken ziehen auf. Wenigstens ist es dadurch nicht mehr so heiß im Bus. Zwei Stunden vor Bafang beginnt es zu regnen und es wird sogar richtig kalt. Zum Glück habe ich Jacken dabei.

In der abwechslungsreichen, hügeligen Umgebung von Bafang wachsen zwischen Bananen- und Kaffeeplantagen sogar Kiefern. Bafang liegt auf 1380 Metern Höhe und ist der Hauptort des Verwaltungsbezirkes Haut Nkam. Zudem ist Bafang das »Tor« zum Land der Bamiléké. Der Stamm der Bamiléké, zu dem Marcelin gehört, zählt um die vier Millionen Angehörige, was in etwa 19% der Bevölkerung Kameruns entspricht. In Kamerun gibt es weit über zweihundert verschiedene Volksstämme und ebenso viele verschiedene Muttersprachen dieser Volksgruppen, die meisten davon werden aber nur gesprochen.

Als wir gegen 19 Uhr unser Ziel erreichen, regnet es immer noch in Strömen. Trotzdem erhasche ich wenigstens rasch einen Blick auf das schöne Portal zur dortigen Chefferie, das gekreuzte Elefantenstoßzähne ziert. Gleich beim Ortseingang befindet sich ein Schild mit der Aufschrift »Welcome to Hotel Falaise«. Von dort ist es nur ein kleiner Fußweg von ungefähr fünfzig Metern bis zu den Wasserfällen von Mouankeu. Der gleichnamige Fluss stürzt dort aus einer Höhe von vierzig Metern von einem mit Bäumen und Büschen überwucherten Felsrand in die Tiefe. Ein imposantes Schauspiel.

Wie erwartet, fährt kein Bus mehr weiter nach Bangangté oder Bafoussam. Es bleibt uns nichts anderes übrig, als in Bafang zu übernachten, denn für eine Fahrt mit dem Taxi ist es bereits zu spät und daher zu gefährlich. Marcelin wählt das beste Hotel im Dorf. Es hat sogar Fernsehen, doch kein warmes Wasser. Trotz Regen geht Marcelin noch einmal raus, um uns gebratenen Fisch zu kaufen. Ich setze bei diesem Wetter keinen Fuß mehr vor die Tür, obwohl ich Lust hätte, irgendwo außerhalb des Hotels zu essen.

Diesmal habe ich ausnahmsweise nichts dagegen, dass mich Marcelin am andern Morgen bereits um sechs Uhr weckt, denn ich will so schnell wie möglich nach Hause. Er organisiert uns ein

Taxi, trägt in der Zwischenzeit die Koffer runter und schon steht das Auto abfahrbereit vor dem Hotel. Es bleibt mir gerade mal genug Zeit, um Sky und mich anzuziehen und rasch ein Brot zu kaufen.

Unser Fahrer ist ein »Nordist«, wie wir hier sagen, also ein Mann aus dem Norden Kameruns. Er beginnt, sich mit Marcelin zu unterhalten und es stellt sich schnell heraus, dass er uns kennt. Wie die meisten Nordisten ist er Viehhirte und wohnt, wie er uns erzählt, in einem kleinen Dorf bei uns in der Nähe (für afrikanische Verhältnisse!). Mit seinen knapp hundert Tieren ist er auch schon an unserem Grundstück vorbeigekommen. Diese afrikanischen Zeburinder haben lange Hörner und sind – wie ich meine – größer als diejenigen, die ich von der Schweiz her kenne. Die Nordisten verkaufen gerne die Milch ihrer Rinder.

Der Mann spricht Pidgin-Englisch, was für Marcelin kein Problem ist. Ich weiß mittlerweile, dass Pidgin eine reduzierte Sprachform bezeichnet, die verschiedensprachigen Personen zur Verständigung dient. Die meisten Kameruner sprechen mindestens zwei Sprachen, auch diejenigen, die weder lesen noch schreiben können. Meistens handelt es sich bei der zweiten Sprache um diejenige des benachbarten Volkes, also um eine der beiden offiziellen »Staats«-Sprachen Französisch oder Englisch. Wobei Englisch als Verkehrssprache unter der breiteren Bevölkerungsschicht so gut wie keine Rolle spielt.

Unser Taxifahrer hat mich – zu meinem nicht geringen Erstaunen – aufgrund eines gemeinsamen »Ereignisses« wiedererkannt! Erst jetzt erinnere ich mich daran, ihn einmal an einem heißen Tag eine Weile beobachtet zu haben. Er trug nichts bei sich, weder eine Kalebasse, einen Beutel oder eine Tasche, einzig und allein einen Treiberstock, mit dem er seine Herde führte. Bestimmt war er schon seit dem frühen Morgen mit seiner Herde unterwegs und hat großen Durst, überlegte ich mir. Ohne dass er mich darum gebeten hätte, gab ich ihm eine Flasche Wasser zu trinken, die er sehr dankbar entgegennahm.

Der Mann erzählt Marcelin, dass er das nicht vergessen habe, denn niemand sonst habe ihm jemals ungefragt Wasser angeboten und schon gar nicht eine Weiße. Diese kleine Geste hatte ihn total überrascht. Da er uns kennt, beschließt Marcelin, uns direkt von ihm nach Hause fahren zu lassen. Mit einem fremden Taxifahrer wären wir nur bis Bangangté gefahren und hätten dort vorsichtshalber nochmals das Taxi gewechselt, um niemand unnötig auf unser Haus aufmerksam zu machen.

Während des Gesprächs fällt mir sofort auf, dass die beiden Männer auf Anhieb einen guten Draht zueinander haben. Warum sich die Bamiléké und die »Nordisten« so gut verstehen, dafür gibt es einen Grund, der schon einige Jahre her ist, erfahre ich später von Marcelin: Da beide Volksstämme in Kamerun als die besten Geschäftsleute gelten, haben wir in und um Bangangté die meisten Geschäfte. Vor Jahren hatte Präsident Paul Biya die Handelseinfuhr mit Containern freigegeben. Aber gleichzeitig »vergaß« er zu sagen, dass man Zoll und Steuern zahlen muss, um die Waren aus dem Hafen auszulösen. In Douala findet man heute Geschäftsleute aus dem ganzen Land. So wollten diese in Douala Container um Container mit Waren einführen. Nun hatten sie aber kein Geld mehr, um die Zollkosten zu bezahlen, weil sie alles bereits aufgebraucht hatten, um die Waren einzukaufen. Zwar waren schon damals die Bamiléké und die »Nordisten« als gute Geschäftsleute bekannt, doch es bestand noch keine Zusammenarbeit, weil die räumliche Distanz zwischen den beiden Völkern zu groß war. Dazu gibt es nun eine lustige Geschichte: Ein Nordist hatte einmal einem solchen Geschäftsmann angeboten, für ihn die Waren auszulösen, aber natürlich für einen sehr geringen Preis. Der vermeintlich clevere Geschäftsmann lehnte ab und wollte sein Glück bei einem Bamiléké versuchen. Doch der arme Geschäftsmann wusste natürlich nicht, dass die Nordisten mit den Bamiléké in Verbindung stehen. Der Nordist hatte nämlich daraufhin mit dem Bamiléké eine Preisabsprache getroffen – und der Geschäftsmann war nun gezwungen, seine Produkte an den Bamiléké zu veräußern, da die Ware im Hafen jeden Tag viel Geld kostet. Der Bamiléké hatte die Ware gekauft und zusammen mit dem Nordisten ein Geschäft in Bangangté eröffnet. Viele andere Bamiléké und Nordisten sind diesem Beispiel gefolgt und schlossen sich ebenfalls zusammen.

Am meisten ärgerte sich Präsident Paul Biya darüber, denn er hatte damit gerechnet, dass die Waren wegen den hohen Zollkosten nicht ausgelöst werden könnten und ER dadurch zu billiger Ware käme. Seither sind die Bamiléké und die Nordisten beim Präsidenten nicht mehr beliebt.

Als wir endlich zu Hause sind, ist dies für mich ein unbeschreiblicher Augenblick, ich könnte die ganze Welt umarmen vor Freude und Glück. Zuerst muss ich mich überall umsehen. Was hat sich wohl in der Zwischenzeit alles verändert? Der Guavenbaum vor dem Haus ist buschiger und deutlich größer geworden, stelle ich mit Freuden fest, und auch die Bananenbäume sind gewachsen. Einer trägt sogar bereits die ersten Früchte. So werden wir in zwei oder drei Monaten unsere ersten, kleinen, süßen Essbananen genießen können.

Marcelin hat unser achtzig Meter breites und zweihundert Meter langes Grundstück so vom Steppengras befreit, dass es noch viel größer wirkt. Dadurch sieht man nun all die kleinen Maniokbäumchen auf einen Blick. Im Garten vor dem Haus wachsen bereits die ersten roten Bohnen. Ich komme aus dem Staunen nicht heraus.

Marcelin wird nun langsam ungeduldig, denn er ist gespannt, wie ich auf die vielen Veränderungen im Haus reagieren werde. Das Wohnzimmer ist wahrlich nicht wiederzuerkennen, der Boden ist nun mit großen, hell gemusterten Fliesen bedeckt und die beiden Kinderzimmer sind weiß gestrichen. Voller Stolz zeigt mir Marcelin auch das Gästebadezimmer, das helle Fliesen bekommen hat, ebenso unsere Dusche und die Küche. Doch das ist noch nicht alles: Auf dem Dach hat er einige der grünen Plastikwellbleche durch besseres Wellblech ersetzt, sodass es nun nicht mehr ins Haus regnet. »Wow!« kann ich nur ausrufen und falle Marcelin voller Freude um den Hals. Später erwähnt er noch ganz nebenbei, dass er auch drei weitere Hühner gekauft habe. Doch das ist mir gar nicht aufgefallen, da sich die Hühner stets irgendwo auf dem großen, weiten Gelände tummeln.

Nun ist es an mir, meine Überraschung für Marcelin aus dem Reisegepäck zu holen, nämlich die Stereoanlage und den Beamer, den ich für unser zukünftiges Lokal gekauft habe. Marcelin freut sich sehr darüber. Wegen des Sandes, der immer wieder mal durch alle Ritzen dringt, lassen wir alles noch originalverpackt.

Es ist ganz einfach ein schönes Gefühl, wieder als Familie vereint zu sein. Nach der langen Trennung müssen wir jedoch zuerst wieder einen gemeinsamen Rhythmus finden.

Die lauen Abende hier genieße ich sehr intensiv. Kein Autolärm durchdringt die absolute Ruhe, keine Lichtverschmutzung nimmt die Sicht auf den wundervollen Sternenhimmel. Nur ab und zu durchdringt das Zirpen von Grillen die Stille, mal quaken Frösche um die Wette oder der Ruf eines Nachtvogels weckt die Aufmerksamkeit von Mensch und Tier. Als ich zum ersten Mal einen Frosch quaken hörte, war ich sehr überrascht und traute meinen Ohren nicht – da muss es ja irgendwo Wasser geben. Marcelin sagte mir dann, dass es ungefähr zweihundert Meter hinter unserem Haus im undurchdringlichen Buschwerk einen Bach gibt. So verirren sich immer wieder neugierige Frösche auf unser Grundstück. Sie setzen sich dann unter das Wasserfass und warten darauf, dass ab und zu ein Tropfen Wasser herunterplatscht.

An solch einem friedlichen Abend – Sky schläft bereits und ich habe gerade das Geschirr vom Abendessen weggeräumt – schüttelt Marcelin versonnen den Kopf. Ich setze mich zu ihm und frage, an was er gerade denke. Er schaut sich stolz im Haus um und sagt: »Mein Gott, wir haben viel erreicht, aber wir haben auch die Hölle durchgemacht!« Bei den letzten Worten schlägt seine Stimme plötzlich in Trauer um.

»Nein, es war nicht die Hölle, wir hatten kein Geld, aber wir hatten uns und wir hatten trotzdem jeden Tag etwas zu essen. Mir fehlte nichts, wir lebten sehr einfach in unserer kleinen Wohnung, aber wir waren glücklich«, beteuere ich.

»Es war die absolute Hölle!«, stößt er verzweifelt hervor.

»Nein, so schlimm war es nicht!«, erwidere ich noch einmal und versuche, ihn zu beruhigen.

»Doch, es war die Hölle. Soll ich dir die Wahrheit sagen?«

Ich verstehe überhaupt nichts mehr.

»Was war denn so schlimm?«, versuche ich so ruhig wie möglich zu fragen.

»Weißt du, warum ich jeden Tag im Dorf war? Weißt du, warum ich immer so lange unterwegs war?«, fragt er mich, ohne eine Antwort zu erwarten.

»Ich habe täglich irgendeinen Gegenstand von mir verkauft

oder Geld gebettelt, damit ich überhaupt etwas zu essen für uns kaufen konnte. Erinnerst du dich noch an den Tag, als ich mit fünf Kilo Reis nach Hause kam, mit Gemüse und Früchten?«

»Ja, ich erinnere mich gut daran, ich war sehr überrascht.«

Er lässt mich nicht weitersprechen, sondern fährt fort: »An jenem Tag habe ich mein kleines Kassettengerät, das mich bisher auf allen Reisen begleitet hatte, verkauft. Ich habe es in die Stadt mitgenommen, im Restaurant darauf Kassetten abgespielt, bis jemand vorbeikam, der es kaufen wollte. Ich habe einen guten Preis rausgeschlagen, darum konnte ich all das besorgen.«

Sprachlos höre ich zu.

»Jeder Tag war ein riesiger Kampf für mich. Ich musste zuerst Geld auftreiben, bevor ich überhaupt etwas kaufen konnte.«

»Du hast mir nie etwas davon gesagt. Du bist jeden Tag gut gelaunt aus dem Haus gegangen, als gäbe es keine Probleme. Abends bis du zufrieden nach Hause gekommen. Wie hätte ich so etwas ahnen sollen?«

»Ich habe dir nichts gesagt, um dich nicht zu belasten. Du hattest ja auch kein Geld und konntest mir nicht helfen. Außerdem warst du schwanger!«

Nach den letzten Worten bricht er zusammen und beginnt hemmungslos zu schluchzen, als würden ihn alle Gefühle der Verzweiflung von damals noch einmal überrollen. Ich setze mich neben ihn und nehme ihn in den Arm. Worte sind in diesem Moment überflüssig. Ich halte ihn fest, damit er spürt, dass ich ihn liebe für das, was er für mich damals so selbstlos getan hat.

Ich streiche ihm über die Wange und wische seine Tränen weg. »Chéri, es ist vorbei, vergiss es! Uns geht es jetzt besser!«

»Es war eine schreckliche Zeit!«, sagt er noch einmal leise und beginnt sich langsam zu beruhigen. Ich lasse ihm Zeit, sich wieder zu finden, danach können wir in aller Ruhe nochmals darüber reden. Für Marcelin war es ein richtiger Überlebenskampf, den er mich nie spüren ließ und von dem ich nichts geahnt hatte. Ich danke ihm innig dafür. Wir sprachen später nie wieder darüber.

Ein paar Tage später ist Marcelin alleine in die Stadt gefahren, um Einkäufe zu machen. Sky ist noch etwas zu klein, um auf dem Mototaxi mitgenommen zu werden. Wir probierten es einmal, aber das war sehr umständlich. Bereits ein halbes Jahr später wird er diese Art der Fortbewegung ganz besonders lieben! Eigentlich wäre zwar die Bezeichnung »Dorf« angebrachter, denn der auf 1500 Meter gelegene Ort Bangangté hat nur um die 8000 Einwohner. Doch mit der Zeit ändert sich, wie ich feststelle, auch irgendwie meine Wahrnehmung. Als ich aus der Schweiz hierherkam, sprach ich immer vom Dorf. Doch je länger ich hier lebe, in der Abgeschiedenheit von Bametcha, erscheint mir Bangangté bereits als Stadt. Und genauso geht es der Bevölkerung. Kommen sie aus einem kleinen Dorf, wird bereits das etwas größere Dorf für sie zur Stadt.

Plötzlich klingelt das Telefon und Marcelin ruft an. Er habe eine Überraschung für mich, wolle mir aber nichts darüber verraten. So bleibt mir nichts anderes übrig, als zu warten, bis er wieder zu Hause ist. Natürlich rätsle ich, aber ich habe keine Idee, was er mitbringen könnte. Eine Schlange als Delikatesse wird's wohl kaum schon wieder sein, das wäre ja auch nichts Neues mehr.

Am späteren Nachmittag höre ich plötzlich Motorengeräusche und sehe, dass jemand mit einem Auto auf unserem Grundstück vorfährt. Es ist Marcelin! Er hat doch tatsächlich ein Auto gekauft. Ich bin total überrascht, denn wir hatten nie darüber gesprochen. Dazu fehlt das Geld – dachte ich. Voller Stolz steigt Marcelin aus dem Wagen und meint: »Na, was sagst du nun?«

Na ja, ist mein erster Gedanke, und ich atme tief durch, unter Auto verstehen wir Europäer etwas anderes. In der Schweiz würde ich mich sogar schämen, damit zum Schrottplatz zu fahren! Doch hier wird es seine Dienste tun – jedenfalls mehr oder weniger, wie sich später herausstellen wird. Ich will ihm aber seine sichtliche Freude und den Stolz über die Neuerwerbung nicht nehmen, obwohl ich ihm am liebsten meine Meinung sagen würde. Wenn wir schon ein Auto kaufen, hätte ich lieber etwas mehr investiert und dafür ein Fahrzeug, das sich in einem besseren Zustand befindet. Doch selbst wenn ich meinem Ärger freien Lauf gelassen hätte, geändert hätte es nichts, das Auto ist gekauft.

Von der einst schönen, roten Farbe des Wagens ist fast nichts mehr zu sehen, es ist eher rot-weiß gesprenkelt. Ein erster Blick ins Innere zeigt, dass die Sitzpolster total zerschlissen sind. Die gepolsterte Deckenverkleidung sieht nicht viel besser aus. Dort, wo mal ein Autoradio drin war, klafft ein hässliches Loch und irgendwelche Kabel hängen herunter. Der Schaltknüppel ist lose, man kann ihn mit einer Hand einfach so herausheben, wie wir bald einmal feststellen. Über das Lenkrad hat man, wie praktisch, einen alten Reifen gestülpt. Unter der Motorhaube sind bereits viele kleine Defekte einfach mit Klebeband, Draht oder Papier umwickelt und man kann nur hoffen, dass alles hält. Im Laufe der Zeit wird Marcelin auch noch die Batterie ganz einfach mit einem Stück Dachlatte fixieren.

Marcelins Begründung, dass wir jetzt im Notfall jederzeit selber ins Spital fahren können, lässt meinen Ärger etwas verrauchen. Damals, mit der schweren Malaria, war ja die Situation wirklich sehr prekär für mich, weil das Taxi erst Stunden später kam, um mich dorthin zu bringen. Ich muss ja zugeben, dass ein Auto praktisch ist, wir können auch jederzeit in die Stadt und müssen nicht mehr stundenlang auf ein Mototaxi warten. Selbst der Regen stört uns nicht mehr so sehr, nur der Zustand der Straße!

Und so leben wir auch mit dieser Neuerwerbung unser bescheidenes Leben und lassen die Ereignisse auf uns zukommen.

Kapitel 2

Marcelins Konzert mit dramatischer Zugabe

Jemandem zu helfen, bedeutet nicht, sich selbst zu vernachlässigen

Im Oktober werden Marcelin und ich ins Radiostudio Medumba eingeladen, dem Lokalsender von Bangangté. Natürlich hauptsächlich wegen »*Pokouma*«, so lautet der Künstlername meines Mannes. Zuerst nehmen sie eine halbstündige Sendung über seine musikalische Laufbahn auf. Schon dieser kurze gesendete Beitrag löst in Bangangté großes Echo aus. Inzwischen lebt Marcelin zwar wieder seit zwei Jahren in Bangangté und man kennt ihn, aber nicht als Musiker. Dass er in Elfenbeinküste, Benin, Ghana und Burkina Faso ein Star war, beeindruckt die Bewohner unseres Dorfes enorm. So wird er später noch für ein weiteres Interview ins Radiostudio eingeladen, bei dem er unter anderem über seine Meinung zum jährlich im Juli stattfindenden Festival in Bangangté befragt wird. Dieses jeweils zwei Wochen dauernde Medumba Kunst- und Kulturfestival hat einen sehr hohen Stellenwert bei der Bevölkerung, reisen dafür doch Bamiléké von überall her an. Da gibt es Ausstellungen, eine kulinarische Ecke mit Spezialitäten und viele Verkaufsstände sowie eine Bühne für traditionelle und moderne Musik.

»*Pokouma*« nimmt kein Blatt vor den Mund und sagt ehrlich, was er davon hält, obschon die Organisatoren des Festivals auf der anderen Seite der Glasscheibe sitzen und alles mithören können. Er beklagt sich darüber, dass es kein Live-Festival sei, sondern alles nur Play-back gesungen wird. Außerdem werde kein Star eingeladen und nur wenige Aufnahmen produziert. Junge Musiker oder Sänger hätten auch hier kaum eine Chance für einen Auftritt, der ihnen eventuell als Sprungbrett dienen könnte. Diese Offenheit schlägt ein wie eine Bombe. Als wir zwei Tage nach diesem Radiointerview nach Bangangté zum Markt gehen, wird mein Mann von vielen Seiten darauf angesprochen. Obwohl es eigentlich sehr ungewöhnlich ist, dass jemand Probleme und Meinungen so offen ausspricht, sind die Leute sehr angetan. Vielleicht war es gerade der richtige Zeitpunkt dafür.

Der Radiomoderator Camille-Jo, ich schätze ihn so um die Anfang vierzig, ist ungefähr einen halben Kopf größer als ich. Er ist auch Musiker und nutzt sogleich die Gelegenheit, einen Abend mit verschiedenen Musikern zu organisieren. Auch *»Pokouma«* wird eingeladen, der als einziger Publikumsmagnet intensiv beworben wird. Das Konzert wird auf den 17. November angesetzt. Da auch im Radio ständig davon die Rede ist, wird dieses Ereignis bald von allen mit Spannung erwartet.

Am Tag vor dem Konzert fahren wir nach Bangangté zu den Proben mit der Band, die *»Pokouma«* begleiten wird. Die Band kennt ihn als Musiker nicht, hat also keine Ahnung, was auf sie zukommen wird. Als er seine hochwertige Gitarre auspackt, macht ein bewundernd-erstauntes Schweigen die Runde. Diese Gitarre wurde ihm in Marokko von einer Band geschenkt, die ihn für CD-Aufnahmen engagiert hatte.

Gemeinsam hören sie sich seine CD an und besprechen, welche Stücke sie spielen würden. Danach wird sehr ernsthaft geprobt. Als er zu spielen beginnt, ist die Band von seinem musikalischen Können äußerst beeindruckt. Marcelin **ist** wieder *»le vieux Pokouma d'Abidjan«*. Mit dieser Professionalität hätte die Band nicht gerechnet. Schlussendlich entscheiden sie, am nächsten Morgen nochmals eine Probe durchzuführen, damit wirklich möglichst alles sitzt.

Sky und ich begleiten Marcelin allerdings nicht zur Probe, denn wir beide haben eine Erkältung erwischt. Die Trockenzeit ist im Anmarsch. Dieser plötzliche Witterungswechsel macht vielen Leuten zu schaffen und es grassieren Infekte, genauso wie in den Übergangszeiten in Europa.

Übrigens kann man hier ebenfalls so etwas wie vier Jahreszeiten beobachten. Allerdings ist der Klimawandel auch bereits zu spüren, indem sich zum Beispiel die Regenzeit verkürzt hat. Diese dauert von Juli bis September. Im Oktober und November ist es recht wechselhaft, mal regnet es, mal weht der Harmattan (Landwind), es ist also eine Art Übergang von der Regen- zur Trockenzeit. Die Trockenzeit ist ungefähr von Dezember bis

Mai, wobei man von März bis Juni zudem von einer kleinen Regenzeit spricht, da es in dieser Zeit ungefähr zwei Mal pro Woche regnen kann.

Marcelin kommt erst gegen Abend wieder nach Hause und berichtet, dass die Proben gut verlaufen seien. Danach musste er noch etwas an unserem Auto »Modell uralt« reparieren lassen. Außerdem war er noch auf dem Markt, um einiges für das Wochenende einzukaufen.

Anschließend stellt Marcelin einen Topf mit Wasser aufs Rechaud, um das Badewasser für Sky zu erhitzen. Mit großem Vergnügen planscht der Kleine dann in seiner Babybadewanne. Bis das Kind abgetrocknet und wieder angezogen ist, steht die Sonne bereits recht tief. So beschließen wir, in der Stadt etwas zu Abend zu essen, denn um noch selbst zu kochen, reicht die Zeit nicht mehr. Marcelin will ja nicht zu seinem ersten Konzert nach seiner Rückkehr nach Kamerun gleich zu spät kommen. Zudem zieht Regen auf, und wenn es regnet, kommen wir nicht mehr von zu Hause weg. Ich packe alles Nötige für Sky in eine Tasche.

Gegen halb acht treffen wir im Konzertsaal ein, der eher einem Restaurant gleicht. Die Band ist schon da. Marcelin hat noch seine Lautsprecherboxen mitgebracht, die dann mit vereinten Kräften in den Saal geschleppt werden. Diese Boxen müssen natürlich auch noch angeschlossen werden. Nach einigem Hin und Her und mehreren Versuchen stellt ein Musiker einen Kabelbruch fest. Das Kabel wird kurzerhand gekürzt und siehe da, es funktioniert nun einwandfrei.

Eigentlich wollten wir dann im Stadtzentrum etwas essen, aber wegen der fortgeschrittenen Zeit verpflegen wir uns gleich an Ort und Stelle. Es gibt gut gewürzte, gegrillte Bananenscheiben und Ratatouille mit Poulet, was ausgezeichnet schmeckt.

Die ersten Konzertbesucher sind auch bereits eingetroffen und eine Band hat inzwischen angefangen zu spielen. Camille-Jo, der Radiomoderator, sagt die verschiedenen Künstler jeweils an. Bei jedem Wechsel erwähnt er, dass später *»Pokouma«* auftreten werde. Die Wartezeit verkürzen wir uns mit einer Cola. Wir setzen uns ganz hinten in den Saal, denn inzwischen sind erfreulicherweise trotz des Regens noch mehr Leute erschienen. Ab und zu gehen wir ein bisschen nach draußen, um frische Luft zu schnappen und um Sky, in der Hoffnung, dass er bald einschlafen könnte, etwas abzulenken und zu beruhigen. Doch der kleine Mann denkt nicht im Traum daran. Die Musik, zwar von dort aus nur noch leise zu hören, veranlasst unseren Sohn, unbeirrt fröhlich weiterzutanzen. Liegt ihm wohl die Musik im Blut wie seinem Papa?

Um 23 Uhr ist es endlich so weit, »*Pokouma*« hat seinen ersten Auftritt. Er will, dass ich diesen Auftritt aufnehme, was gar nicht so einfach ist, denn mit der linken Hand versuche ich, den tanzenden und klatschenden Sky im Zaum zu halten und mit der rechten Hand den Auftritt seines Papas zu filmen. Ich stelle die Kamera auf den Aschenbecher auf dem Tisch und filme so weiter, was relativ gut geht, aber mit dem Nachteil, dass die Leute am Tisch davor ständig im Bild sind. Doch ich finde keine andere Lösung. Schließlich nehme ich Sky auf den linken Arm und die Kamera in die rechte Hand und gehe näher an die Band ran. Dies erweist sich aber als noch schwieriger, zumal meine Arme schnell müde werden und Sky es nicht unterlässt, auch auf meinem Arm rhythmische Bewegungen zu machen und freudig weiter zu klatschen. Ist auch verständlich, denn Papas Musik hat er ja zu Hause schon so oft gehört und sie lief auch regelmäßig im Radio, seit Marcelin dort sein Interview gegeben hat.

Ich bin müde, erkältet und genervt, weil es eigentlich ein völlig unmögliches Unterfangen ist, mit einem Kleinkind auf dem Arm zu filmen. Marcelin spielt vier Titel seiner ersten CD. Das Publikum ist begeistert, klatscht und klatscht und will ihn nicht von der Bühne lassen. Besonders der Titelsong »Mangaila« löst wahre Begeisterungsstürme aus und die Fans erwarten eine Zugabe. Doch Marcelin geht unverzüglich von der Bühne und eilt aufs WC. Ich nehme an, er kommt danach zu uns an den Tisch. Zu meiner Verwunderung geht er jedoch stattdessen gleich nach draußen. Ich denke, er will sich etwas erholen, da ihn vielleicht dieses erste Konzert nach so langer Zeit mehr als erwartet angestrengt hat. Oder er will ganz einfach einen Moment allein sein. Doch es vergeht eine halbe Ewigkeit und er kommt nicht wieder in den Saal zurück. Das nervt mich nun noch mehr, ich bin hundemüde und inzwischen läuft auch noch meine Nase. Nur Sky tanzt vergnügt weiter und denkt gar nicht daran aufzuhören. Schließlich nehme ich ihn kurzerhand auf den Arm und verlasse den Saal, um Taschentücher im Auto zu holen und nachzusehen, wo Marcelin bleibt. In einiger Entfernung sehe ich ihn draußen liegen, ruhig ausgestreckt auf einer breiten Holzbank. Zwar höre ich von Weitem, dass er mir etwas zuruft, doch ich beachte ihn nicht und gehe ohne auch nur aufzublicken unverzüglich zum Auto. Ich bin zu verärgert. Er lässt mich einfach mit dem Kleinen alleine, obwohl ich müde und erkältet bin.

Auf dem Rückweg zum Saal ruft er mir wieder etwas zu und ich strafe ihn weiter mit Nichtbeachtung. Ich trinke noch meine Cola aus, packe meine Tasche, schnappe die Jacke und gehe wutschnaubend zum Auto zurück. Ich will mich auch ausruhen, denke ich, und vielleicht schläft ja der Kleine dann ein. Wieder höre ich, wie mir Marcelin etwas zuruft. Ich schaffe es nicht einmal, ihn anzuschauen, mein Ärger ist zu groß. Als ich Sky im Kindersitz anschnallen will, kommt Marcelin her und fragt ganz erstaunt, was denn passiert sei. Ich zische nur: »Ich will mich auch ein bisschen ausruhen!«

Er antwortet kühl: »Ich ruhe mich nicht aus, mir geht es nicht gut. Ich habe ein unangenehmes Stechen in der Brust.«

Nach diesen Worten klettert er mühsam auf den Fahrersitz, lässt sich von da kraftlos auf den Beifahrersitz fallen und zieht die Beine an. Doch er fühlt sich sichtlich auch in dieser Position nicht wohl. Als ich ihn so leiden sehe, macht sich sofort ein sehr schlechtes Gewissen in mir breit. Ich frage ihn beschämt, was denn los sei. »Es ist dieselbe Atmungs- und Herzrhythmusstörung wie damals, als ich dich vom Flughafen abgeholt hatte. Es wird wieder vorbeigehen«, antwortet er gepresst.

Ich hoffe sehnlichst, dass er recht behalten würde. Von dieser Art Schmerzen sprach er später nicht mehr und so wurde er diesbezüglich auch nicht untersucht.

»Leg dich wieder auf die Bank, wir kommen gleich nach«, sage ich zu ihm. Wortlos, was sehr außergewöhnlich ist für ihn, erhebt er sich schwerfällig und schleppt sich, nach vorne gebeugt, zur Bank zurück. Ich nehme meine Tasche, binde Sky wieder los und wir gehen ebenfalls dorthin. In diesem Moment kommt Camille-Jo auf uns zu. Als er Marcelin so liegen sieht, erkundigt er sich erschrocken nach seinem Befinden.

Marcelin glaubt noch immer, dass es ihm bald besser gehen würde. Camille-Jo will deshalb wissen, ob er ihn für den nächsten Auftritt ansagen könne.

»Ja, das kannst du, aber gib mir noch etwas Zeit; bis es vorüber ist«, bittet er mit matter Stimme.

Camille-Jo geht in den Saal zurück und verkündet, dass »*Pokouma*« in Kürze nochmals auftreten werde. Sofort klatscht, tobt und schreit das Publikum wie verrückt. Inzwischen ist der Saal sehr gut gefüllt, da es ganz aufgehört hat zu regnen.

Doch Marcelin geht es immer schlechter, an einen weiteren Auftritt ist nicht mehr zu denken. Nun klagt er auch über Schmerzen im Bauchbereich und dass ihm sehr heiß sei. Daraufhin steht er mühsam auf.

»Ich gehe ein bisschen herum, vielleicht geht es mir dann wieder besser«, sagt er mit schmerzverzerrtem Gesicht.

Dann kommt Camille-Jo wieder und erkundigt sich, wo »*Pokouma*« bleibe. »Er vertritt sich gerade etwas die Beine, aber es geht ihm leider schlechter«, informiere ich ihn. Sofort macht er sich auf den Weg, ihn zu suchen. Bald darauf kommt er alleine zurück. Dank einer der hier sehr selten zu findenden Straßenlaternen sehe ich aus der Ferne, dass sich Marcelin an der Böschung bei der Straße oben an einen Baum lehnt. Nach einiger Zeit kommt er zurück, legt sich wieder auf die Bank, den Kopf auf meinem Oberschenkel. Immer wieder stöhnt er laut auf vor Schmerzen. Es ist schrecklich für mich, ihn so hilflos zu sehen. Sofort rufe ich Camille-Jo, der sich noch in der Nähe befindet. Dieser hat in der Zwischenzeit Kräuter gesucht, die er nun Marcelin kurzerhand in den Mund schiebt. Er mache sich, wie er betont, ernsthafte Sorgen um den Kranken. Er geht nur rasch nochmals in den Saal zurück, um das wartende Publikum darüber zu informieren, dass es dem Künstler leider nicht gut gehe und kommt dann blitzschnell wieder zurück. Er will Marcelin nicht aus den Augen lassen. Nachdem die Schmerzen noch weiter zugenommen haben, befiehlt mir Camille-Jo, die Frau Ex-Bürgermeisterin, mittlerweile die Chefin des Restaurants, zu holen. Ich schiebe meine Tasche unter Marcelins Kopf, stehe auf und stürze in den Saal. Sie sitzt ganz hinten bei der Theke. Wegen der lauten Musik muss ich mich zu ihr hinunterbeugen. In wenigen Worten berichte ich ihr von Marcelins Zustand und bitte sie, mit mir zu kommen. Ohne ein Wort zu sagen steht sie sofort auf und folgt mir nach draußen.

Inzwischen haben sich einige Leute um den Leidenden versammelt. Marcelin informiert die Besitzerin des Restaurants über sein Befinden und dass er ins Spital wolle. Eine andere Frau, die seine Erklärungen ebenfalls gehört hat, will sogleich seinen Bauch abtasten. Marcelin schreit auf vor Schmerzen und befiehlt, sie solle sofort damit aufhören. Doch sie will sich nicht davon beirren lassen und tastet ihn weiter ab. Ich schlage ihr die Hand weg und zische sie an, ob sie denn nicht gehört habe, dass sie ihn nicht anfassen solle. Sie schaut mich verwundert an, kommt aber dieser unmissverständlichen Aufforderung sofort nach.

In der Zwischenzeit hat die Chefin einen Fahrer organisiert und stellt uns ihr Auto zur Verfügung. Sodann bringt man Marcelin zum Auto. Auf dem Beifahrersitz wird die Rücklehne ganz nach hinten gestellt, damit Marcelin sich hinlegen kann. Ich eile in den Saal zurück, um meine Kamera zu holen, dann steige ich hinten ins Auto und setze mich auf den einzigen freien Sitz, mit Sky auf dem Schoß.

Camille-Jo will unbedingt auch ins Spital mitkommen und versucht, sich auf den Beifahrersitz neben Marcelin zu quetschen. Doch das geht nun wirklich nicht, zumal Camille-Jo auch nicht gerade der Schlankste ist. Marcelin stöhnt laut vor Schmerzen. So zwängt er sich dann auf meinen Sitz. Äußerst bequem, zu dritt auf einem Platz! Für afrikanische Verhältnisse überhaupt kein Problem, sondern ganz normal. Ich bin inzwischen sogar noch engere Platzverhältnisse gewöhnt.

Der Fahrer erkundigt sich, zu welchem Spital er uns fahren soll. Laut und energisch verkünde ich mehrmals, dass wir ins elf Kilometer entfernte große Spital in Bangwa gefahren werden wollen. Mit Betonung auf »groß«, denn es gibt noch ein kleines, das Schwesterspital im Dorf.

Meine Anweisung klingt so bestimmt, dass niemand wagt, mir zu widersprechen. Inzwischen ist es ein Uhr morgens geworden und Sky schläft endlich friedlich auf meinem Schoß.

Als wir durchs Dorf fahren, müssen wir leider feststellen, dass alle Tankstellen geschlossen sind. Der Fahrer bemerkt nur, es sei ja genügend Benzin im Tank, um nach Bangwa zu kommen. Aber nicht für den Rückweg. Und in Bangwa gibt es keine Tankstelle. Ich reagiere jedoch nicht auf seine Worte. Wie wir zurückkommen, ist mir in diesem Moment völlig egal, jetzt zählt nur eines, nämlich mit Marcelin so schnell wie möglich ins Spital zu kommen, denn inzwischen ist er fast bewusstlos vor Schmerzen, stöhnt und schreit unaufhörlich und versucht, sich auf die Seite zu drehen, was aber auf dem engen Sitz völlig unmöglich ist.

Man benötigt für die Fahrt ungefähr zwanzig Minuten, doch mir erscheint es heute wie eine Ewigkeit, obwohl der Fahrer ordentlich Gas gibt. Das ganze Dorf Bangwa ist um das Spital herum gebaut, so auch die Personalhäuser. Im Zentrum befindet sich die protestantische Kirche.

Zum Glück kennt sich Camille-Jo auf dem Spitalgelände aus und dirigiert den Fahrer gleich zur sogenannten »Notaufnahme«. Diese ist nicht zu vergleichen mit einer Notaufnahme in Europa. Hier ist es der Teil des Spitals, wo das Personal Nachtwache hält oder auf Abruf schlafen kann.

Das »Hôpital Protestant de Bangwa« wurde vor fast siebzig Jahren gegründet, die ersten beiden Chefärzte waren Schweizer. Es verfügt über 340 Betten und ist auf fünf Bungalows verteilt: Gynäkologie, Innere Medizin, Intensivstation, Chirurgie und Kinderheilkunde. Vor dem Eingang wird man von einer riesigen, beeindruckenden Holzskulptur begrüßt.

Vor dem entsprechenden Gebäude angekommen, hupt der Fahrer mehrmals, was ihm sogleich heftige Kritik einbringt, da es inzwischen schon gegen zwei Uhr nachts geht. Er sagt, das sei ihm egal, wir hätten einen dringenden Notfall. Mit diesen Worten steigt er aus und erkundigt sich bei der Nachtwache, wo wir hingehen müssten. Diese lotst den Fahrer zu einem Gebäude in der Nähe. Nun steige auch ich aus. Durch den Lärm sind die Nachtschwestern alarmiert worden. Camille-Jo und der Fahrer hieven Marcelin gemeinsam aus dem Auto in den bereitstehenden Rollstuhl.

Ich schnappe mir Tasche, Kamera und Kindersitz, während ich auch noch Sky auf dem Arm halte und versuche, den Nachtschwestern zu folgen. Sie bringen Marcelin in einen großen Saal mit acht Betten. Diese sind durch leichte Holzwände und zur Dielenseite mit einem Vorhang abgetrennt. Die Nachtschwester überprüft sofort Fieber, Puls und Blutdruck. Während dieser Zeit lege ich Sky in den Kindersitz und stelle ihn auf einen Tisch. Der Kleine schläft ungestört, trotz des grellen Neonlichtes.

Marcelin stöhnt und stöhnt und klagt, die Schmerzen seien unerträglich. Camille-Jo erkundigt sich nach dem Verbleib eines Arztes.

»Er ist gerade bei einer Geburt und kann nicht weg, aber er wird so bald wie möglich kommen«, informiert uns eine der Nachtschwestern.

Camille-Jo verliert die Nerven und beginnt, das Personal zu beschimpfen und über das Spital herzuziehen. Die Schwestern bleiben erstaunlich ruhig und betonen, dass Marcelin nicht sterben wird, alle Körperfunktionen seien in Ordnung und somit bestehe kein Grund zur Besorgnis.

So heißt es ganz einfach, möglichst geduldig, aber hilflos zu warten. Das ertrage ich jedoch nur kurze Zeit, dann muss ich an die frische Luft, um eine Zigarette zu rauchen. Was bleibt mir anderes übrig, ich kann ja in dieser Situation nichts für Marcelin tun. Er nimmt mich nicht einmal mehr wahr.

Bald darauf werde ich gerufen. Ich solle mithelfen, Marcelin auszuziehen, damit der Arzt ihn besser untersuchen kann. Unter Stöhnen lässt er alles über sich ergehen. Ich ziehe ihm die Jacke und das T-Shirt aus, Hosen und Socken. Als Camille-Jo sieht, wie stark Marcelins Hoden geschwollen sind, gerät er ganz außer sich. Später erklärt er mir, dass Leistenbruch unter anderem eine typische Musiker-Krankheit sei.

Der Arzt ist immer noch nicht zur Stelle. Camille-Jo wäre am liebsten davongeeilt, um ihn höchstpersönlich am Hemdkragen zu packen und ans Krankenbett von Marcelin zu schleppen. Nach einer weiteren Ewigkeit erscheint er endlich. Im ersten Moment bin ich sehr überrascht, denn ich hatte nicht einen so jungen Mann erwartet, der nicht älter als fünfundzwanzig zu sein scheint. Es handelt sich vielleicht um einen Assistenzarzt. Seine ungewöhnlich dicken Brillengläser fallen mir sofort auf. Meine anfänglichen Bedenken schiebe ich aber rasch beiseite. Während der Untersuchung, die mir sehr feinfühlig und kompetent scheint, bleibe ich an Marcelins Seite. Natürlich muss auch der Unterbauch gründlich untersucht werden. Doch Marcelin erträgt nicht mal die feinste Berührung und schreit gleich auf. Der Arzt gibt ihm das Stethoskop in die Hand und sagt, er solle es sich selber auf den Bauch legen, was dann auch funktioniert. Nach einer kurzen Untersuchung ordnet der Arzt an, sofort den Operationssaal bereit zu machen.

Camille-Jo ist etwas beruhigt und beschließt, mit dem Fahrer, der immer noch draußen wartet, nach Hause zu fahren, jedoch nicht ohne mir vorher zu versprechen, mich am nächsten Morgen abzuholen und nach Marcelin zu schauen. Wie ich später erfuhr, hat das Benzin tatsächlich nicht bis Bangangté gereicht.

Marcelin wird nochmals gründlich untersucht, bevor man ihn für die Operation vorbereitet. Ich melde dem Arzt die Befürchtungen von Camille-Jo. Sie werden zu hundert Prozent bestätigt, er leidet an einem Leistenbruch.

Dann weisen mich die Schwestern an, Marcelin die Uhr und den Schmuck abzunehmen. Ferner müsse er für die Operation rasiert werden, was für Marcelin wiederum eine enorme Tortur bedeutet. Ich versuche ihn zu beruhigen und auf ihn einzureden, dass dies nun mal unumgänglich sei. Da die Rasur ohne Schaum, also trocken durchgeführt wird, kratzt es auf der Haut und ich habe das Gefühl, die Schwester drücke zu viel. Ich bitte sie, damit aufzuhören, ich würde das übernehmen. Doch auch bei mir ist es dasselbe Resultat, Marcelin schreit auf, obwohl ich ihn kaum berühre. Da also auch ich nicht weiterkomme, übergebe ich die Klinge wiederum der Schwester und versuche, meinen Mann zu beruhigen. Schlussendlich finden wir einen Mittelweg: Er spannt mit einer Hand die Haut, die rasiert werden muss, etwas an, sodass die ganze Prozedur für ihn doch noch etwas erträglicher wird.

Gegen drei Uhr in der Nacht wird Marcelin dann in den Operationssaal geschoben, was aber nicht einfach einen Raumwechsel bedeutet. Samt Bett wird er zuerst aus dem Gebäude gefahren, dann einen steilen Hang hinauf zum Operationstrakt. Vor dem Operationsraum muss ich mich von meinem Mann verabschieden, wünsche ihm von Herzen alles Gute und begebe mich zurück in das Zimmer, wo Sky tief und fest schläft. Ich frage die Schwester, ob sie ein Auge auf ihn haben könnte, da ich noch gerne etwas frische Luft schnappen möchte. Sie nickt und lächelt mich an: »Gehen Sie nur, ich schaue zu ihm.« Mit einem erleichterten »merci« gehe ich aus dem Zimmer. Wäre ich noch länger dort drin geblieben, ich glaube, ich wäre an der dicken Luft erstickt.

Ich setze mich vor dem Gebäude auf eine Bank. Zuerst atme ich tief durch und versuche, mich zu beruhigen. Alles ging plötzlich so schnell, wir hatten nicht mal Zeit gehabt, irgendjemanden zu benachrichtigen. So schreibe ich rasch ein paar SMS, mitten in der Nacht anzurufen hätte wenig Sinn und allenfalls würden die Leute nur erschreckt aus dem Schlaf gerissen.

Doch meine Nervosität lässt nicht nach, ganz im Gegenteil, sie verstärkt sich durch das Warten noch. Ich habe auf einmal das Gefühl, als würde ich schon Stunden dort sitzen. Unruhig geworden, stehe ich auf und begebe mich zurück ins Zimmer zu Sky, der immer noch ruhig schläft. Die Nachtschwester hat ihn samt seinem Kindersitz aufs leere Bett gestellt und den Vorhang zugezogen, damit ihn das grelle Neonlicht nicht stört. »Ich möchte gerne zum OP-Gebäude gehen, um dort auf das Ende der Operation zu warten«, teile ich der Nachtschwester mit. Sie hat volles Verständnis dafür und versichert mir nochmals, dass sie bei Sky bleiben würde.

Ich eile den langen Korridor entlang, raus aus dem Gebäude und zum OP-Trakt hinauf. Damit man trockenen Hauptes von einem Gebäude zum nächsten gelangen kann, sind diese jeweils mit einer Wellblech-gedeckten Galerie miteinander verbunden.

Dort angekommen, höre ich nur das laute Schnarchen des Nachtwächters. Ich sehe ihn zwar nicht, da der Eingang nicht beleuchtet ist, aber vermutlich liegt er auf einer der Holzbänke. Kurz überlege ich, ob ich ihn dort suchen und wecken soll, um zu fragen, ob Marcelins Operation vorbei sei. Doch dann lasse ich es bleiben. Unbemerkt schlüpfe ich durch die erste Tür, die nur angelehnt ist. Am Ende des langen Korridors geht es wieder nach draußen und über einen mit Wellblech gedeckten Steg, an dessen Ende sich eine weitere Tür zum nächsten Gebäude befindet. Doch ich wage es nicht, auch diese zu öffnen. Weit und breit ist kein Laut zu hören und kein Mensch zu sehen. Ein unheimliches Gefühl beschleicht mich. Wo bin ich nur hingeraten?

Unsicher kehre ich wieder zurück und setze mich neben den Eingang auf eine Holzbank, wo ich den klaren, afrikanischen Nachthimmel sehen und die kühle, frische Luft atmen kann.

Wie gut mir das tut!

Mein Gott, so muss sich Marcelin damals gefühlt haben, als er nicht wusste, ob ich überleben würde.

Meine Gedanken schweifen ab. Was mache ich, wenn Marcelin die Operation wirklich nicht überlebt? Bleibe ich hier in

Kamerun oder gehe ich mit Sky in die Schweiz zurück? Und das Haus, was mache ich damit? Wohin mit den Tieren?

Stopp, solche Gedanken darf ich nicht aufkommen lassen, es wird bestimmt alles gut gehen. Ich beginne zu beten. Das beruhigt mich etwas, doch leider nur für kurze Zeit. Ein Blick auf die Uhr zeigt, dass die Operation nun beendet sein könnte. Man hatte mir gesagt, sie würde ungefähr eine Stunde dauern.

Doch nichts tut sich.

Immer und immer wieder schaue ich auf die Uhr. Hat es vielleicht Komplikationen gegeben? Oder müssen sie ihn sogar wiederbeleben?

Diese Gedanken machen mich halb verrückt. Nein, nein, so kann es nicht weitergehen, ich muss versuchen, einen klaren Kopf zu bekommen und frage mich, ob ich denn überhaupt richtig gerechnet habe. Wann ungefähr hat der Arzt mit der Operation begonnen? Mein Blick auf die geschriebenen SMS zeigt, dass es nach drei Uhr gewesen sein muss. Also kann die Operation bis nach vier Uhr dauern. So gelingt es mir, mich wieder ein bisschen zu beruhigen. Beim kleinsten Geräusch schiele ich durch die leicht offene Tür Richtung Operationssaal.

Nichts.

Weiter warten.

Weiter auf die Uhr schauen, inzwischen alle fünf Minuten.

Dazwischen versuche ich immer wieder, tief und ruhig durchzuatmen. Ich blicke zum Nachthimmel hinauf, schaue den vorüberziehenden Wolken nach und höre auf das Rascheln der Blätter des nahen Baumes, die im leichten Wind schaukeln. Eine so wunderschöne, friedliche Nacht, in der ich um das Leben meines Mannes bange.

Wieder bete ich, diesmal noch inniger.

Endlich sind Schritte und Stimmen zu hören. Sofort stehe ich auf und eile zur Tür. Am andern Ende des Korridors sehe ich den Arzt im Licht stehen. Er kann mich im Dunkeln nicht sehen. Ich höre, wie er den schlafenden Wächtern von Weitem zuruft: »Holt die Frau des Patienten, er ist wach.«

»Ich bin schon da«, rufe ich, während ich den endlos wirkenden Korridor entlanghetze. Die Nachtwächter hinter mir erwachen auf ihren harten Holzbänken und realisieren erst jetzt, dass sie angesprochen wurden. Nach einer kurzen Begrüßung fragt mich der Arzt, ob ich sehen möchte, was sie Marcelin herausoperiert haben. »Ja, natürlich«, antworte ich. Er blickt mich etwas skeptisch an, gerade so, als würde er mir diesen Anblick nicht zutrauen. Schweigend führt er mich in einen Vorraum des Operationssaales. Dort auf dem Tisch liegt das entfernte, undefinierbare Etwas, das ungefähr so groß ist wie eine flachgedrückte Mandarine und aussieht wie weißes Fettgewebe. Ich versuche nicht, mir vorzustellen, wie sie es herausoperiert haben.

Der Arzt ist sichtlich überrascht, wie cool ich bleibe. Ich erkundige mich, ob die Operation gut und ohne Komplikationen verlaufen sei, was er mir bestätigt. Ich könne schon mal draußen warten, mein Mann werde gleich gebracht.

Die Tür zum Operationssaal steht weit offen. Beim Hinausgehen sehe ich, dass Marcelin immer noch auf dem Operationstisch liegt und sein linker Arm wie leblos herunterhängt. Mein großes Bedürfnis, zu ihm zu eilen, unterdrücke ich, denn es ist mir bewusst, dass ich nicht einfach so in einen OP-Raum hineinspazieren kann. So setze ich mich nochmals auf die Bank und atme tief durch. Die Operation ging gut, Gott sei Dank!

Nach einer Weile wird er samt Pritsche herausgefahren, nur mit einem Laken zugedeckt. Ich habe den Eindruck, dass ihm kalt sei, denn die Nacht ist recht kühl. Über den holperigen Weg mit Löchern im Boden wird der frisch operierte Patient zum Bettentrakt zurückgefahren. Sicher ein tolles Gefühl für frisch Operierte, so durchgeschüttelt zu werden! Vom dabei aufgewirbelten Sand gar nicht zu sprechen. Zum Glück bekommt er von all dem so gut wie nichts mit.

Während man den Patienten auf seiner Liege einfach so vor dem Gebäude stehen lässt, muss zuerst noch abgeklärt werden, welches Zimmer er denn bekommen soll. Ich hatte erwartet, dass so etwas schon vorher organisiert wird. Typisch Afrika!

Langsam habe ich einen gewissen Einblick in das hiesige System. Alles wird erst dann geregelt, wenn es wirklich nötig ist. Es hätte beispielsweise in unserem Fall ja sein können, dass der Patient gar kein Zimmer mehr braucht! Warum also sich schon im Voraus die Mühe machen und, wer weiß, vielleicht umsonst!

Nach längerer Wartezeit bekommt Marcelin zunächst ein stationäres Bett, was bedeutet, dass er das Zimmer wechseln muss, sobald es ihm besser geht. In diesem Schlauch von einem Zimmer stehen mindestens zwölf Betten. Er bekommt dasjenige hinter der Tür in der Ecke, also eine recht ruhige Lage. Die Betten sind nur durch ehemals weiße, vergilbte Vorhänge voneinander getrennt. Wie ich auf einen Blick feststelle, scheint es seinem Bettnachbarn relativ gut zu gehen, denn er liegt ganz ruhig und friedlich da. Was man leider nicht von allen Patienten sagen kann.

Marcelin wird von der Pritsche aufs Bett gehievt. Das Operationslaken lassen sie ihm zum Glück, denn er hätte sonst nicht einmal etwas gehabt, um sich zuzudecken. Ich lege ihm noch alle seine Kleider darüber, denn er friert ganz offensichtlich. Bald schläft er ein. Die Schwestern fragen mich, ob ich mich auch ein bisschen ausruhen möchte. Ja, das täte mir gut. Sie geben mir das freie Bett in dem Zimmer, in das Marcelin zuerst eingeliefert wurde.

Es kommt in dieser Nacht kein weiterer Notfall mehr. Doch schlafen kann ich trotzdem nicht, denn ich nehme Sky zu mir. Die Matratze des Bettes ist mit Plastik überzogen, was zum einen sehr rutschig und zum andern sehr heiß ist. Zudem ist das Bett so schmal, dass ich Angst habe, Sky könnte runterfallen. Er schläft auch äußerst unruhig, weil er ebenfalls schwitzt.

Als ich am Morgen zu Marcelin gehe, ist er schon längst wach und hat nach mir gefragt. Dabei hatte ich den Schwestern extra aufgetragen, mich unverzüglich zu holen, sobald er aufgewacht ist, sie wussten ja, in welchem Zimmer ich übernachte.

Marcelin ist zwar wach, aber durch die Narkose noch etwas verwirrt. Er spricht von Dingen, dessen Zusammenhänge ich nicht verstehe. Er meint, er wolle jetzt unbedingt ein Video aufnehmen als Vermächtnis für seinen Sohn (er hatte die Videokamera gesehen, die ich vom Konzert her immer noch bei mir hatte). Mit großer Mühe versuche ich ihm zu erklären, dass die Operation vorüber ist. Er hat bisher noch nie eine Narkose gehabt und realisiert nicht, dass er während dieses »Filmrisses« operiert wurde.

Einige Zeit später kommt der Arzt, der ihn operiert hat, zur Visite vorbei. Marcelin geht es den Umständen entsprechend schon recht gut. Doch dann sagt mir der Arzt etwas, was mich zutiefst schockiert und mir bewusst macht, wie viel Glück wir hatten.

»Wären sie gestern nur zwei Stunden später gekommen, könnten wir nun nicht hier an seinem Bett stehen, sondern an seinem Grab. Das war wirklich knapp und einer der schlimmsten Leistenbrüche, die ich je gesehen habe!«

Zutiefst aufgewühlt, aber auch dankbar schaue ich den Arzt an. Jetzt ahne ich, was Marcelin damals an meinem Krankenbett im Juli 2006 durchgemacht haben muss, als ich einen schlimmen Malariaanfall mit Blutarmut hatte und man ihm dasselbe sagte.

Ich frage Marcelin, ob er etwas essen wolle, was er verneint. Er habe nur Durst. So hole ich für ihn im Laden außerhalb des Spitals zwei Flaschen Mineralwasser »Tangui«.

Ab Mittag geht es ihm besser, die Nachwirkungen der Narkose haben nachgelassen. So beginnen wir darüber nachzudenken, wie ich zurück nach Bangangté komme und von dort nach Hause. Eigentlich besteht kein Zweifel, es kommt nur ein Sammeltaxi infrage. Marcelin erklärt mir ganz genau, wo ich einsteigen kann und wie viel es dann kostet.

Als ich aufbrechen will, kommen gerade Jacques, der Schwager von Marcelin, zusammen mit einem Notablen und einem Chef, um den Kranken zu besuchen. Sie bieten mir an, mit ihnen zurückzufahren. Um den Patienten nicht zu sehr zu strapazieren, bleiben sie nicht allzu lange. Gerade als wir uns von Marcelin verabschiedet haben, erscheint seine Schwester Marie. Sie werde die Nacht über bei ihrem Bruder bleiben, lässt sie uns wissen. Ich bin sehr erleichtert und dankbar über dieses Angebot, denn Marcelin kann noch nicht aufstehen und ist dringend auf Hilfe angewiesen. Ich kann mit Sky unmöglich ständig bei ihm bleiben und habe auch keine Windeln mehr übrig.

So quetsche ich mich kurz darauf ins Auto. Drei Personen hinten (ich hatte ja auch noch Sky auf dem Schoß) und vorne der Fahrer mit zwei Personen auf dem Beifahrersitz.

In Bangangté angekommen, laufe ich sofort dorthin, wo am Vorabend das Konzert stattgefunden hatte und unser Auto noch geparkt ist. Unterwegs begegnet mir Alain, ein junger Mann mit kecker Brille auf der Nase, der auch Musik macht. Er war damals beim Radio dabei, als Marcelin dort live gespielt hat. Er bietet mir sofort seine Hilfe an und würde mich auch nach Hause begleiten. In Europa wäre es kein Problem, ein solches Angebot anzunehmen. Doch ich bin in Afrika und das bringt mich in eine

Zwickmühle. So gerne ich sein Angebot angenommen und seine Hilfe hätte brauchen können, ich muss dankend ablehnen. Was würden die Leute sonst sagen? Und vor allem, was würde Marcelin davon halten? Er ist noch keine 24 Stunden im Spital und zu Hause läuft schon ein anderer Mann rum! Nein, das geht wirklich nicht!

Dann begegnet mir auch noch Camille-Jo. In seiner mitfühlenden und herzlichen Art bietet er mir ebenfalls sofort seine Hilfe an. »Ja, das wäre super. Ich muss nämlich das Auto holen, weiß aber wieder einmal nicht, ob es anspringt«, erkläre ich ihm. Er begleitet mich zum Auto und nach einigen Anläufen springt das Fahrzeug zu meiner Erleichterung an und ich mache mich unverzüglich auf den Heimweg. Es wird bereits dunkel und ich will unbedingt daheim sein, bevor es völlig finster ist.

Zu Hause stelle ich den schlafenden Sky im Kindersitz auf die Terrasse und bringe die Ziege zum Haus, die immer noch unbekümmert auf der Wiese herumspringt. Zwei Eimer Wasser müssen auch noch geholt werden, einer für die Toilette und einer für die Handdusche. Dann gibt es noch ein paar Nudeln zum Abendessen und nachdem der Kleine gebadet und genüsslich seine Flasche getrunken hat, ist er versorgt für diesen Tag und schläft schon bald wieder friedlich ein. Endlich gibt es auch für mich eine verdiente Verschnaufpause. Ich setze mich aufs Sofa und rufe noch bei Marcelin an, um mich nach seinem Befinden zu erkundigen. Es gehe ihm den Umständen entsprechend recht gut, er unterhalte sich gerade mit Marie, die ihn liebevoll umsorge. Sie würde auch tagsüber bei ihm bleiben und für ihn kochen. So könne ich ruhig zu Hause bleiben und mich um Sky, Haus und Tiere kümmern. Ich bin sehr erleichtert. Nach der ganzen Hektik des gestrigen Tages und der schlechten Nacht mit wenig Schlaf brauche ich etwas Erholung.

Hätte mich zu diesem Zeitpunkt jemand gefragt, ob ich denn keine Angst habe, so ganz alleine mit dem Kind in diesem abgelegenen Haus, wäre meine Antwort spontan und ehrlich »nein« gewesen. Noch ahnte ich ja nicht, was uns bereits ein halbes Jahr später erwarten und sehr viel Kummer bereiten würde …

Sky schläft auch in dieser Nacht sehr unruhig und weckt mich dadurch ständig, sodass der Morgen für uns viel zu schnell herbeikommt. Nach den täglichen Arbeiten wie Ziege rausbringen, Schwein und Hunde füttern, die Terrasse kehren und einige Eimer Wasser ziehen, lege ich mich aufs Bett, um Sky zu stillen. Danach setze ich ihn in den großen Laufstall, den wir extra für ihn haben anfertigen lassen. So kann ich in aller Ruhe Wäsche waschen und das Frühstück zubereiten. Abends werde ich wieder Wasser ziehen müssen, um die Stoffwindeln auszuwaschen.

»Hast du wirklich das Auto oben hingestellt, um es dann mit einem Rollstart starten zu können?«, fragt mich Marcelin bei unserem nächsten Telefongespräch. »Ja, natürlich. Morgen komme ich dich wieder besuchen. Kann ich dir noch irgendetwas mitbringen, brauchst du etwas?«, erkundige ich mich. »Nein, danke, mir fehlt nichts. Ich kann das Bett ja sowieso noch nicht verlassen.« Ich bereite trotzdem schon mal für ihn die Trainingshose und ein T-Shirt vor.

Es ist Ende November und die Trockenzeit hat begonnen. So bade ich Sky jeweils nach dem Mittag, damit er die große Hitze besser erträgt. Danach legen wir uns beide zwei Stunden schlafen. Marcelin berichtet mir anschließend am Telefon, dass es ihm besser gehe und ich doch morgen recht früh kommen solle. Nochmals erkundigt er sich wegen des Autos.

»Ja, ja, ich habe es so gemacht, wie du mir gesagt hast, es wird schon klappen«, beende ich dieses Thema. Eigentlich hatte ich mir zwar geschworen, dieses Auto nie selber zu fahren, denn es zeigte sich zu oft mit allerlei unvorhergesehenen Tücken. Doch jetzt habe ich keine andere Wahl.

Am nächsten Morgen bin ich rechtzeitig aufgewacht. Nachdem die Hausarbeit erledigt und alles Notwendige gepackt ist, setze ich Sky auf der Terrasse in den Laufstall, um ihn erst dann zu holen, wenn der Motor des Autos läuft. Ein Blick auf die Uhr zeigt, dass ich leider schon wieder spät dran bin und mich beeilen muss. Schnell setze ich mich ins Auto, stelle die Gangschaltung auf Leerlauf und drehe die Räder so, dass es losrollen könnte.

Nichts tut sich.

Ich öffne die Tür und versuche, mit dem Fuß anzuschieben.

Es funktioniert tatsächlich, das Auto rollt ganz langsam, aber es springt nicht an. Es steht zwar inzwischen vor unserem Haus, aber bis zur Straße wären es bestimmt noch gut fünfzig Meter.

Was jetzt?

Rasch ein Blick zu Sky, er spielt immer noch friedlich und gibt nicht zu erkennen, dass er geholt werden möchte. So stelle ich mich oben an die Straße, um zu warten, bis ein Mototaxi oder sonst irgendjemand vorbeikommt, der mir helfen könnte, das Auto zur Straße zu rollen. Ich überlege mir während des Wartens, dass ich dann zuerst Richtung Chefferie fahren könnte, denn dort ist die Straße auch abfällig. Ich warte eine gute halbe Stunde, doch es zeigt sich keine Menschenseele, es ist zum Verzweifeln. Es wird mir wohl nichts anderes übrig bleiben, als selbst zu schieben, beschließe ich resigniert. Sollte dann doch noch jemand kommen, kann ich ja immer noch rufen.

So beginne ich mit aller Kraft zu schieben, was recht gut gelingt, da unser Weg größtenteils gerade ist oder durch die vielen Bodenwellen sogar eher ein bisschen abschüssig. Doch das letzte Stück ist das schwierigste. Die Einfahrt bis zu unserem Haus geht über eine kleine, aber sehr lange Bodenwelle und ich muss das Auto dort drüberschieben. Doch bevor ich dies in Angriff nehme, mache ich eine kurze Verschnaufpause. Damit mir das Gefährt nicht noch davonrollt, lege ich einen Stein unter die Räder. Nochmals stelle ich mich hoffnungsvoll an die Straße, um Ausschau zu halten. Aber nein, es soll nicht sein, niemand kommt des Weges.

So gibt es keine andere Lösung, ich muss auch dieses Stück irgendwie alleine bewältigen. Ich atme tief durch und los geht's mit der Schieberei. Ich weiß nicht wie, aber ich schaffe es tatsächlich! Einen letzten Kontrollblick zu Sky, dann setze ich mich schwungvoll ins Auto und es rollt los. Ich nehme gleich den Weg zur Chefferie. Aber es ist wie verhext, der Wagen springt einfach nicht an. Sofort trete ich wieder die Kupplung durch, damit er für einen erneuten Startversuch nochmals Schwung bekäme.

Doch nichts, rein gar nichts tut sich.

Inzwischen stehe ich vor dem kleinen Haus von Marcelins Cousin Thomas. Dieser groß gewachsene Mann um die sechzig lebt alleine dort, seit ihn vor etwa einem Jahr seine Frau verlassen hat. Seine Kinder habe ich seit einiger Zeit auch nicht mehr gesehen. Leider ist er nicht zu Hause, um mir helfen zu können. Doch in diesem Moment höre ich von Weitem den Motor eines Lastwagens. Es ist, wie sich herausstellt, der weiße Lastwagen des Königs. Die Fahrer kennen mich, halten an und erkundigen sich, was denn los sei. Ich erkläre ihnen die Sachlage.

»Hat das Auto genug Benzin?«, fragen sie mich. »Marcelin hat gesagt, dass es noch bis Bangangté reichen würde«, antworte ich ihnen. Die Benzinanzeige funktioniert natürlich schon lange nicht mehr. Einer der Fahrer kontrolliert hilfsbereit den Benzinstand, indem er das Schläuchlein herauszieht, das den Motor mit Benzin versorgt.

Er saugt daran und es stellt sich heraus, dass Marcelins Berechnung mit dem Benzin falsch war. Der Fahrer bietet an, mir bei seiner nächsten Fahrt Benzin vorbeizubringen. Ich überlege kurz und rechne. Das würde leider viel zu lange dauern, denn zuerst müssten sie, wie sie mir sagten, Sand laden, was mindestens eine Stunde in Anspruch nehmen würde, und bis sie wieder hier wären, müsste dann mit insgesamt mindestens zwei Stunden gerechnet werden. So lehne ich dankend ab, zumal ich auch kein Geld bei mir habe.

Ich nehme meine Taschen aus dem Auto und marschiere die gut zweihundert Meter zu Fuß nach Hause zurück. »So ein Mist!«, rufe ich laut aus und kicke einen kleinen Stein, der mir gerade vor den Füßen liegt, weit weg. Es bleibt mir nichts anderes übrig, als Marcelin anzurufen und um Rat zu fragen, was ich tun soll – ohne Geld und Benzin.

»Ich schicke dir den Mann von Marie, er soll dir drei Liter Benzin bringen«, sagt er daraufhin ganz gelassen, als sei es das Selbstverständlichste der Welt. Nach ungefähr zwei Stunden trifft der Mann per Mototaxi endlich bei mir ein. Marcelin hat in der Zwischenzeit mindestens schon zwei Mal angerufen, um zu erfahren, ob sein Schwager gekommen sei.

Sky muss ich weiterhin im Laufstall sich selbst überlassen, was kein Problem ist, er spielt friedlich ganz für sich alleine, während wir drei zum Auto laufen. Es ist sowieso besser, ihn dort im Schatten zu lassen, als ihn im Auto so lange der Hitze auszusetzen.

Nachdem mein Schwager das Benzin eingefüllt hat, stoßen die beiden Männer das Auto die leichte Steigung hinauf. Danach schieben sie es wieder hinunter und ich habe genug Schwung, um es zu starten. Ich fahre bis zur Chefferie, wende dort das Fahrzeug und fahre zu unserem Haus zurück. Endlich kann ich samt Sky losfahren, die beiden Männer folgen mir auf dem Mototaxi.

In der Zwischenzeit hat Marcelin den Chef vom Busunternehmen »Original Signe«, den er gut kennt, angerufen, um ihn um Geld zu bitten, denn mit drei Litern Benzin im Tank komme ich nicht bis nach Bangwa.

Nachdem der große, schlanke, gut aussehende Chef seine Brille zurechtgerückt hat, übergibt er mir die versprochenen 10 000 CFA, was in etwa 25 CHF entspricht. CFA-Franc (Franc de la Coopération Financière en Afrique Centrale) ist die offizielle Währung in der Zentralafrikanischen Wirtschafts- und Währungsgemeinschaft CEMAC und somit gesetzliches Zahlungsmittel in sämtlichen Staaten Äquatorialafrikas.

Ich bedanke mich und tanke noch fünf Liter nach. Zum Glück sind wir die Strecke bis Bangwa schon öfter gefahren, sodass ich mich auskenne. Bangwa liegt auf dem Weg nach Bafoussam.

Das Auto bockt nicht und wir kommen problemlos beim Spital an. Ich nehme auch die kürzere Strecke, den eigentlichen Fußweg, um Benzin zu sparen. Hier wird nämlich jeweils nur so viel getankt, wie man für die vorgesehene Fahrt benötigt. Falls es am Zielort keine Tankstelle gibt, tankt man also zusätzlich noch die voraussichtlich benötigte Menge für die Rückfahrt. Die meisten haben etwas Benzin zur Reserve im Auto. Das kann in einer Eineinhalbliter-Getränkeflasche, einem Dreiliter-Kanister oder, wenn es hoch kommt, in einem Fünfliter-Kanister sein.

Zu meiner Erleichterung sehe ich sofort, dass es Marcelin wirklich besser geht, obschon er immer noch nicht aufstehen darf. Er soll bald in ein anderes Zimmer verlegt werden. Ich überlasse Sky seiner Obhut, um rasch für ihn das Nötigste einzukaufen. Bald habe ich Wasser, Avocados, Bâtons de Manioc, Bananen und Brot in der Einkaufstasche.

Da wir erst am Nachmittag im Spital angekommen sind, können wir nicht sehr lange bleiben. Beim Abschied frage ich Marcelin, ob es besser wäre, nochmals zu tanken. Nein, seiner Meinung nach reiche es, wenn ich auf dem Rückweg drei Liter tanken würde, erwidert er.

Es ist mir ganz und gar nicht wohl dabei, Marcelin sich selber überlassen zu müssen. Aber ich habe keine andere Wahl. Es hat sich noch nichts an der Tatsache geändert, dass ich unmöglich mit Sky im Spital bleiben kann. Die Tiere zu Hause können wir auch nicht einfach unversorgt lassen. Und wo sollte ich Windeln waschen? Glücklicherweise bietet die Frau, deren Mann im Bett gegenüber von Marcelin liegt, an, sich auch um Marcelin zu kümmern. Ihrem Mann gehe es gar nicht gut, er schlafe fast den ganzen Tag und so hätte sie genügend Zeit.

Jeder Patient hier muss jemanden dabeihaben, der für ihn da ist, einen sogenannten »garde-malade«. Sei es, dass er für ihn die Medikamente besorgt, Essen mitbringt oder sogar dort kocht. Wie viele verschiedene Gerüche sich dadurch im Raum mischen, ist unbeschreiblich. Dass man vielleicht auch mal auf einer am Boden liegenden Bananenschale ausrutscht oder über herumstehende Töpfe stolpert, ist ebenfalls nichts Außergewöhnliches. Da für die Begleitperson normalerweise kein Bett vorhanden ist, legt sich diese meist kurzerhand zum Schlafen unter das Bett des Patienten – ebenfalls eine Selbstverständlichkeit. Natürlich muss die Begleitperson auch die Wäsche des Patienten vor Ort waschen. Diese wird dann einfach draußen zum Trocknen über die Büsche gelegt.

Mit diesem großzügigen Angebot kann ich ein bisschen beruhigter die Heimfahrt antreten. Unterwegs kaufe ich auch für uns zwei noch etwas zu essen ein. Nachdem Sky und die Tiere versorgt und auch alle anderen alltäglichen Arbeiten verrichtet sind, rufe ich Marcelin an. »Stell dir vor, ich werde nun schon morgen in ein anderes Zimmer verlegt. Da ich keine Ahnung habe, wann das sein wird, musst du nicht vorbeikommen«, berichtet er mir. So werde ich mich morgen wieder einmal voll und ganz der Hausarbeit widmen können, was in den letzten Tagen doch vernachlässigt werden musste.

Als ich das nächste Mal einen Besuch im Spital machen will, springt das Auto schon wieder nicht an. Marcelin schickt mir Bertrand vorbei. Die Mutter dieses etwa fünfundzwanzig Jahre alten Mannes ist eine Schwester von unserem Dorfchef. Er sieht auf einen Blick: wieder kein Benzin! Daraufhin fährt er als Anhalter mit einem Lastwagen ins Dorf, um einen (!) Liter Benzin zu holen. Mehr Geld hatte er nicht dabei. Per Mototaxi kommt er bald darauf wieder zurück. Ich äußere Bedenken, ob der eine Liter Benzin denn überhaupt reichen würde, um bis ins Dorf zu kommen. Selbstverständlich reicht es nicht!

Unser Auto hat nämlich eine ganz bestimmte Macke: Wie befürchtet, kommen wir nur bis an jene Stelle, die wir inzwischen »Friedhof« nennen, weil es dort aus unerfindlichen Gründen regelmäßig stehen bleibt. Bertrand ist sicherheitshalber mit mir gefahren und läuft unverzüglich die zweihundert Meter bis zur Kreuzung, denn von dort kostet das Mototaxi nur ca. 100 CFA. Marcelin hatte ihm am Telefon noch aufgetragen, er solle sich bei Brigitte, der ersten Frau von unserem Chef und Besitzerin der »Kiba-Bar«, Geld ausleihen und drei Liter Benzin besorgen.

Sky und ich steigen aus dem Auto und warten im kühlen Schatten auf seine Rückkehr. Bald schon ist er wieder zurück und wir setzen unsere Fahrt fort. Weit kommen wir allerdings nicht, denn die drei Liter Benzin reichen ebenfalls noch nicht bis nach Bangwa.

In der Zwischenzeit hat Marcelin weiter herumtelefoniert und erreicht, dass uns auch der Chef der »Bassamba-Bar« etwas Geld leiht. So kann ich nochmals drei Liter tanken. Ich hätte gerne mehr getankt, aber mit dem geliehenen Geld muss ich für uns alle dann auch noch Essen einkaufen. Diese Art des Geldausleihens mag für Europäer erstaunlich sein, hier ist sie absolut üblich.

So wird es wieder Nachmittag, bis wir endlich im Spital eintreffen. Camille-Jo und Alain sind ebenfalls beim Patienten auf Besuch. Alain hat Marcelin sein Allerheiligstes, nämlich seine Gitarre mitgebracht, die nach dem Konzert noch im Saal zurückgeblieben war. Er hatte sie dann an sich genommen und für Marcelin aufbewahrt.

Camille-Jo und Alain haben für Marcelin freundlicherweise etwas zu essen mitgebracht, sodass ich nichts mehr besorgen muss. Die beiden nutzen dann die Gelegenheit, mit mir bis nach Bangangté zurückzufahren, was mir sehr gelegen kommt, da man ja nie weiß, wann das Auto wieder streikt. Eigentlich erstaunt es mich aber auch, dass die beiden ohne Zögern bei mir, einer Frau, einfach so ins Auto steigen. Das würden sie wohl nicht bei jeder tun. Jedenfalls verläuft die Fahrt recht gut – bis zur letzten Anhöhe, bevor es nach Bangangté hinuntergeht.

Wieder kein Benzin mehr!

Es wären nur noch ungefähr hundert Meter gewesen, bis wir die leichte Steigung passiert hätten. Die beiden Männer steigen wortlos aus und schieben das Auto. Abwärts bis zur Tankstelle geht es dann problemlos. Wie froh und erleichtert bin ich, dass ich nicht alleine unterwegs war!

Ich habe nur noch so viel Geld dabei, dass ich weitere drei Liter Benzin tanken kann. Doch damit komme ich gut bis nach Hause.

Es werden zwei recht stressige Wochen mit immer denselben Problemen: Wie komme ich ins Spital? Wo Geld hernehmen? Und so ganz nebenbei Kind, Haus und Tiere versorgen.

Endlich ist es so weit, Marcelin berichtet mir, dass nun die Fäden an der Operationsnarbe gezogen würden und er in den nächsten Tagen nach Hause gehen dürfe. So will ich ihn doch vorher nochmals besuchen. Ich koche einen großen Topf Bohnen (eine Art Chili con carne) und freue mich darauf, ihn damit überraschen zu können.

Benzin ist genügend vorhanden, eigentlich dürfte bei dieser Fahrt nichts schiefgehen. Doch leider kommt es wieder einmal anders. Das Auto fährt zwar, aber plötzlich nur noch im Schneckentempo. Es ist, als hätte ein Unsichtbarer seinen Fuß auf der Bremse. Ich trete ein paar Mal aufs Gas, aber nichts tut sich. Dann versuche ich zu bremsen, auch das führt zu keinem Ergebnis.

Was soll ich nur tun? Ich habe keine Ahnung.

Zum Glück herrscht nur wenig Verkehr und die Straße ist flach. Aber leider nicht überall. Als nämlich eine leichte Steigung kommt, rollt das Auto aus und bleibt einfach stehen. Und das auf einer völlig unbewohnten Strecke. Keine Häuser, keine Menschen, nur herrlichste Natur pur, die mich aber in diesem Moment überhaupt nicht interessiert. Meine Nerven liegen blank. Eine Schimpftirade auf das vermaledeite Auto bringt mir etwas Erleichterung. Ich schalte die Zündung aus und überlege, was ich tun könnte. In meiner Verzweiflung versuche ich einen Rollstart – diesmal rückwärts. Ein Wunder geschieht, das Auto springt tatsächlich an und fährt die Anhöhe hinauf, als wäre nie etwas anders gewesen. Vielleicht sollte ich versuchen, mit dem Fahrzeug etwas netter zu sein, überlege ich mir lachend, denn obschon es wahrlich keine Schönheit mehr ist, hat es uns doch bisher sehr viele gute Dienste geleistet. Ohne Auto wären wir aufgeschmissen und ein anderes könnten wir uns gar nicht leisten. Wir müssen es also etwas freundlicher behandeln.

Doch ich will mich nicht zu früh freuen, noch bin ich ja nicht am Ziel und die Bremse reagiert schlecht, ich muss sie mehrmals ganz durchdrücken. Und hinten im Auto sitzt geduldig mein kleiner Sohn. Was er sich wohl bei dieser eigenartigen Fahrweise denkt? Vermutlich kümmert es ihn kaum.

Vorsichtig fahre ich weiter, die Angst im Nacken. Was, wenn die Bremsen ganz versagen? Ich darf gar nicht daran denken. Zum Glück sind keine Fußgänger unterwegs, die die Straße überqueren wollen. Hier haben sie keinen Vortritt, sondern springen einfach beiseite. In diesem Moment bin ich sehr froh über diese Regelung, ich hätte ja nicht anhalten können. Jedenfalls kommen wir dann zu meiner Verwunderung doch noch heil im Spital an.

Marcelin wurde wie angekündigt in ein anderes Zimmer verlegt und fühlt sich verständlicherweise dort sehr wohl. Ich staune nicht schlecht, als ich dieses zum ersten Mal sehe. Darin ist ein schönes Doppelbett aus Holz mit bunter Bettwäsche. Daneben noch zusätzlich ein Schweizer Bigla Einzelspitalbett für die Begleitperson. Am Fußende des Bettes steht ein 2er Sofa mit einem Salontisch, auf dem künstliche Blumen platziert sind (eigentlich völlig unpassende Staubfänger in einem Spital!). Weiter gibt es einen Fernseher mit Videogerät sowie einen Kühlschrank. Ein richtiger, abschließbarer 2-türiger Schrank rundet das Interieur ab. Zum Zimmer gehört auch ein Bad mit Dusche, WC und einem Waschbecken.

Dieser Luxus steht in krassem Gegensatz zu den spitaltechnischen Einrichtungen, die noch meilenweit von unserem europäischen Standard entfernt sind. Da gibt es beispielsweise nirgends Hightech-Apparate mit blinkenden Monitoren, mittels deren die Patienten überwacht werden können und die bei der kleinsten Abweichung laute Alarmzeichen geben.

Vor Marcelins neuer Behausung habe ich sogar Geranien entdeckt, die mich sehr an meine alte Heimat erinnern. Dabei stammen alle heute als Zierpflanzen verbreiteten Geranien-Arten von denjenigen ab, die ursprünglich um 1690 aus Südafrika nach Europa gelangt sind.

Vom Zimmer aus hat man auch einen schönen Blick auf die große, typische Siedlung eines Notablen. Die Tradition der Bamiléké erkennt man an den besonderen Dächern. Mehrere spitz zulaufende Türmchen bilden ein Dach, das traditionell mit Raphia-Stroh gedeckt ist, heutzutage aber zunehmend durch Aluminium ersetzt wird, das schon von Weitem in der Sonne glänzt. Nur die Häuser des Königs und der Notabeln dürfen so gedeckt werden. Je mehr Türmchen ein Haus hat, umso einflussreicher ist sein Besitzer.

Ich erkläre Marcelin klipp und klar, nachdem ich ihm meine erneuten Probleme mit dem Auto erzählt habe, dass ich mit diesem Fahrzeug, bei dem nicht mal mehr die Bremsen richtig funktionieren, keinen einzigen Meter mehr fahren würde, das sei mir viel zu gefährlich. Lieber würde ich die öffentlichen Verkehrsmittel benützen, also Sammel- oder Mototaxi. Ich rede mich richtig in Rage. Marcelin beruhigt mich und meint, ich könnte über Nacht bei ihm bleiben, Platz sei ja vorhanden. So werden die Tiere zu Hause gezwungenermaßen mal ohne uns auskommen müssen. Verhungern werden sie deswegen nicht.

Da es noch nicht allzu spät ist, mache ich mich sofort daran, Skys Windeln im Waschbecken auszuwaschen, damit ich für den nächsten Morgen wieder frische habe.

Im ans Spital angrenzenden Laden kaufe ich für uns alle etwas zu essen. Den Abend verbringen wir gemütlich vor dem Fernseher, was für uns eine seltene und willkommene Abwechslung ist, da wir ja zu Hause immer noch keinen Strom haben. So genießen wir diesen Service sehr. Dann versuche ich es mir im schmalen Bigla-Bett bequem zu machen und bette Sky neben mich an die Wandseite. Marcelin bietet mir an, Sky zu sich ins große Doppelbett zu nehmen. Doch ich gebe ihm zu bedenken, dass es für ihn sehr schmerzhaft wäre, wenn der Kleine im Schlaf mit den Füßen nach ihm treten würde und womöglich die Wunde trifft. Sky dreht sich sehr oft im Schlaf. Und das bekomme ich dann dafür zu spüren! So wird es für mich wieder einmal eine lange, fast schlaflose Nacht, von der ich anderntags recht gerädert aufstehe.

Bei der Ärztevisite am frühen Morgen wird Marcelin angekündigt, dass in Kürze die Fäden gezogen werden. Eigentlich hätte er gerne vorher seine Haare gewaschen und die Annehmlichkeit, einfach so warmes Wasser zu haben, noch genutzt. Doch das scheint ihm nun zu riskant, da nicht bekannt ist, wann es so weit sein würde. So gehen wir stattdessen durch den hinteren Ausgang ins Freie, um noch etwas die kühle Morgensonne zu genießen. Marcelin kommt sogleich ins Gespräch mit den Krankenschwestern, die ihr Schwesternzimmer gleich dort beim Ausgang haben. Er erzählt ihnen von der Zeit, als er als Kind noch zusammen mit seiner Mutter in der Chefferie Supérieure wohnte. Bestimmt um die sechs Frauen hängen an seinen Lippen und hören ihm gebannt zu, während Sky und ich uns zum Spielen auf den schattigen Rasen setzen, wo es noch angenehm kühl ist. Ich mag Marcelin nicht zuhören, denn ich kenne diese Geschichten längst. Er wird ihnen als Erstes stolz erzählen, dass er als Sohn eines der früheren Könige Prinz sei und zur königlichen Familie gehört und ich als seine Ehefrau ebenfalls.

Dass Bangangté Sitz eines Königshofes der Bamiléké, also der Chefferie Supérieure ist und das Kameruner-Grasland in circa neunzig Fürstentümer (Chefferien) eingeteilt ist, an deren Spitze je ein Stammesfürst, auch Fon genannt, sitzt, dürften die Frauen bereits wissen.

Von Marcelin habe ich auch erfahren, dass der König neben seiner weltlichen Funktion als militärischer Führer und oberster Richter auch als Mittler zwischen den Ahnen und den Lebenden dient und für das Wohl seines Volkes verantwortlich ist. Der Stammesfürst besitzt das alleinige Recht, Menschen- und Tiersymbole wie Leopard, Büffel, Elefant und Python, also mächtige und gefährliche Tiere, für die Gestaltung und Ausschmückung seiner Hoheitszeichen, seines Mobiliars und seiner Kleidung zu verwenden. Die bedeutendsten königlichen Symbole sind aber Elfenbeinzähne und Leopardenfelle. Thron und Pfeife gehören ebenso dazu. Den Menschen- und Tierdarstellungen an den königlichen Besitztümern kommt jedoch keine religiöse oder magische Bedeutung zu, wie ich am Anfang fälschlicherweise dachte. Menschliche Figuren, die etwa Palastpfosten oder Stühle schmücken, stellen weder Gottheiten, Geister oder Ahnen dar, noch haben sie irgendwelche Schutzfunktionen. Trotzdem ist es neben dem König allenfalls noch den Notabeln gestattet, diese Dinge zu berühren. Wer dieses Gesetz absichtlich bricht, hat mit den schwersten Strafen zu rechnen, die entweder durch die Ahnen oder durch die »übernatürlichen« Kräfte des Königs ausgelöst werden. Das Sonderrecht, bestimmte Gegenstände wie zum Beispiel Hocker, Kalebassen oder die Masken der königlichen Familie mit Perlen oder Kaurischnecken zu verzieren, gehört ebenfalls zu den königlichen Privilegien. Ein meist stattlicher Palast darf natürlich auch nicht fehlen. Und zudem viele Frauen und Kinder!

Dem König stehen eine Vielzahl von Notabeln zur Seite, mehrere habe ich in der Zwischenzeit bereits kennengelernt. Die Untertanen dürfen den König vielerorts nicht direkt ansprechen. Seine Macht reicht zwar sehr weit, doch muss er sich bei allen wichtigen Entscheidungen entweder mit dem Rat der Chefferie oder demjenigen der Notabeln besprechen. Danach werden die Beschlüsse gemeinsam gefasst.

Eine Chefferie ist also Gericht, Schlichtungsstelle, Gemeindeverwaltung, Grundbuchamt und Infostelle in einem. An sie kann man sich IMMER wenden, wenn es irgendwelche Alltagsprobleme gibt. Sei es mit dem Grundstück, wegen Streitigkeiten, Diebstahl, Scheidungen, einer Hochzeit oder gesundheitlichen Problemen.

Die Schwestern hören Marcelin sicher über eine Stunde lang gespannt zu und machen keinerlei Anstalten, zur Arbeit zurückzukehren. Ich wundere mich sehr darüber, wie lange diese Frauen einfach so von ihrer Arbeit wegbleiben können. In der Schweiz wäre ein solches Plauderstündchen während der Arbeitszeit völlig undenkbar, zumal dort großer Mangel an Pflegepersonal herrscht. Aber eben, wir sind in Afrika, muss ich mir wieder einmal sagen, und hier hat man meistens keine Eile und viel Zeit.

Als Marcelin später die Fäden gezogen werden, darf ich im Zimmer bleiben. Bei dieser Gelegenheit fragt er die Schwester, ob er nun nach Hause gehen könne. Das entscheide der Arzt, bekommt er zur Antwort. Nachdem die Schwester ihre Arbeit erledigt hat, ruft sie den Arzt. Doch bis dieser eintrifft, dauert es noch recht lange. Marcelin erzählt ihm dann während der Untersuchung meine Geschichte mit unserem Auto und dass ich mich weigern würde, mit dieser Klapperkiste nach Hause zu fahren, obschon unsere Tiere dort seit gestern auf ihr Futter warten würden. Der junge Arzt nimmt dies wortlos lächelnd zur Kenntnis.

Marcelin müsste eigentlich noch im Spital bleiben, doch das will er auf keinen Fall. So redet er mit Engelszungen auf den Arzt ein. Zudem darf niemand nach Hause, der seine Rechnung noch nicht bezahlt hat. Da der Arzt Marcelin bereits von früher kennt, macht er eine große Ausnahme und entlässt ihn, nimmt ihm aber das Versprechen ab, dass wir am Nachmittag nochmals herkommen und bezahlen würden. Selbstverständlich sind wir dazu gerne bereit.

Schnell packen wir alles zusammen, Marcelin will so rasch wie möglich hier weg. Nach zwei Wochen Spitalaufenthalt ist es verständlich, dass es ihn mächtig nach Hause zieht. Doch zuerst muss das Problem mit der Autobremse gelöst werden. Im Badezimmer findet er noch ein bisschen Waschpulver vom Windeln waschen. Waschpulver und Morgenurin geben ein prima Schmiermittel ab, das die gleiche Wirkung hat wie Bremsöl. Er ärgert sich, dass er nicht früher daran gedacht hat. So muss es eben mit Wasser gehen. Er füllt die Mischung irgendwo ins Auto. Dann kann die Heimfahrt losgehen. Er fährt das Auto selber, Sky und ich sitzen hinten im Fond des Wagens. Das Bremspedal reagiert wieder, Gott sei Dank. Ich frage mich jedoch, warum Marcelin nicht so schnell fährt wie sonst. Die Antwort bekomme ich ein paar Sekunden später. »Päng!«, macht es. Die Motorhaube hat sich gelöst und schlägt von da an dauernd vor die Windschutzscheibe. Zum Glück nicht **auf** die Scheibe!

Wie beruhigend, dass Marcelin ein so guter und erfahrener Autofahrer ist. Ich denke, das hat uns schon oft das Leben gerettet. Auch in dieser Situation bleibt er ruhig und bremst langsam ab, bis der Wagen zum Stehen kommt. Er steigt aus, befestigt die Motorhaube wieder und fährt dann seelenruhig wieder weiter, als wäre nichts geschehen. Mir dagegen sitzt immer noch der Schreck in allen Gliedern. Marcelin erklärt mir, dass er schon vor einer Weile bemerkt hätte, dass die Motorhaube »flattere«. Deshalb sei er so vorsichtig gefahren. Trotzdem hätte er nicht erwartet, dass sie sich lösen würde, denn sie sei ja eigentlich mit einer Kette befestigt. Wenn das mir passiert wäre!

Wir fahren dann zur nächsten Garage in Bangangté, um zu fragen, was es kosten würde, die Motorhaube samt Scharnieren wieder in Form zu biegen. Die Reparatur würde umgerechnet 30 CHF kosten. Es ist klar, das muss warten, so viel Geld haben wir im Moment nicht. Wir können ja trotzdem herumfahren.

Der nächste Weg hätte uns zur Bank führen sollen, um das Geld fürs Spital zu holen. Doch inzwischen ist es zu spät geworden, denn unsere Tiere müssen endlich versorgt werden, das können wir nicht mehr länger aufschieben. So beschließen wir, die Spitalrechnung am nächsten Tag zu bezahlen und fahren auf dem schnellsten Weg nach Hause.

Die Krankenschwester hat Marcelin beim Abschied noch eindringlich darauf hingewiesen, keinesfalls schwere Arbeiten zu verrichten, vor allem NICHT Wasser zu ziehen. Ich verkneife mir dabei ein ironisches Lachen. Ich schaffe es gerade mal, zwei bis drei Eimer zu ziehen.

Wir sind alleine, wer soll uns also diese Arbeit abnehmen?

Natürlich hat sie im Grunde genommen vollkommen recht, Marcelin muss sich unbedingt noch erholen, das ist klar. Ich koche uns ein feines Abendessen und dann gehen wir nach diesem doch für alle recht anstrengenden Tag früh schlafen.

Am nächsten Tag sind wir erst kurz nach dem Mittag bereit, um Geld zu holen und nochmals zum Spital zu fahren. Zuerst müssen wir im Schwesternzimmer das Carnet abholen. Ein kleines Heft, das nicht nur die Krankenakte enthält, sondern auch eine fein säuberliche Buchhaltung darüber, was alles an Medikamenten und Verbrauchsmaterial für den Patienten verwendet wurde. Auch die Operation ist aufgelistet. Der ganze Spitalaufenthalt von 14 Tagen inklusive Notfalloperation kostet uns umgerechnet 500 CHF.

Die Schwestern sind sehr erstaunt darüber, dass wir tatsächlich erschienen sind. Das ist für sie etwas Außergewöhnliches. Wenn man in Afrika sagt »ich bezahle morgen«, kann es ohne Weiteres Monate dauern, bis wirklich bezahlt wird. Und dann, selbst nach Monaten, ist es nicht selten, dass erst eine Teilzahlung erfolgt.

Mit dem Carnet begeben wir uns daraufhin zur Kasse und bezahlen gleich den ganzen Betrag. Anschließend müssen wir nochmals zurück ins Schwesternzimmer, um die Zahlung und die Entlassung abstempeln zu lassen. Danach bleibt das Heft in unserem Besitz. Dadurch, dass wir so pünktlich bezahlt haben, sind wir nun in Bangwa kreditwürdig. Das heißt, wenn es in unserer Familie wieder zu einem Notfall käme, was man ja nie hofft, würden wir auch behandelt werden, wenn wir kein Geld bei uns hätten. Ich bin nun doppelt froh, dass ich darauf bestanden habe, nach Bangwa zu fahren.

Eine Krankenkasse gibt es zwar in Kamerun, ebenso eine Art Pensionskasse, doch das ist ein Problem für sich. Die Entscheidung, eine Krankenversicherung abzuschließen, ist jedem – bzw. den finanziellen Verhältnissen angepasst – selbst überlassen. Wenn man sich dazu entschließt, bezahlt man jeden Monat einen bestimmten Betrag. Ähnlich wie in der Schweiz und anderen europäischen Ländern, ist man mit einer höheren Prämie auch besser versichert, man kann sich ein komfortableres Spitalzimmer nehmen oder sich in einem besseren Spital behandeln lassen. Zuerst muss man die Krankenkosten selber bezahlen und anschließend die Quittungen bei der Versicherung einreichen. Diese entscheidet dann darüber, was und wie viel sie von der jeweiligen Rechnung bezahlt.

In Kamerun ist man rentenberechtigt, wenn man zwanzig Jahre durchgehend in einer Firma gearbeitet hat, unabhängig davon, welches Alter man zu diesem Zeitpunkt erreicht hat. Im Angestelltenverhältnis gibt es dann zwei Möglichkeiten, sich die Rente auszahlen zu lassen. Die eine ist, sich den Betrag auf einmal auszahlen zu lassen. Wie hoch dieser Betrag ist, wissen wir nicht. Wir nehmen an, das hängt von der Firma und der Stellung ab und kann sehr unterschiedlich sein. Je nach Firma, Stellung oder Absprache kann man sich die Pension aber auch über Jahre monatlich auszahlen lassen, das heißt, man erhält jeden Monat die Hälfte vom Lohn.

Die Pensionskasse ist ebenfalls freiwillig und funktioniert auf privater Basis. Wie viel man einbezahlen will, steht wahrscheinlich frei. Ob allerdings die Kasse nach zwanzig oder dreißig Jahren das Geld noch hat und auch auszahlen kann, steht auf einem anderen Blatt. So dürfte es auch nicht unüblich sein, jemanden noch rechzeitig nach 19 Jahren zu entlassen, um die Rente nicht bezahlen zu müssen.

Auch eine Autoversicherung gibt es in Kamerun. Doch das ist wieder eine Sache für sich.

Eigentlich MUSS man eine Versicherung haben. Wenn man größere Strecken fährt, wie von uns aus nach Yaoundé oder Douala, werden an den Kontrollposten normalerweise auch immer die Versicherungspapiere geprüft.

Bei einem Unfall kommt manchmal sogar ein Versicherungsagent hinzu, um den Schaden aufzunehmen. Doch dann kann es sehr gut möglich sein, dass der Versicherungsagent dem Polizisten und/oder Zeugen Schmiergeld bezahlt, sodass die Aussagen seines Kunden über den Unfallhergang plötzlich als falsch bewertet werden. Damit liegt die Schuld bei ihm und die Versicherung muss nicht bezahlen!

So verhält es sich bei fast allen Versicherungen.

Nach diesen anstrengenden Wochen kann bei uns der Alltag langsam wieder einziehen. Allerdings noch leicht eingeschränkt, solange die Naht an der Wunde noch nicht ganz verheilt ist. Ich nehme Marcelin so viel wie möglich von der schweren Arbeit ab. Zum Glück bin ich recht kräftig und nicht zimperlich.

Äußerlich erinnert inzwischen nur noch die Narbe an diese Zeit. Doch innerlich hat es bei Marcelin viel mehr hinterlassen. Er wurde sich plötzlich bewusst, dass er in jener Nacht hätte sterben können und wie schnell es gehen kann, dass man hilflos daliegt, völlig unerwartet, von einem Moment auf den andern. Erst noch stand er auf der Bühne und ein paar Stunden später lag er auf dem Operationstisch. Diese Gedanken sind es auch, die ihn antreiben, so viel wie möglich zu erledigen. Er möchte den Bungalow, das Hotel, den Garten und vieles andere bald fertig haben. Fast täglich sagt er deshalb zu mir: »Ich möchte, dass Sky nie einen andern Menschen um etwas bitten muss, sondern sich von dem, was er von uns bekommen wird, selbst gut versorgen und über Wasser halten kann. Er soll nie so eine Misere durchmachen müssen, wie wir sie erlebten.«

Ich kann meinem Mann nur zustimmen. Wir arbeiten gemeinsam und mit vereinten Kräften an diesem Ziel.

Kapitel 3

Warum Schweine den Boden umgraben – eine kamerunische Fabel

Die Schildkröte sagt: Arbeit, die schon begonnen wurde, ist schon so gut wie fertig.

Afrikaner lieben es, Geschichten zu erzählen und Marcelin weiß, dass ich ihm sehr gerne dabei zuhöre. Eines Abends fragt er mich ganz verschmitzt: »Weißt du eigentlich, warum die Schweine den Boden immer umgraben?«

»Ich nehme an, sie suchen etwas zu fressen«, rätsle ich, nun neugierig geworden.

»Ja, sie suchen, aber nicht zu fressen. Weißt du, nach was sie graben?«

»Wenn es nichts zu fressen ist, nein, dann habe ich keine Ahnung.«

»Kennst du die Geschichte von der Schildkröte und dem Schwein?«

»Nein, bis jetzt noch nicht.«

Nachdem er einen tiefen Zug an seiner Zigarette genommen hat, beginnt er zu erzählen, während ich es mir auf dem Sofa gemütlich mache.

»Also, die Schildkröte und seine Frau sind gute Freunde und Nachbarn des Schweines.

Dem Schwein geht es gut, es hat meistens etwas Geld, doch die Schildkröte ist immer pleite. Über Jahre hinweg borgt sich deshalb die Schildkröte Geld beim Schwein und zahlt es auch immer wieder zurück. Doch eines Tages braucht die Schildkröte eine größere Summe für die jährliche Familienversammlung. Das Schwein greift ihm auch diesmal hilfsbereit unter die Arme. Natürlich will es das Geld zurück, aber für die Schildkröte ist diesmal die Summe zu groß. Immer wenn das Schwein nach seinem Geld fragt, wird es von der Schildkröte auf die nächste Woche vertröstet. So geht es ein Jahr lang, bis dem Schwein doch langsam der Geduldsfaden reißt. Als die Schildkröte das Schwein wieder um eine weitere Woche vertrösten will, antwortet das Schwein kurz angebunden, es werde morgen früh kommen, um das Geld zu holen!

Am nächsten Morgen steht das Schildkrötenpaar sehr früh auf. Als sie hören, dass das Schwein im Anmarsch ist, dreht sich die Schildkröte rasch auf den Rücken und seine Frau benützt seinen Bauch als Mahlstein. Das Schwein kommt an die Tür und fragt die Schildkrötenfrau, wo ihr Mann sei.

Die Frau antwortet nicht.

Das Schwein fragt wieder und wieder, doch die Frau reagiert nicht darauf.

Da wird das Schwein wütend, nimmt ihr den Mahlstein weg und wirft ihn kurzerhand durchs Fenster in den Garten hinaus. Der so hinausgeworfene Schildkrötenmann rappelt sich schnell wieder auf, läuft ins Haus zurück und erkundigt sich mit unschuldiger Miene, was denn das für ein Lärm sei. Das Schwein poltert los, es wolle endlich sein Geld zurückhaben.

Die Schildkröte antwortet gelassen: ›Ich gebe es dir, ich habe es hier. Doch zuerst will ich von meiner Frau wissen, was passiert ist.‹

›Ich war dabei, auf meinem Mahlstein Kräuter zu mahlen‹, beginnt die Schildkrötenfrau zu berichten, ›da kam das Schwein und fragte nach dir. Ich habe nicht geantwortet, da ich wusste, dass du gleich vom Feld zurückkommen wirst. Das Schwein wurde böse und hat einfach meinen Mahlstein genommen und ihn raus in den Garten geschmissen‹, erzählt die Schildkrötenfrau entrüstet.

Die Schildkröte dreht sich zum Schwein um und sagt: ›Hole mir den Mahlstein, dann gebe ich dir das Geld.‹

›Ach was‹, antwortet das Schwein ungeduldig, ›der Stein liegt gleich hier draußen bei der Mauer, gib mir jetzt sofort das Geld!‹

›Nein‹, sagt die Schildkröte ganz ruhig, ›ich gebe dir das Geld, sobald du den Mahlstein an meine Frau zurückgegeben hast.‹

Das Schwein geht raus, um den Mahlstein zu suchen, doch es findet ihn bei der Mauer nicht. Gleich vor dem Haus ist der Garten. ›Vielleicht ist er dort in die lockere Erde gefallen‹, überlegt das Schwein und beginnt in der Erde zu graben.

So graben alle Schweine nach dem Mahlstein – bis heute und finden ihn nicht«, beendet Marcelin lächelnd seine Geschichte.

Kapitel 4

Die Beschneidung

Jedes Kind ist eine Hoffnung für diese Welt

Schon vor 5000 Jahren gab es in Ägypten Beschneider mit Steinmessern. Bei den Juden ist seit den Zeiten Abrahams die Beschneidung von Knaben üblich. Weltweit ist es der am häufigsten durchgeführte chirurgische Eingriff. Ungefähr 25% der männlichen Bevölkerung ist beschnitten.

Marcelin sprach immer öfters darüber, dass es nun an der Zeit sei, Sky beschneiden zu lassen. Für mich ein heikles Thema, denn ich bin der Meinung, dass wir unserem Sohn diese Prozedur ersparen können, zumal er zur Hälfte Schweizer ist, wo es nicht üblich ist, sich beschneiden zu lassen. Doch Marcelin ließ nicht locker und erklärte mir, warum dies seiner Meinung nach so wichtig sei: »Wenn Sky später auch als erwachsener Mann hier in Afrika leben und eine Freundin haben möchte, würde er keine finden. Afrikanische Frauen wollen nur einen beschnittenen Mann.«

Dieses Argument konnte ich aber nicht gelten lassen, denn afrikanische Frauen haben auch europäische Freunde oder Männer, die nicht beschnitten sind, versuchte ich ihm klarzumachen. Andererseits sah ich ein, dass es vielleicht für Sky Probleme geben könnte. Ich habe in einem Bericht gelesen, dass nachgewiesenermaßen in Ländern, in denen die Männer beschnitten sind, Frauen deutlich weniger an Unterleibskrebs erkranken. Das ist für mich das einzige Argument, das für eine Beschneidung sprechen würde. Auch mit dem Auftreten von AIDS und verbesserter Hygiene bekam sie vermehrt ihre Berechtigung. Trotzdem versuchte ich immer wieder, Marcelin umzustimmen. Doch für ihn war es eine beschlossene Sache, daran gab es nichts zu rütteln. So blieb mir schlussendlich nichts anderes übrig, als einzuwilligen.

Ich vertröstete mich damit, dass die Beschneidung bei Knaben zum Glück nicht so schlimm sein könne und in keiner Weise zu vergleichen mit der Verstümmelung, die jungen Frauen leider vielerorts auch heute noch angetan wird. Aber meine Zweifel blieben. Es ist ein Eingriff, der so von der Natur nicht vorgesehen ist. Gewalt gegen Jungen in Form von Beschneidung wird geduldet und steht nicht unter Strafe.

Ich hatte gehofft, Marcelin durch meine Hartnäckigkeit, mit der ich ihm trotz meiner Einwilligung weiterhin in den Ohren lag, vielleicht doch noch im letzten Moment umstimmen zu können. Er ließ jedoch nicht mit sich reden, sondern war der Ansicht, dass diese Operation noch vor Skys erstem Geburtstag stattfinden müsse. Gerade das wollte ich keinesfalls, der Kleine sollte doch seinen ersten Geburtstag ohne Schmerzen genießen können. Wenigstens damit war Marcelin einverstanden.

Doch Ende Oktober fiel die endgültige Entscheidung, und so fahren wir am ersten November zu jenem Spital in Bangwa, wo Sky im September 2006 geboren wurde. Damals in freudiger Erwartung, heute bleischweren Herzens.

Üblicherweise werden die Kinder am frühen Morgen beschnitten, weil es um diese Zeit noch nicht so heiß ist. Wir sind zwar sehr früh aufgestanden, doch bis wir die Tiere gefüttert und auch alle anderen wichtigen Arbeiten erledigt haben, ist es schon gegen neun Uhr, bis wir endlich im Spital Bangwa ankommen. Nach der Anmeldung heißt es erst einmal warten. Sky wird ungeduldig und bekommt Hunger. Marcelin gibt ihm eine Banane zu essen. Als er etwa die Hälfte davon gegessen hat, erscheint der Arzt und fragt Marcelin, weshalb wir hier sind.

»Zur Beschneidung«, ist die kurze Antwort meines Mannes.

Der Arzt schaut zuerst auf die Bananenhälfte, dann auf die Uhr und meint schließlich schulterzuckend: »Sie haben dem Kind etwas zu essen gegeben, nun können wir ihm keine Narkose mehr verabreichen. So kurz nach dem Essen verträgt ein Kind die Narkose nicht. Zudem ist es auch schon spät. Normalerweise werden die Beschneidungen am frühen Morgen durchgeführt, da ist es noch kühler und die Blutung schneller zu stillen. Wollen Sie ihn trotzdem noch heute operieren lassen?«

»Nein, nein, wir könne auch morgen wieder kommen, das ist gar kein Problem«, sage ich schnell – in der leisen Hoffnung, unserem Kind die Prozedur doch noch ersparen zu können.

»Jetzt sind wir da, jetzt lassen wir es auch machen«, widerspricht Marcelin in einem Ton, der keine Widerrede zulässt.

»Aber, wie du gehört hast, wird man ihm keine Narkose geben können«, gebe ich Marcelin trotzdem angstvoll zu bedenken. Daraufhin spricht er nochmals mit dem Arzt, diesmal auf Medumba, sodass ich leider kein Wort verstehe. Dann erklärt er mir, dass der Eingriff zum jetzigen Zeitpunkt doch noch problemlos zu machen sei. Ich frage nicht weiter nach, sondern nehme einfach an, dass Sky nun statt einer Vollnarkose eine örtliche Betäubung bekommen wird. Widerwillig gebe ich nach, ich habe ja keine andere Wahl.

Natürlich dürfen wir nicht mit in den Operationssaal. Wir übergeben Sky einer Krankenschwester. Wie zu erwarten, beginnt er sogleich herzerweichend zu weinen und versteht nicht, warum ihn diese fremde Person von seinen Eltern trennt. Ich sehe Angst in seinen Augen und das zerreißt mir fast das Herz. Verzweifelt setze ich mich auf eine Bank und höre auf die Geräusche im Hintergrund. Sky beruhigt sich sehr bald und ich atme etwas auf. Doch auf einmal durchdringt ein lauter Schmerzensschrei die Stille, der mir durch Mark und Bein fährt. Am liebsten würde ich gleich aufspringen und in den OP eilen, um mein Kind dort herauszuholen. Doch sogleich wird mir bewusst, dass ich dadurch nur alles noch schlimmer machen würde, und zwar für alle. Mit vernichtendem Blick und in verachtendem Ton würge ich zu Marcelin gewandt hervor: »Die beschneiden ihn OHNE Narkose!«

Dann renne ich Hals über Kopf aus dem Gebäude, will nur möglichst weit weg, um das Kind nicht mehr schreien zu hören. Ich glaube, sonst hätte ich durchgedreht. Eine Mutter, die ihr Kind derart schreien hört und nichts dagegen tun kann, ist in ihrer Verzweiflung zu vielem fähig.

Ich warte und warte.

Sind es Minuten? Stunden?

Es erscheint mir wie eine Ewigkeit. Nachdem ich mich etwas beruhigt habe, gehe ich zögernd wieder in die Nähe des Operationstraktes. Das Kind schreit immer noch wie am Spieß. Auch mir laufen die Tränen über die Wangen. Warum nur habe ich es zugelassen, dass man meinem Kind so etwas antut, hämmert es immer wieder in meinem Kopf. Schuldgefühle steigen in mir auf.

Ich hätte es verhindern müssen! An die Möglichkeit, dass Sky ohne Narkose operiert würde, hatte ich nicht mal im Traum gedacht. Dieses Schreien – ich werde es mein Leben lang nicht vergessen können.

Ich schleppe mich wieder ein paar Schritte vom Gebäude weg. Ich will Marcelin, der immer noch auf der Bank sitzt, aus dem Weg gehen, ich würde seine Nähe in diesem Moment nicht ertragen.

Auch als ich zum zweiten Mal zum Gebäude zurückgehe, höre ich Sky immer noch laut wimmern. Einige Zeit später winkt mich endlich eine Krankenschwester herbei. Ich renne buchstäblich zum OP und versuche, mir die Anspannung nicht anmerken zu lassen. Meine Nerven liegen blank.

Die Krankenschwester sieht mich von Weitem und will ein Späßchen machen, indem sie lächelnd zu mir sagt: »Du flüchtest vor deinem Sohn?« Ich beiße die Zähne zusammen und sehe sie nur wortlos und vernichtend an. Sie scheint zu verstehen und schweigt.

Von der Kinderärztin erfahre ich, dass es eine perfekte Operation gewesen sei und die Wunde gut heilen werde. Wir bekommen Schmerzzäpfchen, damit Sky nachts ruhig schlafen kann.

Marcelin hat inzwischen das Auto geholt und wartet mit laufendem Motor vor dem Eingang des Spitals auf uns. Die Krankenschwester legt mir den immer noch wimmernden Sky in die Arme. Grußlos steige ich ins Auto und Marcelin bemerkt nur: »Du solltest den Kleinen stillen, das würde ihm bestimmt guttun.« Mit meiner ganzen Mutterliebe lege ich das Kind an meine Brust und tatsächlich beruhigt es sich recht schnell.

Wir fahren los und als wir das Spitalgelände verlassen haben, zische ich Marcelin noch zu: »Das werde ich dir nie verzeihen!«

Mit einem kurzen, zu mir nach hinten gewandten Blick fragt er mich erstaunt: »Was denn verzeihst du mir nicht?«

»Dass du unseren Sohn diesen Schmerzen ausgesetzt hast, und das ohne Narkose! NIE verzeihe ich dir das!«, schreit es aus mir heraus.

Mit ruhiger Stimme erwidert er: »Ich habe den Arzt auch falsch verstanden. Ich dachte ebenfalls, Sky würde nun eine örtliche Betäubung bekommen. Als du weggelaufen bist, wollte ich Sky dort rausholen, doch sie haben mich an der Tür zurückgehalten. Auch ich habe gelitten, nicht nur du! Das wollte ich wirklich nicht für unseren Sohn!«

Unfähig, eine Antwort zu geben, schweige ich und schaue auf unser Kind, das inzwischen an meiner Brust eingeschlafen ist. Das versöhnt mich ein bisschen. Während der ganzen Fahrt sprechen wir kein Wort mehr miteinander. Zu Hause angekommen, scheint es Sky etwas besser zu gehen, denn er weint nicht mehr. Doch sein schmerzverzerrtes Gesichtchen spricht eine andere Sprache.

»Wenn unser Sohn nie mehr lacht, werde ich dir das nie verzeihen«, werfe ich Marcelin nochmals an den Kopf. Daraufhin nimmt er mich tröstend in den Arm.

»Chérie, er wird wieder lachen! In ein paar Tagen oder Wochen ist alles vorbei. Ich habe das ja auch durchgemacht, ohne Narkose. Ich war damals schon fünf. Glaub mir, er wird wieder lachen.«

Erst in diesem Moment glaube ich ihm wirklich, dass er Sky dort rausholen wollte. Diese höllischen Schmerzen, die er selber auch durchmachen musste, hatte er längst vergessen und verdrängt. Als er nun seinen Sohn so schreien hörte, kam bei ihm alles wieder hoch.

Einen ungläubigen Blick auf Sky werfend, fällt es mir allerdings trotzdem noch schwer zu glauben, dass er bald wieder lachen würde. Mit einem unversöhnlichen »ich hoffe, du hast recht« löse ich mich aus seiner Umarmung.

Marcelin sollte recht behalten. Bereits drei Tage später lacht Sky zum ersten Mal wieder. Ich bin so unendlich erleichtert und dankbar, dass er sein süßes Lachen nicht verloren hat. Die Wunde heilt gut. Die Beschneidung habe ich später in der Schweiz kontrollieren lassen. Inzwischen habe ich gelesen, dass in den USA jährlich über eine Million Christen-Kinder beschnitten werden und dies dort traditionellerweise ebenfalls ohne Narkose!

Kapitel 5

Fröhliche Weihnachten in Bangoulap

Wenn der Affe zuschaut, pflanze ich keine Erdnüsse

Elise, die weiße Frau von Marcelins Freund Kash, ist aus Frankreich angereist, um die Weihnachtsfeiertage mit ihrem Mann und dem gemeinsamen Sohn Isaga in Kamerun zu feiern. Ich freue mich darauf, beide kennenzulernen. So besuchen wir uns gegenseitig zu Hause und treffen uns auch mehrmals in der Stadt. Sie wohnen in Bangoulap. Kash hat noch längere Rastas als Marcelin und ist etwas kleiner und sehr mager. Er ist ebenfalls Musiker und gab schon mehrere Konzerte in Frankreich. In Bangoulap besitzt er ein Aufnahmestudio. Dort hat Marcelin seinerzeit seine CD »BEOU« aufgenommen. Kash ist zwar sein Künstlername, einen anderen habe ich jedoch nie gehört. Er ist ein eher ruhiger Typ. Oft sitzt er einfach still da und sagt nicht viel. Doch wenn er mit Freunden zusammen ist und ein gutes Gespräch im Gang ist, dann geht er aus sich heraus. Ich hatte einmal sehr ausführlich mit ihm darüber diskutiert, für wen es wohl schwieriger sei, sich anzupassen – für einen Afrikaner in Europa oder eine Europäerin in Afrika. Wir kamen beide zu demselben Ergebnis, nämlich dass es für einen Afrikaner schwieriger ist, sich in Europa anzupassen.

Kash liebt Kinder über alles, das habe ich mehrfach erfahren. Er spielt sehr gerne mit ihnen und wird dabei selbst wieder zum Kind. So liebt auch Sky seinen Paten heiß und innig. Einmal, als wir mit dem Auto in der Stadt unterwegs waren und Sky hinten auf meinem Schoß saß, hatte er ihn aus dem fahrenden Auto heraus schon von Weitem entdeckt, längst bevor auch wir ihn sahen.

Elise, 35 Jahre alt, ist ebenfalls sehr schlank. Sie trägt immer ein Kopftuch, sodass ich ihre Haare noch nie gesehen habe. Kash meinte zu meiner Überraschung einmal, wir zwei Frauen hätten beide dieselbe Frisur! Elise ist ebenfalls ein sehr ruhiger Typ und hält sich meistens im Hintergrund, wenn sie irgendwo eingeladen ist. Zu Hause kann sie schon aus sich herausgehen und sich ungezwungen geben. Doch ich bin davon überzeugt, dass sie auch sehr bestimmend sein und für ihre Ziele kämpfen kann.

Vor allem Isaga gefällt es sehr bei uns, denn es gibt neben Hunden auch eine Katze, mit der er spielen kann. Es erstaunt mich auch immer wieder, dass Isaga, obwohl er bereits zwölf Jahre alt ist, sofort zu Sky in den Laufstall steigt und geduldig und hingebungsvoll mit ihm spielt. In Frankreich dagegen fühlte sich Isaga gar nicht wohl, und so lebt er seit Herbst bei seinem Vater und geht in Bangoulap zur Schule. Später wird er in Douala ein Internat besuchen.

Auch Elise gefällt es bei uns. Die Landschaft und die Aussicht sind eben doch schöner als in Bangoulap, denn dieses Dorf ist an einen der unzähligen Hügel gebaut und hat eigentlich nur die Aussicht bis zum nächsten Hügel, der meistens nicht allzu weit entfernt ist. Auch ihr Haus ist somit am Hang gebaut, sodass sie es bei uns schon fast als eben empfinden.

Natürlich wollen wir die Festtage gemeinsam verbringen. Marcelin und Kash diskutieren hin und her, wie und wo wir Weihnachten feiern könnten. Bald fällt die Entscheidung, dass es besser ist, wenn wir bei Kash und Elise feiern. Da sie über Silvester nach Kribi zur Familie von Kash fahren wollen, ist das einfacher für sie. Elise möchte dort dann auch ein bisschen das Strandleben genießen. Sie war erst einmal hier in Kamerun und das ist schon eine Weile her. Jetzt will sie endlich das Land ihres Mannes besser kennenlernen.

Kash will für unsere Feier extra eine Ziege schlachten und wir machen gemeinsam eine Liste, wer was besorgen soll. Die Kosten für unser Festessen sollen aufgeteilt werden. Wir freuen uns alle auf dieses Beisammensein.

Als wir gerade alles ausdiskutiert haben und uns einig sind, steht schon der nächste Besuch vor der Tür. Es ist Bertrand, ein Kollege von Marcelin mit einem Freund, der ein Äffchen dabeihat. Dieser Kollege spricht Pidgin-Englisch, so verstehe ich wieder einmal nicht allzu viel von dem Gespräch zwischen den beiden.

Während sich also Marcelin und Bertrand unterhalten, spielt der junge Mann mit seiner niedlichen Meerkatze. Sie ist süß und anscheinend hört sie sogar auf seine Kommandos. Sie klettert unaufhörlich auf ihrem Herrchen herum, bis es ihm zu viel wird und er sie wegschickt. Erst in diesem Moment realisieren die Hunde, dass da noch etwas Fremdes ist, das ihrer Aufmerksamkeit bisher entgangen ist. Sofort stellt sich das Äffchen jedoch auf die Hinterbeine und wirkt dadurch größer als die Hunde, was ihnen sichtlich Respekt einflößt, obwohl sie unverzüglich zu bellen anfangen. Das Äffchen ist zwar im ersten Moment etwas verunsichert, aber sogleich bereit, sich zu verteidigen, sollte einer der Hunde ihm zu nahe kommen. Die Drohgebärde zeigt Wirkung: Trotz ihres Gebells bleiben die Hunde respektvoll auf Abstand. Wir schauen alle dem Treiben amüsiert zu.

Der junge Mann erzählt, dass der Affe sauber sei, was uns sehr erstaunt. Doch plötzlich rennt das Tier tatsächlich fast wie auf Befehl von der Terrasse in den Garten, verrichtet dort brav irgendwo sein Geschäft und kommt dann wieder angerannt. Da Elise am nächsten sitzt, springt das Äffchen sofort auf ihren Schoß und beginnt mit ihrer Hand zu spielen. Das Äffchen macht auch lustige Grimassen, indem es die Augenbrauen hochzieht oder die Zähne fletscht. Elise findet das ganz amüsant. Aber als das Tierchen sich als nächsten Spielkameraden Kash auserkoren hat, winkt der entschieden ab und jagt das Äffchen von sich weg.

Es scheint wirklich sehr zutraulich zu sein, doch ich habe vor ursprünglichen Wildtieren großen Respekt. Vielleicht auch deshalb, weil man uns seinerzeit in Kenia vor den Meerkatzen, die im Hotel wild lebten, eindringlich gewarnt hat.

Marcelin übersetzt mir, dass der Mann uns den Affen zum Kauf anbietet. Ich spüre, dass Marcelin ernsthaft in Erwägung zieht, das Tier zu kaufen. Nach kurzer Überlegung lehne ich jedoch strikt ab. Meine Schwester Hedi hat sich als Jugendliche viele Jahre lang einen Affen als Haustier gewünscht. Ende der 70er Jahre gab es den Affenhandel in Europa noch. Sie hatte sich sehr genau darüber informiert, was da auf sie zukommen würde. Doch bei jeder Rasse stellte sich das gleiche Problem, nämlich dass diese Tiere mehr Aufsicht und Aufmerksamkeit benötigen als ein Kleinkind. So verabschiedete sie sich von ihrem Wunsch und aus demselben Grund lehne auch ich das Angebot vehement ab. Mit Sky wäre es mir nicht möglich, mich auch noch um den Affen zu kümmern. Dazu kommt, dass Affen meistens beißen, wenn sie sich ärgern oder wütend sind. Und außerdem sind

Meerkatzen zwar in erster Linie Vegetarier, aber als besonderen Leckerbissen verspeisen sie zwischendurch auch gerne mal ein Küken! Nein danke, ich will nicht auch noch aufpassen müssen, dass er sich nicht an unseren Küken vergreift.

Das Affenherrchen bemüht sich natürlich, dass sich das Tier nur von der besten Seite zeigt, um es verkaufen zu können. Es sieht ja wirklich entzückend aus, das muss man schon sagen. Aber trotzdem will ich mich nicht darauf einlassen. Marcelin akzeptiert mein entschiedenes »Nein«. Der junge Mann versucht trotzdem noch ein paar Mal, uns den Affen anzupreisen, doch ich bleibe standhaft. Die Verantwortung würde schlussendlich voll und ganz bei mir liegen, das ist jetzt schon klar.

Auch Isaga ist völlig fasziniert von dem Tier und würde es am liebsten mit nach Hause nehmen. So wittert sein Besitzer doch noch eine Chance, es vielleicht verkaufen zu können. Aber von diesem Wunsch ihres Sohnes sind die Eltern ganz und gar nicht begeistert, da nützt ihm alles Betteln nichts.

Bertrand und Marcelin unterhalten sich noch kurz, dann verabschieden sich die zwei Männer samt Äffchen. Ich bin sehr erleichtert. Zum Glück sind die beiden Marcelin nicht irgendwo im Dorf begegnet. Es wäre nicht ausgeschlossen gewesen, dass Marcelin dann nicht hätte widerstehen können und für mich als Überraschung mit dem Äffchen nach Hause gekommen wäre. Dann ist es mir doch lieber, er bringt tote Schlangen und Igelratten mit!

»Schade«, meint Marcelin denn auch prompt, als sich die beiden verabschiedet hatten, »ich hätte das Äffchen wirklich gerne genommen, das hätten wir doch in der Stadt gut verkaufen können.«

»Das mag ja sein«, erwidere ich, »doch hättest du dafür extra nach Douala oder Yaoundé fahren wollen? So schnell kommen wir da ja nicht mehr hin.«

Mit einem bedauernden Blick zuckt Marcelin abschließend mit den Schultern, doch ich bin wirklich froh, standhaft bei meinem »nein« geblieben zu sein. Nach einem weiterhin sehr anregenden Nachmittag treten schließlich gegen Abend auch Kash und seine Familie den Heimweg an.

Die Zeit vergeht schnell und schon steht Weihnachten vor der Tür. Kurz nach Mittag fahren wir nach Bangangté, um alles für das Fest einzukaufen. Dann wollen wir am Nachmittag direkt nach Bangoulap fahren. Von Bangangté aus sind es elf Kilometer. Jedoch, wie kann es anders sein, eingangs Bangoulap, nahe der Chefferie, haben wir wieder eine Panne. Ich hasse diese Strecke, weil wir so gut wie jedes Mal dort stecken bleiben. Die Strecke ist auch mörderisch – sie wäre geradezu ideal für eine Ralley oder ein BMX-Cross-Rennen!

Marcelin ist ratlos und kann die Ursache des heutigen Auto-Streiks nicht herausfinden. Er ruft den Mechaniker an, der zu meiner Verwunderung doch tatsächlich nach geraumer Zeit eintrifft. Sky und ich haben uns inzwischen in den Schatten unter einen Baum gesetzt, denn es wird eine Weile dauern, bis der Mechaniker das Problem finden wird und es dann auch lösen kann. Doch zu guter Letzt schafft er es und wir können wieder weiterfahren.

Nach langen zwei Stunden treffen wir endlich bei unseren Freunden ein. Wie immer rennt uns Isaga bereits entgegen, – man kann nämlich nicht direkt zum Haus fahren, es ist dort zu steil. Er hilft uns gleich, die Taschen ins Haus zu tragen, und natürlich freut er sich auf Sky. Nach der allgemeinen Begrüßung gehen auch schon die Vorbereitungen für unser gemeinsames Fest los. Erst jetzt wird die Ziege geschlachtet. Da muss ich nun wirklich nicht zuschauen, es reicht mir schon, wenn ich sie erbärmlich schreien höre. Anschließend facht Kash das Feuer in einem gelöcherten Fass an. Obendrauf liegt nur ein Blech, das ebenfalls mit Löchern versehen ist, und fertig ist der afrikanische Grill!

Marcelin und Kash bereiten einige Innereien auf ihre Weise zu: Sie legen sie, zusammen mit etwas Öl, in Papier gewickelt auf den Grill und lassen sie im eigenen Saft garen. Entgegen meiner Befürchtung fängt das Papier kein Feuer. Der Saft drinnen köchelt zwar, aber er läuft auch nicht aus. Für mich eines der vielen afrikanischen Geheimnisse.

Elise und Dorothé, die Haushälterin, beginnen nach einem gemütlichen Aperitif mit Vin blanc (Palmwein), draußen vor dem Haus das Essen vorzubereiten. Dort kann Sky ausgiebig mit Erde spielen, tatkräftig unterstützt von Isaga.

Als Vorspeise gibt es Avocado-Dip mit Stangenbrot und Salat.

Als Hauptspeise kommen die gebratene Ziege in einer scharfen Sauce und Bâtons de Manioc auf den Tisch. Es schmeckt herrlich. Wir essen im Wohnzimmer, weil es draußen doch schon recht kühl geworden ist. Während sich Marcelin und Kash sehr angeregt meistens auf Medumba ihren Männerthemen widmen, ist bei uns Frauen die Familie der Mittelpunkt des Gesprächs.

Nach dem Essen ruhe ich mich mit Sky ein bisschen aus. Sky ist sofort im Reich der Träume, doch ich kann nicht einschlafen. Die Stimmen lassen mich immer wieder aufhorchen. So stehe ich auf und geselle mich wieder zu den anderen. Alle sitzen gemütlich bei Vin blanc draußen ums knisternde Feuer, um den Rest der Ziege noch zu braten. Über uns glitzern die Sterne um die Wette. Da Bangoulap noch höher liegt als Bangangté, ist es kälter als bei uns. Alle sind deshalb dick eingemummt und wärmen sich an den wohltuenden Flammen. Es ist eine wunderschöne, harmonische und gemütliche Weihnachtsfeier. Völlig anders als in Europa, ohne Geschenke, aber mit Freunden, mit denen wir uns bestens verstehen. Wir reden über Gott und die Welt. Bis zwei Uhr halte ich durch, dann wird es mir endgültig zu kalt und ich bin auch sehr müde. Kash und Marcelin machen die ganze Nacht durch, die anderen gehen auch nach und nach zu Bett. Es ist – für europäische Verhältnisse – doch eine sehr besondere Weihnacht, wenn man diese unterm Sternenhimmel feiern kann und am nächsten Tag klettert das Thermometer wieder auf gut fünfunddreißig Grad oder mehr.

Doch auch zu dieser späten Stunde kann ich nicht wirklich schlafen. Mir ist kalt und es gibt keine Decke in der Nähe. Ich wage auch nicht danach zu fragen, weil es gut möglich sein kann, dass es schlicht und einfach keine mehr gibt. So stehe ich schon am frühen Vormittag auf. Zum Frühstück wird wieder Ziege mit scharfer Sauce aufgetischt. Eigentlich mag ich nicht schon am Morgen Fleisch essen, aber es gibt leider nicht viel anderes.

Plötzlich bekomme ich stechende Kopfschmerzen, mir wird schwindlig und ich muss mich hinlegen. Elise breitet gleich eine Decke über mir aus, weil ich auch sehr friere. Jetzt kann ich endlich schlafen. Bis nach dem Mittag lassen mich die anderen weiter ruhen, während sich in dieser Zeit alle um Sky kümmern. Als ich wieder aufwache, geht es mir etwas besser. Ich esse noch eine Kleinigkeit und dann fahren wir nach Hause.

Das heißt, ich müsste eher sagen, wir WOLLTEN unverzüglich nach Hause fahren, wie man das mit einem Auto normalerweise eben tut. Doch unser fahrbarer Untersatz bockt schon zu Anfang und muss hinauf zur Straße geschoben werden. Für Isaga ist es ein großes Vergnügen und er hilft kräftig mit. Er hat sich schon daran gewöhnt und wartet buchstäblich jedes Mal darauf, dass während einer Fahrt mit unserem Auto irgendwann Schieben angesagt ist. Heute kann Marcelin unser Auto oben an der Straße mit einem Rollstart zum Fahren bringen. Von Bangoulap bis Bangangté bete ich und rede dem Auto gut zu, dass es durchhalten möge. Dieses Mal erhört es mich.

Wir fahren noch kurz ins Dorf, kaufen das Nötigste ein und trinken natürlich noch etwas in der »Bassamba-Bar«. Die Bar trägt diesen besonderen Namen, weil das Gebäude, in dem sie untergebracht ist, seinerzeit der Bürgermeister von Bassamba gebaut hatte. Als er dann seine Bar eröffnete, nannte er sie »Bassamba-Bar«. Später hat er das Lokal jemand anderem übergeben – allerdings nur unter der Bedingung, dass der Name beibehalten wird. Im Frühjahr 2009 ist der Bürgermeister von Bassamba leider unerwartet verstorben, doch mit der nach ihm benannten Bar wird er stets in Erinnerung bleiben.

Die Woche bis Silvester gehen wir sehr gemächlich an. Da das Thermometer tagsüber öfters bis auf 38 Grad klettert, können wir nur morgens und am späten Nachmittag draußen arbeiten. Über die Mittagszeit bleiben wir im Haus, denn bei diesen Temperaturen wäre die Gefahr eines Sonnenstichs oder eines Kreislaufzusammenbruchs einfach zu groß.

Schon ist der letzte Tag des Jahres angebrochen. Marcelin fragt mich, was ich unternehmen möchte. Feiern in der Stadt? Eigentlich würde ich gerne einmal sehen, wie die Bamiléké gemeinsam im Dorf den Jahreswechsel begehen. Aber Sky ist noch zu klein, als dass wir ihn diesem Gedränge und dem Lärm der lauten Musik aussetzen könnten. So feiern wir ganz einfach zu Hause. Wir kochen uns etwas leckeres Afrikanisches, natürlich mit Reis, damit wir eventuellen Überraschungsgästen auch etwas anbieten können.

Am frühen Abend stellen wir die Lautsprecherboxen auf die

Terrasse. Und siehe da, die Musik zieht schon bald die ersten Leute an, die uns ein gutes neues Jahr wünschen wollen. Einige bleiben eine Weile und ziehen dann wieder weiter. Später jedoch, als Sky längst friedlich in seinem Bettchen schläft, sind wir alleine. So sitzen wir zu zweit auf der Terrasse und genießen die leise Musik in der frischen Nachtluft von Afrika. Wir lassen das vergangene Jahr in Gedanken an uns vorbeiziehen. Es war doch eine aufregende Zeit, in der wir viel erlebt, aber auch viel erreicht haben, worauf wir wirklich stolz sind. Um Mitternacht nimmt mich Marcelin in seine Arme und küsst mich zärtlich. Er zieht mich hoch und wir tanzen eng umschlungen eine Weile in das neue Jahr hinein. Ob 2008 auch so leicht und beschwingt sein wird, wie wir es in diesem Moment sind? Zum Glück weiß man nicht im Voraus, was die Zukunft mit sich bringt …

Kapitel 6

Die falsche Schlange

Wer Fragen stellt, muss auch akzeptieren, dass er Antworten bekommt

Schlangen übten von je her in der Menschheitsgeschichte eine ganz besondere Faszination aus. Nicht nur in Afrika, sondern fast überall auf der Welt fürchtet oder ekelt sich ein recht großer Teil der Bevölkerung vor diesen Tieren. Dies bestimmt vor allem aus der Unkenntnis heraus, dass die Menschen nicht wissen, welche davon giftig sind und welche nicht. Dafür habe ich volles Verständnis. Etwa 3000 Schlangenarten sind gegenwärtig bekannt, wovon circa 600 giftig sind, 50 davon für den Menschen potentiell tödlich. Doch selbst wer von einer Giftschlange gebissen wird, hat nicht zwingend Gift im Körper. Die Schlangen entscheiden instinktiv, ob sie ihre Giftzähne einsetzen wollen, und wenn ja, wie viel Gift abgesondert werden soll. Da die Schlangen viel Zeit brauchen, um ihr Gift zu reproduzieren, ist es für sie wertvoll und sie setzen es primär zum Beutefang ein, seltener zur Verteidigung.

Für die in der Schweiz vorkommenden Arten ist die Einteilung in giftige und ungiftige Schlangen relativ einfach: Nattern sind ungiftig, Vipern, auch Ottern genannt, sind giftig. Ungiftige Schlangen haben runde Pupillen, giftige dagegen geschlitzte Spaltpupillen. Dies ist allerdings nur eine grobe Faustregel, die durch mehrere Ausnahmen bestätigt wird. Einheimische Giftschlangen werden zudem nie länger als neunzig Zentimeter.

Diese Einteilung in giftige und ungiftige Schlangen ist in Afrika noch schwieriger. Deshalb glauben leider die Menschen dort, dass ALLE Schlangen gefährlich seien und sofort angreifen würden. Dabei sind diese Tiere eher ängstlich und flüchten immer, wenn ein Mensch sich ihnen nähert, außer sie werden in die Enge getrieben oder man tritt auf sie. Sie spüren auch durch die Ausdünstung des Menschen, ob er Angst vor ihnen hat. Schlangen besitzen keine Augenlider, ihre Augen werden komplett von einer durchsichtigen Schuppe bedeckt. Allerdings können sie nur Dinge oder Lebewesen sehen, die sich bewegen. Bewegt sich die Beute nicht, ist sie für die Schlange nicht sichtbar.

Die meistverbreitete Schlange in Kamerun ist die Viper. Diese ist hochgiftig und es gibt hier kein Gegengift. Das Problem ist nämlich, dass ein Serum nur ein paar Tage lang haltbar ist, deshalb wird es, außer vielleicht in Südafrika, nicht mehr hergestellt. Wegen der kurzen Haltbarkeit wäre ein längerer Transport ausgeschlossen. So ist die Angst hier wegen der schlechten medizinischen Versorgung nachvollziehbar. Da tötet man also das Tier lieber gleich.

Selbst das Königshaus von Bangangté ist nicht vor tödlichen Schlangenbissen gefeit. So wurde vor Jahren auch eine der Königinnen Opfer eines Vipernbisses.

Ich bin gerade dabei, die Feuerstelle, wo wir die Abfälle verbrennen, zu reinigen. Alles, was nicht verbrannt ist, trage ich zusammen. Ich hebe ein Stück Karton auf und darunter liegt eine kleine, schwarze Schlange. Ich bleibe fasziniert stehen und rufe Marcelin zu: »Chéri, ich habe eine kleine schwarze Schlange gefunden.«

»Geh da sofort weg!«, entgegnet er im Befehlston und mit leichter Panik in der Stimme

Ich mache einen Schritt zurück. Gerne hätte ich die Schlange angefasst und aufgehoben, denn sie hat denselben Kopf und die gleichen Schuppen wie die Nattern, die ich in der Schweiz als Haustiere gehalten habe; mit dem einzigen Unterschied, dass diese hier pechschwarz ist. Meine Vernunft nimmt überhand und ich fasse sie nicht an. Doch meine Erfahrung bestätigt sich auch, die Schlange bleibt liegen und greift mich nicht an. Vermutlich hat sie mehr Angst als ich. Inzwischen ist Marcelin mit der Machete bei mir. Kurzerhand tötet er das Tier.

Eines Tages hatte ich die Idee, große Steine zu sammeln, um damit unsere Wege zu markieren. Wir hatten in den letzten Tagen bereits viele zusammengetragen und mit weißer Farbe angestrichen. Marcelin fand diese Idee anfangs zwar nicht so toll, doch plötzlich konnte er sich richtig dafür begeistern und half tüchtig mit.

Als ich nun in der Nähe unseres Brunnens einen großen Stein aufheben will, sehe ich darunter eine kleine, braune Schlange liegen. Erschrocken lasse ich den Stein wieder zurückfallen. Beinahe hätte ich das Tier mit den Fingern berührt. Es könnte ja eine junge Viper sein. Marcelin läuft schnurstracks ins Haus und holt die Machete. Mithilfe eines Stockes und der Machete hebt er den Stein leicht auf und schiebt ihn beiseite, um die Schlange zu töten. Doch diese liegt in einer Mulde, sodass er mit der Machete nicht an sie herankommt und immer nur auf die Steine schlägt. Nach weiteren Versuchen gelingt es ihm schließlich, das Tier mit dem Stock und der Machete zwischen den Steinen hervorzuziehen und auf den Erdboden zu werfen. Sofort schlägt er mit der Machete zu. Der Kopf ist sauber abgetrennt. Er gräbt unverzüglich ein kleines Loch, um den Kopf zu vergraben, denn hier in Afrika sagt man, dass das Gift noch drei Tage nach dem Tod der Schlange wirksam sei. Würde man aus Versehen auf deren Kopf treten, könnte das unangenehme Folgen nach sich ziehen. Wir haben ja auch Hunde, die darauf treten könnten. So ist nun die Gefahr für alle gebannt. Den Körper der Schlange schlägt er in kleine Stücke, die sich fast noch eine Stunde lang bewegen. Ein scheußlicher Anblick.

Doch Schlangen gehören nun mal zu Afrika und ich bin froh, dass ich mich ein wenig mit diesen Tieren auskenne und mich nicht davor ekle oder fürchte. Leben in Afrika heißt auch, leben mit der Gefahr. Inzwischen ist ja auch unser kleiner Sohn Sky dazugekommen, der sehr neugierig durch die Welt trippelt und noch lernen muss, keinesfalls etwas zu berühren, was er nicht kennt.

Von einer ganz besonderen Schlange will ich nun berichten: Wir haben wie so oft gemütlich im Wohnzimmer beim Licht der Petroleumlampe zu Abend gegessen, während es draußen regnet und kalt ist, obwohl sich die Regenzeit bereits dem Ende nähert. Marcelin spielt ein paar Lieder auf seiner Gitarre. Ich höre ihm stets gerne zu und liebe es, ihn dabei zu beobachten. Dann spüre ich, dass er glücklich ist und in seine Welt der Musik versunken. Nach einigen Liedern stellt er die Gitarre wieder auf ihren Platz auf der Eckbank zurück und zündet sich zufrieden eine Zigarette an.

Diese harmonische Atmosphäre scheint mir gerade der richtige Augenblick zu sein, um etwas aus Marcelin herauszulocken, was er mir bis heute noch nicht verraten hat.

Während meines ersten Besuches in Kamerun im Herbst 2005 hatte ich ihm ein neues, weißes Nokia Handy zum Aufklappen als Geschenk mitgebracht. Er konnte damit Fotos machen und sogar Videos aufnehmen. Auf dasjenige seiner Schwiegereltern, das er im Hotel »Foyer du Marin« aufgenommen hatte, war er besonders stolz und hütete es wie seinen Augapfel. Nun aber will ich endlich erfahren, wieso dieses Handy, das ihm so viel bedeutete, während meines letzten Aufenthaltes in der Schweiz in die Brüche ging.

Eines Tages, als ich ihn damals aus der Schweiz anrief, sagte er nämlich zu mir: »Auf dem Display kann man nichts mehr lesen. Anrufe kann ich noch empfangen, doch ich sehe die Nummer nicht, und weil ich auf dem Display nichts mehr lesen kann, ist es mir auch nicht mehr möglich, dir SMS zu schreiben.«

»Was ist denn vorgefallen?«, fragte ich ihn damals erstaunt am Telefon.

»Ein Arbeitsunfall«, sagte er nur so beiläufig und hoffte, ich würde mich mit dieser Antwort zufriedengeben.

»Aber dir ist nichts geschehen?«, fragte ich ihn besorgt.

»Alles in Ordnung, nein, nein, mir ist nichts passiert«, beruhigte er mich. Doch auf meine Frage nach Details wich er mir aus. Er wiederholte nur nochmals, dass es sich um einen kleinen Arbeitsunfall gehandelt habe. Damit war die Sache für ihn erledigt und ich spürte, dass es sinnlos wäre, weiter zu bohren. Wenn ein Afrikaner auf eine Frage nicht antworten will, findet er tausend Ausweichmöglichkeiten, um davon abzulenken. So sagte ich schlussendlich zu ihm: »Ich will schauen, ob ich dir irgendwie ein neues Handy zukommen lassen kann. Per Post ist sinnlos, das dauert gut vier Wochen – wenn es denn überhaupt ankommt, da alle Briefe und Pakete von der Kameruner Post geöffnet werden. Vielleicht gilt das Handy dann eigenartigerweise als verloren«, gab ich zu bedenken.

Ein paar Tage nach diesem Telefongespräch meldete sich meine Freundin Marie bei mir, die mir seinerzeit jene Webseite empfahl, durch welche ich Marcelin kennengelernt hatte. Von ihr erfuhr ich, dass zufällig einer ihrer Bekannten aus Kamerun, der in La Chaux-de-Fonds als Arzt arbeitet, in knapp einer Woche nach Douala fliegen würde. Ich packte die Gelegenheit beim Schopf und handelte rasch. Die Zeit reichte gerade noch, um Eduardo, so heißt der Arzt, per Post ein neues Handy für Marcelin zu schicken, damit er es mitnehmen konnte. So kam dieses auf sicherem Weg bereits zwei Wochen später wohlbehalten bei ihm an.

Doch jetzt will ich endlich wissen, was es mit dem kaputten Handy für eine Bewandtnis hatte und mich nicht mehr mit Ausreden zufriedengeben.

»Kannst du mir nun erklären, was damals mit dem Handy geschehen ist?«, frage ich ihn deshalb erwartungsvoll. Er druckst noch ein bisschen herum.

»Es war wirklich ein Arbeitsunfall«, versucht er mir glaubhaft zu versichern.

»Ja, aber wie ist es passiert?«, hake ich noch einmal nach. Er holt tief Luft und ich habe den Eindruck, dass er sich erst in dieser Sekunde entscheidet, mir die Wahrheit zu sagen. Er ahnt wohl, dass ich ihn sonst nie in Ruhe lassen würde. Fast ein bisschen umständlich beginnt er, mir die Geschichte zu erzählen:

»Also, es war so: Ich bin an jenem Tag wie immer früh aufgewacht. Da es endlich aufgehört hatte zu regnen, entschied ich mich, das hohe Steppengras auf unserem Grundstück, das fast bis zum Haus reichte, mit der Machete zu schneiden. Der Boden war feucht und locker, sodass ich gut vorankam. Plötzlich spürte ich, wie etwas mein Bein hinunterkroch, langsam und immer tiefer. Vor Schreck erstarrte ich und wagte mich nicht mehr zu rühren. Ich war überzeugt, es sei eine Schlange. Als ich dann etwas zu Boden fallen hörte, trat ich sogleich kräftig drauf. Ich musste das Vieh zertreten. Ich wollte nicht das Risiko eingehen, dass mich die Schlange noch beißt.

Dann hob ich ganz langsam meinen Fuß. Für den Fall, dass sie sich unerwartet doch noch bewegen würde, ... so könnte ich blitzschnell nochmals zutreten.

Und dann sah ich, ... ich wage es kaum zu sagen, ... mein Handy, mein schönes Handy, ich hatte es zertreten! Einfach so. Ich konnte es fast nicht glauben. Sollte ich lachen oder weinen? Wie sich herausstellte, hatte meine Hosentasche ein Loch und so ist das Handy das Hosenbein hinuntergerutscht«, gesteht er mir ganz zerknirscht und wagt mich dabei kaum anzusehen.

Ich muss herzhaft lachen. »Cheri, hast du nicht daran gedacht, dass Schlangen, bevor sie hinunterkriechen, zuerst hinaufkriechen müssen? Hast du nicht auf dein Bein geschaut, als das Handy runterrutschte?«, frage ich, immer noch leicht amüsiert.

»Nein, ich war starr vor Schreck und Angst. Ich wagte nicht, mich zu bewegen und so konnte ich auch nicht auf mein Bein schauen. Das Handy rutschte an der Außenseite runter.«

So hat sich das Handy als falsche Schlange herausgestellt!

Kapitel 7

Unsere standesamtliche Trauung

Glück widerfährt dir nicht – Glück findet der, der danach sucht

Im neuen Jahr beginnen wir als Erstes mit der Planung unserer standesamtlichen Hochzeit. In Kamerun ist es Vorschrift, dass nebst den Trauzeugen noch ein Familienmitglied anwesend ist. Kash sagte bereits an Weihnachten zu, Marcelins Trauzeuge zu werden und der Chef von Bametcha ist einverstanden, als Familienmitglied teilzunehmen. Bei mir war es etwas schwieriger, jemanden aus der Familie aufzutreiben. Dieses Problem haben wir ebenfalls mit Kash und Elise diskutiert und bald schon lag die Lösung auf der Hand: Elise ist bereit, als meine Schwester zu fungieren, worüber ich sehr froh und erleichtert bin. Meine Trauzeugin wird Brigitte, die erste Frau des Chefs von Bametcha. Kash und seine Familie werden am 10. Januar aus Kribi zurück sein, da Elise fünf Tage später wieder nach Frankreich fliegen wird.

So setzen wir den Termin für unsere Trauung auf den 12. Januar 2008 an. Diesen von uns gewünschten Termin müssen wir dann umgehend dem Standesamt persönlich melden. Auf die Frage der Dame am Schalter, um welche Zeit wir denn getraut werden möchten, sind Marcelin und ich uns gar nicht einig. Ich möchte die Zeremonie erst am Nachmittag, Marcelin schon am frühen Morgen. So diskutieren wir recht heftig, jeder verteidigt die eigenen Argumente. Schlussendlich setzt sich Marcelin durch, was aber die Dame am Schalter des Standesamtes anscheinend nicht mehr mitbekommt. Sie hat sich längst anderen Arbeiten zugewandt, was wir ihr nicht mal verübeln können.

Am 12. Januar treffen wir wie vorgesehen morgens dort ein. Im Erdgeschoss des Gebäudes befindet sich das Einwohnermeldeamt. Gleich daneben ist ein großer Saal, der gerade nicht benutzt wird, sodass ich mich dort rasch umziehen kann. Ich trage ein traditionelles, westafrikanisches Kleid, wie man es oft auch in Senegal sieht. Der Stoff ist tief violett mit kleinen goldenen Blumen bestickt. Marcelin hat sich für diese Feier auch besonders chic gemacht – in seinem hellen Anzug sieht er wirklich blendend aus.

Die Trauzeugen Kash und Elise samt ihrem Sohn Isaga treffen schon kurz nach uns ein. Nur einige Zeit später fährt der Chef von Bametcha auf seinem Motorrad vor. Doch von meiner Trauzeugin Brigitte ist noch weit und breit nichts zu sehen. Marcelin schickt sofort jemanden los, um sie zu suchen. Wir vermuten, dass sie noch in ihrer »Kiba-Bar« ist, was auch zutrifft. Mit einiger Verspätung erscheint sie und entschuldigt sich sehr. Sie habe vorher noch Getränke für eine Beerdigung liefern müssen und in der Hitze des Gefechts unsere Trauung ganz einfach vergessen.

Da wir nun vollzählig sind, begeben wir uns alle zusammen in die erste Etage. Während wir warten, beschließt Marcelin, seiner Cousine, der Bürgermeisterin Cathérine Keutcha Courtès, noch kurz einen Besuch abzustatten. Sie hat ihr Büro im selben Haus und freut sich über seinen unerwarteten Besuch. Als sie erfährt, dass wir heiraten wollen, entscheidet sie sich spontan, die Trauung vorzunehmen. Rasch ruft sie zu Hause an und bittet, man solle ihr andere Kleider und die Staatsschärpe bringen. Sie hat ihr Amt erst vor wenigen Tagen am 1. Januar angetreten. Um sich schneller einzuarbeiten, hat sie alle Mitarbeiter an diesem Samstag ins Büro gebeten. So fragt sie jemanden vom Personal, ob unsere Papiere bereit seien, was leider nicht der Fall ist.

Wieder einmal denke ich für mich: Typisch Afrika, es wird immer alles erst in letzter Minute erledigt.

»Es tut mir leid, aber ich kann unmöglich so lange warten, es gibt zu viel Arbeit für mich, die ich nicht einfach liegen lassen kann«, sagt daraufhin die Frau Bürgermeisterin bedauernd und fährt gleich fort: »Schade, ich hätte eure Trauung gerne vorgenommen. Aber ich bin überzeugt, einer meiner vier Mitarbeiter wird dies auch sehr gut machen. Ich wünsche euch viel Glück fürs gemeinsame Leben.« Mit diesen Worten verabschiedet sie sich rasch und begleitet uns zur Tür.

Da wir noch länger warten müssen, begeben wir uns in den langen Korridor hinaus, um uns die Füße zu vertreten. Sky übt fleißig laufen. Vor drei Tagen hat er auf unserer Terrasse seine ersten Schritte gemacht. Unermüdlich ist er zwischen Mama und Papa hin- und hergelaufen. Ich empfand es geradezu als Privileg, dass wir beide diesen großen Moment mit unserem Kind zusammen erleben durften.

Wie vielen Kindern wird es möglich sein, die allerersten Schritte im Beisein von Mama und Papa zu machen? Diesen Glücksmoment gemeinsam erleben zu dürfen, wünsche ich allen Familien.

Der Boden im Gemeindehaus ist geradezu ideal, um laufen zu lernen. Sky trippelt bestimmt zehn Mal zwischen uns beiden hin und her. Jedes Mal vergrößern wir den Abstand ein bisschen. Unser süßer Sonnenschein jauchzt vor Freude und Stolz und wir freuen uns mit ihm. Plötzlich jedoch wird dieser Idylle mit einem lauten Knall ein Ende gesetzt. Vor dem Gebäude hat ein Mototaxi eine Fehlzündung und dieser Lärm macht Sky große Angst. In den schützenden Armen von Papa lässt er sich allerdings schnell trösten.

Endlich weist man uns in ein kleines Büro. Dort sollen wir alle vorn beim Schreibtisch Platz nehmen. Doch wir sehen auf einen Blick, dass das nicht möglich ist. So machen es sich Kash, Elise und Brigitte kurz entschlossen im Hintergrund auf einer Sitzecke bequem. Erst nach einer Weile bemerkt dies der Standesbeamte und bittet uns entschuldigend in einen anderen Raum. Trotz dem, dass Afrika chaotisch ist, für Kamerun sind solche Dinge sehr wichtig. Die Sitzordnung muss stimmen, auf staatlicher wie auch auf traditioneller Ebene, da gibt es kein Pardon.

Es dauert aber bestimmt noch eine geschlagene Stunde, bis die Papiere endlich bereit sind.

Die Trauung dauert länger, als ich erwartet habe. Bei meiner ersten Trauung mit Bruno in der Schweiz standen wir nach höchstens zehn Minuten schon wieder auf dem Flur. Es war Mai, und auf dem Standesamt in Jegenstorf herrschte daher großer Andrang. Die zweite Trauung mit Nuruddin auf dem Standesamt in Mombasa dauerte auch nicht mehr als zehn Minuten.

Hier in Bangangté werde ich ausführlich über meine Rechte, aber vor allem meine Pflichten aufgeklärt. In der kamerunischen Ehe ist die Frau dem Mann unterstellt, wenn es um große und wichtige Entscheidungen geht. Beispielsweise kann der Mann einen Umzug der ehelichen Wohnung bestimmen, auch wenn die

Frau nicht einverstanden ist, insofern wichtige Gründe vorliegen. Ansonsten wird der Mann angehalten, die Frau als gleichberechtigt anzusehen.

Aber ich erfahre auch einiges, was mich sehr positiv überrascht: Die Frau kann sich im Falle eines Missbrauchs, zum Beispiel wenn sie geschlagen wird, an den Staat wenden. Und sie würde in einem Härtefall sogar staatliche Hilfe bekommen, wenn sie sich aus wichtigen Gründen von ihrem Mann trennen müsste oder dieser nicht für die Familie sorgt. Doch in der Realität habe ich noch von keinem solchen Fall gehört. Probleme werden meistens innerhalb der Familie geklärt.

Der Standesbeamte heitert die Runde immer wieder mit lustigen Beispielen aus dem Alltag auf, sodass viel gelacht wird. Eine so fröhliche standesamtliche Trauung habe ich noch nie erlebt.

Marcelin wird gefragt, ob er in Polygamie oder in einer monogamen Ehe leben möchte und muss mit seiner Unterschrift bestätigen, dass er sich für Monogamie entschieden hat. Dies ist bindend für die gesamte Dauer der Ehe. Zu meiner großen Erleichterung, muss ich noch anfügen!!

Die wenigsten Europäer und vor allem Europäerinnen könnten sich vorstellen, in Polygamie zu leben, dass also ein Mann mit mehreren Frauen gleichzeitig verheiratet ist. Ich selber könnte es auch nicht und doch respektiere ich diese Form von Ehe. Wenn eine Frau eine Ehe in Polygamie eingeht, weiß sie, auf was sie sich einlässt. Für viele Menschen ist das hier eine normale Lebensform. Wenn ein Kind mit mehreren Müttern aufwächst, ist das für dieses Kind der normale Alltag. Auf Medumba nennt man Kinder »mèn ngo«, was bedeutet, dass das Kind eigentlich weder seinen Eltern noch seiner Familie »gehört«, sondern der gesamten Gemeinschaft. So ist es dann für ein Mädchen aus einer solchen Ehe auch nichts Besonderes, wenn es ebenfalls in eine polygame Ehe einheiratet. Hier wird auch keine Frau zu einer polygamen Ehe gezwungen. Jede Frau hat das Recht, nein zu sagen, sie muss die Ehe nicht eingehen, wenn sie nicht will.

»Weißt du eigentlich, warum Polygamie hier nach wie vor erhalten bleibt und ein für alle passendes Lebensmodell ist?«, fragte mich Marcelin einmal, als wir gerade über dieses Thema diskutierten.

»Weil es ein Statussymbol ist, denn nur ein reicher Mann kann viele Frauen haben«, gab ich ihm zur Antwort. Mir ist die Mehrehe von den Moslems her bekannt. Je mehr Frauen ein Moslem hat, umso reicher ist er, denn er muss ALLE Frauen gleich behandeln. Er kann nicht nur einer Frau ein Geschenk mit nach Hause bringen. Wenn er zehn Frauen hat, muss er zehn Geschenke kaufen.

»Nein, aus Armut!«, erklärte mir Marcelin. Auf meinen fragenden Blick hin fuhr er fort: »Wenn eine Frau krank ist, wer kümmert sich um sie? Der Mann kann es nicht, da er meistens arbeitet. Wenn er zu lange von seiner Arbeit fernbleibt, muss er mit einer Entlassung rechnen. Eine zweite Frau kann sich dann um die Frau kümmern, wenn sie im Spital liegt oder krank zu Hause ist, und auch ihre Arbeit übernehmen. Ideal sind drei Frauen: Wenn eine krank ist, kann die zweite Frau sie zu Hause oder im Spital betreuen und die dritte Frau sorgt sich um die Kinder und den Haushalt. So wird die polygame Ehe zu einer richtigen und wichtigen Gemeinschaft.«

Aus dieser Sicht ist die Polygamie eine gute Einrichtung, denn so betrachtet bin ich eigentlich im Nachteil: Angenommen, ich wäre wieder sehr krank, so müsste Marcelin trotz allem Haus und Tiere versorgen. Wer würde sich in dieser Zeit um mich und, was noch wichtiger ist, um Sky kümmern?

Hier ist die Polygamie auch noch aus einem anderen Grund nicht ganz das Gleiche wie bei den Moslems. Dazu das Beispiel unseres Chefs von Bametcha, der drei Frauen hat. Die erste, Brigitte, hat er sich selber ausgesucht. Brigitte hat dann die zweite, Bianca, und die dritte Frau für ihn ausgewählt. Aber nur Brigitte ist Königin. Nur sie darf die traditionellen Kleider einer Königin tragen, die sie als Königin auszeichnen. Es ist auch immer Brigitte, die ihren Mann zu wichtigen Beerdigungen oder Festen begleitet. Sie war auch an der Einführung des neuen Chefs in der Chefferie Mango Nitsit dabei. Ebenso bei der Einführung des neuen Notablen und der Beerdigung seines Vaters. Jede Frau, die an zweiter, dritter, vierter oder fünfter Stelle kommt, oder, wie beispielsweise beim König an 40. Stelle, kennt ihren Platz und ihren Rang in der Gesellschaft. Der jetzige König Njimouluh Seidou hat momentan 70 Frauen und 75 Kinder. Er bezahlt für seine Frauen Spitalaufenthalte und Medikamente, ansonsten versorgen sich die Frauen selber.

Es ist auch nicht so, dass die Männer mit all ihren Frauen und Kindern gemeinsam unter einem Dach leben. Jede Frau hat für sich und ihre Kinder eine eigene Wohnung oder ein Haus und meist einen Garten, von dessen Erträgen sie sich ernähren kann. Der Mann muss also nicht für seine ganze Familie aufkommen.

Nach der offiziellen Zeremonie händigt uns der Standesbeamte je einen Eheschein aus. Dann hängt er uns die Schärpe um. Marcelin erklärt mir später, dass uns diese Ehre nur dank seines Status' als Angehöriger des Königshauses zuteil wurde, denn eine Staatsschärpe dürfe nur jemand tragen, der dazu befugt sei.

Isaga filmt und fotografiert während und nach der Trauung fleißig.

Um unsere Verbindung ein wenig zu feiern, fahren wir zu Brigittes »Kiba-Bar«. Sogar der Chef gesellt sich kurz dazu. Kash, Elise und Isaga begleiten uns danach zu uns nach Hause. Unser bescheidenes Hochzeitsmahl besteht aus Pilzen, Brot und Bâtons de Manioc. Marcelin hat die Pilze in einer Sauce gebraten, sie schmecken uns allen köstlich. Für Elise ist es das erste Mal, dass sie in Kamerun Pilze isst.

Isaga spielt mit Sky zusammen im Laufstall, so ist es auch den beiden nicht langweilig, während wir Erwachsenen uns gemütlich unterhalten und diesen ganz besonderen Tag auf unsere Weise genießen. Hätten unsere Freunde nicht schon am nächsten Tag nach Douala fahren müssen, wären sie über Nacht bei uns geblieben, so wie wir an Weihnachten bei ihnen übernachten durften.

Elise hat dieser Tag, wie sie uns erzählt, nachhaltig berührt. Nach unserer gemeinsamen Feier kann sie sich endlich dazu entschließen, zu ihrem Mann und dem gemeinsamen Sohn nach Kamerun auszuwandern. Bis dahin war Kamerun für sie nur ein Ferienziel, der Ort, wo ihr Mann ursprünglich herstammt. Marcelin und ich empfinden es als ein schönes Hochzeitsgeschenk für uns, dass Elise nun Kamerun vielleicht auch ein wenig mit meinen Augen sieht und die Familie unserer Freunde hoffentlich bald für immer vereint ist.

Kapitel 8

Wir, die ahnungslosen »Streikbrecher«

Die Furcht vor der Gefahr ist schrecklicher als die Gefahr selbst

Der Februar 2008 wird mir leider stets in höchst unangenehmer Erinnerung bleiben und es friert mich noch jetzt, wenn ich an diese schlimmen Ereignisse zurückdenke:

Wie fast jeden Samstag fahren wir nach Bangangté, um einzukaufen. Als Erstes begebe ich mich ins Internetcafé. Durch ein dunkles Treppenhaus steigt man die ungleich hohen Stufen in die erste Etage hoch und muss höllisch aufpassen, dass man keinen Fehltritt macht. Hier kennt man noch kein ADSL oder Highspeed. Es dauert stets eine kleine Ewigkeit, bis die Verbindung hergestellt ist und eine Seite geöffnet werden kann. Mein Verleger hatte mir per Mail angekündigt, eine Überweisung auf mein Postkonto in der Schweiz getätigt zu haben. Aus Erfahrung weiß ich zwar, dass der Transfer eigentlich mindestens eine Woche dauert, aber trotzdem schaue ich nach. Wie erwartet, zeigt mein Kontostand immer noch unverändert ganze einhundert Schweizerfranken an. Neunzig davon überweise ich per Western Union nach Bangangté, damit wir wenigstens die wichtigsten Einkäufe besorgen können, dachten wir jedenfalls.

Marcelin will das Geld gleich bei der Western Union abholen, doch dort gibt es gerade keine Internetverbindung und somit ist eine Auszahlung nicht möglich. Also stellt Marcelin der Dame am Bankschalter sein Handy zur Verfügung, damit sie die Western Union Filiale in Douala anrufen kann. Der Kundenservice wird hier nicht großgeschrieben. Wenn der Kunde etwas will, muss er auch dafür bezahlen oder sich darum kümmern. Während ich in einem Restaurant auf Marcelin warte, ruft er mich an. Er hat sein letztes Geld zum Telefonieren ausgegeben, sodass ich ihm mit meinem restlichen Kleingeld aushelfen muss. Gebracht hat es jedoch nichts, denn in Douala haben sie momentan auch keine Verbindung. Das heißt ganz einfach, geduldig abzuwarten. Ohne Geld zu warten ist doppelt mühsam und ärgerlich, da dadurch keine Möglichkeit besteht, wenigstens schon mal die Einkäufe zu tätigen.

Um die Zeit trotzdem zu nutzen, begeben wir uns ins nahe der Western Union gelegene Baugeschäft. Marcelin verlangt den Chef zu sprechen und lässt bei ihm zwei Säcke Zement reservieren, damit am Bungalow für meine Eltern neben unserem Haus weitergearbeitet werden kann. Meine Eltern ziehen in Erwägung, eventuell hierher zu uns auszuwandern. Sollten sie es sich doch anders überlegen, wird es ihnen als Ferienhaus jederzeit zur Verfügung stehen.

Anschließend begeben wir uns in die »Bassamba-Bar«, wo wir stets Kredit bekommen. Darüber sind wir in diesem Moment sehr froh, denn bei um die vierzig Grad Hitze wirkt eine kühle Cola wie ein Lebenselixier. Nach etwa einer Stunde meint Marcelin, ich könnte doch mal in der Bank nachfragen gehen. Keine schlechte Idee, finde ich und bin eigentlich froh über diese Abwechslung, denn um mich herum unterhalten sich alle in Medumba, sodass ich mir ziemlich überflüssig vorkomme.

Ich laufe zuerst die Straße hoch, an der Schranke vorbei, die die »Gare Routière«, also den Busbahnhof, von der Straße trennt. Hier in Afrika gibt es übrigens so gut wie keine Straßennamen. Man wählt deshalb als Orientierungshilfe markante Gebäude wie Banken, die Post, eine Mosche oder ein bestimmtes Restaurant.

Die Frau, die mir immer die feinen Beignets an der Straße verkauft, grüßt mich zuvorkommend. Dieses Gebäck ist »Berlinern« nicht unähnlich, nämlich auch in Öl gebacken, aber ohne Marmelade drin und etwas kleiner. Neben ihr sitzt die Königinmutter der Chefferie Supérieure. Sie ruft mir lächelnd ein Hallo zu.

In dieser Gegend gibt es viele Verkaufsgeschäfte, darunter auch mehrere Läden mit Stoffen. Ich suche immer noch einen schönen, traditionellen Stoff für mein Kleid für die Buchvernissage in der Schweiz, doch habe ich bisher nicht das gefunden, was mir vorschwebt. Diese bunt bedruckten Stoffe, die man hier überall sieht, nennt man auch Pagné.

Endlich bin ich auf dem großen, mit viel rotem Staub bedeckten Platz angelangt. Die vielen hier abgestellten Privatautos befinden sich in einem derart erbärmlichen Zustand, dass man glauben könnte, es handle sich um einen Schrottplatz.

Dem Mann, der die Außenschranke der »Gare Routière« bewacht, nicke ich zu. Marcelin grüßt ihn immer besonders freundlich, wenn wir dort herausfahren. Längst kennt er uns und weiß, dass wir als Familie unterwegs sind. Diejenigen, die mit ihren privaten Autos Taxidienste leisten, müssen nämlich jedes Mal beim Verlassen des Busbahnhofes umgerechnet achtzig Rappen bezahlen.

Nun muss ich nur noch mehrmals die stark befahrene Straße überqueren, bis ich endlich bei der Western Union bin. Bei der Eingangstür zur Bank kommt mir ein Mann entgegen, von dem ich annehme, er sei ein Kunde. Ein Hoffnungsschimmer flackert auf, dass inzwischen vielleicht die Internetverbindung wieder funktionieren könnte. Doch drinnen sehe ich keinen einzigen Kunden. Trotzdem begebe ich mich zum hintersten Schalter, wo allerdings kein Mensch zu sehen ist. Dann entdecke ich eine Frau am zweiten Schalter. Als sie jedoch von Weitem mein hoffnungsvolles und zugleich fragendes Gesicht sieht, schüttelt sie nur abweisend den Kopf und ruft mir zu: »Pas de connection.« Keine Verbindung. Frustriert verlasse ich die Bank wieder.

Zurück bei der *»Bassamba-Bar«,* wiederholt sich diese Szene zwischen Marcelin und mir: Er blickt mich hoffnungsvoll an und ich schüttle ebenfalls den Kopf.

Um mir die Wartezeit zu verkürzen, spiele ich mit Sky und beobachte die Leute, die vorbeilaufen. Auch den vielen fliegenden Händlern zuzuschauen, die mit viel Geschick versuchen, ihre Ware zu verkaufen, ist immer aufs Neue amüsant. Marcelin unterhält sich derweil weiterhin bestens mit Freunden und Kollegen, bei ihm kommt keine Langeweile auf.

Dann muss ich dringend auf die Toilette. Diesen Begriff zu wählen für das, was man dort antrifft, ist maßlos übertrieben. In der hintersten Ecke des abgeschlossenen Hinterhofes gibt es ein Bambushäuschen. In einer der Ecken dieses Häuschens befindet sich am Boden ein Loch von ungefähr fünfzehn Zentimetern Durchmesser. Davor stehen zwei Ziegelsteine V-förmig platziert, auf welche man sich stellt, damit die Schuhe oder Füße, falls man barfuß unterwegs ist, nicht nass und schmutzig werden, wenn der Vorgänger oder die Vorgängerin das Loch vielleicht nicht getroffen hat. Das hier beschriebene gilt übrigens bereits als besseres Klo, es gibt noch viel einfachere. Eine Tür ist selbstverständlich auch nicht angebracht, nur ein Vorhang. So gewöhnt man sich auch daran, sein Geschäft möglichst schnell zu erledigen, weil in jedem Moment eine fremde Person »hereinkommen« kann.

Es gibt dort sogar einen »Häuschen-Mann«, der auf Wunsch Papier aushändigt. Richtiges Klopapier kennt man hier nicht. Ich habe festgestellt, dass bei Freiluftklos die Frauen fürs große Geschäft meist Blätter einer bestimmten Pflanze benutzen.

Endlich erreicht uns gegen halb fünf der erlösende Anruf der Western Union, die Verbindung sei wieder hergestellt, wir könnten jetzt das Geld abholen. Wir hatten schon die Hoffnung aufgegeben, dass es an diesem Tag überhaupt noch klappen würde, denn normalerweise schließt die Bank um vier Uhr nachmittags. Wenn nicht viel los ist, sogar schon früher. Öffnungszeiten werden hier nicht so genau eingehalten. Da wir den Chef der Bank persönlich kennen, kann ich das Geld trotzdem noch abholen, Marcelin hatte die dafür notwendigen Papiere schon vorher ausgefüllt.

Mit dem Geld in der Tasche fühle ich mich schon viel besser und will als Erstes Marcelin eine Freude machen. Deshalb begebe ich mich schnurstracks ins Baugeschäft, um den reservierten Zement schon mal zu bezahlen. Der Verkäufer schaut mich lange an und schüttelt dann den Kopf: »Wir haben keinen Zement reserviert, alles ist verkauft.« Ich verabschiede mich sogleich, ohne etwas darauf zu sagen. Mit ihm zu diskutieren, würde rein gar nichts bringen. Das ist normal hier, man kann sich nicht einmal auf eine Reservierung verlassen. Erst recht nicht zum jetzigen Zeitpunkt, denn seit vor ein paar Monaten die Zementfabrik verkauft wurde, ist Zement Mangelware in Kamerun. Also gehe ich wieder zu Marcelin zurück, um ihm diese Hiobsbotschaft zu überbringen. Er ist jedoch kein bisschen überrascht und zuckt nur mit den Schultern.

Bei den kleinen Verkaufsständen decken wir uns anschließend mit dem Nötigsten ein. Frauen in ihren bunten, gemusterten Röcken sitzen auch hier einfach am Straßenrand und bieten ihre

Ware an. Eine verkauft Bananen, eine andere bietet Bâtons de Manioc an und eine weitere Avocados. Hinter den Verkaufsständen befindet sich eine Bäckerei. Marcelin holt dort noch Brot. Bis heute habe ich hier nur Weißbrot gesehen und zwar in Form von »pain-carré«, also Toastbrot, oder auch Baguettes.

Nach unseren Einkäufen verlassen wir das Zentrum von Bangangté. Am Ortsausgang gibt es zwei Tankstellen. Bei der ersten tankt Marcelin noch drei Liter Benzin. So haben wir wie üblich nur die nötigste Menge für den Heimweg getankt, obschon klar ist, dass wir für eine weitere Fahrt ins Dorf die Reserve brauchen werden.

Bei den immer mal wieder unerwartet auftauchenden Polizeikontrollen grüßt Marcelin äußerst zuvorkommend und ich winke ihnen so charmant lächelnd wie nur möglich zu. Diese einfache Methode scheint zu wirken, wir werden nicht kontrolliert. Das wäre nämlich fatal gewesen, da wir ohne Versicherung herumfahren. Vielleicht lässt man uns aber auch nur deshalb passieren, weil man Marcelin kennt und weiß, wer er ist.

An der letzten Kreuzung des Dorfes hat Socrate seine Bar. Auch ihm winken wir zu. Mit ihm und seiner Frau Heidi, die ebenfalls aus der Schweiz stammt und vorläufig nur ihre Ferien in Kamerun verbringen kann, sind wir inzwischen längst freundschaftlich verbunden.

Als wir beim Haus des verstorbenen Jägers Manuel vorbeifahren, der ganz in unserer Nähe wohnte, kommen uns die Hunde schon freudig entgegengesprungen. Sie kennen das Motorengeräusch unseres Autos schon von Weitem. Kelly und Paradis rennen direkt vor dem Auto her und spielen miteinander. Ich halte den Atem an, weil ich ständig damit rechne, dass Marcelin sie überfährt.

Die nächsten Tage verbringen wir zu Hause mit Alltagsarbeiten, wir haben ja genug zu tun mit dem Haus, den Tieren und dem Garten. Nachdem Sky am Morgen jeweils seine Flasche genüsslich getrunken hat, setze ich ihn in den Laufstall, was ihm gar nicht gefällt, aber notwendig ist, damit ich in Ruhe das Frühstück zubereiten kann. Dieses besteht meistens aus Zitronengrastee, einem Omelett und Bâtons de Manioc. Danach heißt es stets zuerst Geschirr spülen, dann auch die Stoffwindeln auswaschen, selbstverständlich alles mit kaltem Wasser. In dieser Zeit ist Marcelin jeweils damit beschäftigt, die Ziege dort anzubinden, wo sie etwas zu knabbern findet. Anschließend bewässert er noch die Pflanzen. Dann beginnen wir gemeinsam mithilfe der Machete, die ein echtes Allzweckwerkzeug ist, den Garten zu jäten.

Nach dem Waschen hänge ich unsere Kleider auf, wofür mir Marcelin auf der Terrasse Drähte gespannt hat. Eigentlich müsste man diese bunten Stoffe unbedingt bügeln. Doch wenn man sie lange genug hängen lässt, sind sie durch die große Luftfeuchtigkeit gar nicht mehr so zerknittert und durchs Tragen werden sie fast wieder ganz glatt. Die Leute hier bügeln sehr viel, aber alle noch wie bei uns zu Urgroßmutters Zeiten, nämlich mit Kohlebügeleisen. Diese kann man bei uns in der Schweiz längst nur noch im Museum bestaunen. Man füllt die schweren Dinger mit glühender Kohle, um damit für die Erwärmung des Bügeleisens zu sorgen. Ganz ungefährlich sind sie aber nicht, denn es können Glutteile herausspringen und Brandlöcher auf dem Stoff hinterlassen.

Um jedoch die Eier einer bestimmten Fliegenart abzutöten, sollte die Kleidung unbedingt gebügelt werden. Diese Fliegen legen nämlich mit Vorliebe ihre Eier in den Stoffen ab. Wenn die Maden dann mit der Haut in Kontakt kommen, wechseln sie auf den für sie idealeren Nährboden. Papa und ich hatten seinerzeit in einem billigen Hotel in Douala, wo man sehr wahrscheinlich die Bettwäsche nicht gebügelt hat, solche grässlichen, riesigen Maden aufgelesen. Bis jetzt hatte ich glücklicherweise sonst noch keine Probleme damit, auch ohne zu bügeln. Einzig Sky musste ich einmal auf dem Rücken Maden ausdrücken, die er sich aber auch irgendwo auswärts eingefangen haben kann. Zum Glück blieb nur eine Narbe zurück und es gab keine Infektion.

Obschon unserem Bauleiter hinlänglich bekannt sein dürfte, dass Zement Mangelware ist, wird es für ihn trotzdem langsam mühsam, von uns immer wieder vertröstet zu werden, der Zement komme bestimmt bald. So fahren wir ein paar Tage später hoffnungsvoll wieder Richtung Bangangté. Bis wir die Anhöhe erreicht haben, ist unser Auto schon total vom roten Staub überzogen. Während der Trockenzeit liegt er zentimeterdick auf den

Naturstraßen. Nach dieser Anhöhe gibt es viele Bäume und die Straße ist geteert, was schon mehr Fahrkomfort bedeutet. Wie üblich, wenn wir uns dem »Friedhof« nähern, beginnt unser Auto zu stottern und bleibt schlussendlich stehen. Marcelin nimmt den Kanister mit dem Benzin hervor und den abgeschnittenen, oberen Teil einer PET-Flasche, die ihm als Trichter dient, und füllt das Benzin nach. Einige Tropfen gelangen auch in die Benzinpumpe. Nach kurzen Startschwierigkeiten können wir die Fahrt fortsetzen. In Bangangté angekommen, begebe ich mich mit meinem Laptop sofort ins Internetcafé. Es dauert wieder mal eine halbe Ewigkeit, bis ich auf mein Konto gelangt bin, um festzustellen, dass der Kontostand immer noch unverändert ist.

So gehe ich kurz darauf unverrichteter Dinge zu meiner kleinen Familie zurück, die unterdessen im Restaurant gegenüber auf mich gewartet hat. Marcelin nimmt die Botschaft enttäuscht und ziemlich ratlos entgegen und überlegt fieberhaft, was wir nun in dieser Situation machen könnten. Etwas Geld haben wir noch, um wenigstens die wichtigsten Einkäufe tätigen zu können. Marcelin will nicht zum großen Markt, er meint, das, was wir benötigen, können wir auch auf dem Nachhauseweg bei den kleinen Ständen kaufen oder in einem der vielen »Tante-Emma-Läden«, die es hier gibt. Für frische Gewürze, Tomaten, Brot, Avocados und Bâtons de Manioc reicht das Geld gerade noch, aber nicht mehr, um Mineralwasser für Sky zu kaufen, denn unterwegs muss Marcelin nochmals ein paar Liter Benzin tanken. Zum Glück haben wir noch einige Flaschen Mineralwasser zu Hause. Marcelin achtet peinlich darauf, dass wir für Sky stets genügend davon vorrätig haben. So kommen wir mit einer dicken Schicht Sand auf dem Auto gut nach Hause. Diese wegzuputzen, wäre völlig sinnlos, es sähe am nächsten Tag wieder gleich aus. Wind und Regen ersetzen die Waschanlage!

Zu Hause wird Sky als Erstes mit dem Wasser, das zwischenzeitlich die Sonne für ihn gewärmt hat, gewaschen, dann gönnen auch wir uns eine Dusche. Eine Handdusche natürlich, ganz einfach mit einem Eimer Wasser.

Schon bald schläft Sky friedlich in seinem eigenen Bettchen, nachdem ich ihn zuerst in unserem Bett gestillt habe, was bereits zu einer Art Ritual geworden ist. Über sein Bettchen hänge ich noch das Moskitonetz. Marcelin und ich genießen dann wie so oft den friedlichen Abend zu zweit, die absolute Dunkelheit oder den Vollmond, während jetzt in der Trockenzeit der Himmel von den weit von uns entfernten Buschbränden hell beleuchtet wird. Sobald ein kühler Wind aufzieht, gehen wir ins Haus und nehmen unser Abendessen im Schein der Petroleumlampe ein, einen Stromanschluss können wir uns nach wie vor nicht leisten. Und ohne Strom kein Fernsehen, sodass auch wir meistens vor zweiundzwanzig Uhr zu Bett gehen.

Ein paar Tage später wollen wir morgens in die Stadt fahren. Marcelin bindet wie üblich die Ziege an einem günstigen Ort an, wo sie gemütlich grasen kann. Als Marcelin beim Auto vorbeikommt, muss er leider feststellen, dass einer der Reifen einen Platten hat. Am meisten ärgert mich dabei, dass ich geahnt hatte, dass es so kommen würde. Bei unserem letzten Besuch an der Tankstelle hatte ich Marcelin noch gefragt, ob er bei dieser Gelegenheit nicht gleich auch noch den Reifen aufpumpen lassen möchte, was aus meiner Sicht angebracht wäre. Doch nein, das wollte er damals nicht.

Sofort beginnt er jetzt mit dem Radwechsel. Als er das Reserverad herausnimmt, stellt er fest, dass auch dieses keine Luft mehr hat.

Was nun?

Bei uns in der Nähe befindet sich eine Sandgrube, wo die Lastwagenfahrer des Königs den Sand für den Bau holen. Also stellt sich Marcelin an die Straße und hält einen der Lastwagenfahrer an, um ihn zu fragen, ob er den Reifen mitnehmen und aufpumpen lassen könnte. Er würde dann organisieren, dass ein Mototaxi den Reifen wieder zurückbrächte. Der Lastwagenchauffeur ist damit einverstanden und nimmt den Reifen mit.

Den ganzen Morgen über warten wir auf das Mototaxi. Marcelin wird langsam nervös. Nach dem Mittagessen schlägt er mir vor, ich solle doch mit einem Mototaxi oder einem Lastwagen in die Stadt fahren, um nachzusehen, ob inzwischen Geld überwiesen worden sei. Also stelle nun ich mich oben an die Straße und warte. Es ist wie verhext, schon vier Uhr und weder ein Mototaxi noch ein Lastwagen lassen sich blicken, sodass ich unverrichteter Dinge wieder nach Hause gehen muss.

Auch der Reifen wurde uns nicht zurückgebracht. Endlich, es ist bereits Abend, meldet sich der Lastwagenfahrer und teilt uns mit, dass es in der Stadt während des ganzen Tages keinen Strom gegeben habe. Marcelin schaut mich vielsagend an und meint: »Siehst du, Gott beschützt uns doch. Wärst du in die Stadt gegangen, hätte uns das die allerletzten 300 CFA gekostet und gebracht hätte es nichts ohne Strom.«

Da also unser Reifen noch nicht zurück ist, beauftragt Marcelin bereits am nächsten Morgen um sechs Uhr einem Mototaxi-Fahrer, das Reserverad in der Stadt aufpumpen zu lassen und es dann möglichst schnell wieder zurückzubringen. Drei Stunden später ist er immer noch nicht da. Marcelin sitzt wie auf Kohlen. Er befürchtet auch, dass vermutlich immer noch kein Geld auf dem Konto ist. Um in die Stadt zu kommen, würde unser Geld zwar reichen, nicht aber, um Essen zu kaufen und zu tanken, damit wir auch wieder nach Hause kommen. So beschließt Marcelin, eines unserer beiden Schweine zum Markt mitzunehmen, um es dort zu verkaufen – lebend als Ganzes oder zerlegt pro Kilo.

Eine halbe Stunde später bringt uns der Fahrer des Mototaxis endlich den Reifen zurück. Es gab wieder keinen Strom in der Stadt, deshalb habe er so lange warten müssen. Während ich rasch das Frühstücksgeschirr spüle und die Babytasche für Sky packe, montiert Marcelin den Reifen.

»Warum soll man ein Tier tragen, wenn es doch laufen kann«, ist eine Devise von Marcelin.

Das Schwein brachte er eines Tages vom Markt mit nach Hause, ein anderes Mal kam er mit der Ziege. Mir ist aufgefallen, dass man hier eigentlich nur schwarze Ziegen sieht. Ziegenkäse ist unbekannt. Das hängt wohl damit zusammen, dass mangels Strom kaum jemand einen Kühlschrank besitzt.

Lebende Tiere werden auf alle möglichen und unmöglichen Arten transportiert, man kann sagen, oft wie ein ganz gewöhnliches Gepäckstück und nicht wie ein Lebewesen. Marcelin band ihnen jeweils ein Seil um eines der vorderen Beine und so durften die Tiere vom Markt her noch einen Spaziergang bis zu unserem Auto machen, wo sie dann im hinteren Teil des Wagens irgendwo angebunden wurden.

So tritt also unser Schwein, zufrieden grunzend und nichts Böses ahnend, seinen allerletzten Gang zum Auto an, wird dann in den hinteren Teil des Wagens verfrachtet und dort angebunden.

Wir fahren direkt zum Markt, wo Marcelin einen Schweinehändler fragt, was er ihm dafür zahlen würde. Er bietet ihm 25 000 CFA, was wir jedoch ablehnen, da wir für ein ganzes Schwein mindestens das Doppelte erwartet haben. So beschließt Marcelin, auf dem Markt zu bleiben und das Schwein selber zu verkaufen, ich solle mit Sky in der »Kiba-Bar« auf ihn warten. Ich will sogleich zu Fuß losziehen, doch Marcelin findet, es wäre besser, ein Mototaxi zu nehmen, da die Straße bis zur »Kiba-Bar« lang und steil ist und es zudem schon sehr heiß ist. Ich nehme also ein Mototaxi, aber nur bis zur »Bassamba-Bar«. Von dort aus ist es nicht mehr weit zu laufen und man kommt erst noch bei der Frau vorbei, die die herrlichen »Berliner« verkauft, die Sky so sehr mag. Es macht ihm stets großen Spaß, auf einem Mototaxi mitfahren zu dürfen. Er sitzt zwischen dem Fahrer und mir auf meinem Schoß. Wegen dem Fahrtwind setze ich ihn so, dass er rückwärts schaut.

Die Frau mit den »Berlinern« ist leider noch nicht da und die »Kiba-Bar« geschlossen. Vor der Bar stehen Tische und Bänke und so setze ich mich trotzdem, denn es ist inzwischen Mittag und Sky dürfte bald Hunger anmelden. Da wir schon so oft hier waren, kennt er sich aus und fühlt sich auch wohl. Vor der Bar, bei der »Gare Routière« ist der Straßenverkehr recht belebt, ich kann den Kleinen nicht aus den Augen lassen. Die Schwelle vor der Bar zur Straße, die vor ein bis zwei Wochen noch eine unüberwindbare Grenze für ihn war, überschreitet er inzwischen problemlos und mit Freuden.

Aus Erfahrung weiß ich, dass es sinnlos wäre, Sky auf den Schoß zu nehmen, um ihm etwas zu essen zu geben. Er würde nicht stillsitzen und nur unruhig herumzappeln. So lasse ich ihn spielen und herumlaufen und füttere ihn häppchenweise quasi »im Vorbeigehen«.

Bei einer Frau, die in der Nähe Essen anbietet, erkundige ich mich, ob die Stromversorgung in der Stadt wieder funktioniert. »Nein, momentan leider immer noch nicht«, gibt sie mir bedauernd zur Antwort. Nach etwa einer Stunde höre ich plötzlich Musik von irgendwoher und frage einen Mann, der gerade bei einem

Verkaufsstand genüsslich sein Essen verzehrt, ob es hier einen Generator gäbe oder es vielleicht wieder Strom habe.

»Ja, es gibt wieder Strom«, bringt der Mann fast unverständlich hervor, während er an einem Fleischbissen umständlich kaut und sich fast verschluckt. Dabei überzieht ein breites Grinsen sein Gesicht mit dem fast zahnlosen Mund. Zahnärzte sind hier kein Thema. Wenn die Zähne krank sind und wackeln, fallen sie einfach aus. Das ist kein Problem und ganz normal.

Ich teile Marcelin per SMS noch mit, dass ich nun auf dem Weg ins Internetcafé bin, dann packe ich rasch unsere sieben Sachen in Skys rote Babytasche, nehme ihn auf den Arm und marschiere los, vorbei an den Stoffläden und den Apothekenständen. Dort bekommt man Pillen gegen fast jedes Leiden. Die Tabletten sind fein säuberlich auf Holztischen aufgereiht. Die gängigsten davon werden in großen Bonbongläsern angeboten. Diese Tabletten kann man sogar stückweise kaufen. Ein aufgespannter Sonnenschirm soll sie vor Sonne und eventuellem Regen schützen. Doch je nach Sonnenstand nützt der Schirm nicht gerade viel.

Es dauert wiederum zwanzig Minuten, bis ich im Internet immer noch denselben mageren Kontostand schwarz auf weiß vor mir habe. Ich kann also nur noch hoffen, dass Marcelin mit dem Schweineverkauf mehr Erfolg hatte als ich. Zum Glück ist er so weitsichtig, denn hätte er das Schwein nicht mitgenommen, könnten wir nicht einmal etwas einkaufen. Mit Sky auf dem Arm verlasse ich das Internetcafé und setze mich ins Restaurant gegenüber. Obschon der Fernseher läuft, halte ich es dort nicht lange aus. Sky gefällt es zwar, er saust vergnügt durch das ganze Lokal und spricht munter alle Leute an. Er will aber auch immer wieder nach draußen rennen, was jedoch wegen der hohen Treppenstufe, die er hinunterfallen könnte, für ihn gefährlich ist. Auf die Dauer wird es für mich ziemlich mühsam, ihn zu beaufsichtigen, und so beschließe ich, Marcelin auf dem Markt zu besuchen. Die schwere Babytasche darf ich so lange im Restaurant deponieren. Der Weg bis zum Markt ist nicht sehr weit. Unterwegs treffen wir auf eine Frau, die selbst gebastelte Ohrringe verkauft. Sie ist eine der unzähligen Verwandten von Marcelin. Ist sie eine Tante oder eine Cousine? Ich weiß es nicht. Sie verspricht mir, für Sky einen Armreif anzufertigen, denn ein Junge könne ja keine Ohrringe wie sie sie verkauft, tragen. Ich bedanke mich schon mal freundlich dafür.

In seinem hellblauen, traditionellen, langen Gewand sehe ich Marcelin schon von Weitem. Er scheint meinen Blick wie magisch zu spüren und wendet sich sogleich nach mir um. Langsamen Schrittes verlässt er die Fleischhalle, die eigentlich so gut wie nur aus einem Dach besteht, und kommt uns entgegen. Sky kreischt wie immer vor Freude, als er seinen Papa erkennt und will sofort von ihm auf den Arm genommen werden. Dass Marcelin stolz ist auf seinen Sohn, sieht man ihm sofort an. Er erzählt, dass er eben erst das Schwein hat töten lassen und bereits die ersten Kilo Fleisch verkaufen konnte. »Geh doch in die ›Bassamba-Bar‹ einen Fisch essen, es ist ja schon früher Nachmittag und du hast bestimmt Hunger«, fordert er mich auf und gibt mir etwas Geld mit. So will ich mich sogleich auf den Weg machen.

»Du willst doch nicht etwa zu Fuß gehen?«, fragt mich Marcelin entsetzt.

»Doch, doch, ich habe ja viel Zeit«, entgegne ich ganz gelassen.

»Nein, das kommt nicht infrage«, widerspricht Marcel sehr bestimmt, »du nimmst ein Mototaxi, es ist viel zu heiß, die Sonne würde dich umbringen.«

Diese Worte hatte ich heute schon mal gehört, er hat ja recht, muss ich zugeben, und Sky freut sich sichtlich darüber, schon wieder Mototaxi fahren zu dürfen. In der »Bassamba-Bar« bestelle ich mir eine Cola, dazu wie immer Bâtons de Manioc und einen gegrillten Fisch. Da dieser gleich frisch zubereitet wird, dauert es eine Weile. Plötzlich taucht Schwager Jacques auf, was mir sehr gelegen kommt. So habe ich jemanden in der Nähe, der auf Sky aufpasst, während ich mein Essen in aller Ruhe genießen kann. Sogar Sky probiert ein paar Bissen.

Bis zum Abend hat Marcelin das ganze Schwein verkauft, bis auf ein Stück, das er für unser Abendessen zurückbehielt. Schlussendlich verdiente er dabei allerdings nicht viel mehr als das, was ihm am Morgen der Schweinehändler für das »ganze« Schwein angeboten hatte, denn er musste auf dem Markt auch noch Standgebühren bezahlen. Nichtsdestotrotz können wir nun etwas entspannter unsere Einkäufe tätigen.

Kaum zu Hause angekommen, ruft uns Clarisse an, eine junge Nichte von Marcelin, die zusammen mit ihrem Mann in Douala lebt. Sie seien bei der Beerdigung ihres Schwagers, ganz in der Nähe von uns.

»Wir würden euch gerne besuchen, könnt ihr uns morgen dort abholen?«, fragt sie an. »Ja, natürlich, das machen wir gerne«, antworten wir erfreut. So fahren wir am nächsten Tag gegen Mittag Richtung Bangwa los, um die beiden abzuholen. Ich freue mich darauf, weitere Verwandte von Marcelin kennenzulernen. Die Beerdigungsfeiern werden erst am Nachmittag zu Ende sein, meistens beginnen sie am Samstagmorgen. Etwas außerhalb von Bangangté biegen wir auf eine Naturstraße ab. Bis in die Nähe der Beerdigungsstätte können wir nicht fahren, denn ein Bach durchquert die kleine Straße und als Brücke dienen nur ein paar Bretter. Kritisch schauen wir uns die Sache an und für mich ist es klar, dass wir keinesfalls das Risiko eingehen werden, drüberzufahren, denn die Bretter sind nur aufgelegt und nicht befestigt. Marcelin will es gleichwohl versuchen, doch ich kann ihn davon überzeugen, dass das keine gute Idee ist. So parken wir das Auto und machen uns zu Fuß auf den Weg.

»Die Beerdigung findet gleich da vorne statt«, meint Marcelin, munter voranschreitend. Wieder einmal eine typisch afrikanische Erklärung. Ich habe es geahnt, wir gehen schlussendlich bestimmt fast eine Stunde. Die Beerdigungstänze sind inzwischen längst vorbei, der »Festplatz« leer. Doch es ist für uns obligatorisch, bei der Familie von Clarisses Mann etwas zu essen. Wir überqueren den großen Platz und laufen durchs Dorf mit seinen vielen kleinen Häuschen, die fast in einem Bananenwald stehen. In einem einfachen Haus finden wir die gesuchte Familie. Wie hier üblich, ist das Wohnzimmer ausgeräumt und zu einer Art Esszimmer umfunktioniert worden, wo die Gäste verpflegt werden. Nach dem Essen verabschieden sich alle gegenseitig und begeben sich zum großen Platz zurück, wo noch ein Schwätzchen abgehalten wird, während wir auf ein Mototaxi warten, das uns zu unserem Auto zurückbringen soll.

Da selbst die Mototaxis es nicht mehr wagen, über die Bretterbrücke zu fahren, müssen wir sie nochmals zu Fuß überqueren. Auch das ist schon Wagnis genug und ich bin erleichtert, heil auf der anderen Seite anzukommen. Während wir auf Clarisse und ihren Mann warten, die ebenfalls ein Mototaxi genommen haben, versucht tatsächlich jemand, mit dem Auto über die Bretter zu fahren. Das Experiment misslingt natürlich, sie brechen ein. Nur indem sie die alten, zerbrochenen Bretter einzeln von hinten nach vorne verlegen, kriegen sie das Fahrzeug wieder raus. Alle müssen tüchtig schieben helfen. Ich kann es mir nicht verkneifen, zu Marcelin zu sagen: »Siehst du, das hätte auch uns passieren können!« Er nickt nur.

Inzwischen sind Clarisse und ihr Mann auch eingetroffen und wir können gemeinsam losfahren. Für Clarisse hat sich seit ihrem letzten Besuch bei uns zu Hause vieles verändert, wie sie staunend feststellt. Nach dem Abendessen will ich das Gästezimmer vorbereiten, doch die beiden betonen, das sei nicht nötig, sie müssten unbedingt noch nach Douala zurückfahren, da der Mann am andern Tag zur Arbeit müsse.

Im Radio hören wir, dass die Transportunternehmen wegen der hohen Benzinpreise streiken. Die Streiks hätten heute in Douala und Yaoundé begonnen und auch Bangangté sei betroffen. Ich schlage unseren Gästen sogleich vor, bei uns zu übernachten. Doch wir können sie nicht davon überzeugen, unser Angebot anzunehmen, denn wenn Clarisses Mann am Montag nicht zur Arbeit erscheint, riskiert er damit seinen Arbeitsplatz. So beschließen sie, nach Bafoussam zu fahren und von dort einen Bus bis Douala zu nehmen. Mit einem Mototaxi lassen sie sich von uns aus nach Bangangté fahren.

Zwei Tage später wollen wir so früh wie möglich nach Bangangté fahren. Dieser 26. Februar 2008 wird für uns ein denkwürdiges Datum. Den Streik der Transportunternehmen haben wir leider bereits vergessen. Zudem wollen wir ja auch nicht nach Douala oder Yaoundé. Nichts deutet zu jenem Zeitpunkt in Bangangté darauf hin, dass etwas anders wäre als sonst. Der tote Maulwurf am Wegesrand stimmt uns auch nicht nachdenklich, obschon man hier sagt, dass das ein böses Zeichen sei!

Marcelin führt mich direkt zum Internetcafé. Er wird inzwischen mit dem restlichen Geld vom Schweineverkauf die wichtigsten Einkäufe tätigen und dann wie üblich im Restaurant gegenüber auf mich warten. Das Postcheckkonto zeigt leider nicht den gewünschten Betrag, es ist nach wie vor nahezu leer.

Plötzlich vernehme ich von draußen her ungewohnten Lärm. Ein junger Mann neben mir steht sofort auf und geht zum Fenster, um nachzuschauen, was los ist. Da er sich aber sogleich wieder an seinen Computer setzt, nehme ich an, dass nichts Besonderes vorgefallen ist. Bald darauf sitze ich auch bei einer kühlen Cola im Restaurant bei meinen Lieben. Wir sind zu dieser Zeit die einzigen Gäste und Sky kreischt vergnügt, während wir ein wenig fernsehen. Auf einmal kommt draußen Unruhe auf und der Restaurantbesitzer will sogleich die Tür schließen. Er meint, es wäre besser, wenn ich mit dem Kleinen drin bleiben und Marcelin sich vor das Lokal setzen würde. Nach einiger Zeit erscheint der Besitzer wieder, schaltet kurzerhand das Fernsehgerät aus und bittet mich, auch nach draußen zu gehen, da er sicherheitshalber abschließen wolle. Vorher räumt er noch alle Tische und Bänke weg bis auf denjenigen, bei dem wir sitzen. »Die Streikführer ziehen durch die Stadt! Wenn noch ein Geschäft offen ist, zerschlagen sie das gesamte Inventar oder zünden es sogar an!«, begründet er seine für uns zunächst unverständliche Aktion.

Damit er auch den letzten Tisch und die Bank in Sicherheit bringen kann, setzen wir uns auf die hohe Treppenstufe vor dem Lokal. Ringsherum herrscht angespannte Hektik, alle Geschäfte werden eiligst geschlossen. Panik liegt in der Luft.

Am Mittag werden alle Kinder aus den Schulen nach Hause geschickt, Hunderte in ihren verschiedenen Schuluniformen strömen an uns vorbei. Dann zieht eine Gruppe Randalierer durch die Hauptstraße. Alles Jungs zwischen sechzehn und fünfundzwanzig Jahren. Sie rufen populäre Parolen wie: »Nein zum teuren Leben! – Dem Land geht es schlecht! – Wir wollen Veränderung!«

»Solange sie nichts Privates zerstören, kann man sie nicht aufhalten«, erklärt Marcelin. »Die Randalierer achten deshalb peinlichst genau darauf, keine privaten Häuser und Einrichtungen zu beschädigen. Wir warten noch eine Weile ab, bis sich die Lage etwas beruhigt hat, dann fahren wir nach Hause«, lässt Marcelin so ruhig wie möglich verlauten.

Doch auch ich spüre, dass immer mehr Angst und Spannung in der Luft liegt, und es fällt mir auf, dass auch bedeutend weniger Autos und Mototaxis als sonst unterwegs sind. Bald kommt bei mir sogar der Gedanke auf, dass wohl nur noch wir mit unserem Auto unterwegs sein würden. Der Chef des Restaurants will auch so schnell wie möglich nach Hause. Marcelin entscheidet, vorerst bis zur »Bassamba-Bar« zu fahren und dort weiter abzuwarten, was passiert. Da es nicht weit zu fahren ist, kommen wir ohne Probleme an. Doch auch diese Bar ist bereits geschlossen, wie inzwischen wirklich sämtliche Geschäfte. Durch diese ungewohnte Stille macht die Stadt plötzlich fast einen gespenstischen Eindruck auf uns. Die sonst alltägliche Geräuschkulisse aus Anfahren, Hupen, Türenschlagen und Wiederanfahren ist verstummt. Und ausgerechnet in diesem Augenblick habe ich keine einzige Zigarette mehr! Vor Aufregung und Nervosität rauche ich die Mentholzigaretten von Marcelin. Es gelingt ihm sogar noch, irgendwo in der Nähe Zigaretten für mich aufzutreiben. Dass er das in diesem recht ungewissen Moment für mich riskiert, ist für mich ein großer Liebesbeweis.

Inzwischen ist es schon später Nachmittag geworden und die Lage hat sich alles andere als beruhigt. Marcelin beschließt, dass wir nun trotzdem versuchen sollten, nach Hause zu fahren. Es bleibt uns keine andere Wahl, wir können nicht auch noch den ganzen Abend hier sitzen und abwarten

»Was, du willst durch die ›Gare Routière‹ fahren? Das ist keine gute Idee«, gebe ich zu bedenken, als mir seine Absicht klar wird. »Die ganze Stadt ist in den Händen von Streikenden und Randalierern, also ganz bestimmt auch dort.«

Kaum habe ich meine Bedenken geäußert, sind wir auch schon von Hunderten von Leuten umringt, die auf unser Auto einschlagen – zum Glück nur mit bloßen Händen. Um ihre Stärke zu demonstrieren, beginnen sie auch gleich, das Auto zu schaukeln, so als wollten sie es umkippen. Mir wird angst und bange und mir gehen Bilder von brennenden Autos bei ähnlichen Unruhen durch den Kopf. Ich versuche trotzdem, Ruhe zu bewahren. Marcelin spricht sehr gedämpft auf die Leute ein und erklärt ihnen, dass wir nur nach Hause wollen. Das lassen sie zuerst nicht gelten und trommeln weiter auf unser Auto ein. So versucht er ihnen klarzumachen, dass er keinen Transport fährt, sondern wir ganz privat als Familie unterwegs sind. Daraufhin lassen sie uns passieren.

Wir atmen erleichtert auf und fahren so schnell wie möglich an der Tankstelle vorbei. Diese ist zwar geschlossen, aber viele

Leute sind dort versammelt, um zu überprüfen, ob dies wirklich der Fall ist. Wir können die Stadt, die plötzlich sehr menschenleer wirkt, problemlos verlassen – bis zur zweiten Tankstelle. Dort werden wir innerhalb von Sekunden von einer noch größeren Menschenmenge umringt, die noch aggressiver wirkt. Schnell finden sie den richtigen Takt, um unser Auto ins Schaukeln zu bringen, mit dem Schwerpunkt auf der rechten Seite. Dort befindet sich ein steiler Abhang. Panik steigt in mir auf. Die wollen uns dort abstürzen lassen, fährt es mir blitzschnell durch den Kopf. Es wäre grauenhaft, so enden zu müssen. Oder schwer verletzt liegen zu bleiben. Wer würde uns dort finden? Bei diesen Gedanken werde ich fast ohnmächtig vor Angst. Wir haben denen nichts getan, die sollen uns doch ganz einfach gehen lassen. Marcelin versucht wiederum, mit den Leuten zu reden. Aus seiner Stimme höre ich heraus, dass auch er Angst hat und dies zu überspielen versucht. Das beruhigt mich nicht gerade. Er scheint zwar irgendwie die Lage für uns im Moment noch im Griff zu haben, doch ich kann mich nicht mehr länger im Zaum halten und schreie: »Seht ihr nicht, dass ein kleines Kind im Auto ist?« Ich werde von allen im allgemeinen Tumult großzügig überhört, man beachtet mich gar nicht. Da wird mir auf einen Schlag bewusst, dass ich keine Chance habe, irgendetwas dazu beizutragen, um uns aus dieser bedrohlichen Lage zu befreien, wir sind der wütenden, tobenden Menge einfach ausgeliefert. Ein beängstigendes und beklemmendes Gefühl der Ohnmacht steigt in mir auf. Wenigstens verhält sich Sky ganz ruhig, er hat ja keine Ahnung, was um ihn herum vor sich geht. Würde er jetzt auch noch anfangen zu weinen, wäre das einfach zu viel für meine in dieser heiklen Situation schon sehr überstrapazierten Nerven.

Auf einmal scheinen zwei Männer Marcelin zu erkennen, denn sie unterhalten sich mit ihm. Es macht den Eindruck, dass sie zu den Anführern gehören. Marcelin gibt sich alle Mühe, möglichst ruhig zu wirken. Das zeigt mir auch, wie ernst die Lage ist. Nach weiteren Minuten der Ungewissheit und höchsten Anspannung lassen sie uns plötzlich weiterfahren, aber erst, nachdem Marcelin eindringlich erklärt hat, dass wir am Vortag genügend getankt und deshalb heute kein Benzin bezogen haben.

Ein kurzes Stück des Weges müssen wir der Hauptstraße Richtung Yaoundé folgen, wo wir noch auf mindestens zehn Straßenblockaden treffen, die mittels zerstörter Autos, gefällten, dicken Bananenbäumen oder sonstigem, was gerade auf die Schnelle zu finden war, errichtet worden sind. Die meisten dieser Blockaden können wir umfahren, oder die Kontrollposten ziehen den Bananenbaum weg, weil sie uns kennen und daher wissen, dass wir nach Hause fahren wollen. Als wir endlich in »unsere« Naturstraße abzweigen, fange ich an zu weinen und am ganzen Körper zu zittern. Die Anspannung und die Angst beginnen sich langsam zu lösen. Bis wir zu Hause sind, habe ich mich wieder etwas beruhigt, aber der Schreck sitzt uns noch in allen Knochen. Dieses neue, fremde Gefühl, jemandem total ausgeliefert zu sein, damit verstehe ich nicht umzugehen. Immer und immer wieder kommt es hoch, ich kann mich auf nichts anderes konzentrieren, tigere rastlos in der Wohnung umher, um mich irgendwie abzulenken. Was soll ich dagegen tun? Ein großer Hass steigt plötzlich in mir hoch. Ein Hass gegenüber dieser Hilflosigkeit. Ich muss unbedingt etwas finden, um mich abzureagieren und so hole ich die Machete hervor und gehe hinters Haus zum Unkraut jäten. In kürzester Zeit habe ich ein großes Stück des Gartens vom Unkraut befreit. Es wird bereits langsam dunkel, bis Marcelin mich hereinruft. Er lässt mich so lange gewähren, da er während des Bürgerkrieges in der Elfenbeinküste am eigenen Leib solche starken Gefühlswallungen durchgemacht hatte und ahnt, was in mir in diesem Moment vor sich geht. Dass ich ein derartig schlimmes Erlebnis nicht so schnell werde verarbeiten können, ist mir bewusst. Ich werde die Zeit für mich arbeiten lassen müssen. Marcelin kocht uns etwas zum Abendessen und danach gehen wir früh schlafen. Er hält mich dabei ganz fest in seinen starken Armen. Dieses Gefühl von Geborgenheit tut mir unendlich gut.

Marcelin tut in dieser Lage das einzig Richtige, indem er versucht, so schnell wie möglich den Alltag in unser Leben zurückzubringen. Wir hören regelmäßig Radio, um uns darüber zu informieren, ob sich die Unruhen noch weiter ausbreiten. In unserer Umgebung bleibt es ruhig, aber in die Stadt zu fahren, wäre noch ein zu großes Risiko. Es bleibt uns also nichts anderes übrig, als mit dem auszukommen, was wir zu Hause vorrätig haben. Das Mineralwasser geht langsam zur Neige. Damit es für

Sky noch reicht, lösche ich meinen Durst mit dem Wasser aus unserem Brunnen. Zum Glück habe ich keinerlei gesundheitliche Probleme damit.

Der Garten hilft uns in dieser Zeit sehr zu überleben. Wir können jederzeit Süsskartoffeln, gewöhnliche Kartoffeln und Maniok ernten. Aus den Maniokblättern kann man eine Art Spinat machen, wenn man sie fein schneidet, so haben wir auch Gemüse. Auf diese Art zubereitete Maniokblätter sind hier eine sehr beliebte Gemüsebeilage. Die Jamswurzel, hier »Njam« genannt, sieht aus wie eine riesige Kartoffel und ist eigentlich ein Grundnahrungsmittel der afrikanischen Küche. Es gibt sie in drei verschiedenen Bitterstärken. Da ich sie aber überhaupt nicht mag, auch diejenige Sorte nicht, die etwas weniger bitter ist, wird sie nie in unserem Garten zu finden sein.

Die Unruhen dauern noch bis Freitagabend, am Samstag können wir wieder in die Stadt fahren, beinahe alles geht dort wieder seinen gewohnten Gang. Es sind zwar noch nicht alle Verkaufsstände geöffnet, da einige Leute dem Frieden noch nicht so ganz trauen, doch zum Glück bleibt es ruhig, die Ausschreitungen sind endgültig vorbei. Auch alle Tankstellen sind wieder offen, die Leute stehen dort Schlange.

Marcelin lässt unser Fahrzeug so schnell wie möglich blau umlackieren. Nicht ganz freiwillig! Dieses Auto war nämlich früher regelmäßig als Buschtaxi zwischen Bangangté und Bafoussam unterwegs und deshalb wohlbekannt. Aus diesem Grund kamen wir ständig in Kontrollen – was Marcelin verständlicherweise mit der Zeit auf die Nerven ging und uns nun sogar in eine lebensbedrohliche Situation brachte.

Wie wir nachträglich vernahmen, hatte der Aufruhr die zehn größten Städte erfasst und die wichtigsten Überlandstraßen waren blockiert, sogar der internationale Flughafen von Douala musste zeitweise geschlossen werden. Die Armee ist ausgerückt und Kamerun befand sich im Ausnahmezustand, nahezu das ganze Land stand still. Es wurden 44 öffentliche Gebäude, Rathäuser, Polizeikommissariate und Steuerbüros verwüstet und Dutzende von Tankstellen gingen in Flammen auf. Der Hass richtete sich auch gegen die neue Schicht chinesischer Kleinhändler.

Nach Angaben von Menschenrechtsorganisationen hat es mehr als hundert Tote gegeben, die Regierung dagegen sprach von vierzig Toten. Rund 1500 Bürger wurden zu Gefängnisstrafen verurteilt, darunter der bekannte Musiker Lapiro de Mbanga, weil er ein Stück geschrieben hat mit dem Titel: *»Ne touche pas à ma Constituiton«* (Rühr meine Verfassung nicht an).

Dutzende Menschen werden durch Gewehrkugeln lebenslang behindert bleiben.

Das Ergebnis: Die Gehälter von 150 000 Staatsbediensteten werden erhöht, was längst fällig gewesen wäre, aber die Staatsdiener hatten gar nicht gestreikt, sie profitierten nun von den Opfern anderer.

Angefangen hatte alles, indem der Verband der Kameruner Sammeltaxifahrer seine Mitglieder zum Streik aufrief, um gegen eine erneute Erhöhung der Benzinpreise zu protestieren. Doch der Protest verband sich mit dem Unmut über die steigenden Lebensmittelpreise. Innerhalb weniger Monate hatte sich beispielsweise der Preis für Weizenmehl um 45 Prozent erhöht. Ein weiterer Grund für den Protest war, dass der 75-jährige Präsident Paul Biya in Windeseile von einer geringfügigen Parlamentsmehrheit jene Verfassungsänderung absegnen ließ, mit der er seine Amtszeit, die nun bereits fünfundzwanzig Jahre andauert, unbeschränkt verlängern kann!

Kamerun zählt nicht zu den ärmsten Ländern Afrikas. Die einstige Kolonie ist reich an Rohstoffen, doch heruntergewirtschaftet durch die Korruption, die Paul Biya zwar offiziell bekämpft, aber seinerseits davon durchaus auch profitiert. Den größten Teil des Jahres soll der Günstling Frankreichs zusammen mit seiner Frau in einem Genfer Hotel logieren. Obwohl Biya bei weiten Teilen der Bevölkerung verhasst ist, gilt er trotzdem als *»le père«*, der Vater des Landes. Der Protest richtete sich also nicht nur gegen die hohen Lebenshaltungskosten, sondern auch gegen die raffgierige, herrschende Klasse, gegen den Diebstahl am Volksvermögen.

Die Taxifahrergewerkschaft erklärte schlussendlich den Streik für beendet, nachdem die Regierung die Subventionen für Benzin um einige CFA-Francs erhöht und so den Preis gesenkt hatte. Ferner setzte die Regierung die Importzölle für einige Grundnahrungsmittel aus und nutzte damit eines der wenigen Mittel, überhaupt auf die vom Weltmarkt bestimmten Preise Einfluss zu nehmen. Damit wollte wohl Präsident Biya den Unmut der Bevölkerung über die durchgesetzte Verfassungsänderung zügeln.

Wenn ich von unserem fast täglichen Überlebenskampf spreche, so muss ich erwähnen, dass es den meisten von Kameruns etwa 18 Millionen Einwohnern ähnlich geht, auch wenn nicht alle hungern. *»La vie est chère«*, »Das Leben ist teuer«, so tönt es täglich im frankophonen Afrika. Die meisten afrikanischen Haushalte wirtschaften von Tag zu Tag.

Ein paar Tage später erhalten wir einen Anruf von Clarisse. Ihre Fahrt habe am Sonntag in Bafoussam geendet. Eine Möglichkeit zu einer Weiterfahrt nach Douala gab es nicht mehr. So mussten sie gezwungenermaßen fast die ganze Woche bei Verwandten in Foumbam bleiben. Doch ihr Mann habe glücklicherweise seine Arbeitsstelle nicht verloren, da das Geschäft wegen den Unruhen die ganze Woche geschlossen war.

Tja, auch das ist Afrika!

Kapitel 9

Man sollte Hühner nicht nach ihren Beinen beurteilen

Dieses afrikanische Sprichwort benutzte Marcelin schon oft. Ich würde es mit unserer Redewendung »Man sollte Menschen nicht nach ihrem Äußeren beurteilen« wiedergeben. Doch trifft meine Vermutung auch für ihn, für Afrika zu?

Während eines beschaulichen Abendessens frage ich ihn deshalb, ob er mir vielleicht ein Beispiel für dieses Sprichwort nennen könnte. Sofort ist er bereit, es mir anhand einer Geschichte, die er selbst erlebt hat, zu erklären.

»Es war vor vielen Jahren. Ich lebte damals in der Elfenbeinküste. Es ging mir wirklich sehr gut, das muss ich schon sagen, denn es war noch die Zeit vor dem Bürgerkrieg. Damals war dieses Land vergleichsweise stabil und wohlhabend im Vergleich mit andern Ländern der Region. Ich hatte mit meiner Band »Africa Sanza« ein festes Engagement und außer montags traten wir jeden Tag auf. Wir verdienten verhältnismäßig viel Geld und ich konnte es mir sogar leisten, in einem Hotel zu wohnen.

Eines Tages hatte ich spontan Lust, mal wieder kurz nach Hause, nach Kamerun zu reisen, um zu schauen, wie es meiner Familie geht. Ohne lange zu rechnen und zu überlegen, setzte ich mich ins nächste Flugzeug nach Douala. Ich musste nicht den Bus nehmen wie damals im August 2005, als ich mit dem Geld nach Hause zurückkehrte, das du mir für die Reise geschickt hattest. Wie du dich sicher erinnerst, hatten wir uns für unser erstes Treffen dafür entschieden, weil die Elfenbeinküste zur damaligen Zeit zu unsicher war.

Ich war damals jung, lebenslustig und unbekümmert. Aber ich unterstützte auch regelmäßig meine Familie. Doch mit Ausbruch des Bürgerkrieges in der Elfenbeinküste im September 2002 war die schönste Zeit vorbei und ich musste mich dort als Ausländer sogar über Monate verstecken und lebte ausschließlich von Reis.

Ich hörte später, dass insgesamt um die 3000 Menschen in jenem Herbst ermordet wurden, darunter Hunderte von Ausländern. Ursachen für den Ivorischen Bürgerkrieg waren sowohl ethnische Spannungen zwischen Nord- und Südteil, Einheimischen und Einwanderern aus Nachbarländern als auch der Kampf um natürliche Ressourcen. Erst am 30. Juli 2007 wurde der Bürgerkrieg für beendet erklärt.

Das verdiente Geld brachte man nicht wie bei euch zur Bank, man bewahrte es einfach zu Hause auf, das war so üblich. Leider wurde mir eines Tages alles gestohlen, sodass ich gar nichts mehr besaß und mit leeren Händen ganz von vorne anfangen musste.

Ich bin abgeschweift, nun aber zurück zu jener Geschichte: In Douala angekommen, hatte ich keine Lust, mit dem Bus nach Bangangté zu fahren. Ein eigenes Auto haben, unabhängig sein, das wollte ich. So schaute ich mich nach einer Garage um und wurde auch schnell fündig.

Da ich direkt vom Flughafen kam, war ich einfach und bequem gekleidet. Ich trug eine leichte Hose aus Leinen, ein unifarbenes T-Shirt aus Baumwolle und eine bequeme Stoffjacke mit Innentaschen. Mit offenen Sandaletten reiste ich damals am liebsten.

So schaute ich mir also die vielen Autos auf dem riesigen Parkplatz an. Alles neue Wagen, direkt aus Europa importiert. Mir fiel sogleich ein Auto ins Auge, das ich hier in Kamerun noch nie gesehen hatte. Genau das wollte ich.

Die Verkäufer nahmen jedoch keinerlei Notiz von mir, sondern gingen einfach ihres Weges. Also musste ich zum Büro zurück, um jemanden zu suchen, der bereit wäre, mir ein Auto zu verkaufen. Der Angestellte, dem ich meine Absicht kundtat, schaute mich zwar mit einem zweifelnden Blick an, begleitete mich aber trotzdem bereitwillig zu dem von mir ins Auge gefassten Modell, das ich ausgesucht hatte.

Als wir vor dem Wagen standen, zeigte ich darauf und sagte in bestimmtem Ton, der keine Zweifel aufkommen ließ: ›Diesen will ich.‹

Der Verkäufer betrachtete mich mit einem überraschten Gesichtsausdruck, dem nur ein kurzes O.K. folgte, wies mit der Hand zum Gebäude und setzte ein leicht verwirrtes ›Dann gehen wir zusammen ins Büro‹ hinzu. Dort sprach er im Flüsterton kurz mit dem Chef des Hauses. Dieser kam sogleich auf mich zu und fragte höflich: ›Haben wir richtig verstanden, Sie möchten also wirklich DIESES Auto kaufen?‹

›Ja, genau, dieses will ich‹, bestätigte ich seine Frage. Fast belustigt erkundigte er sich, wie ich denn bezahlen möchte, und ohne meine Antwort abzuwarten, fügte er noch an: ›Können Sie denn überhaupt bezahlen?‹

Dabei musterte er mich von unten bis oben und sein Argwohn war aus seiner Stimme nicht zu überhören.

Jetzt hatte ich genug! Bestimmt, aber freundlich gab ich zur Antwort: ›Ich bezahle die Hälfte sofort und wenn die Papiere bis morgen umgeschrieben sind, hole ich das Auto ab und bezahle auch die zweite Hälfte‹ – ich machte eine kleine Kunstpause, um den Moment so richtig auszukosten – ›in bar!‹

Demonstrativ wanderte meine Hand in die Innentasche der Jacke und ich holte ein Bündel Geld heraus und zählte genüsslich Schein für Schein die Hälfte des Kaufpreises ab.

›Morgen um 16 Uhr bin ich wieder da‹, fügte ich zum Abschied noch gut gelaunt hinzu.

Den beiden Männern blieben die Münder offen vor Staunen und zwar aus mehreren Gründen. Ich wusste ja selber, dass es üblicherweise länger dauert, die Papiere umschreiben zu lassen. Es war also klar, sie würden Schmiergeld bezahlen müssen, um dies trotzdem in so kurzer Zeit zu schaffen. Aber da ich bar bezahlt hatte, blieb ihnen keine andere Wahl.

Nun muss man wissen: In Douala spricht man Französisch und nicht eine einheimische Sprache, wenn man nicht sicher ist, ob das Gegenüber einen sonst verstehen würde. In Elfenbeinküste spricht man auch Französisch und ich hatte noch immer den Slang drauf von Abidjan. Man hörte also nicht, dass ich Kameruner bin.

Am nächsten Tag stand ich pünktlich wie vereinbart wieder dort im Büro. Ohne nachzufragen, legten sie mir die tatsächlich bereits umgeschrieben Papiere vor und ich blätterte im Gegenzug, innerlich belustigt, die zweite Hälfte des Kaufpreises auf den Tisch.

Dann verabschiedete ich mich und trat hinaus. Neben dem Büro schaute ich mir noch andere Autos an, während ein Angestellter sich anschickte, mein soeben gekauftes zu holen. In der Zeit, als ich darauf wartete, kamen auch der Chef und der Verkäufer dazu. Der Chef sagte belehrend in der Sprache der Doualas zu seinem Angestellten:

›Beurteile ein Huhn nie nach seinen Beinen.‹

Die beiden ahnten ja nicht, dass ich Kameruner bin und ebenfalls Douala verstehe.

Wie du siehst, erkannten sie mich nicht einmal als ihren Landsmann«, amüsiert sich Marcelin noch im Nachhinein über diese Geschichte und wir brechen beide in herzhaftes Lachen aus. Man sollte also Hühner wirklich nicht nach ihren Beinen beurteilen!

Kapitel 10

Kirchlicher Segen und ein traditionelles Ritual

Träumen heißt, durch den Horizont blicken

Während in Europa langsam der Frühling einzieht, geht hier die Trockenzeit dem Ende entgegen. Wir haben inzwischen mit dem Bau des Bungalows begonnen. Wie sich jedoch später herausstellen wird, fielen die Mauern während der Regenzeit leider in sich zusammen und wir mussten nochmals von vorne beginnen.

Wir sprechen nun auch des Öfteren über unsere kirchliche Hochzeit. Noch sind wir uns nicht ganz einig, wo und wann diese stattfinden soll und wie alles ablaufen könnte.

Hier muss ich nun fast ein Jahr in der Geschichte zurückgehen, und zwar zum März 2007. Als wir damals mit Christoph Müller vom Schweizer Fernsehen im Hotel »Foyer du Marin« in Douala abgestiegen sind, lernten wir durch ihn Manfred Kühle, den Chef des Hotels, persönlich kennen. Dieser erzählte uns, dass er unsere »Reporter«-Filme in Deutschland auf 3SAT gesehen habe. Spontan und ehrlich wie er ist, zeigte er seine Freude, uns kennenzulernen. Gleichzeitig war er aber auch überrascht, uns noch zusammen zu sehen.

»Ich hätte nie und nimmer gedacht, dass eure Beziehung halten würde. Ich habe allen gesagt, dass ich euch höchstens sechs Monate, maximal ein Jahr gebe. Nun habt ihr sogar schon ein fast sechs Monate altes Kind zusammen! Das hätte ich wirklich nie erwartet, ich beglückwünsche euch. Schön, dass ihr es zusammen packt!«

Ich freute mich sehr über seine Ehrlichkeit. Am späteren Abend bot er uns an, die Taufe von Sky zu übernehmen. Die Deutsche Seemannsmission habe einen wunderschönen Platz am Strand von Kribi, wo er schon öfters Kinder getauft hätte. Manfred Kühle ist Diakon und darf diese heilige Handlung durchführen. Wir fanden seinen Vorschlag toll, wollten sein Angebot aber trotzdem noch überdenken, da es ja keine Eile hatte.

Zu Hause sprachen wir dann darüber und ich sagte zu Marcelin, dass es doch schön wäre, auch unter freiem Himmel kirchlich getraut zu werden, das könnte man bestimmt gleich mit der Taufe von Sky verbinden. Als wir dann Christoph Müller nach seinem Besuch bei uns wieder zum »Foyer du Marin« begleiteten, unterbreiteten wir Manfred Kühle unseren Vorschlag. Er war sofort damit einverstanden, wir müssten uns dann zu gegebener Zeit nur noch wegen des gewünschten Datums absprechen.

Dieses verlockende Angebot von Manfred Kühle haben wir nicht vergessen. Inzwischen sind wir ja seit Januar standesamtlich verheiratet – jetzt fehlt uns jetzt nur noch Gottes Segen. Wir rufen also Manfred Kühle an, um zu fragen, ob sein Angebot noch steht.

»Doch, doch, ich bin nach wie vor gerne bereit, sowohl den kirchlichen Segen für euch als auch die heilige Taufe für Sky durchzuführen«, teilt er uns erfreut mit.

Aber dabei gibt es ein kleines Problem. An unserem Wunschdatum hat er schon eine Taufe. Er meint, wir könnten unsere Hochzeit gleich anschließend nach jener Taufe machen. So ganz begeistert bin ich nicht von diesem Vorschlag, ich möchte mich zuerst mit Marcelin besprechen.

»Wir könnten ja den Termin verschieben«, schlägt Marcelin vor. Doch das geht auch nicht. Angela, die Gotte von Sky, kann nur in den Schulferien hierherkommen, da sie noch schulpflichtige Kinder hat. Und mir passt es eigentlich nicht, UNSER Fest mit Fremden zu teilen.

Ich setze Manfred Kühle von unserem Entschluss in Kenntnis und er meint, so müssten wir eben einen anderen Pfarrer suchen. Er überlegt kurz und schlägt uns dann Theo Ritz vor. Dieser gehört auch zur reformierten Kirche wie ich und war früher in der Schweiz als Pfarrer tätig. Wir nehmen den Vorschlag gerne an. Theo Ritz lebt in Bamessing, in der Nähe von Bamenda, und führt dort die »mission 21«, das evangelische Missionswerk aus Basel. Seine Frau Julia ist ebenfalls Pfarrerin. »Ich gebe Theo Ritz eure Telefonnummer, dann kann er sich direkt mit euch in Verbindung setzen. Er hat in Bamessing keinen Netzempfang und ist daher sehr schlecht zu erreichen«, bietet uns Manfred Kühle an.

Unsere nächste Überlegung beschäftigt sich mit der Frage des »Transports«: Wie kommen wir von Douala nach Kribi und dann wieder zurück nach Douala und schließlich nach Bangangté – und das mit der ganzen Hochzeitsgesellschaft? Marcelin gibt zu bedenken, dass die Busfahrt von Douala bis Kribi mindestens eine Stunde dauert.

Meine Eltern und Hanspeter Bäni werden am Freitag, den 18. April abends in Douala ankommen. Da können wir nicht mehr nach Kribi fahren, da sind alle zu müde von der Reise. Auch die Variante, am Samstagmorgen zu fahren und anschließend gleich die Hochzeit zu feiern, ist zu stressig für alle. Wir überlegen weiter, wie wir das Problem lösen könnten.

»Wenn wir erst am Sonntag heiraten würden, müssten wir am Montagmorgen wieder nach Douala zurückfahren und von dort nach Bangangté«, gebe ich zu bedenken. Wie wir es drehen und wenden, in erster Linie würde es für meine Eltern eine zu große Belastung werden, die ihnen nicht zuzumuten ist. Wir rufen nochmals Manfred Kühle an, um zu fragen, ob er vielleicht einen schönen Ort in Douala kennt, an dem man die Feier stattdessen durchführen könnte.

»Nein, nicht wirklich«, ist seine Antwort, »ich kenne nur ein paar Kirchen. Douala hat zwar Strände, aber absolut keine schönen, die dafür geeignet wären. »Aber«, so fügt er nach kurzem Überlegen noch hinzu, »wie wäre es, wenn ihr auf dem Berg Melong heiraten würdet?« Das klingt schon mal verlockend. Doch als ich Marcelin davon erzähle, zerschlägt er die Idee sofort wieder. »Ja, der Berg und die Aussicht wären wunderschön, aber um dort hinaufzukommen, muss man mit einem Fußmarsch von mindestens einer Stunde rechnen!« Nach meinen Erfahrungen würden es dann wohl zwei Stunden sein, und meine Mutter könnte gar nicht mitkommen. Wir sind ratlos. Plötzlich keimt in mir die Idee auf, gleich bei uns zu Hause zu heiraten. Marcelin ist nicht wirklich davon begeistert, jedenfalls noch nicht sofort.

Während wir noch tagelang hin und her überlegen, ruft uns Theo Ritz an. Er ist einverstanden, die Trauung vorzunehmen, aber er will uns selbstverständlich zuerst sehen und sich mit uns unterhalten. Da wir kein zuverlässiges Auto haben, schlägt er vor, uns mit seiner Frau Julia zu besuchen. Damit sind wir natürlich sofort einverstanden und vereinbaren gleich einen Termin.

In der Zwischenzeit überlegen wir weiter. Für mich scheinen Douala oder Kribi immer weniger realisierbar. Vor allem jetzt, mit Pfarrer Ritz. Für die Fahrt von Bamessing zu uns ist mit knapp vier Stunden zu rechnen. Mit einem guten PKW dauert die Fahrt von Bangangté nach Douala auch nochmals vier Stunden. Dann hätte unser Pfarrer eine achtstündige Fahrt vor sich, nur um uns zu trauen und Sky zu taufen. Ich bekomme ein schlechtes Gewissen. Das kann ich ihm auf keinen Fall zumuten. Das würde für ihn bedeuten, riesige Umstände auf sich zu nehmen und er müsste dafür gleich drei Tage frei nehmen. Es MUSS also eine andere Lösung geben. Schon am Telefon habe ich ihm damals gesagt, dass wir noch nicht wissen, wo wir uns trauen lassen wollen. Er versprach, sich auch ein paar Gedanken darüber zu machen.

Einige Tage später sind Pfarrer Ritz und seine Frau Julia unterwegs zu uns. Nachdem wir sie von Bangangté bis zu uns telefonisch navigiert haben, treffen die beiden am frühen Nachmittag ein. Die Begrüßung ist sehr herzlich und er bietet uns gleich das Du an. Dann machen wir sogleich einen gemeinsamen Geländerundgang. Oberhalb des Hauses dreht sich Pfarrer Ritz um und bewundert die Aussicht. Ganz spontan meint er zu mir: »Warum macht ihr die Hochzeit nicht hier? Die Aussicht ist wunderschön und es ist euer Boden! Immer wenn ihr hier steht, werdet ihr daran erinnert. Ein Brunnen ist auch vorhanden. Da könnten wir das Wasser ziehen, um Sky damit zu taufen. Gibt es eine schönere Erinnerung an den Brunnen?«

Ich strahle nur noch. »Ja, genau das ist es!«, antworte ich ganz begeistert und übersetze alles für Marcelin. Auch er findet die Idee toll. Es gibt wirklich nichts, was dagegen sprechen würde. Wir waren noch nie in Kribi, haben also keinen Bezug zu diesem Ort, im Gegensatz zu unserem Grundstück. Zudem könnten wir auch nicht extra nach Kribi fahren, um uns den Ort vorher anzusehen. Und Sky wird eines Tages seinen Kindern erzählen können, dass er mit dem Wasser aus unserem Brunnen getauft wurde. Wir sind restlos überzeugt und erleichtert, eine so gute und einfache Lösung gefunden zu haben. So können wir zum gemütlichen Teil übergehen, auf der Terrasse etwas trinken und gleichzeitig die amtlichen Dinge noch abklären. Wir legen Theo die Urkunden vor, die beweisen, dass wir standesamtlich verheiratet sind und zumindest ich reformiert bin, da es in der Schweiz ja üblich ist, dass ein Kind die Religion der Mutter annimmt. Theo hat absolut keine Probleme damit, dass Marcelin Animist ist. Er lässt sich sogar von Marcelin erklären, in welcher Form er an Gott glaubt.

Zum Abendessen gibt es Reis und Marcelins herrliche Fleischsauce. Theo macht den Vorschlag, vor dem Essen ein Gebet zu sprechen. Zu meiner Schande muss ich gestehen, dass ich kein Tischgebet kenne. Marcelin findet es eine wunderbare Idee und stimmt zu. Damit überrascht er mich wieder aufs Neue. Dass er weltoffen ist, wusste ich, aber dass er so aufgeschlossen ist, hätte ich nicht von ihm erwartet.

Theo und Julia singen »Herr wir danken dir für Speis und Trank« und dabei halten wir uns alle an den Händen, was prima geht, da wir den runden Tisch gedeckt haben. Es ist ein sehr schöner, harmonischer Abend. Von den beiden erfahren wir, dass die »mission 21«, für die beide mit großem Einsatz tätig sind, sich als eine Gemeinschaft von Kirchen und christlichen Organisationen versteht, welche Menschen aus verschiedenen Kulturen und Ländern verbindet, Begegnungen mit fremden Lebenswelten ermöglicht und da konkret hilft, wo Friede, Gerechtigkeit und die Schöpfung bedroht sind. Außerdem setzt sich diese Gemeinschaft in 17 Ländern Afrikas, Asiens und Lateinamerikas zusammen mit 57 Partnerkirchen und -organisationen mit rund 100 Projekten für die Armutsbekämpfung, Gesundheitsförderung, Frauenförderung und Friedensarbeit ein. Doch das ist noch nicht alles, Julia Ritz erzählt uns begeistert über das Unternehmen »Kalebasse – fair trade mit mission 21«, das Kunsthandwerk von dreißig Produzentengruppen aus Afrika, Asien und Lateinamerika importiert. Verkauft werden die ungefähr tausend verschiedenen Artikel in Weltläden und Kirchgemeinden in der ganzen Schweiz sowie im eigenen Laden in Basel.

Die beiden bleiben über Nacht bei uns, am nächsten Tag jedoch müssen sie wieder nach Bamessing zurückfahren. Bevor sie sich verabschieden, lässt uns Theo noch zwei Aufgaben da: Wir sollen doch einen Chor oder wenigstens Musik organisieren und uns überlegen, ob wir ein eigenes Eheversprechen ablegen wollen.

Später rede ich mit Marcelin darüber. Er winkt jedoch schnell ab. »Ein Chor wäre zwar sehr schön, dieser käme aber niemals gratis und müsste auch noch verköstigt werden.« Ich mache Marcelin den Vorschlag, doch wenigstens mal anzufragen, wie viel das kosten würde, doch darauf geht er gar nicht ein.

»Du hast ja recht, im Moment sind wir eh sehr knapp bei Kasse, und auch wenn sie nicht viel verlangen, können wir uns das nicht leisten. Schade, ein Chor wäre wunderschön gewesen.« So werden wir eben weder Chor noch Musik haben, da der Strom immer noch fehlt.

Zum Eheversprechen fällt uns auch nichts ein. Das Besondere unserer Liebe kann man nicht einfach so in Worte fassen. Wir beide wissen, was wir füreinander empfinden und das braucht nicht laut vor allen Leuten lang und breit ausgesprochen zu werden.

Die nächsten Wochen verfliegen mit den Vorbereitungen im Nu, denn wir möchten natürlich auch, dass bis zur Ankunft der Gäste unser Haus etwas wohnlicher aussieht. Das Wohnzimmer haben wir inzwischen gestrichen, was schon viel ausmacht. Auch das Haus ist in der Zwischenzeit außen verputzt und weiß gestrichen – jedenfalls schon mal die Vorderseite.

Meine Eltern werden wieder in unserem Schlafzimmer übernachten. Angela und Nadine bekommen ein Kinderzimmer mit Etagenbett. Dieses Zimmer ist leider noch nicht verputzt, das schaffen wir nicht mehr bis zu ihrer Anreise. Der Boden ist auch nur einfach zementiert und im ganzen Haus gibt es immer noch keine Zimmerdecken. Nadine wird das dann bei Regen ganz besonders toll finden, denn wenn der Regen so richtig auf das Wellblechdach prasselt, versteht man das eigene Wort nicht mehr!

Seit meine Eltern das letzte Mal hier waren, sind zwar im Großen und Ganzen nur kleine Fortschritte im und ums Haus zu sehen, doch für uns sind sie groß, denn wir haben alles aus eigener Kraft und mit eigenem Geld erreicht.

Schon ist es so weit, der große Besuch wird erwartet. Da die Regenzeit noch nicht wirklich angefangen hat, fahren wir erst am

Freitag nach Douala. Wir nehmen den ersten Bus, der zwar erst gegen zehn Uhr voll ist, doch da wir pannenfrei nach Douala kommen, sind wir früh genug da. Wir fahren direkt zum Flughafen. Marcelin will nicht riskieren, dass wir wegen dem Feierabendverkehr zu spät ankommen, denn es kann an diesem Tag schon früher zu Staus kommen.

Wir erwarten meine Eltern sowie Angela, die Gotte von Sky mit ihrer Tochter Nadine. Eigentlich hätten auch ihr Mann Jürg und die zweite Tochter Marina mitkommen wollen. Doch ausgerechnet einige Wochen vor der Reise erlitt Jürg einen Bandscheibenvorfall und bekam dadurch von seinem Arzt Reiseverbot »verordnet«. So haben sie sich schlussendlich in der Familie dahingehend geeinigt, dass Angela und Nadine alleine reisen würden.

Ferner haben sich Hanspeter Bäni vom Schweizer Fernsehen, die Fotografin Monika Flückiger und die Reporterin Christine Zwygart von der »Schweizer Illustrierten« bei uns angemeldet. Da dürfen wir natürlich kein Risiko eingehen, zu spät am Flughafen zu sein. Um 17.15 Uhr landen Angela und Nadine mit »Air France«. Die anderen kommen um 18.45 Uhr mit der »Swiss« an. Vor lauter Aufregung und Suchen im Menschengewimmel des Flughafens übersehe ich Angela und Nadine. Ich gehe ganz verzweifelt zu Marcelin zurück, der etwas außerhalb der Ankunftshalle mit Sky wartet. Obwohl er Angela noch nie gesehen hat, erkennt er sie von Weitem und meint lachend: »Voilà, dort sind sie.«

Aufatmend gehe ich ihnen entgegen. Auch Angela hat zuerst Marcelin erkannt, obwohl sie ihn noch nie »live« gesehen hat. Sie sagt, die Art, wie er sie angeschaut habe, das konnte nur Marcelin sein. Nach der ausführlichen freudigen Begrüßung bringen wir Angela und Nadine sogleich mit dem Taxi ins Hotel »Foyer du Marin«. Die Wartezeit, bis meine Eltern auch noch eintreffen, wäre doch zu lange für sie. Wir plaudern eine Weile, dann fahren Marcelin, Sky und ich wieder zum Flughafen zurück. Dort reihe ich mich auf dem Platz bei den anderen Wartenden ein. Das Wort Wartehalle dafür zu verwenden, wäre unpassend, da man einfach draußen unter einem Dach steht. Bald kommen auch meine Eltern, Hanspeter Bäni und die beiden Frauen, die ich ja noch nicht kenne, aus dem Flughafen. Gemeinsam fahren wir wieder zum Hotel »Foyer du Marin«. Dort stelle ich allen noch Angela und Nadine vor. Wir setzen uns zu einem kleinen Imbiss zusammen, um uns gegenseitig kennenzulernen und gehen dann alle früh schlafen.

Am nächsten Morgen geht es zeitig los. Hanspeter und die Journalistinnen haben ein Auto gemietet, meine Mutter darf mit ihnen fahren, weil das für sie mit ihren schmerzenden Beinen angenehmer ist. Wir andern nehmen einen kleinen Bus.

Erst unterwegs bemerken wir, dass meine Mutter auch den Pass meines Vaters bei sich in der Tasche hat. Den brauchen wir unbedingt, denn wir werden sicher kontrolliert werden. Wenn mein Vater keine Papiere bei sich hat, wird das Probleme geben. Mit SMS und Telefonanrufen versuche ich herauszufinden, ob Hanspeter vor oder hinter uns fährt, denn wir haben uns irgendwo auf der Strecke aus den Augen verloren. Wahrscheinlich sind wir gerade in einem Gebiet, wo es keinen Handyempfang gibt, denn es dauert sicher dreißig Minuten, bis wir uns endlich absprechen und dann treffen können, um den Pass zu übergeben.

In Bafang machen wir alle einen kleinen Stopp und trinken etwas. Für Sky kaufe ich die kleinen, scharfen Kuchen, die normalen Bégniers gibt es hier nicht. Er hat sich inzwischen auch daran gewöhnt, Piment zu essen, er hat sogar weniger Probleme damit als ich.

Naja, ich weiß, manchmal bin ich gemein. Als Sky genüsslich an seinem Kuchen kaut, sticht mich der Hafer und ich frage Angela, die gerade neben uns steht, ob sie auch einmal so einen Kuchen probieren möchte, wie ihn ihr Patenkind gerade isst. Natürlich will sie das, und schadenfroh wie ich bin, sage ich ihr nicht, dass Piment drin ist. Gespannt warte ich auf ihre Reaktion, wenn sie reinbeißt. Wie erwartet, würde sie den ganzen Bissen am liebsten gleich wieder ausspucken, doch das verbietet ihr der Anstand, da viele Leute um uns herumstehen. Sie schluckt tapfer alles hinunter und ich, immerhin so zuvorkommend wie ich auch sein kann, halte ihr die Wasserflasche hin. Diesen Spaß musste ich mir einfach erlauben.

Als wir eine Stunde später in Bangangté ankommen, fahren Hanspeter und die beiden Frauen direkt zum Hotel, um schon mal das Gepäck dort zu deponieren. Hanspeter möchte uns dann nach Hause begleiten, um gleich die Reaktionen meiner Eltern zu filmen, wenn sie das Haus wieder sehen. Zum Glück haben wir ein großes Auto, in dem Marcelin alles Gepäck verstauen kann. Doch leider ist das Fahrzeug nicht so zuverlässig. An der großen Kreuzung bei der Bar von Socrate hält Marcelin an, um noch Getränke zu kaufen. Danach springt das Auto nicht mehr an und er muss wieder einmal schieben. Glücklicherweise gelingt es ihm sogleich, mit einem Rollstart unser Fahrzeug wieder in Gang zu bringen. Hanspeter filmt die Szene und fragt Marcelin ein bisschen über das Auto aus. Marcelin meint lachend, dass nur er und ich damit fahren können, weil unser fahrbarer Untersatz so seine Tücken hat, die man kennen muss – demonstrativ zieht er bei diesen Worten einfach den Schaltknüppel heraus. Hanspeter filmt Papas Reaktion darauf. Da Papa jedoch schon das zweite Mal in Kamerun ist, kann ihn eigentlich nichts mehr erschüttern. Mit einer wegwerfenden Handbewegung meint er ganz trocken: »Nur nicht aufregen, das ist ein afrikanisches Auto« – und schaut wieder zum Fenster hinaus.

Nicht einmal in diesem Moment ist mir aufgefallen, dass Papa blindes Vertrauen zu Marcelin hatte. Marcelin hätte niemals meine Eltern in irgendeine Gefahr gebracht und das wusste mein Vater. Die Verbindung der beiden war doch etwas ganz Besonders, wie mir meine Mutter erst viel später erzählte.

Auf die Filmszene, wie wir zum Haus fahren, bin ich noch immer stolz: Nach der von weißen Steinen gesäumten Zufahrtsstraße taucht das schöne, große, weiße Haus auf. Diese Szene erinnert mich immer wieder an »Graceland«, das Haus von Elvis Presley.

Wir steigen aus und bringen die Koffer ins Haus. Ich kann es kaum erwarten, vor allem meinen Eltern unser Heim zu zeigen. Papa sieht sich bewundernd um und meint: »Doch, doch, da hat sich was getan!« Dass wir die Wände gestrichen haben, gefällt ihm besonders. »Jetzt sieht es doch viel wohnlicher aus«, meint er anerkennend. Auch die Küche schaut er sich wohlwollend an und der Vorratsraum ist ebenfalls keine Gerümpelkammer mehr, wie er feststellt. Die Fenster haben wir gleich vergittern und mit Läden versehen lassen, sodass Papa nicht mehr Plastik vor die Fenster nageln muss, damit es weniger reinzieht. Die Läden werden hier immer innerhalb des Hauses angebracht. Dadurch können sie auch nicht aufgebrochen werden.

»Wohl, wohl, jetzt sieht es schon eher nach einem fertigen Haus aus und nicht mehr nach einem Rohbau wie bei unserem ersten Besuch«, meint er abschließend.

Hanspeter will wieder ins Hotel zurückfahren und morgen zusammen mit Frau Flückiger und Frau Zwygart wieder kommen, um die Hochzeitsvorbereitungen zu filmen. So können wir uns ungestört der Abendarbeit und dem Essen widmen.

Doch viel zu filmen gibt es am nächsten Tag nicht. Da man ja in Afrika alles in der letzten Minute vorbereitet, passiert noch nicht viel Aufregendes. Pfarrer Ritz kommt erst am Sonntag, ebenso auch die Familie von Marcelin, die angeboten hat, für uns zu kochen, was wir nur allzu gerne annehmen. Nur Léonard ist schon da, um den Pavillon für die Gäste aufzubauen. Er holt dafür große Bambusstämme und Palmblätter vom Garten. Eigentlich hatte ich erwartet, dass er gleich mit dem Aufbau beginnt, damit dies schon mal erledigt ist, aber weit gefehlt. Wir sind ja in Afrika, das hat noch Zeit bis morgen! So sehen sich die beiden Frauen ein bisschen um und fotografieren fleißig.

Die Spannung steigt, der große Moment naht. Der Tag des 20. April 2008 bricht an und treibt uns sehr früh aus den Federn. Es gibt nebst den täglichen Hausarbeiten noch sehr viel zu erledigen. Für mich wird es besonders hektisch, weil jeder etwas von mir will. Hanspeter und die beiden Frauen kommen auch schon sehr zeitig und ich kann sie natürlich nicht so einfach stehen lassen.

Marcelins Familie fragt nach Salz zum Kochen und nach Kochgeschirr. Meine Mutter hätte eine Frage an Marcelin, die ich rasch übersetzen muss und Hanspeter möchte noch ein Interview mit mir machen. Und Sky ist auch da und bettelt, dass ich mich um ihn kümmere. Während wir noch so nebenbei frühstücken, treffen auch schon Theo Ritz und seine Frau Julia bei uns ein. Wir bieten den beiden eine Tasse Tee an, denn es gibt noch einiges zu besprechen.

Ich schaue rasch auf die Uhr: Eigentlich sind es nur noch rund dreißig Minuten, bis die Hochzeitszeremonie beginnen soll. Ich weiß nicht mehr, wo mir der Kopf steht. Nur ganz kurz überfällt mich so etwas wie Melancholie. Eigentlich sollte doch die Braut diesen, ihren Tag genießen können. In der Schweiz wäre sicher schon alles durch das Brautführerpaar organisiert. Doch diesen Brauch gibt es hier nicht. Was soll's! Ich wollte hier leben, jetzt ist es so und mir bleibt nichts anderes übrig, als die chaotische afrikanische Organisation zu akzeptieren. Schnell sind die wehmütigen Gedanken wieder verschwunden.

Überraschend kommt auch Gisela Towa. Ich habe sie bei einem meiner Aufenthalte im »Foyer du Marin« kennengelernt. Sie ist eine Deutsche, die seit über vierzig Jahren hier in Kamerun lebt. Sie folgte damals als junges Mädchen ihrem kamerunischen Mann hierher, der in Deutschland das Bierbrauen erlernte und danach wieder zurück nach Kamerun wollte. Er war Prinz von Bangoulap, ist jedoch schon vor Jahren gestorben. Gisela lebt hauptsächlich in Douala, doch Bangoulap ist noch heute ihr Rückzugsort. Dort hat sie ihre Kinder geboren, die jedoch leider behindert sind. So hat sie in Douala ein Kinderheim für geistig- und körperbehinderte Kinder eröffnet, das sie bis heute, zusammen mit ihren Angestellten führt. Sie übernimmt damit eine ganz wichtige Arbeit, denn behinderte Kinder vergisst man immer ein bisschen in Afrika.

Plötzlich stelle ich fest, dass Kash immer noch nicht da ist. Der Pate von Sky sollte natürlich nicht fehlen. Marcelin hat bereits mehrmals versucht, ihn telefonisch zu erreichen, jedoch ohne Erfolg. Anscheinend hat Kash keine Netzverbindung.

Der Himmel zeigt sich auch wechselhaft: Es ist immer wieder mal kurz bewölkt, dann scheint die Sonne wieder. Inzwischen ist es schon früher Nachmittag geworden.

Da es bald regnen könnte, mahnt Theo, dass wir doch langsam vorwärts machen sollten. Ich renne nur noch herum wie ein aufgescheuchtes Huhn. Theo bemerkt dies und durchbricht mit seiner angenehmen und ruhigen Art meine Hektik ein bisschen, indem er mich zum Herrichten des Tauftisches heranzieht. Dazu macht Hanspeter nochmals ein Interview. Eigentlich hätte ich anderes zu tun, doch ich füge mich. Plötzlich erkundigt sich mein Vater ganz unerwartet: »Willst du dich eigentlich nicht auch noch umziehen? Das, was du gerade trägst, ist doch bestimmt nicht dein Brautkleid?« Ich schaue mich an und entgegne scherzhaft und etwas provokativ, ob denn das nicht gut genug sei? Er spart sich weitere Kommentare, doch seine für ihn typische Mimik verrät alles.

Marcelin ist während dieser Zeit die Ruhe selbst, ihn kann nichts aus der Fassung bringen. Er spürt meine Hektik und fragt ganz unschuldig: »Chérie, was ist denn los?« »Alles ist so stressig, und ich habe gerade nur den einen Wunsch, noch kurz zu duschen, bevor es dann endlich losgeht«, klage ich ihm mein Leid. Er reißt mich blitzartig mitten aus den Leuten raus und schickt mich duschen. Wie sehr genieße ich diese Minuten ganz für mich alleine! Jeder Tropfen, der über meine Haut hinunterrieselt, löst die Spannung etwas. Dann ziehe ich rasch mein Hochzeitskleid an. Es ist zwar immerhin cremefarben, doch ein ganz normaler Hosenanzug aus leichtem Stoff. Also eigentlich gar nicht das, was sich eine Europäerin unter einem Hochzeitskleid vorstellt. Eine Überraschung für alle. Ich finde es schöner und passender für Afrika als ein typisches Hochzeitskleid.

Nachdem er sich den Talar übergezogen hat, schlägt Theo Ritz mit einem Spaten kräftig ans Wasserfass. Das Glockenzeichen!

»Noch zehn Minuten, dann geht es los«, ruft er dabei den Anwesenden zu.

Ohne diese zehn Minuten schweizerischer Disziplin wären wir wahrscheinlich heute noch nicht verheiratet!

Marcelin trägt sein helles Prinzengewand mit dem gelben Muster. Allerdings nicht mit allem Drum und Dran, denn für die ganze dazugehörende Garnitur ist es doch zu heiß. So stimmen wir, auch was die Farbe unserer Kleidung anbelangt, bestens überein. Ich finde, wir sind ein schönes Paar und ich bin stolz auf meinen Prinzen. So schreiten wir zwei, zusammen mit dem Pfarrer, zum Trauungsplatz.

Der Pavillon ist zwar etwas klein geraten, aber es finden alle geladenen Gäste darin Platz, und so sitzen sie dicht gedrängt und erwartungsfroh auf ihren Stühlen. Zuerst vollzieht Theo die Taufe von Sky. Er spricht die Taufworte auf Deutsch und Französisch. Unser Sohn ist schon sehr müde, immer wieder fallen ihm auf meinem Arm die Augen zu. Normalerweise macht er um diese Zeit noch einen Mittagsschlaf. Doch jetzt wird zuerst getauft und dann wieder geschlafen! Diese Taufe in freier Natur berührt alle Anwesenden sichtlich. Dass Theo Sky zudem mit Wasser aus unserem

Brunnen tauft, ist schon etwas ganz Besonderes. Er hatte beschlossen, das Wasser während der Zeremonie von Eltern und Paten aus unserem Brunnen hochziehen zu lassen. Da er auch eine Töpferei leitet, hat er uns für diese Zeremonie eine schöne Taufschale und einen hübschen Taufkrug mitgebracht, die wir nachher sogar als Erinnerung an diesen wunderbaren Tag behalten dürfen.

Angela vertraut mit später an, wie nahe ihr diese einzigartige Taufe gegangen sei. Kash ist leider noch nicht eingetroffen und wir haben ihn auch nicht erreicht. Aber was soll's, wir können es nicht ändern.

Danach folgt die Trauung. Ich bin sehr aufgeregt, denn nun beginnt endlich der ganz große Augenblick. Pfarrer Ritz hält die Trauung auf Französisch, da Marcelin leider so gut wie kein Wort Deutsch versteht. Mich durchströmt in diesem Moment ein unglaubliches Glücksgefühl, sodass ich seinen Worten kaum folgen kann. Ich blicke zum Himmel. Ein kleiner Vogel fliegt gerade vorbei und scheint mir zuzublinzeln. In diesem magischen Moment scheint die Zeit ganz kurz stillzustehen. Ein leichter Windstoß bringt mich wieder in die Wirklichkeit zurück. Obwohl Theo den Ablauf vorher Schritt für Schritt mit uns durchgegangen ist, hat Marcelin den Text seiner Antwort ganz einfach vergessen. Der Chef flüstert ihm zu, nach dem Jawort müsse er noch anfügen »Ja, ich verspreche es!«, was Marcelin sofort befolgt.

Kash trudelt, zusammen mit seinem Sohn Isaga, ganz gemütlich während der Trauungszeremonie ein. Er übermittelt uns Grüße von seiner Frau Elise, die ja längst wieder in Frankreich weilt. Niemand nimmt ihm seine Verspätung übel.

Dann werden unsere Eltern gebeten, zu uns nach vorne zu treten. Marcelins Mutter müssen wir zuerst rufen, denn, pflichtbewusst wie sie ist, steht sie hinter dem Haus an der Feuerstelle und kocht. Gleich nach der Zeremonie wird sie wieder an ihre Töpfe eilen, um uns dann Reis und eine feine Fleischsoße als Hochzeitsmahl aufzutragen. Die Rolle von Marcelins Vater übernimmt unser Chef von Bametcha. Mit gewählten Worten vereinigt Theo die Familie, Afrika und Schweiz, Schwarz und Weiß. Die beiden Feiern, Taufe und Hochzeit, sind sehr eindrücklich. Auf unserem Grundstück und unter freiem Himmel – näher kann man Gott nicht sein.

Wir nehmen an, nun sei der offizielle Teil vorbei. Doch weit gefehlt, Theo und Julia haben noch eine Überraschung für uns bereit, denn sie übergeben uns einen Kolanuss-Setzling und zwei Mangobaum-Setzlinge. Einer der Gäste, ein junger Mann aus dem Dorf, gräbt ein Loch, damit wir den Mango-Setzling für Sky einpflanzen können. Ein Andenken für unseren Sohn an seine Taufe! Eines Tages wird er die Mangos von diesem Baum essen können, die ihn an dieses besondere Fest erinnern sollen. Ich wünsche mir, dass für Sky die schönen und guten Erinnerungen an sein Elternhaus überwiegen werden. Was er einmal mit dem Haus und dem Grundstück machen wird, steht in den Sternen. Aber wir hoffen, dass er beides behalten wird.

Den zweiten Mango-Setzling müssen Marcelin und ich zusammen einpflanzen. Wir wählen dazu einen Platz nicht allzu weit vom Haus entfernt, hinter dem Brunnen. Er wird einmal auf der Terrasse, die wir noch vergrößern wollen, Schatten spenden. Der Kolanuss-Setzling findet ebenfalls dort seinen Platz. Die Kolanuss schmeckt sehr bitter, sie ist die Nuss der Freundschaft, denn man teilt sie und isst sie in Gesellschaft und mit Freunden. Wenn der Baum groß ist, können wir die Nüsse auch an unsere Freunde verteilen. Die Kolanuss ist etwa so groß wie ein Tischtennisball und man kann sie gut in portionsgerechte Stücke brechen.

Nun folgt der gemütliche zweite Teil. Natürlich haben wir nicht genügend Stühle und Tische für die ganze Hochzeitsgesellschaft. Der große Tisch dient als Buffet. Es gibt in dem Sinne keine Hochzeitstafel, wo alle an einem Tisch vereint sitzen, sondern jeder sucht sich irgendwo einen Platz. Mein Papa setzt sich kurzerhand auf zwei Zementsäcke und als Tisch dient ihm ein leerer, gelber Zwanzigliter-Ölkanister, den wir normalerweise für die Baustelle zum Wassertransport benutzen. Diese Art der Bewirtung ist völlig ungezwungen, typisch afrikanisch und gefällt mir sehr.

Als Hanspeter meinen Vater so sitzen sieht, fragt er ihn: »So, Herr Hänni, schmeckt es Ihnen?« In der für ihn trockenen Art gibt Papa zur Antwort: » Also, ich muss schon sagen, schlecht gekocht haben sie nicht!« Und das, obwohl ich weiß, dass Reis gar nicht seine Leibspeise ist.

Die Sonne spendet auch ihren Beitrag zu unserem Fest, sie versteckt sich nicht hinter den dunklen Wolken und lässt keinen Regen zu. Wir sitzen alle gemütlich versammelt irgendwo auf der Terrasse und genießen das Zusammensein mit unseren Gästen. Am späteren Nachmittag verabschieden sich Theo Ritz und seine Frau Julia als Erste, denn sie haben den weitesten Heimweg. Auch Gisela bricht bald auf, sie muss noch nach Douala zurück.

Langsam verabschieden sich auch alle Besucher aus der Umgebung, denn jeder will vor der Dunkelheit zu Hause sein, so auch Marcelins Familie. Danach setzen wir als Erstes Sky in seine Badewanne, anschließend wird aufgeräumt und abgewaschen. Etwas später als sonst gibt es nur noch eine Kleinigkeit zu essen, denn wir haben alle keinen Hunger. So setzen wir uns zu einer ungezwungenen Plauderrunde im Wohnzimmer zusammen, denn draußen wurde es doch inzwischen recht unangenehm kühl. Wir lassen den Tag nochmals Revue passieren. Wieder hat sich für mich ein lang gehegter Wunschtraum erfüllt: einmal vor Gott zu heiraten!

Am nächsten Morgen kommen Monika Flückiger, Christine Zwygart und Hanspeter Bäni nochmals zu uns, um weitere Aufnahmen und ein Interview mit mir zu machen. Wir setzen uns für das Interview für die »Schweizer Illustrierte« ins Wohnzimmer und ich kann es diesmal richtig genießen, denn es schottet mich etwas ab von der sonstigen Hektik, die bei uns gerade herrscht. Während dieser Zeit werde ich nicht von überall her gerufen und kann mich richtig entspannen. Es ist nämlich sehr anstrengend, wenn man für mehrere Leute fast gleichzeitig übersetzen muss. Angela möchte mit Marcelin reden und auch meine Eltern wollen sich mit Marcelin unterhalten, doch niemand von ihnen spricht Französisch. Gleichzeitig werde ich hier zu Fotoaufnahmen gerufen, dort zu Filmaufnahmen. Es gelingt mir in dem ganzen Trubel gerade Mal, eine halbe Stunde für mich zu stehlen, um etwas zu essen. Auch Sky kommt in dieser Zeit bei mir zu kurz. Zum Glück kümmern sich meine Mutter und Angela sehr um ihn.

Für den Dienstag haben wir noch ein traditionelles Ritual geplant, das Hanspeter unbedingt filmen möchte. Hier im Gebiet der Bamiléké wird Ahnenkult betrieben. Wir begeben uns also alle gemeinsam zum Ahnenplatz, der sich in der Nähe unseres Grundstückes befindet. Dort sind die Vorfahren von Marcelin beerdigt. Die Grabstätten am Königshof existieren nach wie vor, doch die Schädel liegen am Ahnenplatz. Dort stellen wir Sky seinem Großvater, Urgroßvater und allen anderen Ahnen vor. Der Vater vom Chef von Bametcha führt das Ritual durch. Er ruft die Ahnen an und stellt ihnen Sky als ihren Nachfolger vor. Er verteilt das rote Palmöl rings um den Ahnenplatz und bittet die Geister, Sky zu beschützen und ihn auf dem richtigen Weg zu begleiten. Dann muss Sky seinen Vorfahren ein lebendes Hühnchen als Opfergabe bringen. Er trägt es in seinen Händchen und darf es dann davonrennen lassen, was dem Kleinen natürlich Spaß macht. Erst später einmal, wenn er es versteht, werden wir ihm den Sinn des Ganzen erklären.

Nach dem »Reporter«-Film, in dem diese Tradition zwar gezeigt wird, aber nicht im Detail erklärt, wurde ich mehrmals gefragt, wie ich als Christin diesen Ahnenkult akzeptieren und mit Menschen zusammenleben könne, die Ahnenkult betreiben. Die erste Frage, die ich jeweils zurückgestellt habe, war: »Wissen Sie, was Ahnenkult hier im Land der Bamiléké überhaupt ist?« Darauf folgte dann meistens ein langes Gesicht oder eine große Pause. Solche Leute verurteilen leider etwas, ohne zu wissen, was es wirklich bedeutet. Ich finde es einen schönen Glauben, in allem und jedem Gott zu sehen. Für Marcelin ist Gott überall, in jeder Pflanze, in jedem Baum, jedem Blatt, jedem Stein und auch im Wasser und im Regen und der Erde. Steht nicht auch in der Bibel: »*Wenn ihr mich sucht, findet ihr mich überall, in jedem Stein, in jedem Baum.*«

Wie ich, glauben auch die Bamiléké, dass die Seele eines Verstorbenen weiterlebt. Viele, die das Buch »*Gespräche mit Gott*« von Neale Donald Welsch gelesen haben, glauben sicher auch daran.

Der Unterschied zum Christentum besteht darin, dass die Bamiléké die Seelen der Toten mit ins Leben einbeziehen. Sie bitten ihre verstorbenen Großeltern oder andere Vorfahren weiterhin um Rat und Hilfe. Wir haben nichts anderes getan, als den Vater, Großvater und weitere Vorfahren von Marcelin gebeten, unseren Sohn auf seinem Lebensweg zu begleiten und zu beschützen. Das kann ich auch als Christin voll akzeptieren. Sollte Sky auf seinem Lebensweg einmal auf eine falsche Bahn geraten, bekommt er vielleicht dadurch von jemandem ein Zeichen, das ihm wieder auf den richtigen Weg zurückhilft. Für mich ist es jedenfalls ein beruhigendes Gefühl zu wissen, dass Sky von seinen Ahnen begleitet wird und sie auf ihn aufpassen. Ich bin eine großzügige Christin und kann also sehr gut mit diesem Ahnenkult leben. Wenn mir jemand sagt, er glaube an Gott, Allah, Buddha oder was es sonst noch für Namen gibt, ist das für mich in Ordnung. Ich kann auch damit leben, wenn mir ein Mensch sagt, er glaube an gar nichts. Das ist zwar sehr schade, doch das ist seine Sache.

Leider fiel die traditionelle Zeremonie für Sky sehr einfach und relativ kurz aus, weil wieder einmal alles in letzter Minute organisiert wurde. Eigentlich hätte es zu diesem Ritual gehört, eine Ziege zu schlachten, um sie anschließend zu essen. Doch dafür reichte die Zeit nicht. So begnügten wir uns mit roten Bohnen und Reis.

Einen Monat zuvor durfte ich bei einer ganz ähnlichen Zeremonie mit Sky dabei sein, die ich jetzt gleich hier anfügen möchte. Damals ging es um Folgendes: Die Eltern hatten sich schon seit Längerem beklagt, dass die Kinder nicht mehr richtig gehorchen. So wurde beschlossen, etwas dagegen zu unternehmen und ein Ritual durchzuführen, um die Kinder wieder auf den richtigen Weg zu bringen.

Dieses Kinderfest wurde ausgiebig vorbereitet. Wir haben allerdings erst davon erfahren, als Marie und Sylvie uns nach Salz, Cubes (Gewürzwürfel) und Geschirr gefragt hatten. Auf dem Ahnenplatz wurde fleißig gekocht und Kinder jeglichen Alters spielten und tobten fröhlich herum. Das Ritual wurde extra in die Schulferien verlegt, damit möglichst viele Kinder daran teilnehmen konnten.

Wie üblich, teilte mir Marcelin erst im letzten Moment mit, dass wir mit Sky auch daran teilnehmen werden. Um was es dort geht, sagte er mir allerdings nicht. Typisch Bamiléké: Schau selber und lerne!

Das Fest hatte gerade begonnen, als wir dazustießen. Thomas, Marcelins Cousin, führte das Ritual durch. Zuerst wurden Reden gehalten, um die Vorfahren anzusprechen und um deren Mithilfe zu bitten. Er erklärte ihnen, um welches Problem es sich handelt und welche Hilfe man von ihnen erwartet, jedenfalls erhofft. Thomas verteilte rotes Palmöl in einem Kreis. Danach sangen und tanzten die Frauen und bewegten sich rhythmisch dazu. Einige von ihnen hielten Zweige von einem ganz bestimmten Busch in der Hand, der grüne längliche Blätter hat. Diese Zweige werden auch bei Beerdigungen verwendet, um die Trauer »abzuwischen«. Die Frauen gingen tanzend von Kind zu Kind, die alle so mit den Zweigen symbolisch gereinigt wurden und dadurch für die Hilfe durch die Ahnen bereit waren. Alle tanzten ganz ausgelassen und den Kindern gefiel es. Väter hätten auch mittanzen dürfen, doch es waren nur wenige anwesend. Die meisten waren anderweitig beschäftigt. Zwei junge Brüder von Marcelin, beide über zwanzig, waren jedoch dabei.

Später kamen wieder Anrufungen und Reden an die Ahnen. Die älteren Frauen erklärten nochmals, welches Problem man mit den Kindern habe. Dann kam der wichtigste Teil für das Ritual. Jedes Kind durfte aus der Hand von Thomas einen Mundvoll Bohnen essen. Für mich sah es aus, als würde damit die Verbindung zwischen Ahnen und Kind hergestellt, da diese Bohnen in mehreren Riten hier eine große Rolle spielen. Alle Kinder nahmen die Bohnen sehr gerne an, denn sie schmecken auch wirklich gut. Sie werden mit rotem Palmöl gekocht, was damals bei den Kindern überall entsprechende Spuren hinterließ. Nur für Sky war alles neu. Er hatte Angst und begriff nicht, was man von ihm erwartete und was er tun sollte. Nachdem er sich auf meinem Arm wieder etwas beruhigt hatte, aß er doch auch ein wenig von den Bohnen, die Neugierde hatte gesiegt. Nachdem alle ihre Bohnen gegessen hatten, wurde wieder lange und ausgelassen getanzt und gesungen, um den Ahnen für ihre Mithilfe zu danken.

Schließlich folgte dann noch der gemütliche Teil mit ausgiebigem Essen und Trinken. Mehrere Kisten Bier und andere Getränke standen bereit. Man suchte sich ganz einfach ein bequemes Plätzchen am Boden und aß dazu einen Teller Reis mit Fleisch und Sauce. Es kam eine zufriedene, fröhliche Stimmung auf wie bei einem Picknick. Das Wetter zeigte sich auch von seiner besten Seite und ließ den Himmel über uns tiefblau erstrahlen.

Von der Straße aus sieht man auf den Festplatz hinunter und jedem, der zufällig an dieser Straße vorbei und hinunter zum Platz kam, bot man auch einen Teller Reis an. So will es die Tradition. Natürlich erkannten die meisten Leute sofort, um was es sich bei der Menschenansammlung handelte und ergriffen deshalb die Gelegenheit, etwas zu essen. Das Mitessen wird hier als Unterstützung gewertet und ist deshalb gerne gesehen.

Es wurde später Nachmittag, bis sich die Leute langsam auf den Heimweg machten. Ob dieses Ritual bei den Kindern gewirkt hat, entzieht sich allerdings meiner Kenntnis.

Es ist immer wieder faszinierend festzustellen, wie einfach und praktisch Afrikaner solche Veranstaltungen durchführen. Hier sammelten die Frauen anschließend die Teller und das Besteck ein und legten es in den großen, leeren Topf. Mama, Marcelins Mutter, band ein großes Tuch um den Topf, damit der Deckel nicht runterfallen kann. Dann stellte sie sich diesen einfach auf den Kopf und lief die sieben Kilometer damit nach Hause. Dort wurde dann abgewaschen. Die jungen Männer trugen die leeren Bierkisten auch auf dem Kopf davon.

Sky war von der großen Aufregung des langen Tages sehr müde und so machten wir uns auch auf den Heimweg.

Kapitel 11

Der Überfall

Lade den Einbrecher als Ersten ein, denn er kommt sowieso

Dieses Kapitel zu schreiben fällt mir sehr schwer, denn es wird wieder Erinnerungen wachrufen, die ich tief in meinem Herzen vergraben und dabei versucht hatte, sie möglichst nicht mehr ans Tageslicht zu holen. Vielleicht aber hilft mir die Auseinandersetzung damit, die Sache etwas besser zu verarbeiten.

Die Hochzeit und der damit verbundene, größte Trubel sind vorbei. Am nächsten Tag reisen die Journalisten und die Fotografin ab und es wird wieder etwas ruhiger bei uns. Zusammen mit meinen Eltern, Angela und Nadine besuchen wir das bunte Markttreiben in Bangangté. Wie erwartet, staunen sie nicht schlecht, als ihnen die sogenannten Call-Boxen ins Auge stechen. Diese entsprechen nämlich absolut nicht dem gängigen Bild, das man sich von so einer Einrichtung normalerweise macht. Hier sind das kleine Bretterhüttchen in Form einer Telefonzelle und darin sitzt meistens eine Frau vor einem Tischchen, die Handys zum Telefonieren anbietet oder Telefonkarten zum Aufladen verkauft. Solche Hüttchen können aber auch ganz andere »Schätze« bergen, zum Beispiel in großen Glasdosen zum Verkauf angebotene Süßigkeiten aller Art. In einer anderen Box sitzt ein Schneider, der auf einer alten Tretnähmaschine fleißig Schuluniformen näht. Auch als »Frisörladen« sind diese Hüttchen nicht ungeeignet. Da nennt sich beispielsweise einer – zu Deutsch – »der Furchtbare«, ein anderer »der Schreckliche«. Solche Namen für einen Frisör klingen für unsere Ohren allerdings nicht gerade vertrauenserweckend. Hier ist es groß in Mode, dass sich die Frauen ihr eigenes Haar ganz dicht an die Kopfhaut flechten lassen. Danach wird eine Perücke auf diese Zöpfchen aufgenäht. Die Frauen sind ganz versessen darauf, glatte Haare zu haben. Wie ich beobachtet habe, werden die Haare der Frauen hier allenfalls schulterlang. Auch aus diesem Grund lieben die Frauen Langhaarperücken. Die Frisösen sind auch eine Art wichtiges soziales Netz. So kann sich die Frau, indem sie zur Frisöse geht, ganz problemlos einen halben Tag Auszeit nehmen, denn Zöpfchen zu flechten oder sich einfach eine neue Frisur machen zu lassen, dauert mindestens drei bis fünf Stunden. Männer gehen auch regelmäßig zum Frisör. Bei Männern sind lange Haare verpönt. Man sieht hier auch viele, die sich den Schädel kahl rasieren lassen. Dass Männer Frauen frisieren, kommt äußerst selten vor, ebenso dass Frauen Männern die Haare schneiden. Auch Frisöre für Weiße trifft man hier nicht an, da Bangangté touristisch wenig erschlossen ist. In Douala und Yaoundé gibt es aber bestimmt Frisösen, die für die Haarpflege von Weißen ausgebildet sind.

Hier bei den Bamilékés gibt es übrigens noch eine Kuriosität, nämlich die Acht-Tage-Woche! Der achte Tag nennt sich »*Nga*«, das ist der Heilige Sonntag. In unserer Küche hängt ein Kalender, in dem die Tage auf Französisch, Englisch und Medumba aufgedruckt sind und da sieht man ganz deutlich, dass sich durch die Acht-Tage-Woche alles verschiebt. So werden auch heute noch in einigen Dörfern die Wochenmärkte nach diesem Acht-Tage-Woche-Rhythmus abgehalten. Allerdings wird dieses Kuriosum in Bangangté heute offiziell nur noch in der Chefferie und am Königshof gehandhabt.

Leider kommt es während unseres Marktbesuchs noch zu einem kleinen Zwischenfall mit einer verwirrten Frau. Zuerst bettelt sie Marcelin um Geld an und klammert sich an ihn. Er schüttelt sie energisch ab und wir gehen sofort weiter. Leider taucht sie bald darauf wie aus dem Nichts wieder auf. Nun klammert sie sich an Angela. Marcelin ärgert dies sehr, denn er nimmt seine Gastgeber- und Beschützerrolle sehr ernst. Die Marktaufseherin Julienne, die inzwischen eine gute Freundin von uns ist, lässt die Frau schlussendlich vom Platz schaffen und entschuldigt sich bei uns für diesen unangenehmen Vorfall. Julienne ist auch für die Zuteilung der Marktstände zuständig und muss die Mieten dafür eintreiben. Eine fixe Summe hat sie dafür monatlich an die Gemeinde abzugeben.

Angela ist ob dieser Sache doch sehr erschrocken. So gehen

wir zur Erholung etwas trinken und danach schlendern wir mit unseren Gästen noch ein wenig durchs Dorf.

Angela und ihre Tochter Nadine bleiben eine weitere Woche bei uns, danach wird es noch ruhiger. Meine Eltern haben uns noch ein Hochzeitsgeschenk nach unseren Wünschen versprochen. Es sollte etwas Nützliches und Sinnvolles sein. Wir diskutieren lange darüber, bis ich den Vorschlag mache, dass in meinen Augen das Wertvollste für uns eine Wasserpumpe wäre. Marcelin dürfte eigentlich seit der Leistenbruchoperation noch immer kein Wasser ziehen. So sind wir uns schnell einig. Papa gibt Marcelin das Geld, um die Wasserpumpe zu kaufen, die er gleich am nächsten Tag besorgt. Die beiden Männer hätten sie gerne noch am selben Abend in Betrieb gesetzt, doch dies ist leider nicht möglich. Ich habe nämlich zufällig festgestellt, dass sie mit Diesel läuft, den wir nicht dahaben. So bleibt den beiden nichts anderes übrig, als sie wieder in die Verpackung zurückzulegen – was wir bereits ein paar Stunden später sehr bereuen werden. Doch jetzt sind wir alle zufrieden und glücklich darüber, dass sie uns schon bald große Dienste erweisen würde.

Mutti und ich kochen etwas Feines und wir freuen uns auf den gemeinsamen Abend, der für uns irgendwie fast etwas Feierliches an sich hat. Marcelin hat den Generator in Betrieb gesetzt, damit wir bei besserem Licht unser Abendessen genießen können. Gegen zwanzig Uhr, wir sind gerade mit dem Essen fertig, klopft es plötzlich energisch an der Tür. Wir blicken uns alle ganz verwundert an.

Wer mag das sein?

Wir erwarten niemanden. Und schon gar nicht um diese Zeit. Marcelin fragt zuerst, wer da sei. Eine fremde Stimme antwortet: »Wir suchen jemanden hier in der Gegend, doch wir kennen uns nicht aus. Können Sie uns vielleicht weiterhelfen?«

Daraufhin öffnet Marcelin leider hilfsbereit die Tür, um sich zu erkundigen, nach wem sie suchen. Blitzschnell wird er in die Wohnung zurückgestoßen. Es sind nicht weniger als fünf maskierte Männer, bewaffnet mit Macheten und Lanzen. Aus ihren Rucksäcken ragen auch noch Gewehrläufe heraus. Erst als einer im strengsten Befehlston seinen Kumpanen befiehlt: »Fesselt ihn, er könnte Ärger machen« und dabei auf Marcelin zeigt, realisiere ich, dass diese Männer nicht mit guten Absichten hergekommen sind, sondern uns ausrauben wollen. Mama hat sich die ganze Zeit in der Küche aufgehalten und nichts davon mitbekommen. In der Hoffnung, dass es keiner der Banditen versteht, rufe ich ihr auf Deutsch zu: »Versteck dich schnell im Vorratsraum, das ist ein Überfall!«

Doch einer von ihnen begibt sich daraufhin schnurstracks in die Küche und holt Mutter raus, und zwar sehr grob und forsch. Ich fauche den Kerl an: »Zerren Sie nicht so an meiner Mutter, sie kann nicht gut laufen.« So darf sie sich wenigstens auf die Eckbank setzen. Doch meinen Vater zwingen sie, sich auf den Boden zu legen. Das ist zu viel für mich, ich muss eingreifen. Denjenigen, der meinen Vater auf den Boden gezwungen hatte, schaue ich mit funkelnden Augen an und frage ihn: »Schämen Sie sich eigentlich nicht? Das ist mein Vater, er ist ein alter Mann und Sie zwingen ihn, sich auf den Boden zu legen! Haben Sie keinen Respekt vor dem Alter und einem Vater?«

Nach einer Weile darf Papa immerhin aufstehen und sich auf die Bank setzen.

Marcelin klagt, dass die Fesseln um seine Hände zu eng seien, er spüre seine Hände schon nicht mehr. Dem Chef der Bande ist das egal. Doch Marcelin fleht darum, die Fesseln zu lockern, er sei Musiker und brauche seine Hände.

Keine Reaktion der Banditen, es interessiert sie keinen Deut.

Marcelin erklärt bittend, er benötige seine Hände auch, um im Garten arbeiten zu können. Erst als der Chef rausgeht, erbarmt sich ein anderes Bandenmitglied seiner und lockert die Fesseln. Bei dieser Gelegenheit versucht er auch gleich, Marcelin den Ehering vom Finger zu ziehen. Es geht nicht mehr, die Hände sind zu stark geschwollen.

Da wir durch den Generator gerade Strom haben, nutzten wir vorhin die Gelegenheit, alle Geräte aufzuladen – was uns nun zum Verhängnis wird. Alle unsere Handys, mein Laptop und der Digitalfotoapparat liegen auf dem Tisch wie auf dem Präsentierteller. Die Einbrecher nutzen dies schamlos aus und stecken wahllos alles ein. Dabei hat derjenige, der die Digitalkamera an sich nimmt, auch noch die unglaubliche Dreistigkeit, mir befehlen zu wollen, ich solle die Bedienung auf Französisch umstellen, er verstehe kein Deutsch! Ich traue meinen Ohren nicht über so viel Frechheit und antworte deshalb, dass das nicht möglich sei.

Alle unsere Fotos von der standesamtlichen und der kirchlichen Trauung sind nun weg, für immer verloren, das tut sehr weh. Leider hatte ich sie noch nicht ins Internet geladen. Und der Zufall will es, dass ausgerechnet die zwei Foto-CDs mit den Kopien neben den Musik-CDs stehen und deshalb ebenfalls mit eingepackt werden.

»Wo ist der Tresor mit den 30 000 Euro?«, fragt plötzlich derjenige, der wahrscheinlich der Anführer ist.

»Wir haben keinen Tresor und noch weniger 30 000 Euro«, antworten Marcelin und ich wie aus einem Munde.

»Wo ist der Tresor? Wir wissen, dass Sie einen Tresor haben und auch 30 000 Euro! Also, her damit«, hakt er genervt nach. Ich verneine noch einmal.

»Schauen Sie mich doch bitte einmal an. Ich trage zerrissene Hosen.« Zum Beweis ziehe ich den losen Stoff am Bein hoch. »Glauben Sie wirklich, dass eine Europäerin, die 30 000 Euro hat, in zerrissenen Hosen herumläuft? Und ein dünnes, billiges T-Shirt trägt wie ich?«

Marcelin bleibt die ganze Zeit ruhig und sagt dann: »Schauen Sie sich doch mal das Haus an! Glauben Sie wirklich, das Haus würde SO aussehen, wenn wir 30 000 Euro hätten? Keine Zimmerdecke, der Boden schlecht zementiert, die Wände nicht richtig gestrichen, schauen Sie sich um! Die Zimmer sind noch im Rohbau!«

Der Angesprochene schaut sich um und entdeckt die Tür zu Skys zukünftigem Zimmer. Sie ist verschlossen.

»Wer ist da drin?«, will er wissen und zeigt auf die Tür.

»Das Zimmer ist leer, es ist niemand drin«, gibt Marcelin zur Antwort. Der Kerl geht zur Tür und bemerkt, dass das Schloss klemmt. Marcelin muss ihm erklären, wie er es öffnen kann, doch er schafft es nicht. Er fragt noch einmal, ob jemand drin sei. Wir verneinen. Er glaubt, die Tür sei von innen abgeschlossen, obwohl der Schlüssel außen steckt. Er geht einen Schritt zurück und wirft sich mit der ganzen Kraft dagegen. Die Tür zersplittert und er sieht sofort, dass niemand im Raum ist. Die Tür zum Zimmer daneben, wo zwei Nächte zuvor noch Angela und ihre Tochter Nadine drin geschlafen haben, steht offen und das Zimmer ist ebenfalls leer. Gott sei Dank sind die beiden rechtzeitig abgereist und mussten das nicht miterleben!

Nochmals fragt der Anführer nach dem Tresor. Wir verneinen wieder und Marcelin bietet den Männern an, das Haus danach abzusuchen, damit sie sich selber davon überzeugen könnten. Ein völlig überflüssiges Angebot, denn sie hatten sich schon lange im ganzen Haus umgesehen und dabei rasch dies und jenes eingepackt.

Der Kopf der Bande gibt zu verstehen, dass sie NUR das Geld wollen. Mir schießt die spöttische Frage durch den Kopf, weshalb sie dann wahllos alle unsere Sachen einpacken. Aber ich unterlasse es, meine Gedanken auszusprechen, denn in dieser prekären Lage könnte es äußerst gefährlich sein zu provozieren. Einer bringt unsere Pässe dem Anführer, worauf dieser uns in einem sehr verächtlichen Ton einen Monolog hält, der keine Zweifel offenlässt, dass die Männer zu allem fähig sind.

»Sie haben Glück, dass Sie nicht Französin sind. Uns wurde gesagt, hier lebe eine Französin. Wir sind gekommen, um sie zu töten. Wären Sie Französin, wären Sie jetzt tot.«

»Nein, ich bin Schweizerin«, bestätige ich leise und mein Herz klopft dabei wie verrückt. Er könne sich ja die Bücher auf der Wohnwand ansehen, alle seien in deutscher Sprache geschrieben, füge ich noch hinzu.

Dann wird sein Ton noch verächtlicher und er schreit mir ins Gesicht: »Du bist eine Weiße! Du hast uns versklavt! Du hast uns unser Land weggenommen! Du hast uns unterdrückt! Jetzt unterdrücke ich dich wie du damals uns unterdrückt hast. Und vergiss nicht, eigentlich sind wir gekommen, um dich zu töten, das war unsere erste Absicht.« Dabei schaut er mir in die Augen, sein Gesicht ist ganz nah an meinem und ich rieche seinen schlechten Atem. Aus seinen Augen blitzt der blanke Hass. Ich bin sprachlos und perplex. Leider wird mir erst Wochen später bewusst, dass die Schweiz NIE ein Land kolonisiert hat!

Während einige der Männer das Schlaf- und das Gästezimmer durchwühlen, werden wir im Wohnzimmer in Schach gehalten. Wir bekommen nicht viel mit, nur so viel, dass irgendwelche Dinge herumgerückt werden. Dann kommt einer der Männer mit den beiden Koffern meiner Eltern und beginnt, die Wohnwand auszuräumen. Die schönen »Cristal d'arc« – Gläser schmeißt er einfach achtlos in den Koffer. Ich denke nicht, dass eines dabei ganz geblieben ist. Aus dem Gästezimmer schleppen sie mein

CD-Holzgestell mit zweihundert CDs ins Wohnzimmer und wollen es zuerst ausräumen. Doch der Anführer beschließt, dass sie doch gleich auch das Holzregal mitnehmen könnten. Welche Ironie! Wir hatten das Gestell extra ins Gästezimmer gestellt, damit es irgendwelchen Besuchern nicht etwa »zufällig« einfallen könnte, CDs mitlaufen zu lassen!

Anschließend nehmen sie sogar das Kinderbett auseinander.

Dem Anführer lässt es immer noch keine Ruhe, er ist nach wie vor überzeugt, dass irgendwo Geld im Haus ist. So kommt er wieder ins Wohnzimmer und fragt nochmals, wo wir das Geld versteckt hätten. Man spürt förmlich, dass er genervt ist.

»Wo ist der Tresor oder das Geld?«, fragt er abermals.

»Wir haben keinen Tresor und kein Geld«, antworten wir gleichzeitig.

»Wenn ihr uns das Geld nicht gebt, vergewaltigen wir sie!«, schreit der Anführer und schaut abschätzig auf mich, doch ich reagiere nicht darauf. Er hakt nach: »Oder wir bringen sie um!«, immer noch mit einem verächtlichen Blick auf mich gerichtet und hoffend, nun sein Ziel mit diesem noch stärkeren Druckmittel zu erreichen.

Niemand reagiert.

»Dann nehmen wir den Kleinen mit«, droht der nächste und zeigt dabei triumphierend auf Sky.

Mir liegt nur eine Antwort auf der Zunge, die ich wohl anderswo auch ausgesprochen hätte. Doch ich blicke durch die Maske in die Augen des Anführers. Eiskalte, rücksichtslose, menschenverachtende Augen. Im Bruchteil einer Sekunde wird mir bewusst: Wenn ich diesen Satz aussprechen würde, wäre ich tot. Also schlucke ich ihn hinunter und drücke Sky fester an mich. Ich suche Augenkontakt zu Marcelin, um die Frage anzudeuten, was ich in dieser Lage tun solle. Keine Reaktion von ihm.

Später verstand ich, warum. Diese Drohung, dass sie Sky mitnehmen wollten, fuhr ihm durch alle Knochen und hatte ihn wie gelähmt. Er hätte um sein Kind kämpfen wollen, seine Familie beschützen und das konnte er nicht, weil er gefesselt war. Damit war er in seiner afrikanischen Männlichkeit zutiefst getroffen. Er, das Familienoberhaupt, konnte in dieser Situation rein gar nichts für uns tun, sondern musste tatenlos zusehen. Eine große Schmach für ihn.

Ich stehe auf und gehe ins Gästezimmer, wo der Wickeltisch von Sky steht. Unter diesem hatten wir das gesamte geschenkte Bargeld versteckt. Dasjenige von meinen Eltern für uns und dasjenige, das Angela Sky zugedacht hatte. Doch die Banditen hatten es längst entdeckt und an sich genommen.

»Sie haben es ja bereits gefunden, das war alles Bargeld, das wir besaßen«, werfe ich ihnen an den Kopf und koche dabei innerlich vor Wut. Im Schlafzimmer liegt mein Schweizer Portemonnaie, auch dort nehmen sie alles Geld heraus, obwohl wir ihnen noch sagen, dass sie Schweizerfranken in Kamerun nicht wechseln können und schon gar nicht das harte Kleingeld.

Neben der Haustür steht, noch originalverpackt in einem Karton, die Wasserpumpe, die Marcelin vor gut vier Stunden neu gekauft hat. Einer der Bande schaut sich natürlich auch diesen Karton näher an und stellt das Fundstück schon mal raus vor die Tür. Marcelin erstarrt. Ich spüre, dass er angestrengt nachdenkt. Nach einer Weile sagt er so emotionslos wie möglich: »Die Wasserpumpe hat ein Tomatenproduzent hiergelassen. Auf dem Weg zur Plantage hatte er eine Autopanne und konnte die Pumpe nicht mitnehmen. Die Pumpe gehört nicht uns und wenn sie weg ist, kriegen wir mächtigen Ärger.«

Doch alles Lügen hilft nichts, natürlich nehmen sie auch die Wasserpumpe mit.

Dann kommt der Chef der Bande wieder zu uns an den Tisch und fordert allen Schmuck von uns. Meine Mutter schaut auf den Ehering, den sie schon seit über fünfzig Jahren trägt und flüstert mir zu: »Den gebe ich nicht her!« Der Anführer zeigt kaltblütig mit der Machete auf ihren Finger und deutet einen Schlag an. So ruhig, wie es in dieser Situation überhaupt möglich ist, sage ich zu meiner Mutter: »Was ist dir lieber, den Ring hergeben oder den ganzen Finger oder gar die Hand?« Sie streift blitzschnell den Ring ab. Auch die schönen, blauen Ohrringe muss sie hergeben. Diese hatte Mutter besonders geliebt, denn es waren Andenken aus Neuseeland. Nach der Pensionierung meines Vaters reisten meine Eltern drei Monate durch dieses wunderschöne Land.

Papa hat den Ehering schon vorher ausgezogen und heimlich unter dem Bankkissen versteckt, wie auch sein heiß geliebtes

Schweizer Taschenmesser. Doch auch dieses Versteck haben die Räuber später entdeckt.

Anschließend schnappen sie sich Marcelins Gitarre, die ihm so viel bedeutet. Er bettelt verzweifelt darum, ihm sein Instrument nicht wegzunehmen. Einer der Bande meint daraufhin, dass man Marcelin die Gitarre lassen solle. Worauf ein anderer sofort nachfragt, wie viel sie denn wert sei. Marcelin gibt natürlich einen viel zu niedrigen Preis an, damit sie nicht zum Wiederverkauf interessant ist. Es wird sehr lang hin und her diskutiert. Am Schluss nimmt der Chef der Bande die Gitarre doch mit, ich denke aus lauter Boshaftigkeit. Ein wertvolles Erinnerungsstück aus Marcelins Leben ist damit weg, ein wichtiger Teil, ein schöner, erfolgreicher, emotionaler, einfach so gestohlen von gemeinen Dieben.

Plötzlich geht auch noch das Licht aus und der Lärm des Generators verstummt. Sie haben also auch diesen abgehängt, um ihn mitzunehmen. Es ist einfach unfassbar.

Dann wird es auf einmal ruhiger im Haus, die meisten der Banditen sind damit beschäftigt, unsere Sachen abzutransportieren. Dazu gehört auch die neue, noch originalverpackte Waschmaschine aus der Schweiz!

Zu guter Letzt fordern sie von Marcelin auch noch den Autoschlüssel. Die wollen doch tatsächlich unsere Sachen mit unserem Auto abtransportieren, durchfährt es mich! Marcelin sagt ihnen bereitwillig, wo sie den Schlüssel finden würden. Das ist nun das erste Mal, dass ich an diesem Abend heimlich in mich hineinlachen muss. Unser Auto hat zwar noch ein Zündschloss, doch es wird über einen Druckknopf gestartet, den alten Schlüssel haben wir aber noch. Na, die werden ihre Freude haben, wenn sie das Auto starten wollen. Etwa eine Viertelstunde später höre ich sie allerdings tatsächlich wegfahren, nachdem sie es wohl voll beladen haben, ich traue meinen Ohren nicht! Also haben sie den Startknopf gefunden. Ausgerechnet jetzt startet das Auto normal, was es bei uns nie tut, sondern immer einen Rollstart benötigt. Zur Strafe schicke ich dem Auto alle Flüche hinterher, die mir in diesem Moment einfallen.

Nachdem sie das Gäste- und Schlafzimmer ausgeräumt haben, schließen sie uns im Schlafzimmer ein. Nur Marcelin lassen sie gefesselt im Wohnzimmer sitzen.

Ich höre das Geräusch von Klebeband. Sie verkleben also Marcelin den Mund, schlussfolgere ich und hoffe, dass es wirklich nur der Mund ist. Nach einer Weile halte ich diese Ungewissheit nicht mehr aus. »Hallo Chéri, geht es dir gut?«, will ich von Marcelin wissen. Er gibt ein paar unverständliche Laute von sich, so gut das in dieser Situation eben möglich ist. Dann hören wir nur noch viel Lärm und uns ist klar, dass die Banditen noch die Wohnwand fertig ausräumen. Wir drei werden fast wahnsinnig vor Wut, Ärger, Hilflosigkeit und Angst. Was stellen sie wohl mit Marcelin noch an?

Wir sitzen alle auf dem großen Bett im Dunkeln und lauschen mit größter Anspannung auf jedes Geräusch. Ich ertrage diese Untätigkeit nicht länger, ich muss etwas unternehmen.

Doch was?

Ich überlege fieberhaft und blicke dabei nach oben. Das wäre die Lösung: Da wir ja auch im Bad noch keine Decken eingezogen haben, könnte ich versuchen, dort auf ein Möbel zu steigen und drüberzuschauen – doch leider ist die Wand zu hoch. Trotz meines Mutes habe ich auch höllische Angst, entdeckt zu werden. Wenn denen etwas nicht passt, wird nicht lange diskutiert.

Wir haben kein Licht, keine Uhr und kein Handy mehr und wissen nicht, wie lange wir schon in der Dunkelheit so dasitzen. Es ist sehr beklemmend, kein Zeitgefühl mehr zu haben. Sky ist inzwischen quer auf dem Bett liegend eingeschlafen. Ich weiß nicht, wie viel er davon mitbekommen hat. Sicher hat er nicht begriffen, dass es ein Überfall war und dass fast alle unsere Sachen gestohlen wurden. Doch er wird unsere Angst und Hilflosigkeit instinktiv gespürt haben. Jetzt, wo ich dies niederschreibe, glaube ich nicht, dass bei Sky etwas davon zurückgeblieben ist, Kinder vergessen schnell, Gott sei Dank.

Meine Eltern werden auch müde. Erst in diesem Moment nehmen wir das Durcheinander auf dem Bett wahr. Es handelt sich größtenteils um Kleider, die sie durchwühlt und achtlos haben liegenlassen. Meinen Schalenkoffer haben sie aufgebrochen, wohl in der Hoffnung, darin Geld zu finden. Tastend räumen wir das Bett so leise wie möglich leer, damit wir uns wenigstens hinlegen können.

Nach wie vor lausche ich auf jeden Ton. Es hört sich so an, als würden sie die Barhocker zersägen. Nein, nicht das auch noch, entfährt es mir. Wenn sie sie nicht mitnehmen wollen oder können, sollten sie sie doch ganz einfach stehen lassen und nicht noch sinnlos zerstören!

Dann wird es immer ruhiger im Haus, nur noch etwa drei Stimmen kann ich heraushören. Anscheinend sind die anderen nun draußen dabei, unsere Sachen fertig aufzuladen und abzutransportieren, überlege ich mir und hoffe, dass der Albtraum nun endlich ein Ende haben möge. Doch wir bleiben im Schlafzimmer eingeschlossen. Kurze Zeit später ist kein Ton mehr zu hören. Durch die plötzliche Stille kann ich mich zwar ein bisschen entspannen, aber an Schlaf ist nach wie vor nicht zu denken.

Was geschieht wohl als Nächstes?

Werden wir freigelassen, jetzt, wo sie uns alles gestohlen haben?

Oder haben sie uns sogar vergessen?

Soll ich mich etwa bemerkbar machen?

Nein, es wird wohl besser sein abzuwarten, beschließe ich. Nach – wie mir scheint – ewig langer Zeit höre ich Schritte und bald darauf wieder das Geräusch von Klebeband.

Was machen sie jetzt?

Ich drehe fast durch. Kleben sie nun Marcelin etwa auch noch die Nase zu?

Ich bin mir so gut wie sicher, dass diesen Unmenschen nicht mal bewusst ist, dass, wenn man jemandem Nase und Mund zuklebt, derjenige daran ersticken kann. Jeden Muskel gespannt und bereit, durch die Wand zu rennen, spitze ich weiterhin die Ohren. Ein lauter Seufzer ist zu hören. Es fällt mir nicht ein Stein, sondern ein ganzes Gebirge vom Herzen.

»Chéri, ça va bien?«, erkundige ich mich sofort. Ein verhaltenes »Oui, ça va«, folgt. Einerseits bin ich erleichtert, anderseits hat es so eigenartig geklungen. Wird er dazu gezwungen? Ich höre, dass Marcelin mit dem Typen, der uns bewacht, ein Gespräch beginnt. Anscheinend ist nur noch ein Mann im Haus. Es klingt fast so, als würden die beiden zusammen plaudern. Als ich realisiere, dass Marcelin ihm in aller Deutlichkeit zu erklären versucht, dass wir wirklich nicht reich sind, keinen Tresor haben und schon gar keine 30 000 Euro, rufe ich dem Bewacher zu, ob er mich rauslasse, ich möchte auch mit ihm reden. Er ist tatsächlich bereit dazu, doch er findet den Schlüssel nicht, mit dem das Vorhängeschloss unseres Schlafzimmers abgeschlossen ist. Der Anführer der Bande hat den Schlüssel mitgenommen.

So versucht er, das Schloss mit einem Hammer aufzubrechen. Dieser geht zwar dabei zu Bruch, doch zum Glück springt das Schloss auf.

Wie ich im diffusen Licht der Petroleumlampe auf einen Blick erkennen kann, scheint im Wohnzimmer ein riesiges Chaos zu herrschen. Am liebsten würde ich sofort zu Marcelin eilen, doch ich lasse es sicherheitshalber bleiben, weil es so aussehen könnte, als würde ich ihn befreien wollen. Ich will nicht riskieren, niedergeschlagen zu werden. So setze ich mich ruhig an den Tisch und versuche dem Mann beizubringen, dass nicht alle Europäer reich sind, sondern es auch eine Unter- und Mittelschicht gibt. Diese hat zwar Arbeit, kann alle Rechnungen bezahlen, aber sonst bleibt nichts übrig. Ich gehörte auch zu dieser Schicht und ich bin nicht mit viel Geld hierhergekommen. Für uns völlig unerwartet erwidert der Mann, dass er sich für den Überfall und das, was er getan hat, schäme. Doch dieses Geständnis erweicht mein Herz nicht. Ich spüre allerdings, dass er es irgendwie wirklich bereut und wiedergutmachen möchte, soweit dies überhaupt möglich ist. Ich frage ihn nach den Eheringen. Er kramt in seiner Bauchtasche und legt das meiste, was er eingesteckt hat, auf den Tisch. Die Eheringe sind leider nicht dabei.

Sogar die Hörhilfen von Papa hatte er eingepackt, ohne eine Ahnung davon zu haben, wozu diese Dinger überhaupt zu gebrauchen sind. Auf meine Erklärung hin gibt er sie mir zurück. Es wurde wahllos einfach alles eingepackt, sogar mein absolut wertloser Kinderschmuck. Mit der Bemerkung, dass das absolut wertloser Kitsch sei, den er behalten könne, werfe ich ihm diesen wieder hin. Er lässt ihn jedoch auf dem Tisch liegen. Das Geld und die anderen Wertsachen haben die anderen eingepackt.

Auf einmal hört Marcelin ein Moped. Der Bewacher eilt sofort raus, in der Annahme, die anderen seien zurückgekommen, um ihn abzuholen. Als wir längere Zeit nichts mehr hören und der Typ nicht mehr zurückkommt, meint Marcelin, ich solle mal nachschauen. Tatsächlich ist weit und breit niemand mehr zu sehen. Ich laufe sofort zurück ins Wohnzimmer und befreie Marcelin. Doch die Gefahr ist noch nicht gebannt, denn wir wissen ja nicht, ob sie nicht nochmals zurückkommen, da der Kühlschrank und der Tiefkühler noch im Wohnzimmer zum Abtransport bereitstehen. In diesem Moment wird mir auf einmal klar, dass das Geräusch, das ich für das Zersägen der Barstühle gehalten habe, vom Wegrücken des Kühlschranks und des Tiefkühlers her kam. Anscheinend hatte einer beides einfach von der Küche ins Wohnzimmer gezogen. Die Barhocker stehen zu meiner Freude noch unversehrt da.

Ich schaue zum ersten Mal wieder auf den kleinen Wecker auf der Wohnwand, den sie glücklicherweise hatten stehen lassen. Es ist nachts um vier.

Es ist klar, wir müssen so schnell wie möglich jemanden informieren, aber wie? Alle Handys sind weg. Ich mache Marcelin den Vorschlag, dass ich in die Chefferie gehen könnte, um den Chef zu informieren, und er zwischenzeitlich bei meinen Eltern und Sky bleiben solle, falls die Diebe zurückkämen. Marcelin ist damit einverstanden, denn er kann uns alle nicht alleine lassen, falls sie tatsächlich zurückkommen sollten. Ich informiere meine Eltern, ziehe mir wahllos eine Jacke über, die ich unter den achtlos auf den Boden geworfenen Kleidern finde und gehe los. Es ist fast Vollmond, sodass ich den Weg auch ohne Taschenlampe gut sehen kann. Doch ich muss stets auf den Boden schauen, um auf der unebenen Naturstraße nicht zu stolpern. Aus diesem Grund laufe ich fast in unser Auto rein, das am Ende des Grundstückes mitten auf der Straße steht. Die Fahrertür ist weit offen. Wie angewurzelt bleibe ich stehen und blicke mich um.

Steigt gleich jemand aus dem Auto und packt mich?

Ich wage kaum zu atmen.

Doch alles bleibt ruhig und niemand ist zu sehen und zu hören. Etwas erleichtert atme ich auf. Unser guter, alter Wagen hat uns also doch nicht im Stich gelassen. Ich renne unverzüglich zum Haus zurück und schicke ihm noch eine Kusshand nach, das Herz klopft mir bis zum Hals. Marcelin wartet draußen mit der Taschenlampe, die er inzwischen gefunden hat. Er beleuchtet mir von Weitem den Weg. Atemlos erzähle ich ihm, dass unser Auto verlassen auf der Straße steht und weit und breit niemand zu sehen ist. So beschließt Marcelin, doch selber zur Chefferie zu gehen.

Schon kurze Zeit später höre ich Stimmen. Es sind Marcelin und der Dorfchef mit noch weiteren Männern, die er eiligst mobilisiert hat. Bis zum Auto gehe ich ihnen entgegen. Etwa zwei Meter daneben, wo ein Weg ins Gebüsch hineinführt, finde ich die Gebrauchsanweisung des Beamers. Der Chef schickt sofort Männer dort hinein, um nachzuschauen, ob noch mehr von uns dort zu finden wäre, was sich aber leider nicht bestätigt. So begeben wir uns zum Haus zurück. Als der Chef das Chaos sieht, ist er sichtlich bestürzt. Ich komme mir vor wie mitten in einem schlechten Gangsterfilm. Alles durchwühlt, alles achtlos auf den Boden geworfen, was sie nicht mitnehmen wollten, sämtliche Schränke und Schubladen der Wohnwand stehen weit offen. Der Chef ruft sofort den Polizeipräsidenten an. Dieser ist erstaunlicherweise sehr schnell zur Stelle. Um sich für diesen Einsatz ordnungsgemäß die Uniform anzuziehen, dazu reichte ihm allerdings die Zeit nicht mehr, er erscheint einfach im Trainingsanzug!

Es wird sogar ein Protokoll aufgenommen, was ich nicht erwartet habe. Nachdem die wichtigsten Formalitäten erledigt sind, fordert mich der Polizeichef auf, eine Liste mit allen fehlenden Gegenständen zu erstellen.

Als am frühen Morgen das Tageslicht ins Haus fällt, sieht das hinterlassene Durcheinander noch viel schlimmer aus. Der Polizeipräsident empfiehlt Marcelin, er solle umgehend eine Anzeige gegen Unbekannt erstatten.

In diesem Moment fährt gerade unser Freund Titcha mit dem Mototaxi vorbei. Als er die vielen Leute vor dem Haus sieht, hält er an und kommt sofort herbei, um sich zu erkundigen, was vorgefallen sei. Marcelin bittet ihn, die Anzeige für ihn zu schreiben, da er in diesem Zustand absolut unfähig sei, einen klaren Gedanken zu fassen.

Mir dreht sich vor Aufregung fast der Magen um, ich muss dringend etwas essen. Als ich die Küche betrete und sehe, was die Einbrecher dort hinterlassen haben, atme ich zuerst einmal tief durch. Alles ist vollständig ausgeräumt, auch die gesamten Lebensmittel aus dem Vorratsraum und dem Küchenschrank sind weg. Das ganze Geschirr, das Besteck, fast sämtliche Kochtöpfe – alles fehlt. Sie haben sogar die unterste Schublade des Küchenmöbels aufgebrochen, die ich schon seit einem Jahr nicht mehr aufbekommen habe, aber weiß, dass sich darin ein ganzer Satz neuer Fleischmesser befunden hat. Diese sind selbstverständlich auch weg, ebenso das Gasrechaud, die beiden Gasflaschen und sogar das Milchpulver von Sky.

Einzig die vom Vorabend noch schmutzig auf dem Tisch stehenden vier Teller, Messer und Gabeln liegen noch unberührt da. Sowohl der Büchsen- als auch der Flaschenöffner und die große Salatschüssel sind weg. Die Tuben mit Mayonnaise und Senf fehlen, ebenso wie Öl, Sardinen, Tomatenmark, Oliven und Gläser mit Cornichons. Auch der Ketchup, der für sie unbekannt sein dürfte, ist weg. Alles Dinge, die sie als interessant betrachteten. Das Maismehl für Couscous ist auf den Boden verstreut.

Einzig ein paar Bâtons und einen trockenen Brotrest haben sie achtlos liegen gelassen. Ich finde auch noch eine Banane, die ich sogleich zusammen mit einem Bâton verdrücke.

Um den Schaden einigermaßen abschätzen zu können, mache ich als Erstes einen Rundgang durchs Haus. Doch in diesem Chaos ist es fast nicht möglich, einen ersten Überblick zu bekommen über das, was gestohlen wurde.

Wenigstens das Schreibpapier finde ich noch und versuche, eine Liste zu erstellen. Es fällt mir sehr schwer, mich zu konzentrieren, irgendwie erscheint mir alles unwirklich, wie in einem schlechten Traum abzulaufen, in den ich gar nicht hineinpasse. Da der Polizeipräsident ungeduldig wird und gehen will, schreibe ich schnell wenigstens ein paar Dinge auf, die mir gerade einfallen. Ich übergebe ihm die Liste, dann verabschiedet er sich.

Inzwischen sind auch meine Eltern aufgewacht und kommen ins Wohnzimmer. Da sie sich zum Schlafen nicht ausgezogen haben, müssen sie im allgemeinen Durcheinander nicht mal nach ihren Kleidern suchen. Mit Bedauern erkläre ich ihnen, dass wir nicht in der Lage sind, ein richtiges Frühstück zuzubereiten, da alles fehlt, was wir dazu benötigen würden. Doch das stört die beiden in diesem Moment am wenigsten, sie sind noch zu sehr gezeichnet von dem Erlebten und brauchen zuerst einmal Zeit, um zu sich selber zu kommen. Vor allem Vati sieht man den Schock an, sein Gesicht ist aschgrau und eingefallen. Es tut mir unendlich leid, dass er so etwas Schlimmes durchmachen musste.

Und mittlerweile ist auch Sky aufgewacht. Um ihn überhaupt

anziehen zu können, muss ich zuerst etwas Passendes für ihn suchen. Mir kommt es zunächst so vor, als würden auch Kleider von ihm fehlen. Dass so viele fremde Leute vor dem Haus stehen, stört den Kleinen in keiner Weise, er will nichts anderes, als möglichst schnell sein Frühstück. Mit dem Stückchen Brot kann ich ihn fürs Erste beruhigen.

Marcelin kann doch irgendwie noch logisch denken, obschon er wie in Trance handelt. Damit meine Eltern wenigstens zu einem Kaffee kommen, wäscht er den einzigen, kleinen Topf ab, der uns noch geblieben ist und macht hinter dem Haus eine Feuerstelle, um Wasser zu kochen. Die Dose, in der wir den Kaffee aufbewahren, haben die Diebe glücklicherweise nicht mitgenommen.

Während des mageren Frühstücks schaut mein Vater immer wieder auf seine Hand, schüttelt den Kopf und sagt kaum hörbar vor sich hin: »Keine Uhr mehr, keinen Ehering.« Dies wird er in der nächsten Zeit noch öfters tun und seine Verzweiflung wird dabei immer größer. Dass sie ihm den Ehering gestohlen haben, den er so lange am Finger getragen hatte, schmerzt ihn ganz besonders. Er werde so schnell wie möglich neue kaufen, denn ohne Ehering herumzulaufen sei für ihn undenkbar. – Es sind die kleinen Gewohnheiten, die es einem immer wieder bewusst machen, dass plötzlich etwas anders ist als vorher.

Zum Glück haben wir noch etwas Geld auf unserem Konto. So beschließt Marcelin, mit Titcha ins Dorf zu fahren, um das Nötigste zu besorgen. Die meisten Leute sind inzwischen auch wieder gegangen. Eigentlich sollten wir nun aufräumen, doch alle weichen dieser Arbeit aus. Niemand will sich dem noch bewusster aussetzen, was in der vergangenen Nacht passierte, wie tief man in unsere Intimsphäre eingedrungen ist. Wir tigern ums Haus und suchen uns andere Beschäftigungen. Ich fange nochmals mit der Liste an und kümmere mich um Sky, während meine Mutter das Geschirr abwäscht. Auch Vater hat für sich eine Tätigkeit gefunden.

Marcelin kommt schon am späten Vormittag mit einem neuen, billigeren Gasrechaud, einer Gasflasche und einigen Lebensmitteln zurück. Wir kochen uns etwas zu Mittag, doch niemand hat richtig Hunger. Uns allen liegt der Überfall noch zu schwer im Magen. Auch der Umgang unter uns ist schwierig. Irgendwie hat man das Bedürfnis zu reden, anderseits weiß man, dass der Andere die gleichen Probleme hat und das Gleiche fühlt. Am Nachmittag bricht meine Mutter das Eis, indem sie mich dazu bewegen kann, wenigstens das Wohn- und Schlafzimmer wieder ein wenig in Ordnung zu bringen, denn das zurückgelassene Durcheinander erinnert uns nur noch mehr an das Unfassbare.

Immer mehr Dinge fallen uns auf, die nicht mehr an ihrem Platz stehen. Die Diebe nahmen die Bohrmaschine mit, wie auch die Stereoanlage, die ich für unser zukünftiges Restaurant gekauft hatte. Ebenso fehlt der 1000 CHF teure Beamer, mit dem wir das Kino betreiben wollten. Welch eine Ironie: Es blieb uns nur die im Gebüsch gefundene Gebrauchsanweisung! Damit haben sie uns ein Stück Zukunft genommen. Dieser Verlust schmerzt mich neben dem der Hochzeitsfotos am meisten.

Hätten wir eine Diebstahlversicherung gehabt, so hätte die sich sicher geweigert, den Schaden zu ersetzen, da Marcelin ja für unsere Einbrecher die Tür geöffnet hat. So haben wir uns wenigstens das Geld für eine überflüssige Versicherung gespart …

Als Vati den angerichteten Schaden so richtig realisiert, sagt er tieftraurig: »Es ist schlimm. Käthi und Marcelin hatten einen kleinen Wohlstand und die Möglichkeit, sich eine Zukunft aufzubauen, jetzt müssen sie mit weniger anfangen, als sie zu Anfang hatten!« Er verzweifelt fast daran.

Die letzten zehn Tage vor unserer Abreise in die Schweiz verbringen wir fast wie in Trance und versuchen, unseren Schock in den Griff zu bekommen. Meine Mutter und ich schaffen es, das meiste aufzuräumen, doch überall gibt es noch Spuren vom Überfall. Ich mache mir vor allem große Sorgen um Marcelin. Nach unserer Abreise wird er ganz alleine sich selber überlassen sein. In dem Haus, das ihn jede Minute, jede Sekunde an das Fürchterliche erinnert, das geschehen ist. Wie wird er es verarbeiten können? Wird er es überhaupt verarbeiten? Er hat dann niemanden, mit dem er das Vorgefallene, diesen Albtraum, besprechen kann. Das belastet mich zusätzlich.

Am Donnerstag, den 8. Mai 2008 fahren wir nach Douala. Wir sind alle froh, das Haus verlassen zu können. Doch nach wie vor sind wir alle wie durch den Wind. In erster Linie Marcelin, wie sich noch zeigen wird. Der Abend verläuft anfänglich noch gut, bis wir leider im »Foyer du Marin« Manfred Kühle erzählen, was vorgefallen ist, und das wühlt uns alle erneut sehr auf.

Marcelin will unbedingt am nächsten Morgen noch in die Stadt, um für meinen Vater frische Ananas, die er so liebt, zu besorgen und für Mutter Papayas. Ich frage ihn, ob er mir bei dieser Gelegenheit eine Stange Zigaretten besorgen könnte, damit ich in der Schweiz nicht die teuren kaufen muss. Er kommt dann sehr spät zurück, ohne uns vorher davon unterrichtet zu haben, dass er noch etwas anderes erledigen müsse. So sitzen wir alle wie auf Kohlen. Als er endlich erscheint, hat er keine Zigaretten dabei. Angeblich gebe es meine Marke in Douala nicht, was ich ihm schlichtweg nicht glaube. Ein Wort ergibt das andere, wir sind alle gereizt und bald haben wir einen handfesten Streit. So laut, dass uns Manfred aus dem Hotel komplimentiert, was ich ihm absolut nicht verübeln kann. Er macht uns den Vorschlag, dass es wohl besser wäre, wenn wir ohne Marcelin zum Flughafen fahren würden. Meinem Vater gelingt es, Marcelin so weit zu beruhigen, dass er doch mitkommt, was sich leider als Fehler herausstellt. Am Flughafen geht nämlich der Streit weiter. Ich habe mich wohl im Ton vergriffen. Erst jetzt sagt mir Marcelin, dass er den ganzen Tag am Flughafen gewesen sei und sich um die Ausreisevisen von uns gekümmert habe. Mein Visum ist abgelaufen und Sky hat kein Ausreisevisum. Für Marcelin ist das alles zu viel, er sieht nur noch rot. Obwohl wir schon mehrere Kontrollposten durchlaufen haben, kommt er in den Flughafen. Er hält mich mit Sky zurück, mit der Begründung, dass ich mit seinem Sohn fliehen wolle. In Kamerun gehört ein Kind dem Vater und ich brauche eine »Autorisation parentale«, also eine elterliche Bewilligung, um mit Sky ausreisen zu dürfen. Die hat er anscheinend widerrufen, denn ich muss ihn zu einem Büro begleiten und der Flughafenbedienstete fragt zuerst nach diesem Papier. Ich zeige es ihm bereitwillig. Mit einem freundlichen Lächeln eröffnet er mir, dass mein Mann dieses Papier widerrufen hat und es damit null und nichtig ist, wenn er ebenfalls anwesend ist. Ich zerknülle wütend das Schreiben und schmeiße es verachtend auf den Schreibtisch.

Ich kann nicht mehr, ich will nicht mehr. Mein Mann ist gerade dabei, alles zu zerstören. Wenn ich jetzt nicht mitfliegen und zur Buchvernissage kann, was dann? In meinem Kopf dröhnt es nur noch, ich bin zutiefst verzweifelt.

Marcelin hält über eine Stunde lang einen Monolog und unterstellt mir dabei immer wieder, dass ich mit dem Kind abhauen wolle. Ich bin so perplex, dass ich gar nichts dazu sagen kann und will. Ich bin den Tränen nahe. Am liebsten würde ich sagen, dass ich alles hinschmeißen und hierbleiben wolle.

Aber NEIN, ich kann nicht! Es geht um unsere Zukunft! Ich schweige weiter und die Zeit verstreicht.

Nun machen die Flughafenangestellten Druck auf Marcelin und zwingen ihn, sich zu entscheiden. Einer sagt schlussendlich zu ihm: »Sie haben jetzt genau noch fünf Minuten Zeit, sich zu entscheiden, ob Ihre Frau fliegen darf oder nicht. Wenn sie nicht fliegt, müssen wir JETZT das Gepäck zurückholen!«

Marcelin bleibt eine Minute ganz still.

Ich sage kein Wort, bettle nicht darum, dass er mich gehen lässt, erinnere ihn nicht daran, dass es um UNSERE Zukunft geht, wenn ich jetzt abreise.

Wie ausgewechselt sagt er plötzlich in ruhigem Ton: »O.K., sie kann fliegen.«

Ich breche fast zusammen und versuche krampfhaft, mir nicht anmerken zu lassen, wie erleichtert ich bin. In diesem Moment hasse ich ihn dafür, dass er mir diese seelische Folter angetan hat. Wir verabschieden uns nicht. Ein Angestellter hält ihm Sky hin, damit er sich wenigstens von ihm verabschieden kann.

»Du kannst in der Schweiz bleiben und brauchst dich nicht mehr bei mir zu melden«, sagt er in eisigem Ton zu mir. Es ist, als spräche ein wildfremder Mensch aus ihm. Ich drehe mich wortlos um und gehe aus dem Büro, zurück zu meinen Eltern, die die ganze Zeit draußen auf uns gewartet haben und nicht wussten, wie es weitergehen wird. Ich sage nur, und versuche mich dabei zu beherrschen, obschon mir fast die Stimme bricht: »Wir können gehen.«

Sie stellen keine Fragen, sie sehen mir sofort an, wie es um mich steht.

Wir gehen durch den Zoll und zum Gate und warten dort, bis wir zum Boarding aufgerufen werden. Im Flugzeug kann ich nicht wirklich schlafen, zu viele Gedanken wirbeln mir durch den

Kopf. Ich kann es nicht verhindern, dass mir Tränen übers Gesicht laufen. Ich wische sie schnell weg, meine Eltern sollen nichts davon bemerken. Die Erschöpfung nimmt schließlich überhand, bis zur Ankunft in Zürich döse ich vor mich hin, Sky ist schon nach dem Abflug in Douala eingeschlafen. Ich hoffe so sehr, nicht nur der Ortswechsel, sondern auch die vielen neuen Aufgaben, die in der Schweiz auf mich warten, werden dazu beitragen, all die seelischen Wunden baldmöglichst zu heilen.

Kapitel 12

Viel Trubel um mein erstes Buch

Wer die Früchte vom Baum geschüttelt hat, soll sie auch aufsammeln

Bei unserer Ankunft in Zürich hoffe ich nur, dass keine Presse anwesend ist. Mir ist nicht nach Lächeln zumute. Zum Glück ist tatsächlich niemand da. Mein Vater will so schnell wie möglich nach Hause, er möchte noch am Morgen einkaufen gehen. Die Restaurants haben noch nicht offen, so kaufen wir uns an einem Kiosk Sandwiches, um sie im Zug zu essen. Gegen zehn Uhr kommen wir in Kehrsatz an. Während Papa einkaufen geht, packe ich meinen Koffer aus.

Später erfahre ich durch meinen Verleger, dass ich am Montagnachmittag ein Interview bei »Radio 32« in Solothurn haben werde. Am selben Tag wird noch ein Besuch bei meiner Coiffeuse in Biel auf dem Programm stehen, denn schließlich wird der Mittwoch ein wichtiger Tag für mich sein. Doch jetzt muss ich mich erst mal etwas ausruhen, ich bin hundemüde von der Reise und der ganzen Aufregung. Ich überlege kurz, ob ich Marcelin anrufen und ihm mitteilen soll, dass wir gut in Kehrsatz angekommen sind, doch dann beschließe ich, dies noch ein wenig aufzuschieben. Er soll sich zuerst wieder etwas beruhigen und das braucht seine Zeit.

Wie wir alle bald feststellen, stehen wir weiterhin unter Schock, besonders mein Vater hat sehr damit zu kämpfen. Wann immer ihn jemand fragt, wie es gewesen sei, sagt er nur: »Das können Sie sich nicht vorstellen. Sie haben alles mitgenommen! Es war wie ein schlecht organisierter Umzug.« Hinter diesem Satz verbergen sich all die verletzten Gefühle und die Ungerechtigkeit, die uns widerfahren ist.

Für mich ist auch die Reaktion der Familienangehörigen sehr befremdlich. Die meisten verhalten sich kühl und sachlich, als würde sie das nichts angehen. Ich überlege mir, warum das so ist und versuche, mich in ihre Lage zu versetzen. Wenn mir jemand so etwas erzählen würde, bevor ich es selber erlebt habe, wie würde ich reagieren? Ich nehme an, genauso oder ähnlich, denn eine solche Situation kann man nur nachempfinden, wenn man sie selbst erlebt hat. Später erklärte ich es mit einer bloß vorgestellten Vergewaltigung. Wie sich eine vergewaltigte Frau fühlt, weiß nur, wer selber vergewaltigt wurde.

Am Montagmorgen fahre ich zu meiner Coiffeuse Jolanda nach Biel. Danach kann ich direkt mit der Bahn nach Solothurn fahren. Mein Verleger kommt nur einige Minuten nach mir an. Zusammen gehen wir zu »Radio 32«. Das Interview wird über PC aufgezeichnet. Ich staune über die Technik, denn ich war noch nie in einem Radiostudio. Anschließend werden noch meine vielen »Ähhms« rausgeschnitten, sowie eine kurze und eine längere Fassung erstellt. Ich habe es selber im Radio leider nie hören können. Auf dem Rückweg zum Bahnhof bekomme ich bezüglich des Interviews noch ein Lob meines Verlegers. Natürlich werde ich rot und freue mich sehr darüber.

»Ich gebe einfach ehrliche Antworten«, sage ich dazu. Genau das sei es, man spüre die Ehrlichkeit und Offenheit, entgegnet er. Christoph Müller dagegen stellte einmal fest, dass ich immer dieselben Antworten gebe (ich nehme jetzt mal an, das war positiv gemeint). Ich antwortete ihm: »Natürlich, wenn ich immer dasselbe gefragt werde!«

Den ganzen Dienstag habe ich Zeit, mich auf den Mittwoch, die Buch-Vernissage im »World Trade Center« in Zürich vorzubereiten. Der Gedanke an die Rede, die ich dort halten soll, bereitet mir Kopfzerbrechen. Was soll ich da sagen? Es kommt doch darauf an, was meine Vorredner erzählen werden. Mein Kopf ist leer, ich habe keine Ahnung, was ich berichten soll. Ich war noch nie in meinem Leben bei einer Vernissage und ich weiß nicht, wie solche Veranstaltungen ablaufen.

Am Abend rufe ich nun doch Marcelin an. Es fällt mir schwer, da ich nicht weiß, wie er reagieren wird. Hat er es ernst gemeint, dass ich mich nicht mehr bei ihm melden soll? Ist er noch böse oder verärgert? Wird er überhaupt mit mir reden? Mit klopfendem Herzen wähle ich die lange Nummer. Ich versuche, mich zu beruhigen und meine Gemütsverfassung auf »normal« zu stellen. »Oui, hallo«, meldet er sich wie immer mit neutraler Stimme.

Im Plauderton antworte ich. »Hallo Schatz, ich wollte dir nur sagen, dass wir gut in der Schweiz angekommen sind und dich fragen, wie es dir geht.«

»Es geht mir gut. Und du hast doch morgen die Vernissage.«

»Ja«, bestätige ich kurz.

»Dann bereite dich darauf vor und melde dich erst wieder Ende der Woche«, fügt er in schroffem, kühlem und abweisendem Ton hinzu wie ein Fremder.

»O.K., ich rufe dich nach der Vernissage an. Gute Nacht und schlaf gut«, beende ich das Gespräch, bevor er merkt, wie sehr er mir wieder wehgetan hat. Es hat auch keinen Sinn, mit ihm in dieser Gemütsverfassung zu diskutieren. Schnell versuche ich, das Gespräch zu vergessen und nicht darüber nachzudenken. Morgen habe ich meinen großen Tag und da sollte ich möglichst gut drauf sein.

Am nächsten Morgen stellt sich heraus, dass ich früher als geplant in Zürich sein muss, denn Hanspeter Bäni will vorher noch ein Interview für die Nachrichtensendung »10 vor 10« mit mir aufnehmen. Es wird einen 13-minütigen Bericht von der Vernissage geben, wie er mich später informiert. Ich werde die Aufzeichnung dann als Wiederholung auf dem Infosender sehen.

Meine Schwester Margrith möchte mit meinen Eltern und mir mitfahren. Doch sie kann nicht früher von der Arbeit weg. So nehme ich den Zug und Sky wird zusammen mit meinen Eltern später nachkommen.

Im Zug versuche ich, mich ein wenig zu entspannen, was mir auch gelingt. Und doch fliegen meine Gedanken in die Zukunft, zum heutigen Abend. Was wird da wohl auf mich zukommen? Es ist ja meine allererste Buchvernissage.

Vom Bahnhof bis zum »World Trade Center« nehme ich das Taxi. Obwohl ich überpünktlich eintreffe, warten schon alle auf mich. Schnell ziehe ich in der Damentoilette ein afrikanisches Kleid an. Da wir ja gleich gegenüber vom Fernsehstudio sind, schminke ich mich nicht, denn ich nehme an, dass dies jemand vom Fernsehen übernimmt. Da habe ich mich wohl getäuscht. Mein »Auftritt« wird somit natürlich sein, wie ich es eigentlich am liebsten mag. Hanspeter verliert keine Zeit und sagt mir, wie und wo ich mich hinstellen soll. Dann befragt er mich zum Überfall. Überraschend kühl und sachlich kann ich darüber sprechen, aber nur, weil ich meine Gefühle und Erinnerungen unterdrücke. Deshalb kommt es im Fernsehen nicht so dramatisch rüber. Ich erzähle nichts davon, wie sehr wir gelitten und wie viel Angst wir ausgestanden haben, das könnte zu viele Emotionen auslösen, und einen Nervenzusammenbruch kann ich hier ganz sicher nicht gebrauchen.

Schon während des Interviews trudeln die ersten der zahlreich erscheinenden Gäste ein. Der Verlag hat zu meiner großen Überraschung ein wunderschönes Programm organisiert. Während des Abends sorgt eine afrikanische Band, bestehend aus drei Trommlern in rot-weiß gemusterten Gewändern und Perücken aus langen Bastfasern zusätzlich für eine super Stimmung. Begleitet werden sie von zwei Tänzerinnen in ebenso bunten Gewändern und blauen Kopftüchern. Passende stimmungsvolle Dekorationen und ein afrikanisches Buffet runden das Ganze ab. Als Überraschung gibt es, quasi als Vorpremiere, die ersten 15 Minuten vom vierten »Reporter«-Film zu sehen, der am selben Abend auf SF1 ausgestrahlt wird.

Nach mehreren Ansprachen bin nun ich an der Reihe. Alle haben bereits darüber berichtet, wie sie mich kennengelernt haben und wie die TV-Filme und das Buch entstanden sind. Was soll ich da noch sagen? Das ganze nochmals aus meiner Sicht erzählen? Nein, das kann ich nicht, das würde das Publikum nur langweilen. So stottere ich eigentlich mehr herum und beende die Rede, indem ich viel Vergnügen wünsche beim Lesen. Peinlich, Peinlich!

Als ich wieder an meinem Platz sitze und mich beruhigt habe, könnte ich mich ohrfeigen. Ich hätte mich auch ganz einfach bei allen bedanken können, die dazu beigetragen haben, dass dieses Buch heute hier vor uns liegt. Ich blicke immer wieder fast ungläubig und voller Stolz auf den Tisch mit den Büchern.

Dann wird das Buffet eröffnet und ich werde sogleich zum Büchertisch gebeten, um die ersten Exemplare zu signieren. Jürg, der Mann von Angela, bringt mir ein paar der feinen Häppchen vom Buffet, denn es ist klar, dass ich keine Zeit dazu finden würde, mir selbst etwas zu holen. Nur einmal gehe ich kurz nach draußen, um eine Zigarette zu rauchen. Sky nehme ich mit. Es ist lustig, überall, wo Sky dabei ist, stiehlt er mir die Show, ist er der Mittelpunkt. Von ihm werden an diesem Abend sicher mehr Fotos gemacht als von mir. Und wenn Fragen gestellt werden, wenn er dabei ist, dann geht es nur um ihn.

Eigentlich bin ich, oder besser gesagt mein Buch, der Mittelpunkt des Abends, doch mir schwirrt der Kopf. Hier ein Buch signieren, da eine Frage beantworten. Unter dem Publikum sehe ich auch einige Freunde, die extra wegen mir angereist sind. Ich würde gerne ein paar Worte mit ihnen wechseln, doch es bleibt nicht viel Zeit, es reicht gerade nur für einen kurzen »Smalltalk«, denn zu viele Leute wollen mit mir reden. Die Musik und die Showeinlagen der beiden Tänzerinnen geben mir immer wieder kleine Verschnaufpausen, die mir sehr guttun. Nach und nach verabschieden sich die Gäste. Die meisten müssen morgen wieder arbeiten oder haben einen längeren Heimweg. Nach 22 Uhr machen auch wir uns auf den Weg nach Hause.

Am Tag nach der Vernissage fühle ich mich nicht so gut und auch an den folgenden Tagen bin oft müde. Was kann das sein? Die ganze Aufregung der letzten Zeit? Die Folgen des Überfalls? Der Streit mit Marcelin? Die Reise und der ganze Wirbel um mein Buch? Ich messe sogar die Temperatur, doch Fieber habe ich nicht. Das beruhigt mich etwas, denn somit kann es nicht Malaria sein. Beim letzten Mal, als ich Malaria hatte, stieg ja das Fieber innerhalb kürzester Zeit auf 41 Grad an. Meine Eltern kümmern sich um Sky, sodass ich mich auch tagsüber ausruhen und zwischendurch mal schlafen kann. Meine Mutter macht sich Sorgen, sie befürchtet, dass es doch wieder Malaria ist. Mehrmals messe ich die Temperatur und beruhige sie, dass ich kein Fieber habe. Am Sonntag fühle ich mich dann etwas besser und ich hoffe, es geht aufwärts.

TeleZüri hat sich bei mir gemeldet und mich für Montag, den 19. Mai zu »Talk Täglich« eingeladen. Die Sendung wird jeweils um 18.30 Uhr live gesendet und dann die Aufzeichnung mehrmals wiederholt. Am Montagvormittag ruft mich Katarina, die Assistentin von »Talk Täglich« an, um sich den Termin bestätigen zu lassen. Es geht mir jedoch leider gar nicht gut, sodass ich lieber absagen will. Die Dame am anderen Ende der Leitung gerät leicht in Panik. Es ist elf Uhr, sie haben keinen Ersatzgast und um 18.30 Uhr ist die Livesendung! Es sei unmöglich, so kurzfristig noch jemand anders aufzutreiben. Ich habe ein furchtbar schlechtes Gewissen, den Sender in eine solche Notlage gebracht zu haben. Deshalb mache ich den Vorschlag, bis 14 Uhr abzuwarten, ob sich mein Zustand verbessert, und vielleicht gelingt es ihnen in der Zwischenzeit ja, doch noch einen Ersatzgast aufzutreiben. Punkt 14 Uhr klingelt das Telefon. Katarina erkundigt sich als Erstes nach meinem Befinden. Zwar fühle ich mich ein bisschen besser, doch ich frage trotzdem, ob sie jemand anders gefunden hätten. Das war natürlich nicht möglich in so kurzer Zeit. Mein schlechtes Gewissen siegt und ich sage zu, obwohl es mir nicht gut geht. Sie erklärt mir noch einmal, wie ich am einfachsten zum Studio von TeleZüri komme.

Ich raffe mich auf, nehme zuerst eine Dusche und ziehe mich an. Der Zug fährt um 16 Uhr in Bern ab, denn spätestens um 17.30 Uhr muss ich im Studio sein. Im Zug kann ich mich entspannen und es geht mir etwas besser. Im Fernsehstudio angekommen, fühle ich mich miserabel. Doch jetzt gibt es kein Zurück mehr. Natürlich werde ich noch geschminkt. Jetzt bin ich froh darüber, denn ich bin wirklich bleich. Das Interview führt Markus Gilli. Es geht doch überraschend gut, obwohl ich mich nicht konzentrieren kann. Am Schluss eines solchen Interviews dürfen immer Zuschauer anrufen und Fragen stellen. Doch dieses Mal funktioniert es nicht. TeleZüri hat eine neue Telefonzentrale und deren Bedienung klappt noch nicht so ganz. So können sie die Anrufer nicht ins Studio durchstellen.

Als die Sendung vorbei ist, will ich so schnell wie möglich nach Hause. Ein Taxi fährt mich zum Bahnhof und ich nehme den nächsten Zug. Zu Hause angekommen, habe ich nur noch den Wunsch, kurz etwas zu essen und mich dann so schnell wie möglich ins Bett zu legen.

Eigentlich hätte ich auch noch Patricia Boser absagen wollen, doch dazu ist es nun zu spät. Das Team von »Livestyle« will ja morgen zu uns nach Hause kommen, um eine Sendung zu drehen. Sie haben sich für den frühen Nachmittag bei uns angemeldet.

So lange wie möglich bleibe ich im Bett. Es ist Mitte Mai und draußen bläst ein kalter Wind. Die Zeit des Ausruhens vergeht viel zu schnell, schon steht das Fernsehteam vor der Tür. Ich staune, wie viele dafür angereist sind: Die Moderatorin Patricia Boser, eine Regieassistentin, eine Maskenbildnerin, ein Kameramann und zwei Männer für die »Galgen«.

Obschon mir selbst in der Wohnung kalt ist, wollen sie Aufnahmen im Freien machen. Patricia Boser friert sich fast die Füße ab. Und ich behalte die hässliche, schwarze Strickjacke, Fernsehkamera hin oder her, trotzdem an, weil mir so kalt ist. Die Aufnahmen dauern doch recht lange. Wenn etwas schiefgeht, wird immer der ganze »Block« zwischen den Werbungen wiederholt. Eine Interviewsequenz wird nie geschnitten, da wird alles in einem Durchgang aufgenommen. Gegen 16 Uhr sind die Aufnahmen endlich fertig und das ganze Team reist wieder ab.

Nach dem Abendessen messe ich nochmals die Temperatur. Ich habe kein Fieber, aber ich fühle mich nach wie vor elend. Wenn es morgen nicht besser ist, gehe ich zum Arzt. Ich habe eigentlich alle Symptome für Malaria, außer Fieber.

Eigentlich würde ich mich am liebsten gleich hinlegen, doch zuerst muss ich noch Sky baden und ins Bett bringen. Für Kinder sind Rituale sehr wichtig, sie geben ihnen ein Gefühl von Geborgenheit. Und so läuft unser Ritual allabendlich ab: Ich bade ihn, ziehe ihm den Schlafanzug an und stelle ihn auf den Boden. Dann saust er zu seinem Großvater, der auf dem Sofa sitzt, um ihm mit einem Küsschen »Gute Nacht« zu wünschen. Nachdem auch Großmutter ein Gutenachtküsschen bekommen hat, schnappt er sich die Milchflasche, rennt schnurstracks damit ins Bett und schläft schon bald.

Anderntags fühle ich mich immer noch nicht besser. Es bleibt mir also nichts anderes übrig, als meinen Tropenarzt anzurufen, dessen Praxis auch näher liegt als diejenige meines Hausarztes. Da dieser jedoch gerade bis Ende der Woche an einer Weiterbildung teilnimmt, gehe ich direkt ins Inselspital. Ich befürchte nun doch, dass es Malaria ist, was sich leider bestätigt. Sie behalten mich auch gleich im Spital und ich brauche sofort Infusionen. Der Arzt schimpft mit mir, weil ich mich nicht eher gemeldet habe. Ich entschuldige mich und erkläre ihm, dass ich Malaria ausgeschlossen habe, da sich diese bis jetzt bei mir immer mit Fieber angekündigt hatte.

Wie ich inzwischen aus eigener Erfahrung weiß, ist genau das das Gefährliche an Malaria, dass es keine typischen Symptome gibt. Jeder Malariaschub kann sich anders äußern. Malaria kann auch Wochen, Monate, ja sogar Jahre später ausbrechen.

Die Medikamente schlagen gut an, sodass ich am Samstag schon wieder nach Hause darf, doch die Behandlung dort noch weiterführen muss. So dauert die Genesung zwar etwas länger, aber ich will meine Eltern nicht zu lange mit Sky alleine lassen, er ist nun mal ein Wirbelwind.

Meinen Verleger habe ich natürlich auch über die Malaria informiert. Schweren Herzens beschließen wir, die Signierstunden in Kriens und Basel abzusagen. Ich hätte es wahrscheinlich nicht geschafft.

Da es mir eine Woche später besser geht, kann ich wenigstens die Signierstunde im Wankdorfcenter in Bern wahrnehmen. Doch da stehe ich vor einem weiteren Problem: Meine beiden Arme sind so zerstochen und blau von den Spritzen im Spital, dass ich diesen Anblick niemandem zumuten kann. Ich muss etwas Langarmiges unter dem afrikanischen Hosenanzug tragen, damit man die Arme nicht sieht. Bestimmt eine ganze Stunde stehe ich verzweifelt vor dem Kleiderschrank und probiere alles durch, bis nur noch die graue, leichte Bluse übrig bleibt. Ich ziehe sie rasch an und muss mich sputen, um nicht zu spät zu kommen. Pünktlich treffe ich im Einkaufscenter ein. Es sind zum Glück noch nicht so viele Leute da. Eine kleine Bühne steht bereit. Während des Interviews überrascht mein Verleger die Anwesenden mit der Neuigkeit, dass in den ersten zwei Wochen bereits über 5000 Bücher verkauft worden sind. Absolut rekordverdächtig für die Schweiz. Wir freuen uns natürlich sehr, die viele Arbeit hat sich also gelohnt! Eigentlich war vorgesehen, dass wir nur bis zwanzig Uhr bleiben. Da aber ständig weitere Menschen kommen, die sich für mich und das Buch interessieren, bleiben wir bis zum Ladenschluss um 21 Uhr.

Die aus Krankheitsgründen abgesagten Signierstunden von Kriens und Basel konnten leider nicht mehr nachgeholt werden.

Etwas gibt es noch, was ich keinesfalls verpassen will: Zufällig findet gerade eine Ausstellung im Museum Rietberg (ehemalige

Villa Wesendonk) in Zürich statt: »Kunst der Könige Kameruns« nennt sie sich, mit 147 Ausstellungsstücken. Diese muss ich mir trotz meines vollen Programms natürlich unbedingt ansehen, das ist doch Ehrensache. Bewundernswert, was meine neuen Landsleute an prächtigen Holzskulpturen geschaffen haben. Herrliche Thronsessel, reich verzierte Thronhocker, beeindruckende Holzmasken, viele mit Kaurischnecken bestickte Figuren und Palastpfosten gibt es zu bestaunen, ein großer Teil aus der Region Foumban.

Zur Eröffnung dieser Ausstellung war, wie ich gelesen habe, sogar Sultan Ibrahim Mbombo Njoya, König von Bamoun, angereist. Das Prunkstück der Ausstellung ist nämlich der große Thron mit den doppelköpfigen Schlangen, den großen Zwillingsfiguren und der Fußbank. Er ist aus Holz geschnitzt und mit Stoff überzogen, der mit Tausenden von Glasperlen und Kaurischnecken bestickt ist. Diesen Thron schenkte der Großvater des heutigen Sultans 1908 dem preußischen Kaiser Wilhelm II. Kamerun war damals deutsche Kolonie. Heute ist der Thron im Besitz des Ethnologischen Museums Berlin. Diesen kostbaren Thron zu sehen, war nicht nur für den Sultan ein bewegender Augenblick.

Doch da gibt es noch ein ganz besonderes Exponat eines Bamiléké-Künstlers: »Mutter mit Kind«. Zu meinem nicht geringen Erstaunen lese ich im Ausstellungskatalog, dass diese Mutter die Großmutter meines Mannes Prinz Marcelin darstellen soll und das Kind auf ihrem Schoß seinen Vater, König Njiké Pokam Robert II. Dann stellt ja das Baby meinen Schwiegervater dar, geht mir sogleich durch den Kopf. Und dies sehe ich hier in der Schweiz und nicht etwa in Kamerun! Als ich mir dessen bewusst werde, wird mir fast schwindlig. Wie klein die Welt doch ist.

Nach diesen ereignisreichen Tagen muss ich endlich meine Lethargie überwinden und mich um das Visum für mich und meinen Sohn kümmern, wenn ich zum geplanten Termin nach Kamerun zurückreisen will. Warum habe ich das nur so lange aufgeschoben? Wollte ich den Gedanken an eine Rückkehr nach Kamerun nicht zulassen? Wehrte sich etwas in mir dagegen, zu dem Ort, an dem uns so Schlimmes geschah, wieder zurückzureisen?

Zuerst brauche ich ein Antragsformular für mein Visum. Da meine Eltern keinen Drucker haben und ich somit die Anträge auch nicht aus dem Internet herunterladen und ausdrucken kann, will ich mich in einem Reisebüro danach erkundigen. Ich frage deshalb meinen Vater, ob er mir am Nachmittag sein Auto leiht. Ich möchte bei dieser Gelegenheit noch einige andere Dinge erledigen. So schaue ich als Erstes nach einem Gerät für meine Mutter, mit dem man drucken, scannen und kopieren kann. Im gleichen Geschäft besorge ich einen günstigen Digitalfotoapparat für Marcelin. Ein Laptop fehlt mir auch immer noch, damit ich das zweite Buch schreiben kann, doch leider finde ich hier und in Jegenstorf nichts Passendes.

Dann fahre ich weiter nach Hindelbank, zum Eurotop-Studio der Cocktail-Band. Vor einigen Tagen habe ich per Mail bei der Band angefragt, ob sie vielleicht Geräte für ein Musikstudio oder eine Gitarre für meinen Mann hätten, die sie nicht mehr benötigen. Heute Morgen hat mir Michael Flückiger, ein Mitglied der Band, geantwortet, ich dürfe bei ihnen vorbeikommen. Die Band sei gerade mit dem Studiomaterial im Haus umgezogen und so hätten sie bei dieser Gelegenheit ein paar neue Geräte angeschafft. Die alten könne ich mir gerne unverbindlich anschauen. Ich finde das Studio auf Anhieb, Michael hat mir den Weg am Telefon gut erklärt und das alte Bauernhaus am Ende der Straße ist ja auch entsprechend angeschrieben. Als mich Beat Gfeller, ein weiteres Bandmitglied, sieht, freut er sich riesig. So wie ich mich damals freute, als er vor über zwanzig Jahren zum ersten Mal ins »City-Disc« in Bern kam, wo ich als Verkäuferin arbeitete und ihn mit »Hoi Pädu« begrüßte, kommt sogleich von ihm spontan: »D Königin vo Kamerun isch da!« Er hat sich meine Filme im Schweizer Fernsehen angeschaut. Für sein Hochzeitsfest organisierte ich vor vielen Jahren mit dem Fanclub der Cocktail Band eine Überraschung: Wir standen nach der kirchlichen Trauung mit leeren Plattenhüllen vor der Kirche Spalier.

Michael begrüßt mich zuerst nur mit einem Nicken, da er noch mit jemandem im Gespräch ist. Später kommt er auch dazu und ich frage die beiden, wie ich es anstellen muss, damit ich eine CD von meinem Mann »*Pokouma*« auf den Schweizer Markt bringen könnte. Wir diskutieren sehr lange darüber, wie sehr sich der Musikmarkt in der Schweiz in den letzten zwanzig Jahren verändert hat. Im Zeitalter von Internet ist es sehr schwer, noch eine CD zu veröffentlichen. Die Kids laden sich die Musik aus dem Internet und die Käuferschicht unserer Generation, die noch in den Laden geht und eine CD kauft, ist leider sehr klein. Doch sie erklären mir gleichwohl bereitwillig, welche Möglichkeiten es gibt.

Dann zeigt mir Michael die Geräte, die ich kaufen könnte. Obwohl er weiß, dass ich absolut keine Ahnung davon habe, erklärt er mir genau, welches Gerät welche Funktion hat, nämlich für ein Studio, um Musik aufzunehmen und genau das sucht ja Marcelin. Wir werden uns auch sehr schnell über den Preis einig, denn ich bin überzeugt, dass Michael mich als alten Fan nie übers Ohr hauen würde. Zudem gibt er mir noch eine Gitarre samt Koffer mit. Dann hole ich bei einer nahe gelegenen Bank Geld, um gleich alles zu bezahlen. In der Zwischenzeit hat Michael alles zur Tür getragen und wir können gleich einladen. Mit Stolz fragt er mich, ob er mir das neue Studio zeigen dürfe. Natürlich lasse ich mir die Chance nicht entgehen, ein richtiges, modernes Musikstudio zu sehen. Das riesige Mischpult mit den vielen Knöpfen beeindruckt mich sehr. Das muss man alles zuerst auch bedienen können. Dann gehen wir zurück ins Büro. Dort lerne ich Michaels Lebensgefährtin kennen. Wir plaudern noch über dies und das und ich schenke ihnen noch zwei signierte Exemplare meines Buches. Eine DVD mit allen vier »Reporter«-Filmen überlasse ich ihnen auch, denn im Gespräch stellt sich heraus, dass niemand alle vier Filme gesehen hat. Als Beat mein Foto auf dem Buch sieht, meint er: »Mensch, da siehst du jung aus!« Ich erkläre ihm, dass das Foto ein Jahr alt ist. Er fragt sogar nach meinem Jahrgang, obwohl man eine Frau ja nicht nach ihrem Alter fragt. In mir steigt das Gefühl hoch, dass sie stolz sind, mich zu kennen.

Die Zeit vergeht viel zu schnell, ich muss mich verabschieden. Ich habe den Eindruck, dass mich die beiden gar nicht gerne gehen lassen. Doch ich verspreche, mich zu melden, sobald Marcelins CD »BEOU« aus Kamerun in der Schweiz eintrifft. Ich hatte ihn gebeten, mir ein Exemplar für Michael und Beat zu schicken. Die beiden werden dann die Tonqualität verbessern und ein Musikvideo dazu mitschneiden.

Auf dem Rückweg fahre ich noch schnell zum Einkaufszentrum »Shoppyland«. Dort gibt es ein Reisebüro und ich will nach dem Antragsformular fürs Visum fragen. Seit dem letzten Jahr ist das »Shoppy« immer noch sowohl innen wie außen eine riesige Baustelle. Dadurch ist es nicht mehr mein »Shoppyland«, meine Wohlfühloase. Durch die Bauerei sind die Gänge eng geworden und die vielen bereits eröffneten Geschäfte erschlagen einen fast. Noch letztes Jahr habe ich das »Shoppyland« oft vermisst, das wird nun nicht mehr der Fall sein. Wieder eine Wurzel weniger in der Schweiz.

Im Reisebüro muss ich eine Weile warten, bis ich bedient werde. Ich bringe meinen Wunsch vor. Die Beraterin fragt mich, ob ich eine Reise gebucht hätte. Nein, das habe ich nicht, ich möchte ja nur das Formular. Da könne sie leider nichts für mich tun, ich solle es doch einfach aus dem Internet runterladen. Ich unterdrücke eine Bemerkung, die mir auf der Zunge liegt und verlasse das Reisebüro. Den Drucker habe ich ja gekauft, jetzt muss ich das Formular nur noch im Internet finden.

Da ich seit der Ankunft in der Schweiz ein so volles Programm zu absolvieren hatte, kam ich nie dazu, über die schlimmen Erlebnisse nachzudenken, ich ließ keinen Gedanken daran zu. Eigentlich merkte mir niemand etwas an, ich verdrängte es so gut wie möglich.

Nennt man so etwas nicht Selbstschutz?

Fast gegen Ende meines Aufenthaltes stelle ich jedoch fest, dass ich nicht kontrollieren kann, was ich blockiere, und somit wird alles blockiert. Oft gehe ich für meine Mutter einkaufen und ich frage sie vorher immer, was ich mitbringen soll. Doch noch bevor ich jeweils das Haus verlasse, weiß ich schon nicht mehr, was ich besorgen soll, muss Mutter nochmals fragen und es dann sogar aufschreiben, obschon sie zum Beispiel nur gerade Milch und Brot benötigt. Zwar sind es in diesem Fall nur zwei Dinge, die ich aber trotzdem gleich wieder vergesse. So kann es nicht weitergehen, ich muss etwas dagegen unternehmen. Ich überlege mir, ob ich zu einem Psychologen gehen soll. Doch die Zeit ist zu kurz dazu, da ich nur noch ein paar Wochen in der Schweiz bin. Dann erinnere ich mich an die Kinesiologin, die mich nach der Trennung von Nuruddin behandelt und mir damals gut geholfen hatte. Kinesiologie ist zwar ein von der Wissenschaft nicht anerkanntes, alternativmedizinisches Diagnose- und Therapieverfahren, das sich selbst jedoch versteht als eine Methode, die den Menschen in seiner »Ganzheitlichkeit« wahrnimmt. Das heißt, Befunde werden nicht isoliert, sondern in Zusammenhang mit emotionalen und mentalen Einflüssen und Abhängigkeiten betrachtet. Entwickelt hat sie in den 1960er Jahren der amerikanische Chiropraktiker George Goodheart.

Ich rufe also Karin Burkhard im »Vita Well«-Center in Jegenstorf an und bekomme schon zwei Tage später einen Termin. Ich gehe einige Male zu ihr, und mit jedem Mal fühle ich mich besser.

Karin Burkhard spricht mit mir über den Überfall. Als ich ihr oft unter Tränen davon erzähle, spüre ich auf einmal, dass ich auch wieder darüber nachdenken kann. Jetzt werde ich es verarbeiten können. Gegen Ende der Therapie nehme ich sogar Sky mit, da er schlecht einschlafen kann und sehr unruhig ist. Wahrscheinlich hat er auch Albträume, aber ob sie im Zusammenhang mit dem Überfall stehen, weiß ich nicht. Nach nur zwei Terminen schläft Sky wieder viel besser. Kinesiologie ist für mich persönlich eine wunderbare Art zu heilen, ich kann sie nur wärmstens empfehlen.

Kapitel 13

O mein Papa

Die Wälder sind nicht herzlos, auch sie trösten

Der 7. August beginnt ganz unspektakulär und nichts deutet darauf hin, dass irgendwelche schlimmen Ereignisse bevorstünden.

Während Sky und ich noch schlafen, unternimmt Papa gegen halb acht seinen täglichen Spaziergang mit dem vierbeinigen Familienmitglied Pico. Meistens besorgt er auf dem Rundgang noch Milch und Brot, oder was sonst noch für das Frühstück fehlt.

Als er an diesem Morgen von der Gassi-Runde zurückkommt, setzt er sich neben Mama aufs Bett. Während sie sich anzieht, massiert er ihr den Nacken. Obschon meine Eltern im Oktober 2006 bereits ihren 50. Hochzeitstag feierten, necken sie sich oft wie frisch Verliebte. Plötzlich sagt Vati, er fühle sich müde und kraftlos und habe gar keine Lust, nach dem Frühstück nach Belp zu fahren. Dort konnte er sich im Haus meiner Schwester Margrith inzwischen eine kleine Werkstatt einrichten. »Dann bleib doch einfach zu Hause und ruhe dich aus, die Schreinerarbeit läuft dir ja nicht davon«, meint Mutter.

In diesem Moment fällt Papa rückwärts aufs Bett. Mama glaubt zunächst, er wolle ganz einfach einen Spaß mit ihr treiben. Sie wehrt sich, damit er sie nicht mit aufs Bett ziehen kann. Gespannt wartet Mama, wie er darauf reagieren wird, schaut ihn an – und sieht seine verdrehten Augen. Papa ist bewusstlos. Mutti versucht, ihn aufzuziehen, doch es gelingt ihr nicht. Sofort ruft sie nach mir. Die Panik in ihrer Stimme lässt mich innerhalb einer Sekunde wach werden und ins Elternschlafzimmer hinüberrennen. Als ich Papa so regungslos liegen sehe, denke ich zuerst, er ist tot. Mutti hatte denselben Gedanken, wie sie mir in einem unserer vielen Gespräche später gesteht.

»Hilf mir doch, ihn aufzuziehen!«, bittet sie mich und endlich löst sich bei mir der erste Schock. Es gelingt mir mit allen Kräften, ihn an den Händen hochzuziehen. Sobald er aufsitzt, ist er wieder bei Bewusstsein.

»Was ist los? Was habt ihr denn? Mir geht es gut!«, sagt er ganz verwundert, als er unsere erschreckten Gesichter sieht.

»Du warst bewusstlos und bist umgefallen«, erklärt ihm Mutti.

»Mir geht es gut«, wiederholt er nochmals resolut. Doch er bleibt noch eine Weile auf der Bettkante sitzen, während wir kurzerhand beschließen, den Hausarzt anzurufen. Nachdem dieser sich Papa kurz angesehen hat, beschließt er, vorsichtshalber die Ambulanz zu rufen. In seiner für ihn typischen Art meint Papa dazu: »So schlimm ist es doch gar nicht«, und steht dabei auf, um in der Küche das Frühstück vorzubereiten. Keine zehn Minuten später ist die Ambulanz schon da. »Dort ist der Patient«, weise ich die drei Sanitäter und den Arzt gleich zu Papa in die Küche. Mit sanfter Gewalt schieben sie Papa nun ins Wohnzimmer, um ihn dort auf einem Sessel besser untersuchen zu können. Er findet das alles völlig unnötig, in seinen Augen geht es ihm ja gut, doch Mutti und mir gelingt es, ihn davon zu überzeugen, dass die Untersuchung jetzt für ihn wichtig ist. Schlussendlich entspannt er sich ein bisschen und lässt die Prozedur, wie er es nennt, über sich ergehen. Mutti und ich schauen mit Besorgnis zu und versuchen, Sky von ihm fernzuhalten, der seinem Opa beistehen und ihn trösten will.

»Ich finde im Moment nichts Gravierendes«, meint der Arzt schließlich, »aber es wäre doch besser, ihn für weitere Untersuchungen ins Spital zu bringen.« Da wir sehr besorgt sind um Papa, sind wir sofort einverstanden.

»Wir bringen ihn ins ›Beau-Site‹-Spital in Bern. Da es dort heute Morgen noch weitere Untersuchungen geben wird, hat es keinen Sinn, wenn Sie ihn jetzt begleiten. Sie können ihn aber am Nachmittag gerne besuchen«, erklärt uns der Arzt beruhigend, während die Sanitäter den Patienten auf die Tragbahre heben und draußen in den Krankenwagen schieben. Wir verabschieden uns von Papa und versichern ihm, dass wir am Nachmittag kommen und das Nötigste mitbringen würden. Der Krankenwagen fährt davon, ohne Blaulicht und Sirene. Eher ein gutes Zeichen.

Unsere Stimmung ist auf dem Nullpunkt. Wir nehmen das Frühstück zu uns, das Vati noch vorbereitet hatte. Mutti und ich hängen unseren eigenen Gedanken zu Vatis Schwächeanfall nach – seine Ohnmacht wird ja einen Grund gehabt haben.

Erst viel später sagt mir Mama, dass sie bereits schon von dem Moment an, wo Papa abgeholt wurde, schlimme Vorahnungen gehabt hätte, die sich dann leider bestätigten. Aber sie wollte diese nicht aussprechen, um mich nicht unnötig noch mehr zu verängstigen.

Nach dem Mittagessen fahren wir los, vorher habe ich für Papa noch eine Flasche »Rivella« (kohlensäurehaltiges Getränk mit 35% Milchserum) besorgt, weil er das so gerne trinkt.

Wir sind etwas zu früh im Krankenhaus, noch sind nicht alle Untersuchungen abgeschlossen. Als wir schließlich ins Krankenzimmer kommen, ist Sky nicht mehr zu halten, er will Opa unbedingt mit einem Küsschen begrüßen. Dazu muss das Bett noch automatisch heruntergefahren werden, was den Kleinen sichtlich beeindruckt.

»Wie geht es dir?«, fragen Mama und ich wie aus einem Munde.

»Mir geht es gut, trotzdem haben sie bis vorhin alles Mögliche und Unmögliche untersucht«, meint Papa beschwichtigend.

»Könnten Sie ihm noch etwas zu essen bringen?«, bitte ich die Krankenschwester, die sich gerade im Zimmer befindet. »Ich weiß«, füge ich noch an, »die Mittagszeit ist schon vorbei. Aber Papa bekommt Magenprobleme, wenn er nicht regelmäßig etwas zu sich nimmt.«

»Ein Sandwich könnte ich um diese Zeit noch besorgen, wäre das in Ordnung?«, fragt sie nach einem kurzen Blick auf die Uhr. Damit ist auch Papa einverstanden.

Da es dem Patienten bereits langweilig ist, besorge ich ihm am nahen Kursaalkiosk eine Zeitschrift. Im Krankenzimmer ist es für Skys unermüdlichen Bewegungstrieb sowieso zu eng geworden, so kommt uns diese kleine Abwechslung ganz gelegen. Im Teich vor dem Kursaal entdeckt Sky sofort die großen Fische. Vor allem die orange leuchtenden Goldfische haben es ihm angetan. Dass wir durch den heftigen Wind vom Wasserspiel im Teich angespritzt werden, ist für den Kleinen ein zusätzliches Vergnügen, das ihn begeistert jauchzen lässt.

Als wir wieder in Papas Krankenzimmer zurückkommen, steht gerade der Arzt an seinem Bett.

»Wir haben alles Nötige untersucht, aber nichts Auffälliges gefunden. Trotzdem möchten wir den Patienten gerne über

Nacht zur Beobachtung hierbehalten«, erklärt er uns. Alle sind damit einverstanden, sogar Papa. Wir sind sehr beruhigt und freuen uns schon, dass Papa am nächsten Tag wieder bei uns zu Hause sein wird.

Opas Abwesenheit bringt das Abendritual von Sky völlig durcheinander. Wie jeden Abend bade ich ihn nach dem Essen und ziehe ihm den Schlafanzug an. Dann rennt er los ins Wohnzimmer, um seinem Opa einen Gutenachtkuss zu geben. Abrupt bleibt er dort vor dessen Sessel stehen, zeigt auf den leeren Platz und fragt ganz erstaunt: »Grossätti?« Wir versuchen ihm zu erklären, dass Opa morgen wieder da sitzen würde. Immer noch leicht irritiert gibt er seiner Oma einen Gutenachtkuss, blickt nochmals ungläubig zum Sessel und verschwindet in unserem Schlafzimmer.

Kaum sind wir am nächsten Morgen aufgestanden, ruft schon eine Krankenschwester aus dem Spital an. »Herrn Hänni ging es in der Nacht deutlich schlechter. Zur Lungenfibrose hat er zusätzlich noch eine Lungenentzündung bekommen, wir müssen ihn deshalb ins künstliche Koma versetzen. Wollen Sie ihn vorher nochmals sehen? Können Sie so bald wie möglich ins Spital kommen?«

Mutti fragt sogleich, ob man damit nicht bis zum Abend warten könnte, sie möchte noch alle Kinder informieren, damit sie ihn auch noch vorher besuchen können.

Eigentlich wäre es besser, ihn sobald wie möglich ins Koma zu versetzen, aber es sei möglich, bis zum Abend zu warten, antwortet die Krankenschwester. So gehen alle außer mir nach Feierabend Papa noch ein letztes Mal bei Bewusstsein besuchen. Natürlich wäre ich auch gerne dabei gewesen. Doch ich gerate wieder einmal in eine Zwickmühle, denn am späteren Nachmittag steht schon der nächste Programmpunkt vor der Tür, eine Signierstunde im Coop-Center in Biel. Da ich ja bereits zwei Signierstunden wegen Malaria hatte absagen müssen, wollte ich wenigstens diesen Termin einhalten. Noch ahnte ich ja nicht, dass Papa nicht mehr aufwachen würde. Im Nachhinein belastete es mich dann allerdings, dass ich in dieser letzten Stunde nicht zusammen mit meiner Familie am Sterbebett von Papa gewesen bin. Ich beruhigte mein Gewissen damit, dass eine Intensivstation der falsche Ort für ein sehr lebhaftes Kleinkind ist, das quengeln und herumrennen würde. Ich hätte Sky keine Sekunde aus den Augen lassen können und ihn ständig auf dem Arm tragen müssen. Die vielen Knöpfe wären für ihn eine ständige Versuchung gewesen, daran herumzudrehen, genauso wie die blinkenden Monitore sein Interesse geweckt hätten. Und vor allem der »Grossätti«, der nur so still daliegt, angeschlossen an vielen Schläuchen – das wollte ich meinem Kind, aber auch mir ersparen.

So fahre ich am Nachmittag schweren Herzens nach Biel. Mehrere Freunde, die ich über die Signierstunde informiert hatte, versprachen mir zu kommen. Die Ablenkung tut mir gut.

Es ist immer wieder sehr faszinierend und schön für mich, welches Vertrauen mir die Leute entgegenbringen, die mein Buch gelesen haben. So kommen auch zwei junge Mädchen an den Tisch, die mir gleich ihre Lebens-, Leidens- und Liebesgeschichte erzählen. Sie sind beide in Afrikaner verliebt, die jedoch als Flüchtlinge in der Schweiz registriert sind und bald wieder in ihr Land abgeschoben werden sollen. Ein großes Problem für die verliebten Frauen.

Dieser interessante Abend lässt mich für einen Moment die Sorgen um Papa vergessen, der wie vorgesehen abends ins Koma versetzt wurde.

Mama erzählte mir später, dass Papa, als sich meine Geschwister von ihm verabschiedet haben, er sie gebeten hätte, sich um sie zu kümmern. Er hat wohl da schon geahnt, dass er nicht mehr aufwachen würde.

Täglich fahren entweder meine Geschwister oder ich mit Mama ins Spital. Papa bekommt starke Medikamente und wird künstlich beatmet. Es macht mich sehr traurig, meinen Vater so völlig hilflos und ausgeliefert zu sehen. Ende der ersten Woche muss er auch noch wegen Nierenversagen an die Dialyse angeschlossen werden. Bei Komapatienten dauert dies zwei Tage. Anfangs hatten sie noch versucht, ihn in ein leichtes Koma zu versetzen, doch jedes Mal, wenn Mama ihn besuchte, reagierte er und begann zu würgen, wie wenn er husten müsste.

Ende der ersten Woche gibt es einen kleinen Hoffnungsschimmer. Die Ärzte teilen uns mit, sie würden einen Luftröhrenschnitt machen, um ihn so zu beatmen. Dies ist jedoch erst möglich, wenn der Zustand des Patienten etwas stabiler ist. Am Montag erreicht uns der Anruf aus dem Spital, diese Operation werde in den nächsten Stunden durchgeführt. Die ganze Familie schöpft wieder etwas Hoffnung: Vielleicht kann er ja das Spital doch bald wieder verlassen, notfalls mit einem Beatmungsgerät. Doch leider geht es ihm bereits am nächsten Tag schlechter.

Eigentlich hatte ich vor, am Donnerstag noch alles einzukaufen, was ich am Freitag nach Kamerun mitnehmen will. Ein letzter Spitalbesuch vor meiner Abreise ist erst für den späteren Nachmittag vorgesehen. Noch glaubten wir, Papa käme wieder nach Hause und ich könnte wie geplant abreisen. Beim Mittagessen fragt mich meine Mutter, ob wir nicht zuerst ins Spital fahren könnten. Ich stimme sogleich zu, ohne jedoch aus ihrer Stimme die Dringlichkeit herauszuhören.

Als ich das Krankenzimmer von Papa betrete, bekomme ich fast einen Schock. Er sieht im wahrsten Sinne des Wortes totenbleich aus, seine Haut schimmert ganz wachsweiß. Es gelingt mir gerade noch, ein entsetztes »mein Gott« zu unterdrücken. Zum Glück kann ich mich rasch wieder fassen und bin froh, dass Mama vor mir steht und mein entsetztes Gesicht nicht sieht. Später sprachen wir auch über diesen Augenblick und sie sagte mir, dass er schon seit zwei Tagen so blass gewesen sei. Sie war also – im Gegensatz zu mir – auf diesen Anblick vorbereitet.

Dass eine Krankenschwester am Bett von Papa mit irgendeiner Tätigkeit beschäftigt ist, habe ich in diesem Moment noch gar nicht wahrgenommen. Erst im Nachhinein, als ich nochmals über diesen Moment nachdachte, realisierte ich ihre unterschwellige Hektik. Als sie uns kommen sieht, macht sie sich sofort auf den Weg, um eine Ärztin zu holen. Keine zehn Minuten später kommt diese und bittet uns, ihr ins Büro zu folgen. Sehr sachlich auf den Punkt kommend, teilt sie uns mit, dass sich der Zustand von Papa drastisch verschlechtert habe und man rechne damit, dass er das Wochenende nicht überleben werde!

Obwohl man uns nie falsche Hoffnungen gemacht hat, sondern immer ehrlich sagte, dass die Chancen 50:50 stünden, ist diese Nachricht ein Schock für uns. Mit ihrer verständnisvollen Art kann uns die Ärztin ein wenig beruhigen – soweit dies in einem solchen Moment überhaupt möglich ist.

Wir gehen zu Papa ins Krankenzimmer zurück. Die Krankenschwester ist immer noch mit den Apparaten beschäftigt, die Werte aller Körperfunktionen sind bereits gesunken. Mutter und ich stehen am Bett des Todkranken und wissen nicht, wie uns geschieht, es ist alles so unwirklich. Ist das mein geliebter Papa, der fröhliche, oft aber auch recht kauzige Mann, der immer ehrlich heraussagte, was er dachte, und deshalb auch vom Fernsehpublikum sehr geliebt wurde? Der noch vor einigen Tagen das Frühstück für uns alle bereitet hat? Nun liegt er so still da, als wäre er schon weit weg von uns. Wie aus der Ferne reißt mich die Stimme der Krankenschwester aus meinen Gedanken: »Wollen Sie nicht ihre Familie anrufen?«

»Nein, nein, die Ärztin hat gesagt, das hätte noch Zeit bis zum Wochenende«, antworte ich sehr gefasst. Ich denke, in so einem Moment setzen das normale Denkvermögen und die Auffassungsgabe völlig aus.

Sie schaut mir nochmals in die Augen und wiederholt sehr bestimmt: »Nein, rufen Sie JETZT an!«

Erst in diesem Augenblick verstehe ich sie und realisiere, dass die Geräte ständig Alarm geben. Was das bedeutet, ist mir nun auch klar. Die Worte bleiben mir im Hals stecken. Mit einem Blick gebe ich Mama zu verstehen, dass ich telefonieren gehe.

Die Stationsschwestern bieten mir an, sich während dieser Zeit um Sky zu kümmern. So kann ich mich zuerst in aller Ruhe von Papa verabschieden und die nötigsten Schritte einleiten. Dann avisiere ich die engsten Familienangehörigen. Während ich gerade Papas Patenkind Hänseli anrufe, mit dem er immer einen sehr engen Kontakt hatte, holt mich die Krankenschwester wiederum ins Zimmer zurück – Vati ist soeben gestorben.

Auch die Ärztin ist anwesend. Mit Muttis Einverständnis hat sie alle Maschinen abgestellt. Zuletzt schaffte es nicht einmal mehr die Beatmungsmaschine, Papas Lungen mit Sauerstoff zu versorgen, da bei einer Lungenfibrose zäher Schleim die Lungen verhärten lässt. Papa hatte über dreißig Jahre mit dieser Krankheit gelebt.

»Gehen Sie in der Zwischenzeit etwas trinken, während wir Ihren Vater von den Apparaturen befreien«, schlägt uns eine der Krankenschwestern vor. So setzen wir uns in die Cafeteria des Spitals, doch wir bringen keinen Schluck runter. Zuerst brauchen wir dringend etwas frische Luft. Auf der Bank vor dem Spital warten wir auf meine Geschwister, die bereits bald alle eintreffen. Hedi hatte den weitesten Weg. Als sie kommt und uns so still beieinander sitzen sieht, formen ihre Lippen nur eine einzige Frage: »Bin ich zu spät?« Ich nicke und biete ihr an, ihr Auto ins Parkhaus zu fahren, damit sie Mama zu Papa begleiten kann. Doch sie winkt ab. Vielleicht braucht Hedi diese Minuten für sich alleine, um mit der Tatsache fertig zu werden, dass ihr Vater soeben gestorben ist.

Rasch schreibe ich Marcelin ein SMS, um ihm die traurige Botschaft mitzuteilen. Sofort ruft er an, weil er es ganz einfach nicht glauben kann. Genauso erging es mir damals, als mein Pflegebruder Felix tödlich verunglückte, ich konnte es zuerst auch nicht fassen.

Es klingt jetzt fast so, als würde mich Marcelin beschimpfen, einen schlechten, unangebrachten Witz gemacht zu haben. Doch plötzlich realisiert er, was geschehen ist und beginnt am Telefon zu weinen. Das ist nun doch zu viel für mich. Ich bin mit dieser Situation total überfordert, denn mit so einer Reaktion habe ich nicht gerechnet. Wie ich in späteren Gesprächen mit Mutti erfuhr, hatten Marcelin und Papa eine ganz spezielle, enge Beziehung zueinander, was ich selber nie so bemerkte. Papa sprach ja sehr wenig Französisch und Marcelin kein Deutsch. Trotzdem hatten sich die beiden auf ihre Weise gut miteinander verstanden. Papa hat Marcelin sehr geschätzt.

Ich versuche, Marcelin am Telefon zu trösten, soweit dies überhaupt möglich ist und verspreche, ihn am Abend nochmals anzurufen. Danach begeben wir uns alle zusammen ans Totenbett von Papa, um uns von ihm zu verabschieden. Nun liegt er friedlich und wie schlafend da, in den gefalteten Händen ein kleines Büschel verschiedener Grashalme haltend. Genau das Richtige für ihn, der die Natur und die Jagd so geliebt hatte. Am Fußende steht auf einem Tisch eine brennende Kerze, deren warmes Licht der allgemeinen traurigen Stimmung etwas von ihrer Schwere nimmt und uns etwas Trost spendet. Adieu, mein geliebter Papa!

Zum Glück kann ich noch rechtzeitig den Rückflug nach Kamerun umbuchen, sonst hätte ich nicht an der Beerdigung teilnehmen können.

Am Abend treffen sich meine Geschwister mit meiner Mutter, um die ersten Formalitäten zu besprechen. Ruedi fragt mich, wieso ich nicht dabei sein wolle. »Es sind schon so genug Leute beisammen, die auf Mutti einreden«, antworte ich ihm. Wie Mutti mir später erzählte, war es dann genau so, wie ich es erwartet hatte: Niemand habe gefragt, was sie möchte, sondern sie nur von den jeweils eigenen Vorstellungen überzeugen wollen.

Ich informiere auch Christoph Müller und Hanspeter Bäni vom Tod meines Vaters, füge aber gleich hinzu, dass die Abdankung im privaten Rahmen stattfinden werde. Wie erwartet, hätten sie gerne ein paar Filmaufnahmen gedreht. Ich frage Mutti, ob sie damit einverstanden wäre. Sie ist der gleichen Meinung wie ich, nämlich dass Vati diese Würdigung eigentlich verdient hätte. Mutti betont, sie möchte aber dann bestimmen, was gefilmt werden dürfe. Meine Geschwister wären aber wohl kaum damit einverstanden, dass überhaupt jemand mit einer Kamera dabei ist, gibt sie mir sogleich noch zu bedenken.

Wie recht sie hatte! Genau wie bei den Vorbereitungen zur Abdankung fragen sie nicht, was Mutti möchte, sondern sind ganz einfach dagegen und lassen nicht mit sich reden. Mir ist klar, sie sind im Grunde genommen nur dagegen, weil sie vermuten, dass ICH diese Filmaufnahmen möchte. Aber sie fragen mich nicht einmal. Es kommt deswegen beinahe zum Eklat. Wie leider schon so oft, gaben Mutti und ich schließlich nach, dem Familienfrieden zuliebe.

So nehmen am 28. August, einem wunderschönen Spätsommertag, in der Kirche in Belp eine recht große Anzahl Trauergäste an der Abdankungsfeier für meinen geliebten Vati teil. Auch mein Verleger und die beiden Reporter sind erschienen. Wie abgemacht, ohne Kamera.

Mein geliebter Papi,

am 13. Dezember 2005 hast Du mir am Bahnhof Interlaken Ost, morgens vor acht Uhr, unter Tränen gewünscht, dass ich in Kamerun das finden werde, was ich suche.

Danke, lieber Papi, dass Du deine Tochter losgelassen hast und ihr das größte und schönste wünschtest, was es gibt.

Dadurch konnte ich ruhig in eine neue Zukunft gehen mit dem Wissen, dass Du mir nur das Beste wünschst. Diese Worte haben mich auch vor Heimweh bewahrt, weil ich wusste, dass Ihr, meine über alles geliebten Eltern, mit Euren Gedanken immer bei mir wart.

Diese Worte haben mir auf meiner Suche auch die Kraft gegeben. Sie geben mir heute die Kraft, um das zu kämpfen, zu beschützen und zu bewahren, was ich gefunden habe.

Mein liebster Papi,

Du warst ein wundervoller Mensch und ein ganz toller Vater.

Ich danke Dir von ganzem Herzen dafür.

Die nachfolgenden beiden Erzählungen hatte Papa für die Zeitschrift »Der Jäger« geschrieben. Sie wurden bei der Abdankung von Pfarrer Paul Lutz vorgelesen. Da ich danach viel auf diese Jägergeschichten angesprochen wurde, füge ich sie hier als »Hommage« an Papa an.

Die Bergwanderung

Es ist Abend und ich mache den Rucksack parat für die morgen stattfindende Wanderung ins Gebiet Plattenstock ob Innertkirchen. Meine Frau mustert mich komisch, denn eine leere Mineralwasserflasche ist mit dabei. Sie will wissen, warum die Flasche leer mitgenommen wird. Ganz einfach, weil das Wasser am Plattenstock besser ist als unser Trinkwasser hier. Ich trage doch das Wasser nicht hinauf und oben ist dann das bessere. Ich bin doch nicht blöd.

Der Wecker ist auf 3.20 Uhr gestellt. Aufstehen, kleines Frühstück und weg mit dem Auto. Eine Stunde Fahrzeit. Der Parkplatz in der Nähe vom Restaurant Urweid ist noch leer und ich habe daher genügend Platz. Der Zeitplan stimmt, so komme ich zu Fuß gut vorwärts Richtung Alphütte Platten.

Der Tag verspricht schön zu werden. Innertkirchen liegt unter einem Nebelschleier. Von oben will ich dann zusehen, wie die Sonne den Nebel zerreißt und auflöst. Ein Bild, das mir immer wieder von Neuem imponiert. Das ist doch reine Natur. Bei der Ankunft an der Hütte ist es bereits Morgen und taghell, sodass ich mit dem Feldstecher die Gämsen suchen kann. So sehe ich circa zehn Gämsen an verschiedenen Standorten. Gönne mir nun eine Pause, muss aber zuerst Wasser holen beim Brunnen und sehe dabei einen räudigen Fuchs. Wenn er dann noch lebt, werde ich ihn auf der Hochjagd zu erlegen versuchen.

Das kalte Wasser, quellfrisch, ist mir so gut wie Bier!

Es kommen noch mehr Gämsen zum Äsen auf die Weideflächen. Der Luchs ist scheinbar weniger präsent als früher. Nach dem Essen geht meine Wanderung weiter Richtung Benzlaui zu den Murmeltieren. Sie sind schon am Nestbau für den Winter und tragen Heukugeln in ihre Höhlen. Ich kann sie ungestört beobachten. Die Jungen, auch Affen genannt, sind eher zum Spielen aufgelegt.

Nach einer Stunde aufwärts auf dem Grat will ich sehen, ob ich Tiere auf der Speckerbergseite sehen kann. In der Worbisegg ist eine Gruppe Gämsen mit ihren Kitzen zu sehen.

Auf dem Rückweg Richtung Plattenhütte schenkt mir die Natur noch ein unglaubliches Erlebnis. Ob der Hütte will ich die Aussicht Richtung Wetterhorngruppe genießen und setze mich auf einen Felsen. Plötzlich bemerke ich, dass ein paar Meter von mir entfernt etwas in Bewegung ist. Beim näheren Hinsehen sehe ich eine achtzig Zentimeter bis einen Meter lange Viper. Sie ist aufgeregt und züngelt, als suche sie etwas zwischen den Felsbrokken. Plötzlich schnellt ein Hermelin herbei, die Viper schnellt herum, das Hermelin ist schon weg. Hat das Hermelin die Viper in den Schwanz gebissen? Nun beginnt ein Kampf, dessen Ausgang ich sehen will.

Das Hermelin nutzt jede Möglichkeit, die Viper anzugreifen. Hat das Hermelin Junge in nächster Nähe? Der Kampf wogt auf und ab und bald ist die Viper im Vorteil. Aber das Hermelin lässt sich nicht erwischen, es kann die Schlange nicht tödlich verletzen. Die Schlange will nicht aufgeben und das Hermelin will seine Jungen nicht opfern. Bald zeigen sich bei beiden Tieren Ermüdungserscheinungen. Wer macht einen Fehler und verliert den Kampf?

Plötzlich – ein durch Mark und Bein gehender Schrei, ein Schrei, den ich nicht anders beschreiben kann. In den nächsten Momenten sind drei weitere Hermeline da und der Kampf geht mit vereinten Kräften weiter. Die Schlange hat jetzt Mühe, die Hermeline zu lokalisieren, da in der Kampfarena überall Duftspuren sind. Die Viper rollt sich zusammen und wird zur Festung. Die Hermeline ändern nun ihre Taktik auch und bewerfen die Gegnerin jetzt mit Erde und Gras und mit allem, was ihre hinteren Läufe aufkratzen können.

Plötzlich schnellt die Schlange hoch und flieht abwärts ins nächste Gebüsch. Zurück bleiben die Hermeline, wie mir scheint, ordentlich verdutzt. Das erste schlüpft in ein Loch zwischen zwei Felsen. Die anderen verschwinden, wie sie gekommen sind.

Die Fuchsjagd erledigt sich am Abend auf natürliche Weise.

Beim Asern am Abend sah ich einem Adler zu, wie er seine Kreise zog und Nahrung suchte. Langsam wurden seine Kreise niedriger und entfernter. Und dann griff er den Fuchs aus der Sonne heraus an und erwischte ihn. Flügelschlagend schwang er sich in die Höhe, aus ungefähr achtzig Metern Höhe ließ er den Fuchs fallen. Der Fuchs überstand den Sturz nicht und blieb liegen. Der Adler holte ihn sofort und flog mit dem toten Tier weg. »Guten Appetit«.

Um seltene Erlebnisse reicher gehe ich nachdenkend auf den Heimweg.

Der Sonntagsspaziergang

Es ist 4.30 Uhr, schönes Wetter, das Schlafen ist vorbei. Ich begebe mich auf meine Wanderung durch Flur und Wald zur Beobachtung aller Art.

Es sind schon Fischer auf dem Brienzersee. Beim Wasserfall sehe ich die ersten Spuren von Hirschen. Mein Augenmerk stößt jetzt auf frühe Sommerpilze. Eine Pilzpastete wäre etwas Gutes zum Nachtessen!

Auf den vielen Vorsaßenweiden ist nichts zu sehen und auch nichts zu finden. Kein Reh, kein Hase ist zu sehen, aber Spuren vom Luchs.

Möchte nach langer Wanderzeit etwas ausruhen und suche ein Plätzchen schön versteckt mit viel Übersicht. An solchen Punkten ist immer etwas zu sehen. Heute beobachte ich eine Kreuzspinne bei ihrer Netzreparatur. Plötzlich gilt meine Aufmerksamkeit ein paar circa einen Meter langen Haselruten, die sich bewegt haben, ohne dass der Wind etwas dazu beigetragen hätte. Weiter ist nichts zu sehen. Nebenan ist ein Grasplätzchen von ungefähr zwei bis drei Quadratmetern Größe, auf das die Sonne so schön scheint. Wenn Jungtiere die Haselruten bewegt haben sollten, dann kommen sie sicher noch an die Sonne – und sie haben mich nicht enttäuscht und kamen.

Aber was sind das für Jungtiere? Kleine Füchse? Nein, der Kopf passt nicht dazu. Ich überlege weiter: die haben ja keine Rute. Es sind drei Jungluchse und es ist ein wunderschönes Spiel, wie sie da purzeln und springen. Die Mutter schaut aufmerksam zu. Ach, eines hinkt etwas, eine Vorderpfote scheint nicht in Ordnung zu sein. Es sind so drollige Katzenknäuel, wenn sie nur länger spielen würden. Plötzlich höre ich die Alte knurren, schade, die Bühne ist leer. Ich frage mich, ob das (verletzte?) Tierchen den Winter übersteht. Weiter oben im Graben ist etwas los, für mich unsichtbar. Die Familie Luchs will ich weiter zu begleiten versuchen.

Nach jedem Gewitter Spuren suchen. Später habe ich sie noch einmal gesehen, aber mit nur noch zwei Jungtieren. Bald begann die Hochjagd und die war mir wichtiger…

Anfangs Oktober begann die Niederwildjagd und Spuren waren jetzt nicht mehr zu sehen. Am letzten Jagdtag kam eine Gruppe Jäger ins Restaurant und erzählte, sie hätten im letzten Trieb einen Altluchs und einen Jungluchs gesehen. Aus der Diskussion heraus stellte ich fest, dass es die von mir gesehenen Luchse sein könnten.

Sind die zwei verschwundenen Luchse gewildert worden? Im Jagdbericht des Kantons Bern und von der Pro Natura wird viel von Wilderei geschrieben. Demnach sollen viele Oberländerjäger Luchswilderer sein. Hat man in der Jagddirektion und bei Pro Natura noch nie etwas von Abwanderung gehört? Warum sind in den Kantonen Aargau, Solothurn und Baselland Luchse aufgetaucht? In einem Zeitungsbericht sollen sich zugewanderte Luchse im Schwarzwald aufhalten.

Ich würde auch nicht bleiben, wenn ich nichts zu (fr)essen hätte!

Kapitel 14

Ein Schlag folgt dem nächsten

Das Unglück hält sich nicht an Besuchstage

Es ist Dienstag, der 2. September 2008 und ich sitze wieder einmal im Flugzeug nach Kamerun. Noch immer stehe ich unter Schock. Doch eigentlich ist dies nicht ganz der richtige Ausdruck, um die Leere und Hilflosigkeit auszudrücken, die mich befallen hat. Es ist eher das Nicht-Verstehen-Können, warum uns ein geliebter Mensch so überraschend schnell verlassen musste. Damit umzugehen fällt mir sehr schwer.

Unvermeidlich fliegen meine Gedanken in die Vergangenheit zurück. Welch stürmische fünf Monate liegen hinter mir! Der schlimme Überfall Ende April, der Marcelin noch viel mehr als meine Eltern und mich extrem mitgenommen und bis ins tiefste Innere erschüttert hat. Beim Gedanken an die tolle Buchvernissage wird mir ein bisschen leichter. Dann setzte mich die Malaria außer Gefecht. Und vor unserem Abflug die hässliche Szene, die Marcelin im Hotel veranstaltete. Und die schrecklichen Worte beim Abschied am Flughafen, dass ich mich nicht mehr bei ihm zu melden brauche. Ich habe sie noch heute im Ohr, obwohl ich immer versucht habe, sie zu verdrängen. Bei meinem ersten Telefonanruf danach war er noch sehr abweisend. Mit der Zeit hatte er sich wieder etwas beruhigt und schlussendlich freut er sich nun doch auf unsere Rückkehr.

Wie es Marcelin wohl geht? Die Nachricht von Papas Tod hat ihm sehr zugesetzt. Was erwartet mich zu Hause? Trotz allem freue ich mich darauf, wieder an der Seite meines Mannes zu sein, ihm Trost zu spenden und zu zeigen, dass ich für ihn da bin.

Wie immer holt er uns am Flughafen ab. Bei seiner Umarmung spüre ich die Freude über unsere Rückkehr. Wir fahren sogleich zum Hotel. Bis jetzt haben wir nicht viel gesprochen, denn wir haben es uns zur Gewohnheit gemacht, nie in der Öffentlichkeit über Persönliches zu sprechen.

Im Hotel kann er sich nicht mehr zurückhalten, seine Verzweiflung steht ihm tief ins Gesicht geschrieben. Obwohl wir im Gartenrestaurant sitzen und Sky inzwischen schläft, will er doch jetzt gleich wissen, was genau mit Papa war und warum er gestorben ist. Da wir uns in der Öffentlichkeit befinden, kann ich es ihm relativ sachlich erklären. Doch die Verzweiflung weicht nicht aus seinem Gesicht und ich weiß nicht, was in ihm vorgeht. Seiner Ansicht nach hat er vor Vater das Gesicht verloren, weil er uns vor dem Überfall nicht schützen konnte. Zudem wird hier bei jedem Todesfall ein Schuldiger gesucht, ein natürlicher Tod wird nicht akzeptiert.

Am nächsten Tag fahren wir unverzüglich nach Hause. Es tut mir unendlich gut, wieder daheim zu sein, wo ich durchatmen und mich frei fühlen kann. Ich genieße es voll und ganz. In den fünf Monaten hat sich auch viel verändert, Marcelin war sichtlich nicht untätig. Die markanteste Veränderung ist das furchtbar hässliche Gitter vor unserer Haustür, das aussieht wie ein massiver Käfig. Es ist zwar scheußlich, aber mit der Zeit wird es auch mir die Sicherheit geben, dass keine ungebetenen Gäste mehr so schnell in unser Haus eindringen können. Wenn jetzt jemand vor dem Haus steht, können wir beruhigt die Haustür öffnen und durch das Gitter fragen, was die Besucher von uns wollen. Niemand kann uns einfach so ins Haus zurückdrängen, wie das beim Überfall geschehen ist.

Wie nah muss dieses Ereignis Marcelin gegangen sein, dass er so etwas hat herstellen lassen! Der Käfig hat ein kleines Vermögen gekostet, da er nach Maß angefertigt werden musste. Ich muss schon sagen, dass das eine sehr schöne Seite an Marcelin ist: Sonst kann er sehr knausrig sein, rechnet alles nach, spart ein, wo er nur kann und nimmt immer nur das Billigste vom Billigsten. Doch wenn es um unsere Sicherheit geht, hauptsächlich um meine und diejenige von Sky, spielt das Geld absolut keine Rolle für ihn.

Nach dieser monatelangen Trennung brauchen wir beide diesmal noch länger als sonst, bis wir uns wieder aneinander gewöhnt haben. Marcelin lässt mir Zeit, mich zu finden, worüber ich ihm sehr dankbar bin. Es ist zu viel passiert, das uns beide beschäftigt. An einem der ersten Abende reden wir auch über Papas Tod. Marcelin kann es noch immer nicht fassen. Noch einmal muss ich ihm die ganze Spitalgeschichte erzählen. Er lässt mich reden, unterbricht mich nicht, aber schüttelt immer wieder den Kopf. Als ich fertig bin, steigen ihm Tränen in die Augen und ich versuche, ihn zu trösten. Doch je mehr ich ihn zu beruhigen versuche, umso mehr schüttelt es ihn, er bricht fast in einen Weinkrampf aus. Dann stößt er auf einmal mit verzweifelter Stimme hervor: »Wenn der Überfall nicht gewesen wäre, würde er noch leben! Wenn ich etwas hätte tun können, würde dein Papa noch leben!«

Obschon ich ihm immer und immer wieder in aller Deutlichkeit erkläre, dass Papa schon seit dreißig Jahren krank war, ändert er seine Meinung nicht. Bis heute fühlt er sich zu hundert Prozent schuldig an Papas Tod, ich kann ihn nicht davon abbringen.

Ich bin erst seit ein paar Tagen wieder zu Hause und schon steht das nächste Unglück ins Haus, im wahrsten Sinne des Wortes. An diesem denkwürdigen Samstag gehen wir beide draußen unserer Arbeit nach. Ich auf der Terrasse, damit ich Sky im Auge behalten kann. Plötzlich sehe ich in einer Ecke eine dieser riesigen, scheußlichen, schwarzen und behaarten Vogelspinnen. Rasch töte ich sie, bevor Sky sie entdeckt und damit spielen will.

Vor unserem Haus, gerade über der Straße, erhebt sich eine kleine Hügelkette. Nur schemenhaft sehe ich dort auf einmal etwas Schwarzes am Himmel, das wie ein Schwarm aussieht. In diesem Moment kommt Marcelin auch wieder zum Haus zurück. Ich zeige in die Richtung, wo dieses Undefinierbare zu sehen ist und frage ihn, was das wohl sein könnte.

Vielleicht ein Schwarm Vögel?

Er weiß es auch nicht und so kümmert es ihn nicht weiter. Ich jedoch beobachte diese ungewöhnliche Erscheinung. In dieser Art habe ich hier noch nie Schwärme gesehen, sodass es mich doch leicht irritiert. Plötzlich kommt es näher in unsere Richtung und schon ist es auf unserem Grundstück. Der »Schwarm« entpuppt sich als Blätter, die wie in einem Minitornado hochgewirbelt werden. Doch darum herum ist es absolut windstill. Wir sind beide fasziniert von diesem Naturspektakel, das uns unerwartet geboten wird und bleiben wie angewurzelt stehen. Erst als uns der Wind mächtig um die Ohren bläst, schreit Marcelin entsetzt: »Fenster schließen!«

Ich renne blitzschnell ins Haus. In diesem Moment höre ich es draußen am Haus ganz fürchterlich krachen, als wäre etwas umgefallen. Erschrocken rufe ich Marcelin zu, ob bei ihm alles in Ordnung sei.

»Nein, die Mauer ist eingestürzt!«, schreit er zurück.

»Welche Mauer?«, will ich sofort wissen.

»Die von unserem Schlafzimmer!«

Kurz darauf herrscht Totenstille, kein Lüftchen weht mehr.

Ich eile sofort ins Schlafzimmer, um nachzuschauen. Alle Mauern scheinen noch zu stehen. Doch die Helligkeit, woher kommt sie? Da stimmt doch etwas nicht. Ich gehe wieder in den Korridor zurück. Hier ist es dunkel wie eh und je. Die Helligkeit muss also doch vom Schlafzimmer her kommen, überlege ich. Ich gehe wieder zurück. Erst jetzt stelle ich fest, dass das Licht von oben kommt und vom Dach reflektiert wird. Zu meiner großen Bestürzung sehe ich, dass die obersten vier Backsteinreihen direkt unter dem Dach, über die halbe Länge des Schlafzimmers, ganz einfach fehlen. Ich kann es fast nicht glauben, stehe einen Moment regungslos da und blicke nach oben, Panik steigt in mir auf. Als ich mich einigermaßen gefasst habe, gehe ich raus, um mir die Sache von dort anzusehen. Fassungslos schauen wir auf die Bescherung. Die massiven Erdsteine, die wir nur für die obersten vier Reihen benutzt haben, sind tatsächlich allesamt herausgefallen. Die Steine sind so schwer, dass das Hundehäuschen, das mein Vater liebevoll gezimmert hatte, zerschlagen unter den Trümmern liegt. Sogar das einzementierte Geländer ist durch die Wucht des Aufpralles rausgeschlagen und verbogen worden. Die Neonröhre, die außen an der Wand hing, liegt ebenfalls in tausend Splitter zertrümmert am Boden. Hunderte von schweren Erdsteinen liegen verstreut auf der seitlichen Terrasse herum.

Marcelin besitzt die typisch afrikanische Gabe, in solchen Situationen ruhig zu bleiben, die Sache hinzunehmen wie sie ist, man kann ja eh nichts daran ändern. Als er jedoch entdeckt, dass auch etwa ein Dutzend der für den Einbau bereitliegenden, teuren Plastikwasserrohre zerdrückt worden sind und nicht mehr zu gebrauchen, ist es auch mit seiner Ruhe vorbei. Wütend packt er die am nächsten liegenden Steine und schmettert sie, begleitet von ein paar Flüchen auf Medumba, so auf die Überreste des Hundehäuschens, dass es endgültig nicht mehr reparierbar ist.

Nachdem wir uns vom ersten Schrecken erholt haben und der Ärger etwas verraucht, beginnt Marcelin sogleich, einige der Steine wegzuräumen, damit die Terrasse wieder passierbar ist. Viel können wir nicht mehr machen, denn es wird bald dunkel. Es bleibt uns nichts anderes übrig, als mit dieser sehr guten Belüftung und natürlich mit mehr Moskitos, schlafen zu gehen, da unser Schlafzimmer nun für sie frei zugänglich ist. Hoffentlich spricht sich das in Moskitokreisen nicht herum! Ich fühle mich, als würde ich in der freien Natur schlafen, oder in einem Zelt auf Safari. Eine richtige Villa Durchzug! Die Nachtgeräusche, das Zirpen der Grillen, das Quaken der Frösche und viele anderen Tiergeräusche sind ungewohnt laut und nah.

Am nächsten Tag räumen wir das Gröbste auf. Marcelin steigt auf die Dachbalken und schaut sich den Schaden an. Kein einziges Krümelchen ist nach innen gefallen. Sogar der Dorfchef von Bametcha kommt vorbei. Er erklärt mir, dass es relativ häufig passiert, dass eine Windböe ins Haus dringt und dabei eine Mauer herausdrückt. Er habe noch nie gesehen, dass eine Mauer von außen nach innen gedrückt wurde. Diese Feststellung ist jedoch auch kein Trost für uns.

Wir können den Schaden leider nicht sofort reparieren lassen, da zuerst wieder Erdsteine gemacht werden müssen.

Solche Erdsteine werden folgendermaßen hergestellt: Man gräbt zuerst ein Loch. Dann wirft man frische, lockere Erde hinein, mischt sie im richtigen Verhältnis mit Wasser und stampft alles mit den nackten Füssen, bis ein dicker Brei entsteht. Anschließend wird dieser in einer Form in der gewünschten Größe zu einem rechteckigen Stein geformt. Die Form wird sofort wieder abgezogen. Nun müssen die Steine mindestens drei Tage trocknen, aber nicht an der direkten Sonne, sonst werden sie brüchig. Natürlich sollte es auch nicht darauf regnen, denn da würden sie wieder zu Brei und zerlaufen.

Diese Steine sind übrigens sehr massiv und dauerhaft. Die ganze Chefferie wurde mit solchen Steinen gebaut und steht heute noch.

In der ganzen Hektik und Aufregung, möglichst schnell Steine herzustellen und unser Haus zu reparieren, geht Skys zweiter Geburtstag unter. Wir denken zwar daran, aber um ein Fest zu machen, bleibt keine Zeit. Einerseits finde ich es sehr schade, doch andererseits ist er ja noch so klein, dass er es eh nicht verstehen würde. Das versöhnt mich etwas. Wir werden es dann nächstes Jahr nachholen. Es hat nun mal erste Priorität, das Haus so schnell wie möglich zu reparieren, da es zudem nachts unangenehm kühl wird.

Marcelin ist sichtlich gezeichnet von all dem Unglück, das uns in letzter Zeit widerfahren ist, vor allem der Überfall hinterließ Spuren und beschäftigt ihn täglich. Mitte Oktober lässt er vorsichtshalber als weitere Sicherheitsmaßnahme die Terrasse, die bis dahin rund ums Haus verlief, seitlich und hinten bis zur halben Höhe einmauern. In der oberen Hälfte kommt dann dieselbe Brüstung hin, wie sie die Terrasse ziert. So wird auch bei sämtlichen Fenstern niemand mehr einsteigen können.

Kapitel 15

Kondolenzbesuch für meinen Vater

Der Mensch ist die beste Medizin des Menschen

Anfang der Woche hatte Thomas, unser Nachbar und Cousin von Marcelin, angekündigt, uns in den nächsten Tagen mit den Mitgliedern der Familie einen Kondolenzbesuch abzustatten. An welchem Tag sie kommen würden, konnte er noch nicht sagen. Marcelin war nicht sehr begeistert davon. Nicht etwa wegen des Besuches, sondern wegen der Art der Ankündigung. Er äußerte sich auch gleich entsprechend bei seinem Cousin, dass man uns unbedingt früher darüber hätte informieren sollen, damit wir genügend Zeit gehabt hätten, alles rechtzeitig zu organisieren. Die Leute wollen ja dann auch verpflegt werden.

Für Mittwoch hatten wir geplant, nach Bafoussam zum Einkaufen zu fahren, da wir dort einiges zu erledigen haben. Als Erstes müssten zehn Kilo Gewürz zur Post gebracht werden, um es meiner Mutter zu schicken. Sie besorgt jeweils den Weiterversand an unsere inzwischen recht zahlreichen, zufriedenen Kundinnen. Dann wollten wir auch noch nach meiner Aufenthaltsbewilligung fragen. Diese »Carte de séjours« kann jedermann für 500 CHF pro Jahr kaufen, ohne mit einem Kameruner oder einer Kamerunerin verheiratet zu sein. In meinem Fall sieht es so aus: 18 Monate nach der standesamtlichen Trauung kann ich die »Carte de séjours« bei der Polizei bestellen. Dazu benötige ich von Kamerun einen Strafregisterauszug, den ich in Yaoundé ausstellen lassen muss. Mit den Hochzeitspapieren, dem Pass und 200 CHF müssen wir dann wieder nach Bafoussam fahren. Dort sollte ich dann diese »Carte de séjours« bekommen. Sie wird zehn Jahre gültig sein. Dadurch brauche ich in den nächsten zehn Jahren auch kein Einreisevisum nach Kamerun mehr.

Wenn ich einen Pass von Kamerun möchte, müsste ich dafür denjenigen der Schweiz abgeben. Das käme für mich niemals infrage. Kamerun akzeptiert keine Doppelbürger. Bei Sky verhält es sich anders: Da er in Kamerun als Sohn einer Schweizerin und eines Kameruners geboren wurde, kann er Bürger beider Staaten sein.

Wir haben auch vor, uns nach einem Internetzugang für meinen Laptop zu erkundigen, damit ich endlich auch von zu Hause aus E-Mails schreiben und beantworten kann. Doch das Wetter macht uns wie so oft einen Strich durch die Rechnung, denn am frühen Morgen regnet es so heftig, dass wir nicht von unserem Haus wegfahren können. Da fehlt uns eindeutig ein Fahrzeug mit Vierradantrieb. So sitzen wir zu Hause, als überraschenderweise der Chef von Bametcha bei uns auftaucht.

»Nein, nein, das ist wirklich nicht das richtige Vorgehen«, bestätigt er. »Die Versammlung müsste sich nach euch richten und nicht ihr nach der Versammlung. Man hätte euch unbedingt vorher fragen müssen, wann es euch passt.«

Doch es ist zu spät, etwas zu ändern, denn wie wir nun erfahren, wird der Besuch bereits heute Nachmittag auftauchen! Da haben die Leute ja richtiggehend Glück, dass es so regnet, denn sonst wären wir ja nicht mal zu Hause gewesen.

Gegen Mittag, kurz nachdem sich der Chef verabschiedet hat, macht sich Sky bemerkbar, dass er nun müde ist und schlafen möchte. Ausgerechnet jetzt, denke ich. Eigentlich hätte ich Wäsche waschen wollen. Stattdessen begeben Sky und ich uns ins Schlafzimmer. Zu seinem Schlafritual gehört, dass er selber den Fensterladen schließen darf. Mit viel Kraft und Freude schlägt er diesen jeweils zu. Dann legen wir uns zusammen ins Bett. Zum Einschlafen bekommt er immer die Dynamo-Taschenlampe mit einer Kurbel zum Aufziehen. So dreht er fleißig an dieser Kurbel, bis ihm die Augen zufallen und er einschläft. Sogar mich hat dies schläfrig gemacht und ich döse vor mich hin. Nur so halb bekomme ich mit, dass Marcelin das Schlafzimmer betritt, um sich umzuziehen. Später höre ich, wie er das Gitter vor der Haustür verschließt. Aha, das bedeutet, dass er noch nach Bangangté fährt, um Bier für die erwarteten Besucher zu besorgen. Inzwischen ist die Straße wieder trocken genug, sodass er problemlos ins Dorf kommen wird. Mit diesen Gedanken schlafe ich ein.

Nach ungefähr zwei Stunden weckt mich das Klingeln des Handys im Wohnzimmer. Doch bis ich es richtig realisiere, hat es schon aufgehört. Ich stehe trotzdem ganz leise und vorsichtig auf, um Sky noch weiterschlafen zu lassen und sehe auf dem Display, dass Marcelin angerufen hat. Es scheint aber nichts Wichtiges gewesen zu sein, überlege ich mir, sonst hätte er es nochmals versucht.

In diesem Moment höre ich Sky von Weitem rufen und mache mich auf, um ihn gleich zu holen. Doch da kommt er schon ins Wohnzimmer getrippelt. Er ist zum ersten Mal ganz alleine aus dem großen Bett gestiegen. Nachdem ich ihn angezogen habe, saust er voll Tatendrang nach draußen, um die Hunde zu begrüßen und die Hühner von der Terrasse zu verscheuchen.

Inzwischen ist es bereits etwa 14 Uhr und Sky hat noch nicht mal etwas zu Mittag gegessen. So wärme ich rasch für ihn Reis mit Fleischsauce auf, was er mit viel Appetit verspeist. Plötzlich schlagen die Hunde an und ich sehe Thomas kommen.

»Bin ich der erste Gast?«, fragt er mich, obwohl er eigentlich sofort hätte sehen müssen, dass außer ihm noch niemand da ist. Dann setzt er sich zuerst eine Weile wortlos auf die Terrasse. Als es ihm dann wohl doch zu langweilig wird, steht er auf und schlägt vor: »Ich gehe den Mann suchen, der den Vin blanc bringen soll.« Ich halte das für eine sehr gute Idee und melde Marcelin sogleich telefonisch, dass die ersten Gäste da sind.

»Ich bin in einer Viertelstunde da«, gibt er mir im Brustton tiefster Überzeugung zur Antwort. Na ja, für mich ist von vornherein klar, dass das wohl eine lange Viertelstunde werden wird. Einer nach dem anderen trudelt ein, so auch unser Dorfchef, nun in offizieller Mission in buntem Gewand und passender Kopfbedeckung, begleitet von seiner Schwester. Auch sie natürlich in hübschem Kleid und kunstvoll drapiertem Kopftuch. Bald darauf erscheinen auch noch, fröhlich zusammen plaudernd und Töpfe auf den Köpfen tragend, Brigitte, die erste Frau des Chefs und andere Frauen der Chefferie. Sie bringen das Essen für alle mit, worüber ich sehr froh bin, da inzwischen fast zwanzig Personen auf unserer Terrasse versammelt sind. Nur von Marcelin wie erwartet kein Spur. Er kommt erst, als wirklich alle schon da sind und längst auf ihn warten. Mit nur einer Stunde Verspätung! Sofort verteilt er das mitgebrachte Bier, sodass schnell Stimmung aufkommt. Es werden Reden in Medumba gehalten, was ich leider immer noch nicht verstehe. Diejenige der Schwester vom Chef übersetzt mir Marcelin. Für den Chef von Bametcha hatte Marcelin extra einen speziellen Holzhocker gekauft, auf welchen sich sonst niemand setzen darf, außer Sky. Auch das ist Teil der hiesigen Tradition. Der Chef hält seine Rede direkt an mich gewandt auf Französisch.

»Wir sind sehr stolz darauf, dass Sie zu unserer Gemeinde gehören. Viele Chefs oder andere Leute fragen mich nach dem Befinden der weißen Frau in meinem Dorf, denn auch sie sind stolz, dass Sie bei uns leben.

Heute sind wir zu Ihnen gekommen, um Ihnen unser Beileid zum Tod Ihres Herrn Vaters auszusprechen, den wir sehr geschätzt haben. Es ist uns aufgefallen, wie fleißig er war. Nie sah man ihn einfach irgendwo untätig sitzen, stets gab es für ihn viel zu tun. Seine tüchtige Art schätzten wir.

Wir sind hergekommen, um die Trauer mit Ihnen zu tragen.

Wir sind auch stolz darauf, dass Sie in unserer Mitte geblieben sind, obschon man Sie brutal überfallen hat. Wir werden in Zukunft noch besser auf Sie aufpassen, damit so etwas nie mehr geschieht.

Wir danken Ihnen auch dafür, dass Sie mit uns und unserer Kultur und Tradition leben. Ich erinnere mich noch sehr gut an einen Besuch von Ihnen bei mir. Damals sagten Sie mir, dass Afrikaner in Europa im Allgemeinen einen schlechten Ruf hätten. Doch Sie beweisen mit Ihrer Präsenz hier, dass dem nicht so ist. Dass Sie das Bild der Afrikaner in Europa verbessern wollen, auch dafür möchten wir Ihnen unseren Dank aussprechen.«

Nach diesen Worten wische ich mir verstohlen eine Träne der Rührung aus den Augen. Die Herzlichkeit der Leute hier hat mich wieder aufs Neue zutiefst bewegt. Unter einem Vorwand gehe ich kurz ins Haus, um mich zu beruhigen. Als ich wieder nach draußen komme, frage ich Marcelin, ob ich auch etwas zu den Leuten sagen dürfe. Es ist mir in diesem Moment ein großes Bedürfnis, mich bei diesen netten Menschen zu bedanken. Marcelin nickt mir als Zeichen des Einverständnisses zu. Ich stehe auf und Marcelin kündigt meine Ansprache an. Doch leider bin ich nicht darin geübt, Reden zu halten. So fällt sie kürzer aus als vorgesehen. Ich bedanke mich bei allen für ihr Kommen und ihre Anteilnahme an unserer Trauer. Und ich bestätige, dass ich versuchen würde, das gängige Bild des Afrikaners in Europa zu ändern, denn wie bei allen Rassen, sind auch nicht alle Afrikaner gleich. Ich erkläre dem Chef, dass ich bereits ein Buch über mein bisheriges Leben in Afrika geschrieben habe. Noch vieles hätte ich sagen wollen, doch dann werde ich plötzlich so nervös, dass alles wie weggeblasen ist und ich meine Rede beenden muss. Ich kann mich nur nochmals für alles bedanken. Eine Weile bleibe ich noch bei den Leuten sitzen, dann ziehe ich mich zurück, weil nur noch Medumba gesprochen wird. Da der Chef noch anwesend ist, kümmert sich Marcelin weiterhin um die Gäste und ich gehe Wasser am Brunnen ziehen, damit Sky noch zu seinem täglichen Bad kommt.

Als die Sonne langsam untergeht, verabschieden sich unsere Gäste, damit sie noch vor Einbruch der Dunkelheit zu Hause ankommen, denn sie sind alle wie üblich zu Fuß unterwegs. So geht ein weiterer, sehr bewegter Tag in meiner neuen Heimat zu Ende. Und ich fühle erneut sehr stark:

Hier bin ich wirklich zu Hause!

Kapitel 16

Bauerei mit Hindernissen, eine kleine Chronik

Gras wächst nicht schneller, wenn man daran zieht

Die Pläne für unser Hotel haben wir gezeichnet, weiter sind wir aber noch nicht gekommen. Marcelin hatte den König gefragt, ob wir seine Baumaschinen benützen könnten, um das dafür vorgesehene Gelände auszuebnen und von den Bäumen und Sträuchern zu befreien, was uns nun zugesagt wurde. Jedoch hat sich der Fahrer, der das Gelände vorher schon mal besichtigen sollte, bisher noch nicht telefonisch bei uns gemeldet. Wir hatten ihn heute um 16 Uhr erwartet. Ebenso wollte unser Architekt René um diese Zeit bei uns sein. Da wir noch im Dorf waren, um einzukaufen, kommen wir ebenfalls verspätet nach Hause. So ruft Marcelin René an, um zu fragen, wann wir denn endlich mit seinem Erscheinen rechnen könnten, wir würden schon den ganzen Tag auf ihn warten. Das war natürlich mehr als übertrieben, doch Übertreiben ist eine Spezialität der Afrikaner, davon ist Marcelin nicht ausgeschlossen.

René verspricht, baldmöglichst zu kommen. Marcelin versucht, den Fahrer des Caterpillar, so wird hier diese Baumaschine genannt, zu kontaktieren, um zu erfahren, wo er denn bleibt. Doch die Handynetze von MTN und Orange sind wieder einmal zusammengebrochen. Jemanden hier telefonisch zu erreichen, gleicht oft einem Lotteriespiel.

Zuerst verstaue ich rasch alle Einkäufe in der Küche und kehre die Terrasse, damit René nicht feststellen kann, dass wir gar nicht zu Hause waren. Kaum habe ich mich umgezogen, erscheint er schon per Mototaxi. Er begrüßt auch mich höflich und respektvoll. Marcelin erklärt ihm, welche Arbeiten zu erledigen wären. An erster Stelle komme der Bungalow für meine Eltern, der leicht erhöht neben unserem Haus stehen soll. Als die beiden das

Gelände betreten, muss Marcelin nicht mehr viel sagen. Sogar ein Laie hätte sofort gesehen, dass die dafür angefangenen Mauern schief sind, und das noch nicht mal auf Fensterhöhe. Der Regen hat ganze Arbeit geleistet. Es sind keine Lehmsteine mehr, nur noch aufgeschichtete Erde, die vom Zement etwas zusammengehalten wird. Ein wahrhaft trauriger Anblick. Marcelin hat diese Lehmsteine herstellen lassen, während ich in der Schweiz war. Nun muss nochmals von vorne angefangen werden.

Dann stellt Marcelin René noch unser Hotelprojekt vor. Obwohl Marcelin ihm nicht alles erklärt und nur von den ersten sechs Zimmern spricht, die bis Ostern 2009 fertig sein sollen, beginnen Renés Augen zu leuchten.

René verspricht, für den kommenden Samstag Leute zu organisieren, die sich um den Wegtransport des Trümmerhaufens kümmern würden, damit sie am Montag dann sogleich mit dem Neuaufbau beginnen könnten. Wir atmen auf: Endlich geht es vorwärts!

Langsam wird es Abend. Es ist aber noch warm genug, um Sky rasch draußen zu baden. Das ist praktischer, weil er dort nach Herzenslust das Wasser in alle Himmelsrichtungen verspritzen kann. In der Wohnung ist es schon unangenehmer, denn erfahrungsgemäß bekommen in diesem Fall auch noch die Möbel eine unfreiwillige Dusche ab. Nachdem ihn Marcelin gebadet und abgetrocknet hat, ziehe ich dem Kleinen den Pyjama an. Danach bekommt er sein Abendessen. Momentan sind Teigwaren seine Lieblingsspeise. Als Dessert gibt es noch eine Flasche und um halb acht schläft Sky schon friedlich in seinem Kinderbett unter dem Moskitonetz, während Marcelin und ich dem nächsten Tag entgegenfiebern.

Am Samstagmorgen sind wir alle schon sehr früh auf den Beinen, um uns genügend Zeit fürs Frühstück zu lassen, bevor die Bauarbeiter kommen. Bereits um sieben verdrückt Sky auf der Terrasse seine erste Banane, während Marcelin und ich unseren Zitronengrastee und Avocados mit Bâtons de Manioc genießen. Diese Köstlichkeit ist zu meinem absoluten Lieblingsfrühstück geworden. Die Zeit reicht auch noch für eine zweite Tasse Tee. Als dann immer noch niemand erscheint, beginne ich mit dem Abwasch. Nach wie vor mit kaltem Wasser, in einem Plastikeimer auf der Terrasse. Mittlerweile haben wir zwar einen Wassertank, doch dieser steht immer noch auf der Terrasse, statt wie hier üblich auf Säulen.

Nach dem Geschirrspülen wasche ich Skys Kleider. Wir warten den ganzen Tag und es zeigt sich keine Menschenseele. Eigentlich verwundert es mich nicht, das sind die Uhren Afrikas. Nach dem Motto: Kommen wir nicht heute, so vielleicht morgen.

Am Sonntag werde ich schon kurz nach sechs Uhr von Stimmengewirr geweckt. Na toll! Das fehlt mir gerade noch. Ich habe schlecht geschlafen und hätte gerne noch etwas gedöst. Doch Sky ist auch aufgewacht und so ist nicht mehr an Schlaf zu denken. Marcelin ist schon längst aufgestanden. Nachdem Sky und ich angezogen sind, begeben wir uns nach draußen. Ich traue meinen Augen kaum: Mindestens zehn Personen tummeln sich auf unserem Gelände und sind damit beschäftigt, den kümmerlichen Rest des angefangenen Bungalows wegzuschaffen. Kurz darauf erscheinen auch noch Léonard, der jüngere Bruder von Marcelin, sowie unser Architekt. Marcelin erklärt ihm nochmals, dass wir unsere Terrasse hinter dem Haus noch zugemauert haben möchten und später in unserem Garten auch noch ein Pavillon dazukommen soll. Nach kurzer Diskussion sind wir uns einig, dass er rund sein und etwa drei Meter Durchmesser haben sollte. René meint, das gehe in Ordnung, das könne er so machen. Ich bin sehr zufrieden.

Da Sky hinter dem Haus mit der trockenen, roten Erde spielen möchte, quasi in seinem riesigen, eigenen Sandkasten, begeben wir beide uns hinters Haus zu dem kleinen Erdhügel.

Später trifft ein älterer Mann in Begleitung eines jungen Burschen ein. Der ältere Mann werde, so erfahre ich, unseren Brunnen reinigen, damit wir später, wenn wir wieder eine Pumpe haben, diese hinunterlassen und danach den Wassertank mit 10 000 Liter Wasser füllen können.

Es wird heiß diskutiert. Angeblich ist der Wasserstand im Brunnen noch über drei Meter hoch. Unter diesen Umständen ist es dem Mann natürlich nicht möglich hinunterzusteigen, um den Grund zu reinigen. »Sie müssen eine Wasserpumpe mieten, um das Wasser herauszupumpen«, verlangt er. Marcelin gibt ihm zu verstehen, dass wir das ganz bestimmt nicht tun würden, sondern das Wasser mit Eimern heraufzögen. Doch der Mann will uns dies nicht glauben. Seiner Ansicht nach wäre es noch zu viel Wasser, das würden wir mit dieser Methode nicht schaffen. »Nein, wir machen das so, wie ich gerade gesagt habe. Es sind bestimmt nicht mehr als vierhundert Liter, also zwei Fässer voll, und das schaffen wir so!«, bekräftigt Marcelin seine Meinung. Die beiden verhandeln den Preis. Da sie recht leise zusammen diskutieren, verstehe ich so gut wie gar nichts, bis Marcelin etwas lauter sagt: »Vergessen Sie die Arbeit, Sie können nach Hause gehen, das ist viel zu teuer!«

Ich spitze die Ohren, um möglichst alles mitzubekommen, obschon die beiden inzwischen auf der anderen Seite der Terrasse stehen.

»Du willst 30 000 CFA? Ich habe 26 000 CFA bezahlt, um den ganzen Brunnen von zwölf Metern ausheben zu lassen! Und du glaubst nun, ich würde dir 30 000 CFA bezahlen, um ihn zu reinigen? Vergiss es! Geh sofort nach Hause!«

Marcelin wendet sich entschlossen ab und geht ins Haus. Die letzten Sätze hat der Schreiner auch gehört, der dabei ist, im Haus die Holzrahmen zu montieren, damit wir die Decke einziehen können. Nun redet der Schreiner mit einer Engelsgeduld und tausend Argumenten auf den alten Mann ein, um ihn davon zu überzeugen, dass er zu viel verlange.

Schlussendlich überzeugt der Schreiner den alten Mann, für seine Arbeit einen angemessenen Preis zu akzeptieren. Etwas später kommt Marcelin dazu und wie ich nur anhand gegenseitigen Kopfnickens und des Handschlags erahnen kann, wurden sie sich über den Preis einig.

Am Abend betont Marcelin, dass wir am nächsten Morgen sehr früh würden aufstehen müssen, um den Brunnen zu leeren und das Wasser in die Tonnen zu füllen. Während er mir dies mitteilt, wirft er Zement in die dritte, die unten durchgerostet ist, um damit das Loch zu verschließen. Ein Blick ins Fass zeigt mir, dass noch recht viel Wasser drin ist.

»Ist da nicht noch zu viel Wasser drin?«, frage ich skeptisch.

»Du weißt doch, dass afrikanischer Zement am besten nass härtet«, bekomme ich zur Antwort. Ich unterlasse es, meine Bedenken anzubringen, dass das viele Wasser das Loch wieder ausspülen könnte.

Am Montag um halb sieben sind wir bereits damit beschäftigt, Wasser heraufzuziehen. Ich schleppe zwei Eimer gleichzeitig herbei, einen links und einen rechts, jeden mit etwa zwanzig Litern Wasser gefüllt. Sogleich sehe ich, dass sich neben der dritten Tonne ein kleines Bächlein zu bilden beginnt. Oh je, sie rinnt also doch, wie ich befürchtet habe. Marcelin schaut sich die Sache an und meint, ich solle zuerst die beiden anderen Fässer füllen. Doch da es in der Nacht geregnet hat, sind diese bereits halb voll. Wir sind beide ratlos. Wohin mit dem Wasser, diesem kostbaren Nass? Schließlich füllen wir auch noch die Kinderbadewanne, doch letztendlich bleibt uns nichts anderes übrig, als das restliche Wasser schweren Herzens einfach so wegzuschütten.

Léonard hat uns versprochen, heute zu kommen, um Lehmsteine für unsere traditionelle Außenküche herzustellen. Doch leider ist weit und breit nichts von ihm zu sehen. Er wollte gleichzeitig die Gelegenheit nutzen, auch für sein eigenes Haus Lehmsteine zu machen. Kürzlich hatte er ganz in der Nähe von uns ein Grundstück dafür bekommen. Er hätte das Wasser, das wir wegschütten mussten, gut gebrauchen können.

Überraschenderweise erscheint der alte Mann bereits vor acht Uhr, um den Brunnen zu reinigen. Gegen Mittag ist er schon mit seiner Arbeit fertig. Der junge Bursche, der ihn begleitet, verspricht mir beim Abschied, morgen wieder herzukommen, um uns beim Bau des Bungalows zu helfen. Ich nehme an, er hat dies mit Marcelin so besprochen und bin damit einverstanden. Je mehr Leute mithelfen, umso schneller wird die Arbeit fertig.

Der Schreiner, der gestern nur die Holzrahmen im Gästezimmer und in der Küche montiert hat, ist leider nicht wie abgemacht gekommen. »Weißt du, warum der Schreiner heute nicht weitergearbeitet hat?«, will ich deshalb von Marcelin wissen. »Ihm geht es gar nicht gut. Vermutlich leidet er an Malaria«, erklärt er mir. So haben wir keine Ahnung, wann er wieder auftauchen wird.

Die kümmerlichen Mauerreste, die einmal zum elterlichen Bungalow hätten werden sollen, werden an diesem Morgen noch fertig abgetragen und am Nachmittag kann mit dem Neuaufbau begonnen werden. Diesen Ziegelsteinen können dann auch die letzten Regengüsse der Saison nichts mehr anhaben. Die Arbeit geht zügig voran, sogar Christophe ist wieder erschienen, was mich enorm freut. Dieser junge Mann hatte bereits beim Bau unseres Hauses tüchtig mitgeholfen. Ich hatte damals bewundert, mit welcher Leichtigkeit und Ausdauer er die schwere Arbeit verrichtete.

Der Architekt mauert, wie abgemacht, unsere Terrasse hinter dem Haus ein und ich schaue ihm etwas zu. Soweit ich es beurteilen kann, arbeitet er ruhig, sauber und zuverlässig und die Mauer ist gerade. Auch Marcelin ist zufrieden.

Am Dienstag fährt Marcelin sehr früh mit unserem Auto zur Reparaturwerkstatt in Bangangté. Bei dieser Gelegenheit will er dann auch noch zwanzig Säcke zu fünfzig Kilo Zement und Verstärkungseisen kaufen. Der Zement soll dann per Lieferwagen zu uns gebracht werden.

Marcelin kommt jedoch ohne das Verstärkungseisen zurück, das für die tragenden Betonbalken des Bungalows benötigt wird. Dafür hat er zwei Waschbecken gekauft. Ein blaues für unser Badezimmer und ein weißes fürs Gästebadezimmer. Die Abwesenheit von Papa scheint für Sky jeweils eine Ewigkeit zu dauern, denn er freut sich immer riesig, wenn er zurückkommt und läuft ihm sofort entgegen. Er nimmt sein Joghurt, das Papa extra für ihn gekauft hat, sogleich selber von ihm in Empfang.

Léonard hätte neue Bausteine aus Zement herstellen sollen, doch leider lässt er sich nach wie vor nicht blicken. Marcelin gerät deshalb sehr in Rage. Die bereits fabrizierten Bausteine neigen sich dem Ende zu und wir wollten den Bau möglichst schnell hochziehen. Dieser Bungalow ist trotzdem für meine Eltern bestimmt, auch wenn mein Papa nicht mehr lebt. Er wird in Erinnerung an ihn »Margrith und Ruedis« Bungalow heißen. Marcelin hatte letztes Jahr seinen Schwiegereltern, anlässlich ihres Besuches bei uns, ein Haus versprochen. Papa hatte sogar dafür die Pläne gezeichnet. Voraussichtlich werden meine Mutter und mein Bruder Ruedi im Frühjahr 2009 zur nachträglichen traditionellen Beerdigungsfeier für Papa hierherkommen. Marcelin möchte ihr beweisen, dass er sein Versprechen hält.

Da uns also Léonard sitzen lässt, ist guter Rat teuer.

»Ich werde René fragen, ob er jemand anders kennt, der Bausteine herstellen kann«, überlegt Marcelin und eilt sogleich davon, um den Architekten aufzusuchen.

»Das dürfte kein Problem sein, ich kenne jemanden und habe auch dessen Handynummer«, erfährt Marcelin zu seiner großen Erleichterung. Er bittet René, diesen Mann unverzüglich anzurufen und zu fragen, ob er gleich heute noch kommen könnte.

Bereits zwei Stunden später fährt ein großer, kräftiger Mann auf seinem Motorrad bei uns vor und beginnt sogleich mit seiner Arbeit. Bis fast gegen 18 Uhr arbeiten alle sehr fleißig und Sky spielt mit Vergnügen in der Nähe der Arbeiter, um beim Bau »mitzuhelfen«. Wir werden ihn am Abend von Kopf bis Fuß gründlich waschen müssen.

Diese allgemeine Geschäftigkeit steckt auch mich an und so zäune ich noch zwei unserer Avocadobäume ein, denn inzwischen treibt sich das kleine Zicklein, das im September geboren wurde, schon auf dem ganzen Grundstück herum und kleine Avocadobäume sind eine Delikatesse für Ziegen. Wir wünschen uns, dass unsere Bäume groß werden und Sky später einmal, wenn er erwachsen ist, die Früchte auf dem Markt verkaufen kann. So wird er schon mal eine kleine, bescheidene Einnahmequelle haben.

Baulärm und Stimmengewirr wecken Sky und mich am Mittwochmorgen, Marcelin hat wie üblich sein Tagewerk schon längst begonnen. Er hat bereits die Schweine gefüttert und die Ziege dort angebunden, wo es noch gutes Gras und Kräuter gibt. Bald schon beginnt die Trockenzeit, da wird frisches Gras rar. Doch davon ahnt das Zicklein nichts, es springt fröhlich auf die abgesägten Baumstämme und spielt mit unserem Hund Kelly. Da es noch so klein ist, entfernt es sich nicht von seiner Mutter und wird daher erst wenn es etwa zwei bis drei Monate alt ist ebenfalls angebunden. Anscheinend besitzt Kelly einen starken Mutterinstinkt, denn sie hatte sich damals auch um die Jungen von unserem Hund Lady gekümmert, als dieser gestorben war.

Unerwartet schaut plötzlich der Schwiegervater von Léonard kurz bei uns vorbei und bringt uns eine Tasche voll mit Prunes.

Das Frühstück ist somit gerettet! In unserem Garten steht auch ein Prunier. Prunes, die Früchte dieses Baumes, heißen zwar auf Deutsch Pflaumen oder Zwetschgen, doch diese Früchte hier haben nichts mit Zwetschgen zu tun, man kann sie nicht roh essen. Sie werden entweder gekocht oder gegrillt. Es ist auch möglich, sie ganz einfach beim Feuer in die Glut zu legen. Diese Frucht sieht einer kleinen Salami ähnlich, ist etwa fünf Zentimeter lang und entweder violett-weiß oder nur violett. Sie hat einen großen Kern, den man nicht essen kann. Da Prunes leicht bitter sind, schmecken sie mit Bâtons de Manioc am besten.

»Weißt du, warum Léonards Schwiegervater uns dieses Geschenk gebracht hat?«, fragt mich Marcelin, nachdem wir gegessen haben.

»Einfach so, aus Freude?«

»Nein, das hat einen wichtigen Grund. Ich habe ihn letzte Woche vor dem Gefängnis bewahrt.«

Meine Neugierde ist geweckt. »Wieso denn das?«

»Dieser Mann hat auch einen Garten, in dem er das Nötigste anbaut. Du kennst ja die großen Rinderherden, die oft auch bei uns vorbeiziehen. Eine solche Rinderherde hat seinen ganzen Garten zerstört. Natürlich hatte er sofort bei der Polizei Anzeige erstattet, denn seine gesamte Existenz war damit auf einen Schlag vernichtet. Er ging vor Gericht. Leider hatte er einen schlechten Anwalt erwischt und so bezichtigte man den Schwiegervater von Léonard der Lüge. Nun muss der arme Mann zu allem Übel auch noch 37 000 CFA Strafe für seine vermeintliche Unwahrheit bezahlen, und zwar innerhalb eines Monats, was für ihn völlig unmöglich ist.«

»Unglaublich, der Arme. Aber wie hast du ihn denn vor der Gefängnisstrafe bewahrt?«, frage ich voller Ungeduld.

»Letzte Woche war die Frist für ihn abgelaufen. Wir trafen uns zufällig in Bangangté, wo er mir erzählte, dass er große Angst davor habe, ins Gefängnis gesteckt zu werden. Ich begleitete ihn zum Polizeiposten, um für ihn ein gutes Wort einzulegen, damit diese Frist verlängert wird, was man ihm dann auch zugestand. Vorhin, als er hierher kam, sagte er mir, seine Frau könne endlich wieder schlafen, denn sie war in großer Sorge, dass ihr Mann ins Gefängnis müsse. Die Prunes hat er uns in ihrem Auftrag als Dank für meine Unterstützung gebracht.«

Familie Paholo

Die Taufe von Sky

Wir pflanzen den Mangobaum nach der Hochzeit

Beim traditionellen Ritual für Sky mit Hanspeter Bäni

Marcelin und ich am Brunnen beim Wasserziehen

Sky, der kleine Prinz

Rudolf Hänni beim Essen vor Katharinas Haus

Unser Gästehaus

Mama und Papa von Katharina bestaunen das sich im Bau befindliche Ferienhaus

Die Chefs: Bei der Initiation vom neuen Chef Mango Nitsit (rechts)

Verwirrende Bamiléké-Traditionen:
Die alte Frau spricht Sky mit »mein Großvater« (mon grand-père) an.

Das Hühnerhaus und der Ziegenstall.
Der große Wunsch von meiner Mutter.

Der Eingang von der Terrasse
zur Bassamba Bar

Meine Familie bei der Anreise. Ein Zwischenhalt in Bafia.

Prinz Marcelin Paholo in seiner traditionellen Tracht

»La Reine Katharina« mit Sky bei der Audienz beim König

Sky und Katharina (links in blau, Jacques) auf dem heiligen Platz an einer Beerdigung in der Chefferie Nenta

Hedi, meine Schwester, trägt das Bild von Papa

Ein Juju (Maskenträger)
bei der Beerdigung von Papa

Der Trauertanz in den traditionellen Kleidern

Der heilige Platz mit den Chefs

Der Tanz der Versammlung Manjo Lali
an Papas Beerdigung

Und noch ein Blick über Bangangté

Marcelin an Weihnachten in der Schweiz

Marcelin bei den Proben mit Familie Bernet

Marcelin und Katharina im HubRaum Kehrsatz an Silvester

Marcelin und Sky erleben den Schnee

»La Reine Katharina« mit Sky: In Königintracht mit Kette und Armreif

»Ja, das war sehr lieb von dir, ihm beizustehen. Jetzt hat er noch genügend Zeit, um das Geld irgendwie aufzutreiben.«

In diesem Moment klingelt das Telefon. Jemand von der Autowerkstatt ist am Apparat. Marcelin solle vorbeikommen, es gebe mehr zu reparieren, als ursprünglich vorgesehen war. Eigentlich hätte Marcelin nicht ins Dorf gehen wollen, denn die Bauarbeiten laufen besser, wenn sie überwacht werden. Er überlegt hin und her, was er tun soll. Schließlich entscheidet er sich, zur Werkstatt zu gehen. Dazu muss allerdings zuerst eine Mitfahrgelegenheit gefunden werden. Da er gerade einen Freund auf dem Weg zu seinem Garten vorbeifahren sieht, wird dieser seiner Erfahrung nach bald wieder auf dem Rückweg sein.

»Ich werde ihn fragen, ob ich mitfahren kann. Pass schon mal auf, während ich mich rasch umziehe, und falls er eher als erwartet zurück ist, halte ihn bitte an.«

Danach schaut er nochmals auf der Baustelle vorbei und gibt hier und dort ein paar Anweisungen. Kurz darauf sieht er den Freund wieder vorbeikommen und gibt ihm Zeichen anzuhalten. Bevor die beiden wegfahren, verspricht Marcelin mir, am Nachmittag wieder zurück zu sein.

Während Sky seinen Mittagsschlaf hält, wasche ich einen Eimer voller Wäsche. Und schon kommen die ersten Meldungen von der Baustelle, dass der Zement demnächst ausgehen werde und bald keine Bausteine mehr da seien. Sofort rufe ich Marcelin an. Er verspricht, sogleich nach Hause zu kommen.

Wie eigentlich nicht anders erwartet, kommt er nicht.

Gegen Abend erfahre ich, dass auch der Mann, der die Bausteine anfertigt, Marcelin inzwischen angerufen hat und dieselbe Antwort erhielt, er käme sofort. Schlussendlich habe ich ihn bestimmt vier Mal angerufen und trotzdem erscheint er nicht, es ist zum Verzweifeln.

Es bleibt nichts anderes übrig, die Bauarbeiter müssen ihre Arbeit leider abbrechen, da keine Bausteine mehr vorhanden sind. Von Marcelin weiterhin keine Spur. So rufe ich ihn genervt ein weiteres Mal an. Er versichert mir, dass er in einer halben Stunde zur Stelle sei und bittet mich, den Arbeitern auszurichten, dass sie ALLE auf ihn warten sollen. Nach einer Viertelstunde informiere ich Marcelin, dass die Bauarbeiter nicht bereit sind, länger als dreißig Minuten zu warten.

Allgemeines aufatmen – tatsächlich kommt er innerhalb der versprochenen Zeit zurück. Er drückt mir seine Einkäufe in die Hände und begibt sich unverzüglich zur Baustelle. Danach kommt er bestens gelaunt und strahlend bis über beide Ohren zu mir zurück.

»Chérie, es hat so lange gedauert, weil ich eine Überraschung für dich mitgebracht habe.«

Das beeindruckt mich in diesem Moment überhaupt nicht, denn ich bin nicht nur sauer, sondern stinksauer. Es ist höchst ärgerlich für mich, wenn es Probleme gibt auf der Baustelle und er nicht da ist. Eine Frau hat in einem solchen Moment hier rein gar nichts zu sagen, wenn sie nicht alleinstehend ist. Selbst wenn ich eine Entscheidung getroffen hätte, wäre sie erst nach Rücksprache der Bauarbeiter mit Marcelin akzeptiert worden.

Voller Stolz berichtet Marcelin, ohne auf meine schlechte Laune zu achten: »Ich musste auf deine Überraschung warten. Kurz nach Mittag kam jemand zur Werkstatt und erzählte, sie hätten eine große Python erlegt. Ich bat sie, mir die Schlange zu bringen.«

Fast feierlich und mit kindlicher Freude zieht er eine beinahe zwei Meter lange Python aus der Tasche. Er legt sie auf den Tisch und ich erschrecke fast ein bisschen, obschon ich sonst keine Angst vor Schlangen habe. Sie sieht wie lebendig aus. Der Kopf ist noch dran, obschon dieser sonst üblicherweise sofort abgeschlagen wird, um das Tier zu töten. Und sie ist auch nicht blutverschmiert. Nur auf dem Tisch entdecke ich einige Blutflecken.

Ich weiß, dass Schlangenfleisch hier als ein besonderes Geschenk betrachtet wird. Früher war es Königen und Notabeln vorbehalten, Schlange essen zu dürfen. Doch ich bin in diesem Moment immer noch wütend.

»Es wäre mir lieber gewesen, wenn du mittags nach Hause gekommen wärst, statt stundenlang auf eine Schlange zu warten. Wir hatten hier Probleme genug, die du hättest lösen sollen «, werfe ich ihm an den Kopf. Doch er überhört meine Bemerkung und erklärt mir mit großer Vorfreude: »Du wirst sehen, die schmeckt noch viel besser als Viper! Ich werde sie gleich morgen ausnehmen und zubereiten.«

»Pass aber auf, wenn du sie aufschneidest«, gebe ich ihm zu

bedenken und zeige auf die dicke Stelle. »Sie hat kürzlich gefressen und noch nicht verdaut. Du wirst ihr Opfer noch finden, eingeschleimt in der Magensäure, und diese Magensäure ist auch gefährlich für unsere Hände. Schließlich zersetzt diese Säure Haare, Zähne und Knochen.«

Ungläubig schaut mich mein Mann an.

»Ja«, erkläre ich ihm dank meines Wissens über Schlangen, »eine Schlange würgt ihre tote Beute in einem Stück in den Magen. Dort wird sie über mehrere Wochen von der Magensäure verdaut und restlos zersetzt. Einzig die Eierschlange frisst ganze Eier, zerdrückt sie im Körper mit ihren Muskeln und spuckt die Schale danach wieder aus. Wie gesagt, du wirst noch ihre Mahlzeit vorfinden, sei also vorsichtig wegen der Säure.«

Marcelin füllt einen Eimer mit Wasser und legt das Tier über Nacht hinein. Dadurch wird das Fleisch ganz zart.

Bis zum Abendessen habe ich mich wieder beruhigt. Ich bin kein Mensch, der tagelang schmollt, das bringt nichts.

Später am Abend frage ich Marcelin, wie es denn nun mit den Bauarbeiten weitergehen würde.

»Wegen mangelnder Bausteine gibt es einen Baustopp bis Montag«, ist seine besorgte Antwort. »Bis dahin sollten neue trocken sein.«

Zudem ist Zement momentan überall knapp, sodass es zurzeit im ganzen Dorf Lieferschwierigkeiten gibt. Man will wieder einmal den Preis raufdrücken. Im September 2005, als wir mit dem Bau unseres Hauses begonnen hatten, kostete ein Sack Zement 2500 CFA, jetzt kostet er schon 6200 CFA.

Der Mann, der die Zementbausteine für uns anfertigt, kommt überraschenderweise tatsächlich am Donnerstag wieder. Doch bereits am frühen Nachmittag kann er nicht mehr weiterarbeiten, da der Zement endgültig aufgebraucht ist.

Trotz all dieser Sorgen bleibt uns nichts anderes übrig, als abzuwarten und täglich im Dorf nachzuschauen, ob Zement angekommen ist. Wenn welcher aus Douala angeliefert wird, sollte man unbedingt vor Ort sein, denn er ist innerhalb einer Stunde ausverkauft.

So fahren wir deswegen auch am Samstag extra früher als sonst ins Dorf. Leider vergeblich.

Am Nachmittag wäscht Marcelin die Python und nimmt sie aus. Wie erwartet, findet er noch eine halbe Maus oder Ratte in ihrem Bauch, genau kann ich es nicht erkennen und werfe sie weit weg. Sofort wollen sich die Hunde drauf stürzen. Doch als ihnen die Säure in die Nase steigt, schrecken sie zurück, gerade so, als stünden sie vor einem Krebs, der sie in die Nase beißen will. Marcelin schneidet das Tier in große Stücke und kocht diese in einer herrlichen Sauce mit Kartoffeln. Python schmeckt wirklich noch besser als Viper, das muss ich sagen. Das Fleisch ist etwas saftiger. Wir genießen das leckere Mahl in vollen Zügen.

Am Sonntag erholen wir uns etwas von der doch recht stressigen Woche und am Montag fährt Marcelin wieder nach Bangangté wegen des Zementes. Leider wiederum vergeblich. Erst am Dienstag wird wieder angeliefert und es kann endlich weitergearbeitet werden. Marcelin kauft auch noch das benötigte Eisen. Ja, die Ecken der Häuser werden tatsächlich mit Eisen verstärkt, genauso wie die Stützbalken, die das Dach tragen. Von jetzt an geht es mit dem Bau flott voran.

Nun wollen wir endlich Nägel mit Köpfen machen. Der König hatte uns versprochen, dass wir seinen Trax, wie wir in der Schweiz die Planierraupe nennen, benützen können, um das Gelände für das Hotel zu roden und auszuebnen.

»Kommt bitte gegen Ende der Woche nochmals vorbei«, gab er uns zur Antwort. »Das Fahrzeug ist gerade in Reparatur und es handelt sich um eine größere Sache. Wann es wieder benutzbar ist, weiß ich nicht«, fügte er noch bedauernd hinzu.

So begeben wir uns am Freitag erwartungsvoll nochmals zur Chefferie Supérieure. Es sind an diesem Tag viele Leute da, die beim König mit irgendeinem Anliegen vorsprechen wollen. So mache ich mich schon auf eine längere Wartezeit gefasst. Doch wir werden von einem der Notabeln sogleich ins Haus gerufen. Notable sind Angehörige der sozialen Oberschicht, deren Ansehen auf einem hohen Rang oder einem großen Vermögen beruht, also ein höhergestellter Bürger. Der König ist noch nicht da. So nutzt Marcelin die Gelegenheit, um mir die vielen Fotos und Zeichnungen an der Wand zu erklären. Ein Bild hängt ganz schief und Marcelin weist zuallererst auf dieses. Es zeigt das Porträt eines schönen, stattlichen und sympathischen Mannes im Anzug.

»Schau, das ist mein Vater, Robert Njiké«, sagt Marcelin mit stolz geschwellter Brust. Ich betrachte das Bild etwas näher und lese darunter, dass es sich tatsächlich um Marcelins Vater handelt. Marcelin bemerkt sogleich, dass mein Blick zwischen ihm und dem Bild hin und her schweift.

»Nein, nein, ich habe äußerlich keine Ähnlichkeiten mit meinem Vater, aber mit meinem Großvater«, bemerkt Marcelin lachend.

Na ja, denke ich, die Stellung der Wangenknochen ist aber doch sehr ähnlich. Dann fällt mein Blick auf einen großen Fotorahmen. Darin befinden sich viele kleinen Fotos und Zeichnungen.

»Das ist die Ahnentafel der Chefferie«, erklärt mir Marcelin selbstbewusst. Von seinem Großvater Njiké II. Salmo, Vater Njiké Robert und Bruder Njiké François sowie Njimouluh Seidou, dem jetzigen König, gibt es Fotos, von den früheren Königen nur Zeichnungen. Auf der ältesten ist eine Holzstatue zu sehen, sie stellt den ersten König dar und ist auf das Jahr 1665 datiert. Ich bin sehr beeindruckt, dass Marcelins Ahnentafel so weit zurückverfolgt werden kann.

Dann macht er mich noch auf ein anderes Foto aufmerksam. Es zeigt den jetzigen König mit seiner deutschen Frau anlässlich der Beerdigung ihres gemeinsamen Kindes. Der Stammesfürst trägt ein wundervolles, dunkelviolettes Königsgewand, die Frau an seiner Seite die traditionellen königlichen Kleider in den Trauerfarben blau-weiß mit dem königlichen Muster. Dazu den Trauerhut, der aus schwarzen, trinkhalmartigen Stäben, meist aus Karton oder Papier besteht, in denen lange, rote Federn stecken. Das ganze kann aufgeklappt werden, sodass es wie eine Blüte oder ein Teller aussieht. Damit dieser Trauerhut einigermaßen auf dem Kopf zu tragen ist, gibt es entweder einen kleinen Aufsatz oder Bänder zum Festbinden. Diesen Hut darf nur diejenige Person tragen, die dem Verstorbenen am nächsten stand. Zu dieser Tradition gehören auch zwei Trauerwedel, Balai oder auch Queues de cheval genannt, da sie aus Pferdeschweifen bestehen. Diese sind nur Angehörigen des Königshauses und Notabeln vorbehalten, werden zu Hause aufbewahrt und zu Beerdigungen hervorgeholt.

Marcelin bittet mich, das Bild noch einmal genauer zu betrachten. »Siehst du, wie die Frau gekleidet ist? Genau so wird man dich zur Beerdigungsfeier für deinen Vater im nächsten Jahr hier in Kamerun kleiden!«

In diesem Moment betritt der König den Raum und wir begrüßen ihn ehrfurchtsvoll mit dem afrikanischen Hofknicks, gefolgt vom Begrüßungsritual. Ich klatsche, wie Marcelin es mir seinerzeit vor der ersten Audienz beim König gelehrt hatte, zweimal in die Hände und öffne sie dann wie eine Blüte, um darin mein Gesicht andeutungsweise zu verbergen. Marcelin klatscht auch zweimal in die Hände, macht dann aber mit der rechten Hand eine Faust, und mit der linken hält er diese wie auf einem Teller. Anschließend hält er die Hände vor den Mund, so als möchte er in die Faust blasen. Das bedeutet, dass man den König respektiert und ihn nie beim Reden unterbricht. Danach zeigt der König auf die Stühle. Ich darf mich setzen, Marcelin dagegen muss, wie es der Tradition entspricht, stehen bleiben. Er darf sich auf dem ganzen Königsgelände höchstens auf den Boden setzen. Das ist die kamerunische Art der Respektserweisung ans Elternhaus und an den Königshof. Dann bittet der König Marcelin, er möge sprechen. Er bringt beim König nochmals unsere Bitte nach dem Trax vor. Das Gespräch zwischen den beiden auf Medumba geht hin und her. Dann endlich sagt der König freundlich zu mir auf Französisch, damit ich es auch verstehe: »Ich werde euch morgen den Trax schicken.«

Bevor mir ein »wow, super« über die Lippen kommt, kann ich mir noch rechtzeitig auf die Zähne beißen. Ich schlucke und bringe dann ein artiges, respektvolles »merci beaucoup« hervor und lächle den König dankbar an. Nach einer wie immer sehr kurzen Verabschiedung stehen wir schon wieder draußen.

Es ist sehr schwer für mich, meine unbändige Freude noch bis zum Auto zurückzuhalten, denn auf dem Gelände des Königshofes spricht man nicht laut. Zu allem Übel fragt uns ausgerechnet in diesem Moment der erste Sekretär des Königs, ob wir ihn ein Stück weit mitnehmen könnten. Ich platze fast, weiterhin schweigen zu müssen, doch vor dem Sekretär darf ich ebenfalls nichts sagen, das wäre ungehörig. Glücklicherweise steigt er bereits beim ersten Restaurant am Wegrand aus. Endlich kann ich meiner Freude freien Lauf lassen. »Mein Gott, ist das nett vom König! Und der Trax kommt schon morgen, juhui!«

Wir können unser Glück kaum fassen. Beschwingt müssen wir dies noch kurz in der »Bassamba-Bar« feiern. Eigentlich wäre ich noch gerne ins Internet-Café gegangen, doch in ganz Bangangté gibt es wieder mal keinen Strom. So trinke ich trotzdem zufrieden meine Cola und bestelle mir dazu einen Fisch vom Grill mit zwei Bâtons de Manioc. Genüsslich teile ich den Fisch mit Sky und genieße ganz einfach den Nachmittag ohne Stress. Doch plötzlich mischt sich auch Skepsis in meine große Vorfreude. Eigentlich wäre es in Kamerun geradezu ein kleines Wunder, wenn der Trax wirklich schon morgen käme. Doch ich will mir meinen Optimismus nicht nehmen lassen.

Am Samstagmorgen sitzen wir alle ausnahmsweise wieder einmal bereits um sieben Uhr auf der Terrasse beim Frühstück. Marcelin mahnt mich ungeduldig, mich zu beeilen, der Trax würde bestimmt bald kommen. Doch ich lasse mich davon nicht beirren und wasche danach in aller Seelenruhe das Frühstücksgeschirr ab. Inzwischen ist es bereits acht Uhr geworden. Marcelin tigert nervös herum.

»Kannst du nicht anrufen und fragen, wo er bleibt?«

»Nein«, antwortet Marcelin, »das wäre ungehörig.« Seine Nervosität ist kaum auszuhalten, wie ein aufgescheuchtes Huhn rennt er hin und her.

»Ruf doch mal an«, wiederhole ich in betont ruhigem Ton. »Du kannst dich ja nur ganz freundlich erkundigen, ob etwas vorgefallen sei. Das dürfte doch kein Problem sein, und dann wissen wir auf jeden Fall Bescheid«, rede ich auf Marcelin ein. Endlich hält auch er es nicht mehr länger aus und greift zum Handy. Er erfährt, dass der Trax demnächst bei uns sein würde. Der Fahrer sei soeben dabei, diesen oben an der Kurve, beim Haus des verstorbenen Jägers, vom Lastwagen herunterzufahren. Wegen des hohen Steppengrases getraue er sich nicht, mit dem Lastwagen bis zu uns hinunterzufahren.

Und schon zehn Minuten später hören wir das typische Rattern der Baumaschine. Für unsere Ohren klingt es in diesem Moment wie Musik! Marcelin rennt sogleich zur Straße, um den Fahrer anzuweisen, dass er das Grundstück auf der gegenüberliegenden Straßenseite vom inzwischen gut zwei Meter hohen Steppengras und den Bäumen säubern solle. Ich hole inzwischen noch rasch die Digitalkamera hervor und laufe dann zusammen mit Sky zur Straße, um diesen für uns denkwürdigen Moment zu fotografieren und teilweise auch filmisch festzuhalten.

Es ist schon etwas Besonderes, dieser Maschine zuzuschauen, wie sie mitten durch das hohe Steppengras eine Schneise schlägt und dann dazwischen völlig verschwindet und nur noch das Motorengeräusch zu hören ist. Eine Weile schauen wir zu, doch Sky wird es schnell langweilig, sodass wir beide wieder zum Haus zurückkehren.

Einige Zeit später kommt auch Marcelin zurück. Es laufe wie gewünscht, meint er zufrieden, der Trax komme gut voran, sodass bereits ein großer Platz gereinigt sei, und das müsse ich mir unbedingt anschauen. So gehen wir drei zusammen nochmals zum Bauplatz. Ich nehme noch Wasser für uns alle mit, denn es ist enorm heiß. Wir setzen uns ins hohe Gras, um wenigstens ein kleines bisschen Schatten zu haben. Marcelin hält es jedoch nicht lange bei uns aus, denn er muss dem Fahrer immer wieder erklären, wo und wie weit er das Gelände räumen muss, da nichts abgesteckt oder sonst irgendwie gekennzeichnet ist. Er weiß auch so, wo die Grundstücksgrenze durchläuft.

Ich mache mit Sky einen kleinen Spaziergang zu unserem Haus hinüber, um für die Männer ein kühles Bier, für mich eine Cola und für Sky frisches Wasser zu holen. Wenn ich von einem kühlen Bier spreche, dann bedeutet das, dass es im Haus gelagert wird und daher kühler ist als die Außentemperatur. Das gilt hier schon als erfrischend. In Bangangté wird so gut wie nirgends, auch nicht in Restaurants, Bier aus dem Kühlschrank angeboten, weil man davon überzeugt ist, dass allzu kalte Getränke ungesund sind, was ja eigentlich auch stimmt. Ein weiterer Grund dürften die fehlenden Kühlschränke sein. Wir finden dann ein herrlich schattiges Plätzchen unter einem Baum, der zum Fällen zu groß gewesen war. Dieser prächtige Savannenbaum wird später eine wichtige Funktion bekommen. Nicht umsonst hatte er sich mit allen Kräften dagegen gewehrt, weggeputzt zu werden!

So verbringen wir die Mittagspause zusammen mit dem Traxfahrer und seinem Helfer, einem Jungen von ungefähr 18 Jahren, zu dessen Aufgaben es gehört, die Maschine jeweils mit Wasser und Öl wieder aufzufüllen.

Obwohl der Fahrer bereits seit acht Jahren für den König

arbeitet, weiß er so gut wie nichts über die Geschichte dieser großen Chefferie. Marcelin lässt es sich deshalb nicht nehmen, ihn über dies und jenes aufzuklären. Der Fahrer hört seinen Ausführungen gebannt zu. Wahrscheinlich hat er sich bisher noch gar nie Gedanken darüber gemacht, welch wichtige und interessante Geschichte hinter seinem Arbeitgeber stecken könnte. Marcelin beklagte sich schon des Öfteren darüber, dass sich die Jugend leider heute größtenteils nicht mehr für Traditionen interessiere und diese Entwicklung bestimmt in Europa ähnlich zu beobachten sei. Über Marcelins Leben und das Königshaus von Bangangté habe ich in meinem ersten Buch ausführlich berichtet.

Nach rund einer Stunde Mittagspause geht es für die Männer wieder an die Arbeit. Sky ist inzwischen von all dem Neuen und der Hitze müde geworden und möchte schlafen. So machen wir zwei uns auf den Heimweg. Schon nach kurzer Zeit kommt Marcelin ganz aufgeregt, hinter ihm der junge Mann, die große Batterie vom Trax auf den Schultern tragend. Was das wohl zu bedeuten hat, frage ich mich, nichts Gutes ahnend. Der Ventilator des Trax′ sei rausgesprungen, sie könnten nun nicht mehr weiterarbeiten, die Maschine müsse zuerst repariert werden. Doch dies sei erst am Montag möglich, erfahre ich. Es bleibt also nichts anderes übrig, als das Fahrzeug stehen zu lassen. Da der junge Mann die Batterie ausgebaut hat, ist ein Diebstahl so gut wie unmöglich. Der Fahrer muss dann trotz seiner anfänglichen Bedenken den Lastwagen doch noch auf unser Grundstück fahren, damit auch dieser in Sicherheit ist.

Marcelin ruft sofort den Mototaxifahrer Titcha an und bittet ihn, die beiden Männer zurück in die Chefferie zu bringen. Der Fahrer wird dann von dort Werkzeug und Ersatzteile mitbringen, um am Montag die Reparatur durchführen zu können.

Trotz dieser Panne sind wir zufrieden, der Anfang für unser »Traumhotel« ist gemacht.

Noch am selben Tag erscheinen die ersten Neugierigen bei uns, die wissen wollen, was denn hier gebaut würde. Auch Titcha platzt fast vor Wissbegier und hat gehofft, etwas darüber zu erfahren. Doch Marcelin will noch nichts verraten. Gegen Abend erscheint auch Bianca, die zweite Frau vom Chef von Bametcha. Sie ist informiert über den geplanten Bau, denn unseren Dorfchef hatten wir selbstverständlich eingeweiht. Bianca ist überrascht von der Größe des Geländes. Die gerodete Fläche ist mindestens so groß wie diejenige um unser Haus herum.

Am Montag ist der Fahrer tatsächlich schon sehr zeitig zur Stelle, um das Fahrzeug zu reparieren, was relativ schnell geht. Dann arbeitet er weiter bis zum frühen Nachmittag. Wir sollten ja ursprünglich den Trax für einen Tag bekommen, durch die Panne haben wir aber viel Zeit verloren, sodass er seine Arbeit nicht so beenden konnte, wie wir das gerne gehabt hätten. Nun, was soll's, wir können es nicht ändern.

Bei der Einfahrt von der Straße zu unserem Grundstück mussten wir bisher immer zuerst über einen kleinen Buckel fahren, was sehr lästig war. Da der Lastwagen noch auf unserem Grundstück stand, nutzte der Traxfahrer die Gelegenheit, auf dem Weg dorthin gleich noch diesen auszuebnen. Damit hat er uns einen großen Gefallen erwiesen.

In der folgenden Woche beginnt der Architekt, nach unserem Plan das Gelände für das Hotel abzustecken. Es soll in U-Form gebaut werden. Bald sind auch schon die Grundmauern für das Restaurant gesetzt. Wir sind beider voller Optimismus und Tatendrang.

An einem dieser Abende, Sky schläft bereits friedlich, schwelgen wir so richtig in Zukunftsträumen. Wie wird es sein, wenn wir die ersten Gäste in unserem Hotel willkommen heißen dürfen? Wenn alles klappt, sollten die ersten Zimmer spätestens im Dezember 2010 bezugsbereit sein. Es wird ein einfaches, aber sauberes Haus, in dem das Wohl und die Sicherheit unserer Gäste an oberster Stelle stehen.

Dass wir unsere Gäste vor allem mit kamerunischer Küche verwöhnen werden, ist selbstverständlich. Allerdings sind wir da auch flexibel und werden auf Wünsche eingehen können.

»Im Gartenrestaurant werden wir jeweils am Wochenende Live-Musik anbieten«, sinniert Marcelin.

»Das ist eine Superidee«, stimme ich ihm zu und spinne den Faden gleich weiter: »Und du könntest auf Wunsch auch Sanza- oder Gitarren-Kurse geben.« Zu diesem Einfall bekomme ich von Marcelin statt einer Antwort nur ein Lächeln.

»Wir werden geführte Ausflüge anbieten, zum Beispiel zu den schönsten Chefferien, oder nach Foumban zum Sultanspalast und der Künstlerstraße, oder einen Markt besuchen«, sprudelt es weiter aus mir heraus. Während der Trockenzeit von November bis April ist die beste Reisezeit, in der problemlos Ausflüge oder Rundreisen geplant werden können. Allerdings kann das Thermometer tagsüber bis auf vierzig Grad steigen. »Wir könnten auch all die Orte besuchen, die du im Buch beschrieben hast«, ergänzt Marcelin.

Aber natürlich ist es auch möglich, einfach im Liegestuhl zu relaxen und die herrliche Natur zu genießen.

Während der kleinen Regenzeit von Mai bis Juli, wo es nur stundenweise regnet, meistens nachts oder morgens, gibt es ein faszinierendes Schauspiel zu beobachten, wenn die Natur vom trockenen, verdorrten Gelb innerhalb von Tagen zu einem wunderschönen, satten Grün wechselt.

Ausflüge in der großen Regenzeit sind nur begrenzt möglich, da viele Naturstraßen nicht mehr passierbar sind. Dafür ist es die beste Zeit, um den Körper zu entschlacken. Wir werden unseren Gästen je nach Jahreszeit eine große Auswahl an Biofrüchten wie Ananas, Bananen, Guaven, Mandarinen, Mango, Orangen, Passionsfrüchte und Wassermelonen anbieten können, teilweise aus unserem eigenen Garten.

Oder warum nicht mal Weihnachten und Sylvester bei uns mit einer Grillparty feiern, überlege ich mir weiter.

Selbstverständlich können unsere Gäste auch die Heilerfähigkeiten Marcelins in Anspruch nehmen, der dabei jederzeit von seinem Schwager Jacques, einem hier bekannten Heiler, unterstützt wird.

Zu guter Letzt diskutieren wir auch darüber, wie denn unser Hotel heißen könnte. Verschiedene Namen sind in den letzten Tagen schon gefallen. Wir einigen uns schließlich auf »Bellevue du Roi«, denn die Aussicht ist wahrlich grandios, eines Königs würdig.

So klingt dieser Abend voller Optimismus aus.

Kapitel 17

Marcelins erster Besuch in der Schweiz

Wer zu viel Arbeit hat, fängt am besten mit dem Essen an

Hier in Kamerun geht es der Trockenzeit entgegen, in der Schweiz ist der Herbst angebrochen.

Marcelin macht der Tod meines Vaters immer noch sehr zu schaffen, wir reden viel darüber. Marcelin glaubt nach wie vor, dass mein Vater wegen des Überfalls gestorben ist und macht sich deswegen Vorwürfe. Inzwischen habe ich es aufgegeben, ihn von dieser Meinung abbringen zu wollen. Mir jedoch bereitet meine Mutter momentan mehr Sorgen. Das Weihnachtsfest steht vor der Tür und es wird das erste Mal sein, dass Papa nicht mehr dabei ist. Natürlich werden sich meine Geschwister um sie kümmern, keine Frage. Aber sie können meiner Mutter nicht einen Weihnachtsmarathon zumuten, bei dem sie jeden Tag irgendwo anders eingeladen ist. Also wird es auch Tage, Abende geben, die sie alleine verbringen wird. Die Weihnachtszeit hat sie mit Papa immer sehr genossen. Auch Marcelin macht es Kummer, dass sie genau während dieser Zeit alleine sein soll. So schlägt er mir vor, über Weihnachten in die Schweiz zu fliegen. In Afrika ist es Sitte, dass man eine Witwe ein Jahr lang begleitet. Es ist immer, rund um die Uhr, jemand für sie da und hilft ihr im Haushalt und im Garten.

Es gibt aber auch noch weitere Gründe, die für eine Reise in die Schweiz sprechen: Marcelin könnte sich um seine CD kümmern, Kontakt zum Eurotop-Studio haben wir ja, und Werbung machen für sein Gewürz. Zuerst ist er begeistert von dieser Idee, doch bereits einen Tag später will er lieber doch nicht mitkommen. Ich mache ihm klar, dass seine Präsenz wichtig sei, schließlich ist es sein Gewürz. Da er sehr unsicher ist, beschließt er, »die Zukunft« zu befragen. Er kennt eine Methode, mithilfe derer ihm

»die Zukunft« Fragen mit Ja oder Nein beantwortet. Nun will er von ihr wissen, ob die Reise auch zu unserem Vorteil sei, wenn er nicht mitkommt. Ich bin sehr gespannt zu erfahren, wie das funktionieren soll. Ich stelle ihm also die entsprechende Frage. Um die Antwort von der »Zukunft« zu bekommen, benötigt er zwei Stäbchen, Streichhölzer oder Bleistifte. Die Person, die die Frage stellt, in unserem Falle also ich, bestimmt ein Stäbchen für Ja und eines für Nein. Ich lege die beiden Stäbchen vor Marcelin auf den Tisch. Natürlich darf er nicht wissen, wie ich die Auswahl getroffen habe. Dann reibt er ganz schnell die Hände über den beiden Stäbchen, bis eine Hand quasi auf eines der beiden abrutscht. Manchmal wiederholt er diesen Vorgang zwei bis drei Mal, um ganz sicher zu sein, und die Antwort ist erstaunlicherweise immer dieselbe, nämlich jedes Mal NEIN. Das bedeutet also, er soll mitkommen!

Da wir das Haus nicht zu lange alleine lassen können, schlägt Marcelin mir vor, dass ich vorab fliege und er dann nachkommt. Ich bin mit dieser Lösung einverstanden. Unser Kontostand zeigt, dass wir den Flug bezahlen können. Wir hoffen auf ein günstiges Flugangebot, doch wir wagen nicht zu pokern. Eine Woche nachdem wir den Flug bezahlt haben, gibt es genau für unser Datum Vergünstigungen. Pech gehabt.

Das ist auch so eine Geschichte, hier in Afrika größere Beträge zu transferieren. Wir haben zwar unser Geld auf einem Konto, aber es ist hier nicht möglich, Geld von einem Konto auf ein anderes zu überweisen. Also müssen wir den großen Betrag auch hier im Land per Western Union ans Reisebüro schicken lassen. Das heißt, die arme Frau vom Reisebüro musste mit dem riesigen Geldbündel durch halb Douala laufen. Die größte Note die es hier gibt, ist ein 10 000 CFA-Schein, also 25 CHF (16 €)!

Mit Western Union kann man Geld innerhalb von Minuten in die ganze Welt verschicken. Dieser Transfer ist aber nur möglich an Personen, nicht an Vereine oder an ein Reisebüro direkt. Deshalb müssen wir es persönlich an die Dame vom Reisebüro überweisen lassen und sie muss es dann in der nächsten Filiale bar abholen.

Von der Schweiz aus funktioniert es folgendermaßen: Man füllt bei der Western Union ein Formular aus. Wenn man dann beispielsweise 100 CHF verschicken will, bezahlt man 12 CHF zusätzlich als Bearbeitungsgebühr. Je nach Überweisungsbetrag erhöht sich natürlich auch die Bearbeitungsgebühr. Ist der Transfer bestätigt, informiert man den Empfänger über eine zehnstellige Transfernummer und gibt den Betrag sowie Name und Adresse des Absenders an. Für Afrika braucht es noch zusätzlich eine Sicherheitsfrage und -antwort, die der Empfänger kennen muss. Dies übersendet man meistens per SMS und der Empfänger kann dann das Geld sofort in der nächsten Western Union Filiale in bar abholen.

Vor unserer Reise in die Schweiz müssen wir auch das Problem lösen, wer sich während unserer langen Abwesenheit um das Haus und die Tiere kümmern könnte. Inzwischen haben wir ja auch Hühner, doch die sind das kleinste Problem, die versorgen sich selbst. Aber die Ziegen, Schweine und Hunde müssen gefüttert werden. Marcelin fragt seinen jüngeren Bruder Léonard, ob er sich um unser Haus kümmern möchte, zumal er fast täglich daran vorbeikommt, um in seinen Garten zu gehen. Wir bieten ihm an, mit seiner Frau in dieser Zeit in unserem Haus zu wohnen und dort auch gleich Bausteine für sein Haus herzustellen. Bei uns gibt es genug Erde und Wasser. Marcelin hat ihm geholfen, ein Grundstück bei uns in der Nähe zu bekommen, um für sich und seine Familie ein Haus zu bauen. Gegenwärtig wohnt er noch mit Frau und Kind in einer Einzimmerwohnung zur Miete. Da Léonard einverstanden ist, lassen wir ihm genug Vorräte im Haus, unter anderem fünfzig Kilo Reis (auch für die Hunde), dann Öl, Zucker und Salz. Eigentlich von allem genug für die vier Wochen, in denen auch Marcelin weg sein wird.

Wir haben so gebucht, dass ich am 26. November fliege und Marcelin am 17. Dezember nachkommen wird. Am 13. Januar wollen wir dann gemeinsam zurückfliegen.

Vor meinem Abflug lässt Marcelin noch den Dachstuhl für den Bungalow hochziehen. Eigentlich wollten die Arbeiter diese Schwerstarbeit, so ein riesiges Holzgerüst ohne maschinelle Hilfe auf das Haus zu hieven, erst später vornehmen. Meiner Mutter zuliebe, damit ich ihr davon eine Bild mitbringen kann, haben sie diese Arbeit vorgezogen. Zu meiner Verwunderung sieht es sogar ganz einfach und leicht aus. Ich komme kaum aus dem Staunen heraus. Ich glaube, unser europäisch-rationales Denken lässt die Vorstellung gar nicht mehr zu, eine solche Arbeit auch mit reiner Manneskraft zu machen. Auf dieses so angebrachte Holzgerüst wird dann das Blechdach draufgenagelt.

Der Rohbau des Bungalows ist also fertig und die Grundmauern für das Restaurant auf der anderen Straßenseite sind ebenfalls gesetzt. So können wir ruhig in die Schweiz fliegen. Ich bin schon sehr gespannt, wie es Marcelin dort gefallen wird.

Die Fahrt nach Douala verläuft ohne Pannen und Sky hat auch keine Probleme am Flughafen, sich vorübergehend von seinem Papa zu verabschieden.

Bei der Ankunft in Zürich zeigt sich die Schweiz mit den letzten sonnigen, aber recht kühlen Herbsttagen. Sky findet für sich die beste Transportmöglichkeit vom Flughafen zur Bahnstation. Von der Hand würde er sich ständig losreißen und ihn zu tragen, nebst Gepäckwagen schieben, wäre umständlich. So setzt er sich auf den Koffer auf dem Gepäckwagen. Den Buggy habe ich zu Hause vergessen, worüber ich jetzt froh bin, denn wie sollte ich einen Buggy und einen Gepäckwagen steuern. Einige Leute schauen uns etwas verwundert an, doch Sky gefällt es, auf dem Koffer zu thronen.

Mit dem nächstmöglichen Zug fahren wir Richtung Bern und schon knapp zwei Stunden später sind wir in Kehrsatz. Doch vom Bahnhof bis zur Wohnung meiner Mutter kann ich unmöglich mit dem ganzen Gepäck zu Fuß gehen. Also versuche ich, vom Bahnhof aus ein Taxi anzurufen, doch mein Handy kann nur eine ganz schlechte Verbindung herstellen. Da läuft mir Karim mit seinem Hund über den Weg. Er freut sich sehr, mich zu sehen. Bei einem der letzten Besuche hat er mich in einem Ladengeschäft angesprochen. Auch er hat die »Reporter«-Sendungen über mich gesehen. Bereitwillig ruft er für mich ein Taxi. Während des Wartens unterhalten wir uns und er will wissen, warum ich in die Schweiz gekommen bin. Ich erzähle ihm, dass wir Weihnachten bei meiner Mutter feiern und außerdem sowohl eine Silvesterparty als auch einen Gewürzabend veranstalten möchten.

»Komm doch mal in den ›HubRaum‹, vielleicht könnte man

da etwas machen«, meint Karim spontan. Er zeigt mir auch gleich von Weitem den Weg dorthin.

»Ja, das wäre wirklich sehr praktisch, gleich hinter dem Bahnhof und von daher auch mit dem Zug für jedermann gut erreichbar.« Ich verspreche ihm, mal vorbeizuschauen. Das wäre natürlich ein idealer Ort, da könnten wir sogar zu Fuß hin. Das Taxi kommt und wir verabschieden uns.

Sky erkennt den Platz vor dem Haus, in dem meine Mutter wohnt, sofort wieder und rennt auf die Haustür zu. Inzwischen ist er stark genug, dass er die Tür selber aufstoßen kann. Unser Besuch ist für meine Mutter eine große Überraschung, denn damit hatte sie nicht gerechnet. Sky ist nicht mehr zu halten, er steigt gleich alleine die Treppe hoch und begrüßt seine Großmutter stürmisch. Ab diesem Zeitpunkt beginnen für mich fast so etwas wie Ferien, denn ich habe keine offiziellen Termine.

Zwei Tage später mache ich mich auf den Weg zum »HubRaum«, um die Räumlichkeiten zu besichtigen und den Termin abzuklären. Dieses Kunst- und Kulturzentrum befindet sich in einem altehrwürdigen, schlossähnlichen Gewerbebau von 1930. Karim stellt mir dort Urs und Nini vor. Urs leitet den »HubRaum«, Nini ist eine Mitarbeiterin. Der Name »HubRaum« leitet sich von Urs ab, der Leiter heißt nämlich Urs Huber.

Wie ich von Urs erfahre, können dort jeden Monat junge Künstlerinnen und Künstler 14 Tage lang ihre Werke präsentieren. Er bietet auch Platz für Kleintheater, Tanz, Lesungen und vieles andere mehr. Im Sommer bietet der lauschige Park Platz für Ausstellungen oder Events.

Wir einigen uns schließlich auf eine Silvesterparty, und für den Gewürzabend reservieren wir Samstag, den 3. Januar. Nun muss nur noch für Marcelins musikalische Liveauftritte an den beiden Abenden eine Band gefunden werden, die ihn begleiten kann.

Die Wochen, bis Marcelin nachkommt, vergehen sehr schnell. Eigentlich wollte ich noch einiges vor seiner Ankunft vorbereiten, doch ich komme einfach nicht dazu. Einerseits fehlt mir die Zeit und anderseits ein Fahrzeug. So rückt der 17. Dezember 2008 immer näher – Marcelins erster Besuch in der Schweiz. Das Fernsehen wird dabei sein und auch ein Fotograf der Zeitschrift »Glückspost«. Am Abend zuvor reise ich mit dem Zug nach Zürich zu Sarah, die mir angeboten hat, bei ihr zu übernachten. Ich habe sie durch Facebook kennengelernt, sie ist wie ich mit einem Kameruner verheiratet. Da Marcelin morgens um sechs Uhr ankommen wird, ist ihre Wohnung in der Nähe des Flughafens ideal.

Während wir am nächsten Morgen im Tram zum Flughafen sitzen, melden sich auch Angela und Jürg, die Marcelin ebenfalls am Flughafen willkommen heißen wollen. Sie sind mit dem Auto unterwegs, haben aber einige Probleme mit glatten und verschneiten Straßen und stehen schon im Stau.

Die Schweiz wird Marcelin nicht mit einem roten, sondern einem weißen Teppich begrüßen!

Über Nacht hat es so viel geschneit, dass die Stadt Zürich nun von einer weißen, leichten Decke überzogen ist. Es sieht märchenhaft und wie verzuckert aus und alles Graue und Düstere scheint verschwunden zu sein.

Sarah und ich sind die ersten am Flughafen. Bald darauf spricht uns schon der Fotograf von der »Glückspost« an. Kurze Zeit später erscheint Hanspeter Bäni vom Schweizer Fernsehen. Angela und Jürg schaffen es auch noch rechtzeitig. Die ersten Passagiere kommen schon ans Förderband, um ihr Gepäck abzuholen, von Marcelin ist noch nichts zu sehen. Erst ziemlich am Schluss erscheint er. Es wird fleißig gefilmt und fotografiert, wie sehr ich mich über die Ankunft von Marcelin freue. Manchmal kann ich mich begeistern wie ein kleines Kind. Das ist eben mein Temperament. Ich nehme Sky hoch und zeige ihm seinen Papa durch die dicke Glasscheibe. Sky hat seinen Papa noch nicht so oft im Prinzengewand gesehen, das verwirrt ihn offenbar, denn seine Begrüßung für Papa fällt nicht so herzlich aus wie sonst.

Marcelins Gepäck wird beim Zoll nochmals durchsucht, sodass wir noch eine Weile auf ihn warten müssen. Nach meinem Empfinden dauert es ewig, bis ich ihn wieder in die Arme schließen kann. Endlich ist er da, endlich ist er in der Schweiz und sieht meine alte Heimat. Wenn Marcelin die Schweiz und mein früheres Umfeld mit eigenen Augen sieht, versteht er mich hoffentlich etwas besser.

Nachdem alle Anwesenden begrüßt sind, wollen wir noch kurz etwas frühstücken. So begeben wir uns nach draußen, um nach einer passenden Lokalität Ausschau zu halten. Marcelin sieht und berührt zum allerersten Mal in seinem Leben Schnee! Wir sind alle sehr gespannt auf seine Reaktion. Seine Begeisterung hält sich sehr in Grenzen, es ist ihm viel zu kalt. Auf die Frage des Reporters meint er, dass der Schnee für ihn Gefahr bedeute und auch töten könne. Da hat er nicht ganz Unrecht, wie viele Menschen sind schon erfroren oder in einer Lawine umgekommen.

Trotz der frühen Morgenstunde finden wir ein offenes Restaurant. Es sind noch nicht viele Leute da. Peter Lippuner kommt auch bald und stellt sich uns vor. Er arbeitet beim Schweizer Fernsehen und möchte mit uns die erste Sendung »Fortsetzung folgt…« drehen. Er erklärt uns alles und wir finden auch ein Datum dafür, nämlich den Sonntag vor unserer Rückreise nach Kamerun, hier am Flughafen Zürich.

Jetzt ergibt sich ein richtiges Stimmengewirr, denn alle wollen mit Marcelin reden und ihn kennenlernen. Doch bald verabschieden wir uns von allen, nur Hanspeter wird uns mit dem Zug nach Bern begleiten. Die Bahn ist wirklich ein guter Ort, um Interviews zu machen, man kann sich voll darauf konzentrieren und das Ziel ist dadurch noch schneller erreicht.

An unserem Fenster zieht eine traumhafte, weiße Winterlandschaft vorbei. Ich finde, schöner hätte sich die Schweiz im Winter für Marcelin nicht präsentieren können. Der Reporter fragt Marcelin, wie er sich fühle und bekommt die ehrliche Antwort, er sei gar nicht glücklich. Schon jetzt fühle er sich wie im Gefängnis, wenn er daran denke, dass er nichts werde arbeiten können. Er möchte lieber zu Hause sein und seine Schweine füttern. Um ihn aufzumuntern, sage ich ihm, dass er nun in den Ferien sei und nicht arbeiten müsse. Wenn er unbedingt arbeiten wolle, könne er ja dann Schnee schaufeln! Doch diese Idee gefällt ihm gar nicht, er schüttelt nur den Kopf. Ich spüre, dass er sich wirklich nicht wohlfühlt und am liebsten wieder nach Hause fliegen würde. Das enttäuscht mich schon ein bisschen.

In Bern nehmen wir ein Taxi, um schneller nach Kehrsatz zu kommen.

Mama freut sich sehr auf ihren Schwiegersohn und dessen Besuch in der Schweiz. Die beiden begrüßen sich sehr herzlich, die Wiedersehensfreude ist gegenseitig. Ich zeige ihm kurz die Wohnung und auch die Urne von Papa auf dem Sideboard. Meine Erklärung, dass Papa verbrannt wurde und die Asche nun in dieser

Urne sei, irritiert Marcelin sichtlich und er hat große Mühe damit. Bei uns zu Hause im Bamiléké-Land werden die Menschen nicht kremiert. Marcelin habe ich auch schon erklärt, dass ich kremiert werden möchte, sollte ich in Kamerun sterben. Doch das lehnt er strikt ab.

Plötzlich sagt Marcelin ganz unerwartet, dass er den Geist von Papa sehe, der im Wohnzimmer herumlaufe. Wir sind alle sprachlos. Ich rufe sofort meine Mutter herbei, die sich gerade in einem andern Zimmer aufhält. »Wie ist es denn möglich, dass Sie den Verstorbenen sehen?«, fragt Hanspeter ganz erstaunt.

»Das ist nicht so einfach erklärbar. Übrigens setzt sich Papa in diesem Moment gerade an den Küchentisch!«, stellt Marcelin fest. Dieser Augenblick hat für uns etwas Unheimliches an sich. Hanspeter filmt den Tisch, doch für uns ist niemand zu sehen. Bis dahin wusste ich nicht, dass Marcelin Geister so sehen kann.

Nachdem sich Hanspeter bald darauf verabschiedet hat, packe ich den Koffer aus. Meine Mutter überlässt uns großzügigerweise ihr Schlafzimmer und zieht zusammen mit Sky ins Gästezimmer.

Mit dem europäischen Essen kann sich Marcelin nicht so richtig anfreunden. Es ist für ihn sehr ungewohnt, dass man Fleisch nicht zuerst kräftig kauen muss, sondern es schon fast auf der Zunge zergeht, bevor man richtig reingebissen hat. Auch bei Hähnchen ist er es gewohnt, tüchtig zuzubeißen. In der Schweiz ist dieses Fleisch so zart, dass es sich schon fast von selber vom Knochen löst.

Einige Tage später besuchen wir Urs im »HubRaum«. Urs und Marcelin verstehen sich auf Anhieb und unterhalten sich angeregt. Damit Marcelin an Silvester und am 3. Januar live spielen kann, will Urs versuchen, eine Band aufzutreiben. Einige Tage später, wir sind gerade in Bern, um etwas einzukaufen, ruft uns Urs an – er habe eine Band gefunden. Er gibt uns die Nummer von Jürg Bernet, bei dem wir uns auch sogleich melden. Jürg wohnt in der Stadt, im Lorraine-Quartier. Da wir schon in der Stadt sind und Jürg zu Hause ist und Zeit hat, können wir gleich bei ihm vorbeigehen.

Auch Jürg und Marcelin haben schnell einen guten Draht zueinander. Sie besprechen gleich, was sie spielen wollen.

»Ich werde bei meiner Band anfragen, ob alle Zeit hätten«, schlägt Jürg vor. »Allerdings dürfte es schwierig sein, denn so kurzfristig und auch noch für Silvester, da sind die meisten schon längst ausgebucht.« So ist es dann auch, die Band ist bereits anderswo engagiert. Doch Jürg stellt sofort andere Musiker zusammen, bestehend aus ihm am Keyboard, seiner Frau an der Bassgitarre und seinem ungefähr 13-jährigen Sohn am Schlagzeug. Sie sind sich auch schnell einig, dass sie sich noch zwei bis drei Mal treffen wollen, um gemeinsam zu proben. Jürg hat einen Übungskeller bei sich zu Hause und einen in der Felsenau, also ein bisschen außerhalb des Stadtzentrums.

Bald darauf steht das Familienweihnachtsessen an. Früher fand dies immer bei den Eltern zu Hause statt. Später abwechslungsweise bei meinen Geschwistern, damit meine Mutter nicht alleine die viele Arbeit hat. Da aber inzwischen unsere Familie so groß geworden ist, dass sämtliche Wohnzimmer aus allen Nähten platzen würden, wenn sich dort alle versammeln wollten, findet dieses seit ein paar Jahren in einem Restaurant statt.

Wir haben nicht nur ein passendes Lokal außerhalb von Bern, sondern auch für alle eine Mitfahrgelegenheit gefunden. Für Marcelin ist es die erste »Réunion familiale« in der Schweiz. Es ist ungewohnt für ihn, dass man einfach so gemütlich beieinandersitzt, über dies und das redet und sich einfach freut, zusammen zu sein. Wenn in Afrika ein Familientreffen stattfindet, dann in erster Linie, um Probleme zu besprechen und eine gemeinsame Lösung dafür zu suchen. Doch wir wollen an Weihnachten natürlich nicht über Probleme reden. Zudem hat bei uns Weihnachten auch eine ganz andere Bedeutung.

Mein Bruder Ruedi führt ein längeres Gespräch mit Marcelin. Er möchte ihm die Schweiz schmackhaft machen, um ihn vielleicht dazu zu bringen, in der Schweiz zu leben. Doch da beißt er auf Granit. Marcelin ist sich sehr wohl bewusst, welche Zukunft er in der Schweiz hätte, das habe ich ihm auch schonungslos erklärt. Wenn er überhaupt Arbeit finden würde, dann vielleicht nach zwei oder drei Jahren als Tellerwäscher in einem Restaurant oder als Reinigungskraft. In Kamerun sind wir besser dran und Marcelin ist dort sicher viel glücklicher als in der Schweiz. Das hat er auch schon mal in einem Fernsehinterview betont. Für Ruedi ist es auch eine ganz neue Erfahrung, dass ein Afrikaner schon allein den Gedanken, in der schönen »reichen« Schweiz zu leben, ablehnt. Für ihn scheint es unverständlich, weil er gar nicht versucht, dies aus der Sicht von Marcelin zu betrachten. Da ist Marcelin sehr vernünftig. Und sind wir mal ehrlich: Das, was wir in Kamerun in den letzten Jahren geschafft haben, hätten wir in der Schweiz niemals erreicht. Wir hätten uns niemals ein eigenes Grundstück kaufen können, geschweige denn ein eigenes Haus bauen, einen Bungalow, ein Restaurant und ein Hotel. Also, was sollen wir in der reichen Schweiz? Jeden Tag acht Stunden arbeiten, um am Ende des Monats vielleicht gerade genug Geld zu haben, um alle Rechnungen zu bezahlen?

Marcelin hat das Weihnachtsessen schlussendlich doch gefallen und er konnte dadurch fast meine ganze Familie kennenlernen, was ihm sehr wichtig war.

Marcelin erlebt gleich drei Mal, wie Weihnachten in den meisten Familien der Schweiz gefeiert wird. Zuerst werden wir von Ruedi, seiner Frau Nicole und seinen beiden Töchtern Vanessa und Ramona eingeladen. Nicole ist eine sehr gute Köchin und so werden wir kulinarisch nach Strich und Faden verwöhnt. Im Backofen wartet schon ein selbstgemachtes Kartoffelgratin auf die Gäste und daneben brutzeln in einem Topf feine Rindfleischstückchen. Dazu werden verschiedene Salate aufgetragen. Marcelin stürzt sich buchstäblich auf den rohen Randensalat, der ihm vorzüglich mundet. Die beiden Töchter hatten fürs Dessert verschiedene Sorten feinster Plätzchen gebacken. Bei der anschließenden eigentlichen Weihnachtsfeier hören wir CDs mit Weihnachtsliedern. Früher haben wir immer selber gesungen und als Kind habe ich Weihnachtslieder auf der Flöte gespielt. Für Marcelin ist es natürlich sehr gewöhnungsbedürftig, dass ein richtiger Baum im Wohnzimmer steht, den man mit Kerzen und anderem Weihnachtsschmuck dekoriert. Es gefällt ihm aber so gut, dass er unbedingt Fotos von sich selbst will, wozu er sich stolz vor den hell glänzenden Weihnachtsbaum stellt.

Nach der Feier fährt uns Ruedi wieder nach Kehrsatz zurück, denn meine Mutter hat kein Auto mehr. Da sie selber den Fahrausweis nicht besitzt, hat sie das Auto von Papa verkauft.

Dann sind wir noch bei Hedi, ihrem Mann Peter und ihrer Familie eingeladen. Dort geht es ein bisschen hektischer zu. Hedi hat vier Kinder. Die älteste Tochter, Erika, ist schon verheiratet und hat Zwillinge. Petra, die zweite Tochter, hat ihre Ausbildung auch bereits abgeschlossen. Im Januar wird sie für drei Monate mit einer Freundin nach Australien fliegen, was natürlich bereits am Familienweihnachtsessen ein großes Gesprächsthema ist. Bei Hedi gibt es unser traditionelles Weihnachtsessen: Käsefondue. Marcelin versucht ein wenig davon, doch Käsefondue ist nun wirklich nicht das, was er sich unter Essen vorstellt. Mit einer gewissen Vorahnung hat Hedi bereits Reis für ihn gekocht. Nach meiner Erfahrung schmeckt den meisten Afrikanern Käsefondue nicht. Sie vertragen es auch nicht, weil es zu ungewohnt ist für ihren Magen, vor allem für Afrikaner, die nicht schon länger in der Schweiz leben.

Die Besinnlichkeit bei Hedi hält nur kurz an, denn es ist einfach zu viel Trubel, zu viele Leute sitzen in einem Raum beisammen und essen, trinken und schwatzen. Zudem versteht Marcelin nichts und ich kann und mag auch nicht dauernd übersetzen.

Nach den vielen Besuchen feiern wir auch noch zu Hause bei meiner Mutter im kleinen Rahmen.

Marcelin bekomme ich kaum aus dem Haus, wenn es nicht unbedingt sein muss. Während seines ganzen Besuchs in der Schweiz steigen die Temperaturen auch tagsüber kaum über null Grad, was für ihn natürlich total ungewohnt ist. Er akzeptiert nur die Fahrt nach Bern, um mit der Familienband von Jürg zu proben. So sieht Marcelin außer dem Bundeshaus in Bern leider herzlich wenig von der Schweiz. Nicht einmal zu einem Stadtbummel kann ich ihn überreden.

Damit ich ihm zeigen kann, wo ich zu der Zeit gewohnt habe, als ich täglich mit ihm telefonierte, stimmt er immerhin noch einem Kurzbesuch bei meiner Nachmieterin Martina in Moosseedorf zu. So verbringt Marcelin viel Zeit zu Hause, was er jedoch auch nur schwer erträgt, da es für ihn dort eigentlich nichts zu tun gibt.

Noch im alten Jahr erreicht Marcelin ein Telefonanruf aus Kamerun: Der Hotelbau sei gestoppt worden. Das bringt ihn total aus der Fassung, da er den genauen Grund dafür nicht erfährt.

Es handle sich um einen Befehl des Königs. Das können wir uns jedoch nicht vorstellen, da er ja über unser Vorhaben informiert ist und uns dazu sogar seinen Trax zur Verfügung gestellt hat. Dass er jetzt den Bau gestoppt haben soll, ist seltsam. Was mag wohl dahinterstecken? Marcelin versteht die Welt nicht mehr. Am liebsten würde er gleich in den nächsten Flieger steigen, um zu sehen, was zu Hause los ist. Ich brauche einiges an Überredungskunst, um ihm klarzumachen, dass es unmöglich ist, jetzt so kurz vor Silvester noch umzubuchen. Und wenn es möglich wäre, würde das unverhältnismäßig viel kosten. Widerwillig fügt er sich in sein Schicksal, doch glücklich ist er nicht, es beschäftigt ihn Tag und Nacht. Ich schlage ihm vor, unseren Chef anzurufen. Das lehnt er jedoch ab mit der Begründung, der wisse auch nicht mehr. So sitzt mein Göttergatte ständig wie auf Kohlen.

Nun steht unsere Silvesterparty im »HubRaum« bevor, der letzte Tag des Jahres ist angebrochen. Nini begleitete uns zu den Einkäufen, Urs hatte uns dafür sein Auto zur Verfügung gestellt. Wir stehen den ganzen Tag in der Küche, kochen und bereiten für die Silvester-Party vor. Es wird mehrere afrikanische Gerichte geben, so zum Beispiel rote Bohnen mit Fleisch, Njam mit Piment und Taro. Am späteren Nachmittag bringen wir alles in den »HubRaum«. Urs hat inzwischen dort alles wie ein Fachmann vorbereitet und sogar Servicepersonal engagiert. Da sollte eigentlich nichts schiefgehen. Doch leider macht uns das Wetter einen dicken Strich durch die Rechnung. Am späteren Nachmittag beginnt es heftig zu schneien und das Thermometer fällt weit unter null Grad. Es schneit und schneit, stundenlang. Anscheinend beschließen einige Leute spontan, bei diesen schlechten Straßenverhältnissen doch lieber zu Hause zu bleiben. So sind wir schlussendlich nur eine kleine, aber sehr angenehme Runde, die zusammen den Jahresausklang feiert. Unser afrikanisches Essen findet reißenden Absatz, vor allem die frittierten Kochbananen erweisen sich als absoluter Favorit. Marcelin steht natürlich nicht nur mit seinen Kochkünsten im Mittelpunkt – alle wollen sich mit ihm unterhalten und seine Meinung zu diesem und jenem hören.

Später am Abend werden wir mit Livemusik von Marcelin und der Familien-Band bestens unterhalten. Da ist er wieder ganz in seinem Element. Sie spielen Reggae aus seiner neuen CD »BEOU«. Marcelin trägt zu einer Hose mit Camouflagemuster ein weißes T-Shirt und darüber eine figurbetonte, bunte, gehäkelte Weste, die sehr bestaunt wird, dazu die obligate Rastamütze. Es wäre genug Platz vorhanden, um auch ein bisschen das Tanzbein zu schwingen. Aber irgendwie sitzen die Leute lieber an ihrem Platz, um zu diskutieren, neue Bekanntschaften zu schließen oder ganz einfach der Band zuzuhören. Die Frau von Jürg überrascht mit einem super Solo auf ihrer Bassgitarre. Um Mitternacht stoßen wir draußen im tiefen Schnee auf das neue Jahr an, obwohl es bitter kalt ist. Inzwischen hat es zwar aufgehört zu schneien, doch wir verziehen uns trotzdem bald wieder ins Warme. Dann spielt die Band noch einmal eine Runde und bis in die Morgenstunden sitzen wir gemütlich zusammen, plaudern, essen und trinken.

Der erste Tag des neuen Jahres zeigt sich mit wunderschönem blauen Himmel. Wir gehen ein bisschen spazieren, um die Müdigkeit abzuschütteln. Sogar Marcelin begleitet uns. Sky genießt den Schnee in vollen Zügen, jauchzt und kugelt sich darin und bewirft voller Freude seinen Papa damit, der dabei gute Mine zum bösen Spiel macht und froh ist, bald wieder drin in der Wärme sitzen zu können.

Am Samstag steht dann der Gewürzabend im »HubRaum« auf dem Programm. Diesmal ist der Reporter Hanspeter Bäni dabei. Leider trägt auch seine Anwesenheit nicht dazu bei, mehr Gäste anzulocken, was wir sehr bedauern. Die immer noch klirrende Kälte und der viele Schnee und das Eis wird auch diesmal viele Leute dazu verleitet haben, lieber zu Hause in der warmen Stube zu bleiben. Immerhin sind Gäste aus Zürich und dem Aargau extra angereist, um von Marcelin persönlich etwas über das Gewürz zu erfahren.

Marcelin hat sich für diesen Abend fein gemacht und trägt ein goldfarbenes Gewand, dazu eine Halskette, die ihn als Mitglied der königlichen Familie auszeichnet. Unter dem Kleid lugt eine helle Hose hervor und auf dem Kopf trägt er eine rot-weiß-schwarz gestreifte Rastamütze. Er ist in bester Form, kocht Wasser in einem großen Topf und gibt dann tüchtig vom Gewürz dazu. Während er rührt, klärt er die Anwesenden darüber auf, dass das Gewürz eigentlich in allen Gerichten mitgekocht werden kann, sei es beispielsweise in einem Gemüse- oder Fleischeintopf, im Gulasch oder einer Suppe. Aber auch Saucen, Reis, Chili con carne gibt es geschmacklich den letzten Pfiff.

»Es kann aber auch kalt angewendet werden, beispielsweise in Joghurt, Müesli, Salatsauce und Dipp«, ergänze ich.

Einige Leute drängen sich bald um Marcelin, um einen Blick in den Topf zu werfen. Schon bald steigt allen ein feiner Duft in die Nase und es beginnt eine rege Diskussion. Eine junge Frau erkundigt sich bei Marcelin nach den Inhaltsstoffen. Die genaue Zusammensetzung gibt er verständlicherweise nicht bekannt, um Nachahmern keine Chance zu geben. Die Zuhörerschaft erfährt immerhin, dass es aus zwei verschiedenen Gewürzen besteht, die in Kamerun eigentlich in jedem Haushalt zu finden sind. Doch das Geheimnis besteht im richtigen Mengenverhältnis dieser beiden Gewürze. Da die Mischung weder Farb- noch Konservierungsmittel enthält, ist sie auch nicht länger als sechs Monate haltbar.

Endlich ist es so weit, es kann gekostet werden. Nachdem alle probiert haben, gibt Marcelin noch Fleischstückchen in den großen Topf und kocht sie zusammen mit dem Gewürz. Bald ist das Fleisch gar und es dauert nicht lange, bis der ganze Topf leer gegessen ist.

Eigentlich wollte ich nun wie angekündigt noch aus dem Buch vorlesen. Doch da nahezu alle Anwesenden dieses schon gelesen haben, bin ich recht froh, darauf verzichten zu können. Marcelin und die anderen Musiker sorgen auch heute für die musikalische Unterhaltung. Zu unserer Überraschung schenkt die Band zum Abschluss Marcelin die Gitarre, die sie ihm für die beiden Abende zur Verfügung gestellt hatte, was ihn natürlich sehr freut.

Nach und nach verabschieden sich die Gäste und auch Hanspeter Bäni macht sich mit neuem Filmmaterial im Gepäck durch den tiefen Schnee und die klirrende Kälte auf den Heimweg.

Am Dienstag geht es nach Hindelbank ins Eurotop-Studio zur Cocktail-Band. Während der letzten Tage haben wir Amateurvideos aufgenommen, die uns Beat Gfeller nun zu einem Profivideo zusammenschneiden wird. Marcelin freut sich riesig aufs Studio, denn das ist seine Welt. Von Beat Gfeller und Michael Flückiger werden wir herzlich begrüßt. Stolz zeigen sie uns das professionelle Studio. Marcelin ist sehr beeindruckt, ich war ja schon einmal dort. Schon bald sitzen wir gemütlich zusammen und reden von alten Zeiten. Ich lernte die Band erst kennen, als sie mit den berndeutschen Hits bekannt wurden. »Pinocchio« war, soviel ich weiß, ihr größter Erfolg. Beat erzählt von der Zeit, als sie am Anfang noch Englisch und Italienisch gesungen haben. Auch da hatten sie einen großen Erfolg mit dem Titel »Bora Bora« zu verbuchen. Er berichtet, wie das Lied zum riesigen Erfolg in Afrika geworden ist: »Wir haben die CD während eines Urlaubs in Afrika dort jemandem geschenkt und der hat sie an eine Radiostation weitergegeben. Daraufhin ist das Lied über Monate hinweg von allen Radiostationen in Westafrika gespielt worden.« Beat sucht die CD raus und spielt sie ab. Marcelin schreit auf! Das sei das Lied, das er mit seiner Band auch oft gespielt habe. Jede richtige Band habe dieses Lied spielen können, denn es sei damals wirklich den ganzen Tag am Radio rauf und runter gelaufen. Alle lachen herzlich über diesen Zufall! Ein Kreis schließt sich wieder auf wunderbarer Weise.

Für uns alle, besonders aber für Marcelin, wird es ein unvergesslicher Nachmittag in diesem Studio. Die Cocktail-Band wird am 20. November 2010 in Belp ihr 30-jähriges Bestehen feiern. Wir hoffen, dann dabei sein zu können.

Die letzten Tage unserer Ferien in der Schweiz vergehen schnell. Marcelin telefoniert fast täglich nach Kamerun, um herauszufinden, wieso der Hotelbau gestoppt wurde. Doch er bringt auch weiterhin nichts in Erfahrung. So entscheidet er, meinen Rückflug um zwei Wochen zu verschieben. Er wolle zuerst abklären, was da los sei und uns nicht unnötig in Gefahr bringen. Er vermutet nämlich, dass schlimmere Gründe dahinterstecken könnten, er spricht sogar von Schwarzer Magie.

Und schon geht es ans Packen. Marcelin will das Werkzeug mitnehmen, das uns Vati vermacht hat und natürlich so viel wie möglich von der Studioeinrichtung, die mir die Cocktail-Band günstig verkaufte. Am Sonntag fahren wir zum Flughafen für das Interview von »Fortsetzung folgt…« mit Röbi Koller. Wir sind schon früh dort und buchen noch meinen und Skys Flug um, was uns satte 700 $ kostet. Als wir das Gepäck einstellen wollen, damit es Marcelin am Dienstagmorgen nicht mitschleppen muss, laufen wir der Fernseh-Crew in die Arme. Sie wollen das Interview mitsamt Gepäck machen. Doch zuerst gehen wir etwas trinken. Röbi Koller erklärt uns den Ablauf. In dieser Art ist es mein erstes Interview. Alles ist sehr professionell. Es sind Leute hier für die Beleuchtung, Regie und sogar zwei Kameramänner. Das Interview selbst geht eigentlich sehr zügig voran, wir müssen nicht viel wiederholen. Das, was viel Zeit braucht und wo wir an unseren Plätzen stehen bleiben müssen, ist der Vorspann, bei dem Röbi Koller die Sendung ansagt. Das wird auf Schweizerdeutsch und auf Hochdeutsch für 3Sat abgedreht.

Den Montag gehen wir gemütlich an, Marcelin packt sein Handgepäck, denn am Dienstag früh geht es ja los. Als ich am nächsten Morgen gegen sechs Uhr die Augen öffne, hat er bereits geduscht und sitzt gemütlich vor dem Fernseher. Nach dem Frühstück fahren wir los zum Flughafen. Marcelin ist die Erleichterung anzumerken, dass er endlich wieder nach Hause kann. Er wiederholt mehrmals, dass er sich gleich ums Hotel kümmern wolle. Am Flughafen erwartet uns meine Freundin Sarah. Sie will sich auch noch von Marcelin verabschieden. Wir treffen uns bei der Gepäckausgabe und dann checken wir ein, was überraschend schnell geht, denn eine Dame hilft uns dabei am Automaten. Später begleiten wir Marcelin bis zum Zoll und müssen uns dann verabschieden.

Schon am nächsten Mittag ruft er mich an. Es sei sozusagen ein Fehlalarm oder ein Missverständnis gewesen. Er sei direkt vom Flughafen zum Busbahnhof gefahren und mit dem nächstmöglichen Bus nach Bangangté. Nachts um drei Uhr sei er in Bangangté angekommen, aber nicht direkt im Dorf, weil er den Bus nach Bafoussam genommen habe. Dieser hält außerhalb an, bei der Bar von Socrate. Er lief dann zu Fuß ins Dorf, um das Auto zu holen. Zu Hause habe er als Erstes die Hunde gefüttert und morgens um acht Uhr sei er bereits in der Chefferie Supérieure auf der Matte gestanden, um zu klären, was da los sei. Am nächsten Tag waren die Arbeiter wieder auf der Baustelle. Es war nur eine Kleinigkeit – und deswegen verloren wir durch die Umbuchung 700 $, was für uns enorm viel Geld ist. Marcelin ärgert sich noch heute darüber. Was hätten wir mit diesem Betrag nicht alles machen können! Doch die Sicherheit der Familie geht ihm eben über alles.

Einerseits genieße ich die zwei Wochen zusätzliche Ferien noch, anderseits wäre ich auch gerne wieder zu Hause. Doch es musste wohl so sein, denn Marcelin erzählte mir später, dass es ihm über den Zustand, den er zu Hause angetroffen habe, fast die Sprache verschlagen hätte.

Zwei Wochen später ist es dann auch für uns so weit. Am Montag checke ich in Belp problemlos ein und am Dienstag, den 27. Januar geht es los. Wenigstens werde ich an meinem Geburtstag zu Hause sein. Marcelin überrascht mich am Flughafen von Douala, denn Kash hat ihn begleitet. Sie sind mit dem Bus von Kash gekommen, also werden wir ganz gemütlich und bequem nach Hause fahren können. Wir übernachten in einem sehr einfachen Hotel in der Nähe vom Flughafen.

Was mich zu Hause erwartet, übertrifft auch meine Vorstellungskraft, und dabei hat Marcelin, wie er mir versichert, in den zwei Wochen schon viel in Ordnung gebracht. Léonard hat sich überhaupt nicht um Haus und Tiere gekümmert. Er gab den Schlüssel einfach irgendwann an Francis weiter, ohne Erklärungen, was er zu tun habe.

Kurz vor Weihnachten sei ein Schwein auf unerklärliche Weise gestorben. Die Bauarbeiter haben nur gesehen, wie es vor dem Haus gegrillt wurde. In den vier Wochen haben sie fünfzig Kilo Reis verbraucht. Uns reicht ein Sack von fünfzig Kilo Reis für sechs Monate, inklusive Kochen für die Hunde. In vier Wochen haben sie auch fünf Liter Öl aufgebraucht und vier Kilo Zucker. Salz ist auch so gut wie keines mehr da. Kurz gesagt, sie haben alles genommen und einfach verkauft. Am schlimmsten waren aber die armen Tiere dran. Die haben sie mehr schlecht als recht gefüttert. Dabei hatte Marcelin genug Futter zurückgelassen. Selbst bei meiner Ankunft waren die Schweine und Hunde noch mager, und Marcelin meinte, in den zwei Wochen hätten sie schon wieder ordentlich zugelegt. Nina, unsere Hündin, hat während unserer Abwesenheit noch vier Junge bekommen. Selbst wenn ich sie jetzt sehe, kann ich mir nicht vorstellen, dass sie die Jungen ausreichend säugen konnte. Nina ist jetzt noch bis auf die Knochen abgemagert. Das Tier wurde sicher auch misshandelt. Vor unserer Abreise war sie eine fröhliche, selbstsichere Hündin.

Jetzt muss man sie extra drei Mal rufen, damit sie überhaupt zum Fressen erscheint. Und wenn man in ihre Nähe kommt, legt sie sich sofort auf den Rücken. Mir bricht es fast das Herz, sie war eine so stolze Hündin, jetzt ist sie nur noch ein Häufchen Elend.

Nur den Hühnern geht es einigermaßen gut, die konnten sich ja selber versorgen. Als Marcelin Léonard zur Rede stellt, streitet er alles ab. Wo die fünfzig Kilo Reis geblieben seien, wisse er auch nicht, sie hätten die Hunde jeden Tag gefüttert. Léonard schiebt es auf Francis und Francis behauptet, er sei erst seit ein paar Tagen hier. Léonard meidet uns seither, obwohl er fast täglich an unserem Grundstück vorbeigeht, um in den Garten zu gehen.

Wir sind sehr traurig über diesen Vertrauensmissbrauch. Marcelin hat sich so für Léonard eingesetzt. Wir haben ihm zusätzlich sogar noch zehn Blechdächer versprochen, wenn er sein Haus baut. Zum Dank belügt und bestiehlt er uns.

Francis bleibt noch ein paar Tage bei uns, er hat ja angeblich mit der ganzen Sache nichts zu tun. Er ist Schreiner und will uns bei den Bauarbeiten helfen. Es gibt Fenster, Türen, Betten und Schränke zu machen. Da er von Douala zurückgekommen ist, weil er dort keine Arbeit fand, bieten wir ihm eine Beschäftigungsmöglichkeit bei uns an. Anfangs zeigt er sich sehr hilfsbereit. Nach ungefähr einer Woche erzählt er Marcelin, dass er günstiges Holz für die Fenster gesehen habe, worauf ihm Marcelin 6000 CFA zum Einkauf aushändigt. Von da an sahen wir ihn nie wieder und das Schreinermaterial, das wir von meinem Vater bekommen haben, nahm er auch gleich mit!

Das ist unsere liebe Verwandtschaft in Afrika!

Marcelins Mutter deckt ihre beiden jüngsten Söhne, was er verständlicherweise absolut nicht verstehen kann. Seit diesem Vorfall hat sie sich sehr von uns zurückgezogen. Francis hat uns immerhin unter Androhung einer Anzeige inzwischen wenigstens einen Teil des Werkzeugs wieder zukommen lassen. Wir bedauern die ganze Sache sehr, denn die Familie hätte langfristig im guten Sinne von uns auch profitieren können, denn Hilfe haben wir nie abgelehnt, wenn sie uns danach fragten.

Doch sie schämen sich für das, was sie getan haben.

Es gibt hier ein Sprichwort: *»La honte peut tuer.«* »Scham kann tödlich sein.«

Nach all dem wird es wohl eine Weile dauern, bis Marcelin wieder einmal dazu zu bewegen ist, mich in die Schweiz zu begleiten. Denn jemanden zu finden, der Haus und Tiere in unserer Abwesenheit wirklich versorgt und zu dem wir auch Vertrauen haben können, wird wohl sehr schwierig sein, wenn man nicht einmal den eigenen Brüdern trauen kann.

Kapitel 18

Überfall in Yaoundé

Sag einem Krokodil erst, dass es hässlich ist, wenn du den Fluss überquert hast

Kamerun und Senegal wechseln sich zwischen dem ersten und zweiten Platz in der Rangliste der korruptesten Länder Afrikas regelmäßig ab. Unter Afrika-Kennern geht oft folgender Witz um: »Kamerun hat bestochen, dass sie diesmal nur auf dem zweiten Platz sind.« Wobei ich mir nicht mal ganz sicher bin, ob es wirklich nur ein Witz ist.

Leider gehört Kamerun auch zu den gefährlichsten Ländern. Darum sollte man sich so unauffällig wie möglich benehmen. Teuren Schmuck lässt man zu Hause, selbst auffälliger Modeschmuck könnte Begehrlichkeiten wecken. Die Uhr sollten Reisende nach Kamerun durch eine billige Ferienuhr ersetzen. Es ist auch zu empfehlen, einen einheimischen, vertrauenswürdigen Führer an der Seite zu haben, denn oft spielt das richtige Verhalten eine sehr große Rolle, wenn man in Kontrollen kommt und es um Schmiergeld geht.

Doch leider gibt es auch Situationen, wo der beste Schutz für einige Minuten versagt und das kann schlimme Folgen haben. Ich möchte nun hier berichten, was den Mitgliedern von »Afrika Solidarität«, einem Österreichischen Hilfswerk, passiert ist. Die Geschichte hat sich so zugetragen, darum habe ich zum Schutz der Personen alle Namen geändert.

Ein langer, arbeitsreicher Tag geht für uns zu Ende, es ist Februar 2009. Marcelin schaltet das Radio ein, um sich die neuesten Nachrichten anzuhören. Strom haben wir noch immer keinen im Haus, weshalb wir wie fast alle hier ein batteriebetriebenes Radio besitzen. Christophe, ein Kameruner, der in Österreich lebt und studiert, erzählt vom Hilfswerk »Solidarität Afrika«. Sie wollen in der Region Bazou, in einem kleinen Ort im Einzugsgebiet von Bangangté, eine Schule bauen. Christophe kündigt einen Infoabend über das Projekt an, der im Gemeindehaus von Bangangté stattfinden wird.

Marcelin drängt mich hinzugehen, denn dort hätte ich Gelegenheit, neue Leute kennenzulernen. Der Abend ist wirklich interessant und es ergibt sich ein netter Kontakt. Die Gruppe besteht aus Christophe und vier Studentinnen aus Österreich, ungefähr im Alter zwischen 22 und 26 Jahren.

Wie wir erfahren, steht im derzeit laufenden »Projekt Bazou« bereits ein Schulgebäude, konnte aber vom Staat mangels Geld bisher nicht fertiggestellt werden. In den zwei vorhandenen Klassenräumen sitzen dreimal so viele Schüler wie vorgesehen. Das Ziel sei, vier weitere Klassenräume auszubauen, um den Kindern eine ordentliche Schulbildung zu ermöglichen. Die Schule wird den Namen »Mozart-Schule Bagnoun« tragen.

Als zweiter Teil des Projektes sollen in Zusammenarbeit mit einer ansässigen Berufsschule Stühle und Tische in einer örtlichen Tischlerei für zehn benachteiligte Schulen produziert werden.

Ferner, so informiert Christophe die interessierten Anwesenden, soll eine Plantage mit Ölpalmen und Kochbananen angelegt werden. Durch die Plantage wird die Nahrungsversorgung der umliegenden Bevölkerung gesichert und der Betrieb schafft dazu noch Arbeitsplätze und damit eine Einkommensmöglichkeit. Ein Gewinnanteil wird der Schule zugute kommen, sodass Lehrerinnen bezahlt werden können. Des Weiteren soll der Bevölkerung geholfen werden, auch zukünftig durch ein landwirtschaftliches Startprojekt eine Einkommensquelle für die Einwohner Bagnouns zu schaffen.

Wir finden das Engagement dieser jungen Leute sehr lobenswert. Ich erzähle ihnen, dass ich schon gut drei Jahre hier in Bangangté lebe. Sie haben meine Sendungen im Fernsehen nicht gesehen, deshalb kennen sie mich nicht. Susanne, eine der Studentinnen, kauft sofort mein Buch, da sie meine Geschichte interessiert. Wir treffen uns immer wieder zufälligerweise in Bangangté, denn die Gruppe ist viel unterwegs zwischen Bangangté und der Region Bazou. Einmal begegnen wir uns auch im Internetcafé und ich lade die Gruppe spontan zu uns ein. Die Einladung nehmen sie gerne an, doch sei es erst am Mittwoch der folgenden Woche möglich. Marcelin und ich freuen uns auf diesen Besuch und überlegen uns, was wir für unsere Gäste kochen könnten.

Am Montagabend, wir wollen gerade zu Abend essen, klingelt Marcelins Handy. Die ganze Delegation sei überfallen und angeschossen worden, informiert uns die Schwester von Christophe. Marcelin erkundigt sich, ob sie nur verletzt wurden oder gar jemand tot sei und wo es passierte. Die Schwester sagt ihm, sie wisse noch nichts Näheres. Es sei ihr nur bekannt, dass alle zusammen nach Kribi fahren wollten.

Wir rufen sofort Manfred im Hotel »Foyer du Marin« an, ob er etwas über diese Sache wisse. Nein, er habe nichts gehört, aber wir sollen doch das Schweizer Hotel in Kribi anrufen, Kribi sei klein, wenn so etwas passiert sei, hätten sie das dort sicher vernommen.

Wir rufen also besagtes Hotel an und bekommen dieselbe Antwort, nämlich dass man bisher nichts dergleichen gehört habe. Ob es vielleicht nur ein Gerücht sei?

Der Versuch, Susanne unter der Nummer von Christophe zu erreichen, scheitert. Der Teilnehmer ist nicht erreichbar. Da wir nichts Neues wissen, können wir auch nichts unternehmen. Wir sind der Verzweiflung nahe. Diese Ungewissheit ist schrecklich. Marcelin ist zutiefst getroffen, ihm ist der Appetit vergangen, er will nicht mal mehr essen. Die Tatsache, dass man Leute überfallen hat, die hierhergekommen sind, um zu helfen, eine Schule zu bauen, macht ihm schwer zu schaffen.

»Wie können Afrikaner nur so dumm sein? Was wird das in der europäischen Presse für Auswirkungen haben!!! Da werden sich selbst Hilfswerke wieder zurückziehen«, meint er verärgert über seine Landsleute.

Wenigstens ich esse eine Kleinigkeit und dann gehen wir zu Bett. Marcelin findet keinen Schlaf, wälzt sich unruhig hin und her und kann nicht abschalten. Ich schlafe auch nicht besonders gut, immer wieder frage ich mich, was wir tun könnten.

Am nächsten Morgen starten wir einen Telefon-Marathon. Am meisten ärgere ich mich darüber, dass ich die Telefonnummer der Österreichischen Botschaft in Nigeria nicht habe, die auch für das Nachbarland Kamerun zuständig ist. In Kamerun selbst hat Österreich keine eigene Niederlassung. Ich rufe bei der Schweizer Botschaft an und frage, ob sie den Fall an die Österreichische Botschaft in Nigeria weiterleiten könnten. Das sei leider nicht möglich, bekomme ich zu hören, weil sie nicht genau über den Fall informiert sind. An wen solle sich die österreichische Botschaft denn wenden? Das stimmt auch wieder.

Ich rufe noch einmal Manfred vom »Foyer du Marin« an und auch das Schweizer Hotel in Kribi. Beide wissen nichts Neues. Immer noch dieselbe Ohnmacht, wir können nichts tun. Auch per Telefon ist Christophe weiterhin nicht erreichbar. Wir sind ganz einfach dazu verdammt abzuwarten. Das kostet Nerven.

Erst am folgenden Tag erhält Marcelin von Christophe den erlösenden Anruf. Er teilt ihm mit, dass sie noch alle am Leben seien. Ich kann auch kurz mit Susanne sprechen. Es ist ihr jedoch nicht möglich, mir auf die Schnelle Auskunft zu geben, es sei zu schrecklich gewesen und sie könne noch nicht darüber reden. Sie bringt nur fast tonlos hervor, dass sie, das heißt die ganze Gruppe, übers Wochenende nach Yaoundé gefahren sind und dort überfallen und vergewaltigt wurden.

»Die meisten Sachen meiner Freunde sind noch in Bangangté. Vielleicht komme ich noch einmal zurück, um sie zu holen. Es kann aber auch sein, dass wir schon heute oder morgen nach Österreich zurückfliegen, alles ist noch offen. Falls ich doch noch nach Bangangté komme, werde ich mich bei dir melden. Wir haben die Österreichische Botschaft in Nigeria informiert, die unerwartet schnell vor Ort gewesen ist und jetzt die Rückflüge organisiert.« Dann bricht ihre Stimme ab. Christophe sagt noch, dass er jetzt unverzüglich die Familie darüber informieren müsse, dass es ihnen relativ gut geht.

Nach diesem Anruf sitzen Marcelin und ich zuerst wie erschlagen da. Doch dann macht sich eine erste, kleine Erleichterung breit und wir atmen auf, dass wenigstens niemand ums Leben kam.

Drei Tage später ruft mich Susanne an, sie sei in Bangangté und würde uns gerne besuchen. Wir holen sie im Dorf ab, trinken kurz etwas in der »Bassamba-Bar« und Marcelin lädt sie noch zu gegrilltem Fisch ein.

Zu Hause setzen wir uns mit einem Getränk auf die Terrasse. Die Situation ist heikel. Für Susanne dürfte es nicht leicht sein zu berichten, was passiert ist. Ich wage es dennoch, sie danach zu fragen.

Nach einem tiefen Atemzug beginnt sie zu erzählen. »Wir hatten uns darauf geeinigt, ein paar Tage nach Yaoundé zu fahren, um uns die Stadt anzuschauen. Christophe hat in Yaoundé einen Bekannten, einen Geschäftsmann, der ein gut gesichertes Haus besitzt. Um ins Haus zu gelangen, geht es zuerst durch die Garage, anschließend über den Innenhof und erst dann kommt man zum Haus. Wir durften dort wohnen. Am ersten Tag haben Melanie, Claudia und Christine drei nette Männer kennengelernt. Alle drei sind Musiker, die am folgenden Abend ein Konzert in Yaoundé gaben, und das sich die Mädchen gerne angehört hätten. Doch die Bodyguards ließen sie abends nicht raus, was zu einem heftigen Streit führte. Die Bodyguards allerdings blieben hart, denn sie waren dafür verantwortlich, dass den Mädchen nichts geschieht. Es wäre zu gefährlich gewesen, die drei jungen Frauen nachts alleine aus dem Haus zu lassen. So blieb ihnen nichts anderes übrig, als sich zu fügen. Als sie vernahmen, dass die Musiker in einer Woche auch ein Konzert in Douala geben würden, einigten sie sich auf einen Konzertbesuch in Douala.

Bereits am Nachmittag begann die Diskussion, ob man jetzt schon nach Bangangté zurückkehren wolle oder doch lieber noch bleiben. Bis in den frühen Abend wurde hin und her überlegt und dann war es plötzlich zu spät, denn eine Nachtfahrt ist zu gefährlich. Alle blieben in Yaoundé, außer meinem Freund und mir. Er musste zurückfahren und ich entschied mich glücklicherweise, ihn zu begleiten, damit wir noch etwas Zeit für uns hätten. Wir haben uns also in den Wagen gesetzt und sind gut in Bangangté angekommen. So weiß ich nur aus der Erzählung meiner Freundinnen, was später geschah: Alle seien noch aufgeblieben, hätten Karten gespielt, sich unterhalten oder guckten sich irgendein Fernsehprogramm an. Nur die schwangere Haushälterin sei mit ihrem zwei Jahre alten Kind früh schlafen gegangen.

Gegen Mitternacht hätten die drei Bodyguards die Runde verlassen, weil es im Haus für sie keinen Platz zum Übernachten gab. Zurück blieben also drei Männer, nämlich Christophe und seine beiden Freunde, auch sie von »Afrika Solidarität«, und meine drei Freundinnen. Niemand habe daran gedacht, die Türen zu kontrollieren, nachdem die Bodyguards gegangen waren.

Ein verhängnisvoller Fehler!

Gegen ein Uhr Nachts sei eine bewaffnete Bande ins Haus eingedrungen, alles sei sehr schnell gegangen. Sie hätten zuerst eiligst das ganze Haus durchsucht und sogleich einiges eingepackt, das ihnen wertvoll erschien, darunter auch einige Papiere. Einer hielt alle mit seiner Waffe in Schach. Danach bedrohten sie meine Freundinnen. Als die Burschen versuchten, die Mädchen zu beschützen, habe man kurzerhand auf sie geschossen. Christine sagte, es sei der helle Wahnsinn gewesen, sie hätten Todesängste ausgestanden. Die Banditen hätten zuerst auf die Köpfe gezielt, aber dann in die Beine geschossen. Christophe haben sie über dem Fußgelenk durchs Bein geschossen. Dem zweiten schossen sie ins Knie und dem dritten in den Oberschenkel.«

Susanne erzählte mir, dass es im Oberschenkel einen Knochen gibt, der das ganze Gewicht trägt.

»Stell dir vor, ausgerechnet diesen Knochen haben sie ihm zerschossen! Natürlich wurde er dann sofort ins Krankenhaus gebracht. Er ist ein Mitglied unseres Hilfswerks, wohnt aber in Kamerun. Wir wollen abklären, ob er das Bein in Österreich behandeln lassen kann. Da ihm die finanziellen Mittel für die notwendige Operation fehlen, wurde er aus dem Kameruner Krankenhaus nach Hause geschickt. Wir hoffen auf Spenden für den armen Mann.

Als die Männer nun außer Gefecht waren, haben sie kurzerhand die Mädchen gepackt, zuerst geschlagen und dann vergewaltigt. Nicht etwa in einem anderen Zimmer. All das spielte sich im Wohnzimmer ab, vor den Augen aller. Es muss grauenhaft gewesen sein.«

»Und was war mit der schwangeren Haushälterin?«, frage ich fast atemlos. Susanne nimmt einen Schluck Wasser und erzählt weiter: »Sie befand sich in einem anderen Zimmer, das die Bande wie durch ein Wunder übersehen hat. Durch die Schüsse ist sie natürlich erwacht. Sie verhielt sich zum Glück ruhig, sodass ihr nichts geschah. Dann haben die Schweinehunde das Haus verlassen.

Als sich bei Claudia der erste Schock gelöst hatte, rief sie mich an und informierte mich über das Vorgefallene. Die Ärmste konnte kaum sprechen. Wir waren zu jenem Zeitpunkt schon eine Weile in Bangangté. Am nächsten Morgen fuhren wir unverzüglich wieder nach Yaoundé zurück. Die drei Mädels sind dann am folgenden Tag nach Österreich zurückgeflogen. Christophe fliegt mit mir in zwei Wochen zurück, damit seine Wunde noch etwas heilen kann«, schließt Susanne, tief durchatmend, ihren Bericht.

Ich bin sehr betroffen. Eine Frage brennt mir noch auf der Zunge: »Warum wurdet ausgerechnet IHR überfallen? Ein Hilfswerk! So eine Schande!«

»Man kann nichts anders sagen, als dass es wohl eine Verkettung von unglücklichen Zufällen war. Weißt du, wahrscheinlich wollten sie gar nicht uns überfallen. Der Hausherr hatte an diesem Tag 13 Tankstellen gekauft und dafür einen Vertrag abgeschlossen. Dieser ist auch weg, wahrscheinlich hatten sie es nur darauf abgesehen und dann lief alles aus dem Ruder. Mit der Anwesenheit unserer Leute hatten die wohl gar nicht gerechnet. Und es war auch ein unglücklicher Zufall, dass die Türen nicht kontrolliert wurden, sonst wären sie nie ins Haus gekommen. Diese Bodyguards haben sonst einen ausgezeichneten Ruf, sehr zuverlässig zu sein.«

Die Geschichte stimmt mich sehr nachdenklich. Doch aus eigener Erfahrung weiß ich, dass es keinen Sinn hat, darüber zu diskutieren, was man hätte anders machen können.

Um uns alle von diesem traurigen Erlebnis abzulenken, zeige ich Susanne nun unser Grundstück, den Bungalow und das angefangene Hotel. Dort erzähle ich ihr die Geschichte vom Baum, der alleine und stolz am Grundstücksrand des Hotels steht.

Sie sagt kein Wort, geht nur zwei Schritte auf den Baum zu und schaut ihn lange an. Sie lässt ihren Blick über die weite, herrliche Aussicht schweifen. Dann dreht sie sich langsam zu mir und sagt: »Dieser Baum muss hier sein! Dank diesem Baum strahlt dieser Platz etwas ganz Besonderes, fast Mystisches aus. Man fühlt sich wohl, sicher und geborgen in seiner Nähe. Lasst den Baum stehen!«

Ich nicke nur und bin sprachlos, denn sie hat genau das ausgesprochen, was ich jedes Mal fühle, wenn ich zu diesem Platz komme. Am liebsten würde man an diesem Ort bleiben. Ich weiß nicht, wie ich es erklären soll, aber wenn ich hier stehe, bereue ich es manchmal, dass wir unser Haus nicht hier gebaut haben. Obwohl es bis zu unserem Haus vielleicht gerade mal zweihundert Meter Luftlinie sind, fühlt man sich wie in einer anderen Welt.

Bald schon geht es dem Abend zu und wir bringen Susanne nach Bangangté zurück. Sie lädt uns spontan zu sich ein, das heißt zur Schwester von Christophe, bei der sie und ihr Freund wohnen. Christophe ist auch zu Hause. Da mir Susanne alles in Deutsch erzählt hat, hat Marcelin nicht viel von der ganzen Geschichte mitbekommen, obwohl ich es ihm kurz übersetzt habe. Jetzt ergreift Marcelin die Gelegenheit, um von Christophe mehr darüber zu erfahren.

Susanne ist ausgebildete Psychologin und findet es sehr gut, dass Marcelin Christophe »zwingt«, darüber zu reden, denn bisher habe er sich geweigert, von dem Überfall zu berichten. Er zeigt uns dann im Laufe des Gespräches seinen Durchschuss im Unterschenkel. Susanne will sich, wie sie uns noch erzählt, auf die Notfallpsychologie spezialisieren, um Menschen, die solche Situationen wie Vergewaltigungen, Überfälle und Ähnliches durchgemacht haben, behandeln zu können.

Gegen 22 Uhr verabschieden wir uns. Susanne und ich tauschen die Mailadressen aus, denn wir wollen in Kontakt bleiben.

Wie ich später erfahren habe, wurde einer der Verletzten inzwischen in Salzburg operiert. Leider hat mir Susanne aber nicht mehr mitgeteilt, ob der junge, mittellose Mann, dem der Oberschenkel zerschossen wurde, inzwischen ebenfalls in Österreich behandelt werden konnte, und wie es mit dem Projekt des Hilfswerks weitergeht.

Kapitel 19

Traditionen und Respekt, große Feste und Beerdigungen

Die Europäer haben die Uhr, wir haben die Zeit

Bei uns in Afrika hat man viel Zeit, über das Leben nachzudenken. Dadurch werden einem auch bei etlichen Gelegenheiten interessante Geschichten zugetragen. Marcelin sagte mir schon ganz zu Anfang unserer Bekanntschaft, dass er die Traditionen der Bamiléké sehr liebe und respektiere.

Kein Problem, dann soll er seine Rituale haben, sagte ich mir damals so beiläufig und machte mir keine weiteren Gedanken darüber. Ich werde sie akzeptieren, aber sie müssen ja nicht auch für mich Gültigkeit haben, dachte ich leichtfertig. Dabei hatte ich keine Ahnung, was das alles für mich in Zukunft bedeuten würde.

Traditionen! Was hat es damit auf sich? Kann man dies in einem Satz beantworten? Nein, ich denke nicht, es ist zu vielschichtig. Kürzlich geschah jedoch etwas, das mich zwang, über diesen Begriff ernsthaft nachzudenken, und nun ist mir klar, warum die Traditionen für Marcelin so wichtig sind.

Um diese Geschichte zu verstehen, muss ich zuerst auf die sehr komplizierten Familienverhältnisse eingehen, die ich im ersten Buch ausführlich beschrieben habe. Es wird von Marcelins fünf Geschwistern die Rede sein. Marcelins Mutter Nana war die erste Frau des Stammesfürsten Robert Njiké Pokam, der bereits 1974 verstarb. Marie und Nicole sind Marcelins Geschwister aus dieser Ehe. Nun entspricht es der Tradition der Bamiléké, dass, wenn der Stammesführer stirbt, seine Witwen selber bestimmen können, ob sie weiterhin am Hof bleiben wollen.

Die ersten drei Frauen am Hof müssen allerdings unmittelbar nach der Trauerzeit den Hof verlassen. Der König schlägt ihnen nach alter Sitte einen neuen Ehemann vor, meist einen seiner Brüder oder Onkel, damit weitere Kinder derselben Familie angehören. Eine Nacht müssen sie mit diesem Mann verbringen. Dann können sie, von der Seele des verstorbenen Ehemannes befreit, selbst entscheiden, diesen Ehekandidaten zu behalten oder abzulehnen und sich gegebenenfalls einen neuen Gefährten zu suchen. Diese Tradition ist wie eine Art Sozialhilfe, denn die Frauen würden sonst mittellos auf der Straße stehen, ohne Haus, ohne Feld. Marcelins Mutter als die erste Frau konnte also damals nicht am Hof bleiben und hätte es auch nicht gewollt. So kamen dann später, mit ihrem zweiten Mann, noch drei weitere Kinder dazu, Léonard und Francis und die Tochter Sylvie, die dadurch alle eine Generation jünger sind als Marcelin.

Zu den am Hof verbliebenen Frauen seines Vorgängers unterhält der neue König keine sexuelle Beziehung. Alle Kinder werden jedoch untereinander als gleichwertige Geschwister betrachtet. Dadurch sind diejenigen des früheren Stammesfürsten bereits eine oder sogar zwei Generationen älter. Da der neue König die Stelle seines Vaters einnimmt, werden seine eigenen Geschwister nun auch zu seinen Kindern! Durch diese für unser Verständnis schwer durchschaubaren Familienverhältnisse ist die Dorfbevölkerung größtenteils irgendwie miteinander verwandt.

Marcelin war gestern den ganzen Tag im Dorf unterwegs. Er hätte am Nachmittag, wie er mir abends erzählte, nach Hause kommen wollen, doch sei er unerwartet gebeten worden, dringend vorher noch bei seinen Geschwistern vorbeizuschauen, die alle in der Nähe ihrer Mutter leben. Man habe ihn gebeten einen Streit zu schlichten, der auszuufern drohte.

Folgendes war passiert: Die beiden Kinder von Marcelins Schwestern Marie und Sylvie hatten zusammen gespielt. Wie das bei Kindern immer mal wieder vorkommt, hatte plötzlich der ungefähr dreijährige Junge von Marie seiner circa fünfjährigen Cousine eine Ohrfeige verpasst. Das Mädchen lief natürlich weinend schnurstracks zu seiner Mutter. Sylvie eilte daraufhin sogleich zu ihrer älteren Schwester, um sie zu beschuldigen, SIE hätte den kleinen Jungen beauftragt, ihre Tochter zu töten!

Daraufhin mischte sich auch Diane, die Frau von Léonard, dem **jüngeren** Bruder von Marie, aber **älteren** Bruder von Sylvie in das Geschehen ein. Sie fühlte sich plötzlich durch Marie bedroht, wollte sich aber nicht äußern, weshalb. Es nahm groteske Formen an, ein Wort gab das nächste und plötzlich wünschten sich alle gegenseitig den Tod an den Hals, was leider hier nicht nur ein Sprichwort ist, sondern tatsächlich oft die gewünschten Folgen haben kann.

Nun kommt noch eine weitere Geschichte dazu, die am selben Tag passierte: Francis, der jüngere Bruder von Léonard, provozierte seine Nichte Nadou, die älteste Tochter von Nicole. Er traf sie zufälligerweise in Bangangté und verlangte von ihr, ihm ein Bier zu zahlen, was sie aber kategorisch ablehnte, weil sie kein Geld hatte.

»Dann komm mit mir, ich kenne eine Möglichkeit, um reich zu werden«, sagte daraufhin Francis zu ihr. «Weshalb bist dann du noch nicht reich, wenn du doch weißt, wie man dies so leicht werden kann?«, entgegnete Nadou spöttisch. Anschließend lief sie davon und erzählte zu Hause alles ihrer Mutter.

Nicole ging wiederum zu ihrer Mutter, die ja ebenfalls die Mutter von Francis ist. Nicole und Francis sind Geschwister mit einem Altersunterschied von knapp zwanzig Jahren. Nicole fragte ihre Mutter, wie Francis dazu käme, Nadou so zu bedrängen und ihr ein solches Angebot zu machen.

Francis hörte dieses Gespräch und jagte Nicole aus dem Haus ihrer beider Mutter mit den Worten: »Wenn du noch einmal auf diesem Grundstück erscheinst, erschlage ich dich eigenhändig mit der Machete!«

Man bedenke: Der junge, ungefähr 25-jährige Bursche bedrohte seine fast 45-jährige Schwester Nicole auf solch grausame Weise!

Die Mutter, die das alles mit anhören musste, war völlig überfordert und reagierte auch falsch, indem sie schwieg und Francis und Sylvie gewähren ließ. Mit einfachen Mitteln wäre es möglich gewesen, diesen unsinnigen Streit zu schlichten, wenn sie die Streithähne an die Traditionen erinnert hätte. Dies wurde mir auf einen Schlag klar, als Marcelin mir diese Geschichte erzählt hatte.

Zur Tradition der Bamiléké gehört nämlich unter anderem auch die Einhaltung der Geburtenfolge – die jüngeren haben die älteren Geschwister zu respektieren. So fragte Marcelin Sylvie: »Wie kommst du überhaupt dazu, Francis und Léonard zu überspringen, um direkt deine ältere Schwester zu beschuldigen?« Sie wusste keine Antwort.

Sylvie hätte ganz einfach zuerst mit Francis und dann mit Leonard reden müssen, oder mit beiden zusammen zu Marie gehen, und nicht sie direkt beschuldigen.

Genauso liegt der Fall auch bei Francis und Nicole. Wie kam Francis auf die Idee, seine um fast zwanzig Jahre ältere Schwester so zu bedrohen?

Wenn jedes Kind die Tradition respektiert hätte, wäre das alles nicht passiert. Man hat Geschwister zu achten, selbst wenn sie nur um ein Jahr älter sind. In der Tradition der Bamiléké sagt man, wenn man den eigenen Platz und den Platz des andern respektiert, gibt es keine Probleme.

Wie kann man das nun mit Europa vergleichen? Auch bei uns gehen leider viele Traditionen verloren. Respekt und Anstand gegenüber älteren Personen lassen oft sehr zu wünschen übrig. Auch ich habe in meiner eigenen Familie in der Schweiz mit einer jungen Nichte sehr unangenehme Erfahrungen gemacht.

Ich bin froh, dass Sky hier in Kamerun aufwächst und Marcelin dafür sorgt, dass er die Traditionen in Ehren halten wird. Unser Sohn wird bestimmt einmal später seinen Vater würdig vertreten, da bin ich mir sicher.

Große Feste und Beerdigungsfeierlichkeiten basieren hier in Kamerun, wobei ich dies nur von Westkamerun sagen kann, auf festgelegten Traditionen.

Nach Silvester und Neujahr, das gleichzeitig der Tag der Unabhängigkeit Kameruns ist, findet das erste große Fest am 11. Februar statt, der Tag der Jugend. Schon Wochen vorher bereiten Schüler und Jugendliche sich fleißig darauf vor, um in erster Linie ihren Eltern zu zeigen, was sie in der Schule gelernt haben. Dies drückt sich vor allem in traditionellen Tänzen aus. Mit einem sehr schönen Umzug, den sie selber gestalten, in ihre verschiedenfarbigen Schuluniformen gekleidet, ziehen sie fröhlich durch die Hauptstraße von Bangangté. Manche Gruppen führen dabei Gymnastikdarbietungen vor, zum Beispiel mit Reifen. Die Kinder sind nach Geschlecht getrennt, meistens auch nach Schulklassen aufgeteilt. Nach diesem Umzug kommt für sie der sicher wichtigste Teil des Tages, denn sie dürfen den freien Nachmittag ganz nach ihrem Gutdünken in der Stadt verbringen. Die meisten Kinder bekommen für diesen Tag ein kleines Taschengeld, um sich Süßigkeiten wie Beignets zu kaufen. Da diese hier relativ teuer sind, gelten sie als etwas Besonderes, das es nicht jeden Tag gibt.

Übrigens gibt es in keinem anderen Land Afrikas mehr Schüler, die Deutsch lernen, als in Kamerun. Im Jahr 2000 waren es um die 50.000. Französisch und Englisch werden als Pflichtfächer unterrichtet, Deutsch ist seit der Unabhängigkeit neben Spanisch Wahlfach in den frankophonen Gebieten.

Der nächste große Tag ist der 8. März, der Tag der Frau, der hier einen sehr hohen Stellenwert hat. Was mich überrascht, ist die Tatsache, dass die Frau hier im Berufsleben dem Mann gleichgestellt ist. Es gibt Frauen, die im Polizeidienst arbeiten, und zwar nicht nur als Sekretärinnen, sondern auch im Außendienst. Auf vielen Straßenabschnitten gibt es eine Zahlstelle, wo man so etwas wie eine Benutzungsgebühr entrichten muss. Auch dort trifft man öfters Frauen an, die den Betrag kassieren. Die hiesige Bank leitet ebenfalls eine Frau, genauso wie der ganze Marktplatz von einer Frau geführt wird. Und schließlich ist ja auch, wie schon erwähnt, Marcelins Cousine Bürgermeisterin von Bangangté.

In jeder Stadt Westkameruns veranstalten die Frauen an diesem Tag einen Umzug, wo sie ihre Vereine, Hilfswerke und andere Organisationen präsentieren. Ob das allerdings in ganz Kamerun so gefeiert wird, ist mir nicht bekannt.

Die Frauen verlassen an diesem Tag ihre Küchen, da müssen die Männer selber für sich sorgen. Ich denke, es ist für die Frauen das Allerwichtigste, einmal einen ganzen Tag zu feiern, abends tanzen gehen zu können und sich nicht um den Haushalt kümmern zu müssen.

Extra für diesen Tag lassen sich fast alle Frauen Kleider aus demselben Stoff schneidern. Natürlich nur diejenigen, die es sich leisten können. Die Grundfarben sind blau, grün oder rosa. Der Stoff ist mit dem Datum des 8. März und mit verschiedenen Emblemen von Frauen bedruckt. Auch das Bildnis des Präsidenten Paul Biya ist vertreten. Dazu drapieren sie sich kunstvoll aus demselben Stoff ein Kopftuch.

In andern Ländern empfindet es eine Frau als peinlich, wenn sie an einer Feier feststellen muss, dass jemand dasselbe Kleid trägt wie sie. Hier ist gerade das sehr wichtig, es symbolisiert Einigkeit und Zusammengehörigkeit. Aus diesem Grund tragen alle oft auch bei anderen wichtigen, traditionellen Feiern, wie zum Beispiel Beerdigungen, Kleider aus demselben Stoff.

Am 20. Mai, dem Nationalfeiertag, findet in Yaoundé eine große Parade vor dem Staatspräsidenten statt, an der vor allem die Armee teilnimmt. Da diese Parade bereits eine Woche vorher geprobt wird, ist jeweils die gesamte Innenstadt, vor allem um die »poste centrale« herum, nachmittags gesperrt. Die farbenprächtigen Uniformen sollen ein wahrer Blickfang sei, wie man mir erzählte.

Das Leben ist hier sehr stark mit der Natur verbunden und der Tod wird viel mehr als zum Leben gehörend akzeptiert und nicht versteckt. In der westlichen Welt hat er möglichst unsichtbar stattzufinden. Früher trugen dort die engsten Angehörigen noch während einer gewissen Zeit schwarze Kleider, Männer einen schwarzen Knopf am Jackett. Heute wird schwarz nur noch, und oft nicht mal mehr das, an der Beerdigung getragen, dann geht man sogleich wieder zu bunten Kleidern über. In der heutigen, hektischen Zeit bleibt oft kaum Platz für Trauerarbeit.

Hier in Kamerun gibt es mehrere Beerdigungsfeierlichkeiten. Bei der ersten wird der Körper begraben. Das kann eine Beerdigung im engsten Familienkreis sein oder fast zu einer Art Dorffest werden, je nachdem, über welche finanziellen Mittel die Familie verfügen kann. Hat die Familie Geld, kann die Beerdigung so schnell wie möglich stattfinden.

Da es aber unter Umständen einige Zeit dauert, bis ein Verstorbener begraben werden kann, kommen nebst modernen Methoden der Konservierung des Leichnams heute auch immer noch traditionelle Vorgehensweisen zum Zuge, wie mir Marcelin erklärte: Man bedeckt dabei den Leichnam mit jungen Bananenstämmen. Dann verschließt man alle Körperöffnungen mit zerstoßenen Tabakblättern oder balsamiert den Toten mit einer Paste aus Maniok ein. Früher wurde der Leichnam einfach in Stoff und eine Decke eingehüllt und durch eine Bambuskonstruktion vor der Erde geschützt. Heute werden die Verstorbenen meist in einfachen Holzsärgen bestattet. Jeder errichtet auf seinem Grundstück eine Grabstätte, damit er nicht irgendwo im Busch an einem verlassen Platz begraben wird. Damit man diese jederzeit auch wieder findet, wählt man einen Platz in der Nähe eines markanten Baumes oder eines großen Steins. Inschriften gibt es keine. Ich habe allerdings gehört, dass trotz dieser Merkmale hie und da für die Entnahme des Schädels sehr lange nach den Überresten gesucht werden muss. Auf den meisten Grundstücken besteht schon eine solche Grabstelle, da diese ja an die nachfolgende Generation weitergegeben wird. In unserem Fall sieht es anders aus, da wir ja neu gebaut haben: Sollte ich in Kamerun sterben, möchte ich auch hier begraben werden. Dazu kann ich mir ein schönes Plätzchen auf unserem Grundstück auswählen. Es muss auch nicht zwingend das eigene Grundstück sein. Wenn beispielsweise Kinder wegziehen, können sie bestimmen, dass sie dereinst beim Elternhaus beerdigt werden wollen. Es kommt nicht selten vor, dass Beerdigungen verschoben werden müssen, weil die Hinterbliebenen sich nicht einig sind, wo der Tote begraben werden soll. Städtische Friedhöfe gibt es nur sehr wenige. Nur wer keine Angehörigen hat, wird dort beerdigt.

Nachdem also der Verstorbene begraben ist, folgt irgendwann die Beerdigungsfeier und die traditionelle Zeremonie. Diese beiden können auch Monate oder sogar Jahre später stattfinden. Dafür gibt es mehrere Gründe: Wenn die Familie beispielsweise kein Geld hat oder Familienmitglieder von überall her anreisen müssen, auch aus dem Ausland, was oft nicht so schnell möglich ist.

Ein gutes Beispiel dafür ist Marcelins Vater, der 1974 verstorben ist. Natürlich wurde er damals mit allen Ehren und Beerdigungsfeiern am Königshof bestattet, wie es einem Stammesführer zusteht. Sein Leichnam wurde sofort beerdigt, im Sarg befand sich allerdings an seiner Stelle eine Bananenstaude. Marcelin war zum damaligen Zeitpunkt aber erst 14 Jahre alt und deshalb noch nicht in der Lage, für seinen Vater, wie es der Sitte entspricht, die traditionelle Zeremonie durchzuführen. Im Sommer 2008 ist der Großvater von Sky gestorben. In der Tradition der Bamiléké musste Marcelin zuerst die Zeremonie für seinen Vater durchführen, bevor sein Sohn Sky seinen Großvater auf traditionelle Weise verabschieden durfte. So hat Marcelin diese Zeremonie für seinen Vater erst am 14. Dezember 2008 nachgeholt. Mir war als Frau die Teilnahme leider nicht gestattet.

»Ich darf dir nichts darüber sagen«, war die einzige Antwort von Marcelin, als ich wissen wollte, wie es denn gewesen sei. Ich habe bei anderen Gelegenheiten festgestellt, dass Kameruner oft auf eine Frage gleich mit einer Gegenfrage antworten. So ist es manchmal besser, sich damit zufriedenzugeben und nicht mehr weiter zu insistieren.

Am deutlichsten zeigen sich, wie ich finde, die starken Bindungen zwischen den Ahnen und den Lebenden bei diesen Trauerfeiern. Ich hatte das große Glück, bei den Feierlichkeiten für einen verstorbenen Notablen der Chefferie Netat dabei sein zu dürfen, die von seinem Sohn ausgerichtet wurden. Solche Feierlichkeiten dauern mehrere Tage. Sein Vater war einst der erste Notabel dieser Chefferie und starb im selben Jahr wie Marcelins Vater. Der Sohn hat den Platz seines Vaters längst eingenommen, allerdings wurden ihm bisher nicht alle Rechte und Pflichten übertragen, da er für seinen Vater noch keine Beerdigungsfeier ausgerichtet hatte.

Die traditionelle Zeremonie wurde vor dem Haus, wo der Vater seinerzeit beerdigt wurde, abgehalten. Wie ich erfuhr, wurde der Tote damals unter seinem Bett begraben. Dazu zog man ihm besondere Kleider an und wickelte ihn in ein für diesen Akt vorgesehenes Tuch. Nach fünf Jahren wurde jemand dafür bestimmt, der den Schädel entnehmen musste, nachdem er ein Ritual durchgeführt hat. Danach wurde dieser an der Stelle aufgestellt, von wo aus sein Nachfolger die Anweisungen gibt. Dort bleibt er stehen. Auch zu dieser Handlung gehört wieder ein Ritual. So wird der Verstorbene stets in alle Handlungen einbezogen. Marcelin meinte dazu, er sei jedenfalls stolz darauf, dass sein Schädel einst auf dem Ahnenplatz aufgestellt und auch so verehrt werde!

Im ersten Moment erschrickt man, wenn man das hört, doch bei uns in der Schweiz gab es ja früher auch Beinhäuser, wo die Gebeine aus Friedhöfen lagerten, auf denen Platz für weitere Bestattungen geschaffen werden musste. Doch diese Beinhäuser gibt es seit dem 20. Jahrhundert nicht mehr. Viele wurden abgebrochen oder zweckentfremdet.

Wenn hier ein nahes Familienmitglied stirbt, rasieren sich die Frauen nach alter Tradition genau sieben Tage danach die Haare. Allerdings wird dieser Brauch von jungen, westlich beeinflussten Frauen nicht mehr so streng befolgt. Oftmals schneiden sie sich nur noch eine Haarsträhne ab.

Zur Zeremonie in Netat gehörte auch, zuerst den geschnitzten Holzstuhl des Vaters zu reinigen und zu waschen. Erst danach durfte sich der Sohn draufsetzen. Das bedeutet, dass er nun den Platz des Vaters vollumfänglich einnehmen kann. Auf diesem Stuhl sitzend, wurden ihm dann die Glückwünsche entgegengebracht. Dies heißt, jeder, der will, kann etwas Geld in ein bereitgestelltes Körbchen werfen, ihn dann als Notabler begrüßen und ihm auf Medumba viel Glück wünschen. Dafür erhält derjenige vom neuen Notabel eine kleine Portion Bohnen direkt in die Hand gereicht, die mit rotem Palmöl zubereitet wurden, was rote, fettige Hände hinterlässt. Für den Notabel bedeutet dies die Annahme seines Amtes. Diejenigen, die die Bohnen entgegennehmen, drücken damit aus, dass sie ihn in seiner Aufgabe bestätigen und akzeptieren.

Unter riesigem Applaus hatte ihm auch Sky viel Glück gewünscht. Als ich mich dieser Tradition anschloss, ging ein bewunderndes und erstauntes Raunen durch die Menge. Danach entfernten wir uns etwas von diesem Platz, doch für ihn ging die Zeremonie noch einige Zeit weiter. Als er nach etwa einer Stunde zu uns stieß, bemerkte ich, dass er glänzende Arme und blutverschmierte Füße hatte. Neugierig geworden, wollte ich erfahren, was das bedeutet. Wie ich vernahm, wurde Ziegenblut über seine Füße geleert und seine Arme mit irgendetwas Undefinierbarem eingerieben. Doch Marcelin will und darf mir leider nicht im Detail verraten, wie, warum und was gemacht wurde.

Der Notabel schickte dann Kinder los, um uns etwas zu trinken zu kaufen. Er sei besonders stolz darauf, dass wir ihn bei seiner offiziellen Amtseinführung begleiten, meinte er zu uns gewandt. Marcelin als Sohn eines Königs und ich als Weiße. Wir sind seit einiger Zeit mit ihm befreundet.

Die Vorbereitungen für die Beerdigungsfeier begannen früh am nächsten Morgen, indem die Frauen das Essen für die vielen Gäste kochten. Die Häuser rund um den Festplatz wurden ausoder umgeräumt, damit die Gäste später dort essen konnten. Je mehr verschiedene Gerichte es gibt, umso reicher oder wichtiger ist der Gastgeber. Es gibt auch Gerichte, die nur im Rang höherstehende Gäste bekommen, zum Beispiel Taro mit gelber Sauce oder Kwi. Ein emsiges Treiben herrschte und ein Wirrwarr von fremden Lauten drang an mein Ohr. Ob ich da jemals werde mitreden können?

Der Nachmittag begann mit verschiedenen traditionellen Tänzen, die von mehreren Gesellschaften inmitten einer roten Staubwolke getanzt wurden, denn für Begräbnisfeierlichkeiten wählt man immer die Trockenzeit. Die Tänzer bewegten sich rhythmisch zu den Klängen traditioneller Musik, drehten sich im Kreis, mal links rum, mal rechts, unaufhörlich. Dadurch entstand ein fast ohrenbetäubendes Durcheinander von Tamtams, Gewehrschüssen und verschiedenen Schlaginstrumenten, begleitet von fast endlos sich wiederholenden Wechselgesängen. Jede Gesellschaft trägt auch einheitliche Gewänder.

Es wurde die ganze Nacht durchgetanzt, was Marcelin auch mitmachte. Die Tänzer bewegen sich in einem tranceartigen Zustand. Die Tänze sind improvisiert und folgen keinem bestimmten Vorbild. Frauen dürfen bei Männertänzen nicht mitmachen, sie tanzen separat. Den Frauen ist in der traditionellen Gesellschaft eine Beteiligung am politischen und religiösen Leben verwehrt. Ein Balafon-Orchester (Xylophon mit Kalebassen als Resonanzkörper) darf bei einem solchen Anlass auch nicht fehlen. Für Sky und mich war das Ganze allerdings schon allein vom Zuschauen bald zu anstrengend, sodass wir uns verzogen.

Am Sonntagmorgen holte uns Marcelin für die Fortsetzung der Feierlichkeiten wieder ab. Den offiziellen Stoff zum Anlass dieses Tages hatten wir rechtzeitig bekommen und Marcelin ließ uns daraus Gewänder schneidern. Dieser einheitliche Stoff in Hellgelb mit einer Art Streifenmuster, Vögeln und Sternen drauf, ist der Trauerfamilie und deren engen Freunden vorbehalten. Der Aufdruck hat allerdings keine besondere Bedeutung. Zu diesem Kleid trug ich eine Kopfbedeckung aus demselben Stoff und Marcelin eine schwarze Rastamütze. Rasch zogen wir uns diese Gewänder über und fuhren los, durch Bangangté bis zur Chefferie Netat. Freudig und sehr herzlich wurden wir dort begrüßt. Man führte uns direkt zum Heiligen Platz. Dieser, sonst ein gewöhnlicher Durchgangsweg, war extra hergerichtet und geschmückt worden. Als eine Art Wände dienten links und rechts an Bambusrohren aufgehängte blau-weiße Tücher, die mit ihren

Mustern die Chefferie symbolisieren. Wenn der Stoff dick und gewoben ist wie in diesem Fall, sind es die Originalmuster.

An der einen Wand dieses Platzes, der für die Chefs reserviert war, hingen Gepardenfelle und ein für die Zeremonie vorbereiteter Trauerhut.

Auf beiden Seiten des Platzes befand sich je eine Reihe blauer Plastikstühle. Diese passten eigentlich überhaupt nicht dazu. Ich betrachtete es als eine Art Verbindung von Tradition und Moderne. Dort, wo die Chefs sitzen werden, stand ein kleiner Tisch. Davor hatte man einen Speer in den Boden gesteckt. Er bedeutet, dass diese Erde, dieser Platz, dem Chef der Chefferie gehört.

Auf dem Tisch stand eine riesige Kalebasse. Oben war sie mit einem Zapfen verschlossen und stand auf einem geflochtenen Holzkranz, damit sie nicht umfällt. Diese Kalebassen werden aus ausgehöhlten und getrockneten Hüllen der Flaschenkürbisse hergestellt. Wenn sie getrocknet sind, bildet sich eine harte, wasserundurchlässige und hölzerne Außenhaut, die durch Schnitzereien, Farbbemalungen und Kerbungen verziert werden können. Man kann sie beispielsweise zum Wasserschöpfen, als Trinkgefäß oder auch als Aufbewahrungsmöglichkeit für Lebensmittel verwenden. Diese Frucht gilt übrigens als eine der ältesten Kulturpflanzen weltweit.

Vor dem Eingang zu diesem Heiligen Platz hatte man eine geschnitzte Holzfigur aufgestellt, die einen sitzenden alten Mann darstellt. Darüber hing ebenfalls ein Gepardenfell. Das alles machte auf mich einen großen Eindruck, es verbreitete irgendwie etwas Undefinierbares, Mystisches, eine Welt, zu der ich bisher noch keinen Zugang hatte. Ich war sehr stolz, dies erleben zu dürfen.

Die Bedeutung dieses Heiligen Platzes würde ich in etwa mit einer Ehrentribüne oder der VIP-Loge in Europa gleichsetzen, da dort nur die geladenen Chefs, Notabeln und Ehrengäste sitzen durften. Die erste Frau des Chefs war auch bei der Beerdigung dabei, doch sie durfte nicht in der Ehrenloge sitzen. Als ich dies feststellte, wurde mir bewusst, welche Ehre mir zuteil wurde.

Nur wer initiiert, also bereits in ein Amt eingeführt worden ist, darf den Heiligen Platz alleine betreten. Ich darf also nur in Begleitung von Marcelin dorthin oder wenn mich jemand dazu einlädt.

Als der Chef von Netat und die geladenen Chefs einzogen, mussten wir alle zum Zeichen der Respekterweisung aufstehen. Nachdem sie Platz genommen hatten, durften auch wir uns wieder hinsetzen. Ein buntes Bild bot sich mir da. All die verschiedenfarbigen, langen Gewänder der Männer. Dazu ihre obligaten Kopfbedekkungen, die auch wiederum jeweils ihrem Rang in der Gesellschaft entsprachen. Da gab es welche in Gelb, Weiß, Braun, Rot oder mit Streifen, bunt gemusterte, kleine und große, auch sehr fantasievoll geformte und natürlich auch viele bunte Rastamützen zu bestaunen. Keine einzige war zweimal vertreten. Das scheint Ehrensache zu sein. Einer der Chefs trug ein wunderschönes gelbes Gewand und auf dem Kopf eine schwarze Mütze mit einem gelben Blumenband, das fast wie eine Krone aussah. Ein anderer war in blütenreines Weiß gekleidet mit ebensolcher Kopfbedeckung. Dazu sah man auch Ketten aus Raubtierzähnen und solche aus Kaurischnecken. Ein paar Männer trugen ganz gewöhnliche, europäische Straßenanzüge, was in diesem Moment auf mich eher exotisch und unpassend wirkte. Vielleicht waren sie eher nur zufällige Gäste an dieser Feier, was ja durchaus auch geschätzt wird.

Bei diesem Heiligen Platz befindet sich immer auch die Heilige Musik. Diese spielt immer dann, wenn in einer Chefferie eine Beerdigung stattfindet oder ein Mann mit hohem, traditionellem Rang stirbt. Das Außergewöhnliche daran ist, dass die Musiker auf sogenannten Heiligen Instrumenten spielen und weder ihre Gesichter noch ihre Instrumente von jemandem gesehen werden dürfen. Dafür stellt man einen Sichtschutz auf, hinter dem sie sich verstecken können. Wenn diese Instrumente gebracht werden, sind sie mit Tüchern zugedeckt und genau so werden sie nach der Feier wieder in die Chefferie zurückgebracht. Dem Klang nach handelt es sich um Metallinstrumente wie Gongs, Rasseln und Glocken.

Später waren wir noch zu einer anderen Beerdigung in einem sehr abgelegenen Ort eingeladen. Jener Dorfchef hatte Marcelin zusammen mit einem Musiker beauftragt, die Heiligen Instrumente in die Chefferie zurückzubringen. Um sie ungestört und allen Blicken entzogen im Auto verstauen zu können, hatte er mich vom Platz weggeschickt. Da Marcelin vom Königshaus abstammt, durfte er die Instrumente sehen.

Nachdem also die Chefs alle anwesend waren, begannen die traditionellen Beerdigungstänze. Eine der Schwestern des Notabels trug den großen Trauerhut mit den roten Federn und die beiden Trauerwedel. Diese Schwester ist zugleich die Beraterin des Notabels und eröffnete die Feierlichkeiten mit dem traditionellen Trauertanz. Dabei wurde im Kreis um die gewöhnlichen Musiker herumgetanzt, immer im selben Rhythmus. Hinter ihr folgte eine weitere Schwester, die einen großen, schweren Holzstuhl auf dem Kopf trug. Der untere Teil dieses Stuhles, der wie eine Mütze direkt auf ihrem Kopf saß, ist mit rotem Stoff überzogen und die Verstrebungen, die zu der großen, runden Sitzfläche führen, mit blauen und roten Bändern kunstvoll umwickelt. Dieser Stuhl symbolisiert den Platz der Mutter, die ebenfalls schon vor längerer Zeit gestorben ist und deren Tochter ihre Stelle in der Familie eingenommen hat. Zu Beginn gab es mit ihrem Bruder eine Meinungsverschiedenheit. Da dieser Stuhl enorm schwer ist, wollte sie ihn absetzen. Doch das wurde ihr energisch verweigert. Unter Tränen trug sie die schwere Last tapfer weiterhin auf ihrem Kopf.

Danach folgten weitere engste Familienangehörige. Jemand trug auch ein großes Foto vom verstorbenen Vater mit. Weiter hinten schlossen sich dann in erster Linie die Verwandten, Freunde und Kollegen des »neuen« Notabels an und nicht etwa diejenigen der beiden schon vor Jahren Verstorbenen.

Hier will es die Tradition, dass man die Hinterbliebenen in ihrer Trauer begleitet, was ich wunderschön finde. Also kann es auch sein, dass Menschen, die an der Beerdigung teilnehmen, die verstorbene Person gar nicht gekannt haben. Das war bei der Beerdigung dieses Notabels ganz bestimmt der Fall, da er ja bereits 1974 gestorben ist.

Nachdem die Frauen und die Familie den ersten Trauertanz beendet hatten, was etwa eine Viertelstunde dauerte, fuhr der künftige Notabel, als Sohn des Verstorbenen, mit seinem Trauertanz fort. Dieser Tanz ist immer demjenigen Familienmitglied vorbehalten, das dem Verstorbenen am nächsten stand. Er tanzte einige Runden um die Musiker herum. Normalerweise setzt man sich zu den Musikern, doch seinem Rang entsprechend, ließ er sich dann vor dem Eingang des Heiligen Platzes nieder, also dort, wo auch die Heilige Musik hinter dem Blickschutz für ihn spielen wird.

Da das traditionelle Maskenwesen und die Tänze hier in Westkamerun eine sehr große Bedeutung haben, möchte ich noch etwas näher auf dieses Thema eingehen, obschon der Bereich der Geheimbünde für Außenstehende und vor allem für Frauen, nicht nur für mich als Weiße, strengstens tabu ist und daher geheim gehalten wird. Auch heute noch glaubt man hier, wer verbotene Dinge sieht, gerät in große Gefahr. Sei es, dass man durch übernatürliche Kräfte erkranken kann oder sogar stirbt. Ich weiß nur, dass die Geheimbünde, als Träger der Sozialordnung und als Gegengewicht zur Macht des Fon, des Stammesfürsten, vor allem den sozialen Rahmen aller Völker im Kameruner-Grasland bilden. Alle diese Geheimbünde haben ihre Mitglieder und Versammlungen, ihre Feste und Masken und zeigen sich wenigstens einmal im Jahr auf dem großen Marktplatz. Das ist auch schon alles, was ich über diese verschiedenen Gremien weiß, sie sind zu schwer durchschaubar. Auch wenn man lange hier lebt, tauchen immer wieder Fragen auf, die wohl nie beantwortet werden können und dürfen, man muss sich, besonders als Frau, damit abfinden.

Der geheimste und bedeutendste Besitz einer jeden Geheimgesellschaft im Grasland sind die Zaubermedizinen, die in der Medizinecke der Masken- oder Medizinhäuser zubereitet werden. Die wichtigsten Bestandteile sind Gräser, Pflanzen, Blätter, Borken und Blut von geopferten Tieren. Hergestellt werden sie mit speziellen Ritualen, die den Ahnen gewidmet sind, denn sie waren es, die die Medizinen zum Schutz vor gefährlichen Mächten einst geschaffen haben. Die Zaubermedizinen werden auch »Juju« genannt. Dieser Begriff wurde vom französischen Wort *»joujou«* (Puppe, Spielzeug) abgeleitet. »Juju« bezeichnet auch eine einzelne Maske der Geheimgesellschaft. Die Maskengruppen bestehen meist aus sechs bis zwanzig und mehr Einzelmasken.

Zur Ausrüstung der Masken gehören aus harten Früchten oder Muscheln bestehende Rasseln, die um die Knöchel geschlungen werden. Mit ihnen wird beim Tanz der Rhythmus angegeben und gestampft.

Jede angesehene Großfamilie besitzt eine Maskengesellschaft. Diese ist für die Kontrolle und Beherrschung der Familie, aber auch für ihren Schutz unerlässlich. Sie ist auch wichtig, damit die verstorbenen Mitglieder »richtig« verabschiedet werden können. Diese Masken zeichnen sich durch eine große Formenvielfalt aus. Es gibt Masken mit menschlichen und tierischen Formen wie beispielsweise Büffel, Elefant, Schaf, Hund, Fledermaus, Ente und verschiedene Raubvögel. Eine wichtige Maske ist die »Läufermaske«, *»Mabuh«* genannt, die meistens einen Affen darstellt. Sie tanzt mit zwei Holzknüppeln. Diese Maske ist mir dann bei der Beerdigungsfeier für meinen Vater aufgefallen.

Die teilweise recht Furcht einflößenden Masken machen den Kindern Angst. Wenn ein Maskenträger das spürt, geht er extra auf das verängstigte Kind zu, was ich nicht gerade gut finde. Sky schmiegt sich deshalb jeweils eng an mich und fühlt sich dadurch geborgen und in Sicherheit.

Nachdem also der Notabel seinen Platz eingenommen hatte, drückten die Trauernden ihr Beileid aus, indem sie ihm Geld auf die Stirn pressten, das nachher von einem Mann, der hinter ihm stand, entgegengenommen wurde. Der Notabel darf das Geld selber nicht anfassen. Nachher tanzte er noch über den ganzen Platz. Dabei wurde er von mehreren »Jujus« begleitet.

Das Gesicht dieser Maskenträger darf auch nicht gesehen werden, sie sind Bestandteil der Heiligen Musik. Diese Heilige Maske ist mit Kaurischnecken verziert und hat mehrere Hörner. Dazu gehören sehr lange Zotteln. Die Heiligen Tänzer begleiten den Notabel ohne Instrumente. Erst von dem Moment an, wo er bei seinem Tanz von der Heiligen Musik begleitet wird, ist er ein richtiger Notabel.

Nach all der Tanzerei, die ich mit Bewunderung verfolgte, setzten wir uns an den Heiligen Platz zurück. Bevor das eigentliche Essen für die Chefs aufgetragen wurde, erhielten sie gekochte Eier. Während sie diese genüsslich aßen, mussten sich unsere knurrenden Mägen in Geduld üben. Wir werden später in einem Haus zum Essen geladen werden.

Nachdem die Chefs die gekochten Eier verspeist hatten, rief mich der Chef von Netat zu sich. Zuerst war ich sehr verunsichert. Mit Handzeichen fragte ich, ob er wirklich mich meine und nicht etwa doch eher Marcelin. Doch, doch, ich war gemeint. Völlig überrascht stand ich auf, ging zu ihm hin und begrüßte ihn sehr höflich. Wortlos drückte er mir drei gekochte Eier in die Hand.

Eine große Ehre für mich!

Diese drei Eier hatte er extra für uns zurückbehalten. Ich bedankte mich höflich und ging freudestrahlend an meinen Platz zurück. Sky hatte die Eier gesehen und wollte sofort eines davon essen. Ob er sie überhaupt mag? Vielleicht ist auch das Schälen für ihn viel lustiger und interessanter als das Essen. Vor allem, weil man sie ja zuerst irgendwo aufschlagen muss. Er mampfte jedenfalls sein Ei mit sichtlichem Vergnügen.

Einige Zeit später bedeutete mir Marcelin, dass wir nun ins Haus gehen dürften. Dort standen zwei große Tische, die zusammengerückt waren und als Buffet dienten. Die Chefs hatten sich dort reichlich verpflegt und nichts übrig gelassen. Da stutze ich im ersten Moment schon ein bisschen, denn es sah nicht gerade sehr einladend aus. Es dauerte dann natürlich eine Weile, bis für die anderen Gäste neu aufgetragen wurde, da auch dies mit afrikanischer Gemütlichkeit geschah. Warum auch hetzen, das bringt eh nichts, es hat ja genug für alle, lautet die Devise.

Dann endlich wurden mehrere Gerichte gereicht. Ein herrlicher Duft von verschiedenen Speisen kitzelte unsere Nasen. Fleisch mit Kochbananen, die sehr gut schmeckten, dann Spinat und Taro mit gelber Sauce. Taro ist ein Knollenwurzelgewächs wie die Kartoffel. Die Schale ist allerdings pelzartig. Man kann sie wie gewöhnliche Kartoffeln auch nur gekocht essen und daraus nebst vielen weiteren Gerichten zum Beispiel Püree zubereiten. Dieses sieht allerdings eher aus wie rohes Kalbfleischbrät, hat dieselbe Farbe und, wie ich finde, sogar denselben Geschmack.

Mit dem Taro macht man üblicherweise einen Ring und in diesen gießt man die gelbe Sauce. Aber man kann die Sauce selbstverständlich auch einfach darüber schütten. Ich kostete auch den Spinat, der mir vorzüglich mundete. Doch mit der Sauce hatte ich Pech. Man hatte sie mit zu viel Piment angereichert. Normalerweise gehört keiner oder nur ganz wenig dazu. Mir blieb also nichts anderes übrig, als sie tapfer aufzuessen. Nach etwa fünf oder sechs Löffeln hatte ich mich soweit daran gewöhnt, dass es ganz gut ging. Es wäre die größte Beleidigung, an einer Beerdigung das Essen stehen zu lassen oder es abzuweisen.

Nachdem wir drei uns fertig verpflegt hatten, sah ich, dass es noch ein Dessert gibt. Gegrillte Termiten! Diese Leckerei habe ich auch schon probiert, aber die mag ich nun wirklich nicht.

Dann doch lieber Schlange. Aber zu meinem Erstaunen schienen sie Sky zu schmecken, denn er knabberte aus dem Teller seines Papas genüsslich mit. Ein richtiger, kleiner Afrikaner!

Bald danach machten wir uns auf den Heimweg. Vorher holte Marcelin noch seine Autobatterie zurück, die er für die Musik ausgeliehen hatte, denn leider gab es wieder einmal keinen Strom. Unterwegs machten wir in der »Bassamba-Bar« noch einen Zwischenstopp, um etwas zu trinken. Von den fliegenden Händlern, meistens Kindern, kauften wir Bâtons de Manioc und Avocados. In einer Bäckerei besorgten wir auch noch Brot und Joghurt für Sky.

Sehr müde zu Hause angekommen, war aber für uns noch nicht Feierabend. Marcelin brachte die Einkäufe ins Haus, während ich die Terrasse kehrte. Das klingt vielleicht in manchen Ohren eigenartig, dass dies so enorm wichtig ist und für uns zu den alltäglichen Arbeiten gehört. Einer der Gründe dafür ist die rote Lateriterde. Schon durch den leichtesten Windstoß wird sie aufgewirbelt. Da sie so fein ist, dringt sie überall ein. Wenn wir nicht täglich kehren, tragen wir alles an Schuhen und Füßen ins Haus. Es gelangt schon sonst genug nach innen und bedeckt innerhalb kürzester Zeit alles mit diesem feinen Staub. Ferner hinterlassen die Hunde und Hühner auch täglich einiges an Dreck, der so nicht liegen bleiben darf.

Dann mussten wir an unserem Brunnen noch Wasser ziehen. Es hieß sich beeilen, denn schon bald würde die Nacht hereinbrechen. Da wir so spät am Nachmittag erst gegessen hatten, konnten wir das Abendessen zum Glück ausfallen lassen und uns früh schlafen legen.

Doch genau dann, als wir so richtig wohlig unter die Decke geschlüpft waren, klingelte mein Handy. Wer kann denn das sein, um diese Zeit? Ich ärgerte mich über diesen Störenfried und überlegte, ob ich überhaupt abnehmen solle. Die Neugierde siegte. Eine unbekannte Nummer auf dem Display. Es war eine deutsche Frau namens Paula. Sie erzählte mir, dass sie gerade ihren Urlaub in Kamerun verbringe und kürzlich in Yaoundé geheiratet habe. Sie habe mein Buch gelesen und würde mich gerne kennenlernen. Wir unterhielten uns kurz und sie kündigte an, dass sie sich in den nächsten Tagen wieder bei mir melden werde, um ein Treffen zu vereinbaren.

Während Marcelin schon längst in wohligem Tiefschlaf lag, war ich immer noch hellwach. Paulas Anruf beschäftigte mich und all die neuen Eindrücke von heute mussten noch verarbeitet werden. Für mich war es ein weiterer, ganz besonderer Tag, an welchem ich Einblick in eine der vielen hiesigen Bräuche bekommen hatte.

In den nächsten Tagen meldete Paula sich jedoch nicht. Erst einige Zeit später schrieb sie mir eine Mail aus Deutschland. Paula entschuldigte sich bei mir, ein Treffen sei aus zeitlichen Gründen nicht mehr möglich gewesen, da ihr Urlaub dafür zu kurz war. Sie beabsichtige, im Herbst zu ihrem Mann nach Kamerun auszuwandern. Das Problem sei nur, dass sie weder französisch noch englisch spreche. Das sei auch der Grund, weshalb sie bisher gezögert habe, diesen Schritt zu wagen. Sie fragte mich, ob es eine Möglichkeit gäbe, in unsere Nähe zu ziehen. So hätte sie doch wenigstens jemanden, mit dem sie sich unterhalten könnte. Nachdem ich dies mit Marcelin besprochen hatte, schlug ich ihr vor, mit ihrer Familie in den elterlichen Bungalow zu ziehen. Dieser Gedanke gefiel ihr sehr. In einer weiteren Mail schrieb mir Paula, ihr Mann werde sich in Kürze bei uns melden. Er wolle sich über Schulen für seine drei Kinder, die ihm seine verstorbene Frau hinterlassen hatte, informieren.

Doch er meldete sich nie bei uns.

Einige Zeit später schrieb mir Paula, dass sie nun alles für die Auswanderung organisiert habe und mit ihrer Familie am 4. September bei uns einziehen möchte. Marcelin und ich freuten uns sehr darauf, bald ein kleines, regelmäßiges Einkommen in Aussicht zu haben.

Kapitel 20

Auftritt im SWR-Fernsehen

Wichtig ist nicht, wo du bist, sondern was du tust, wo du bist

Es ist Anfang April 2009. Auf die Frage, wann ich das nächste Mal plane, in die Schweiz zu kommen, sage ich jeweils: »Nicht vor Erscheinen meines zweiten Buches!«

Doch wie heißt das Sprichwort: »Erstens kommt es anders, zweitens als man denkt.«

So gehe ich am Mittwoch vor Ostern, wie fast immer mittwochs und samstags, ins Internetcafé. Zu meiner Überraschung finde ich eine E-Mail vom SWR-Fernsehen (Südwestrundfunk) mit einer Anfrage, ob ich bereit wäre, am 23. April in der Talksendung »Nachtcafé« zum Thema »Liebe macht blind!« mitzumachen. Ich antworte sogleich, dass ich gerne teilnehmen würde, doch eine Reise nach Deutschland für mich aus finanziellen Gründen unmöglich sei. Man könne mich jedoch gerne kontaktieren. Ich gebe auch gleich meine Telefonnummer an. Dann wende ich mich den anderen eingegangenen Mails zu. Je nachdem, wie viele ich zu beantworten habe, bin ich zwischen zwei bis vier Stunden im Internetcafé. Noch während ich mit den restlichen Mails beschäftigt bin, klingelt mein Handy. Rasch suche ich in den tiefen Taschen meiner bunten, kasackartigen Bluse danach. Es ist sicher Marcelin, nehme ich an, weil er ungeduldig ist und wissen möchte, wann ich endlich fertig bin. Doch auf der Anzeige erscheint keine Nummer. Das könnte auch meine Mutter sein. Wenn sie mit einer Telefonkarte anruft, zeigt es auch keine Nummer an. Nachdem ich mich mit »Ja, hallo?« gemeldet habe, antwortet ein Herr Vojko Hochstätter vom SWR. Ich bin sehr überrascht, denn so schnell hätte ich keinen Rückruf erwartet.

»Hätten Sie wirklich Interesse, zu unserer Sendung zu kommen?«, fragt er mich.

»Ja, schon, sehr gerne«, antworte ich. »Nur kann ich eben die Reise nicht bezahlen«, gebe ich zu bedenken. Wir reden über meine »blinde Liebe«, wie es dazu kam und vieles mehr. Doch der große Verkehrslärm im Hintergrund stört erheblich, ich verstehe leider längst nicht alles. So verspricht Vojko Hochstätter, er würde mich morgen zu Hause nochmals anrufen, damit wir in Ruhe alles besprechen könnten.

Ich beantworte noch die letzten Mails und gehe dann zu Marcelin und Sky in die »Bassamba-Bar«. Sky ruft mir schon von Weitem ein lautes Hallo zu. Manchmal ist er vor der Bar und facht das Feuer an für die Frau, die dort ihre Fische grilliert. Oft, wenn er mit Papa draußen an unserem Stammplatz vor dem Fenster sitzt, wo man Sichtkontakt zur Bar hat, schreit er durchs ganze Lokal: »Arno, Coca!« Arno ist einer der Kellner. Seinen Wunsch nach einer Cola kann er gut so vier bis fünf Mal in bester Lautstärke wiederholen, bis ich ihn stoppe oder Arno zu uns an den Tisch kommt und die Bestellung aufnimmt. Wenn es für Sky zu lange dauert, kann es auch vorkommen, dass er ganz einfach zur Bar läuft und mir dort eine Cola bestellt. Durch Handzeichen bestätige ich, dass es O.K. ist und man gibt ihm die sechs Deziliter-Flasche Cola, damit er sie mir voller Stolz bringen kann. Bis jetzt hat er es immer geschafft, ohne sie fallen zu lassen.

Sky ist im ganzen Dorf längst keine Unbekannter mehr und er kennt auch schon viele Leute. Die Frau, die die Fische grilliert, nennt er »Madame Poisson« (Fisch). Eine Cousine von Marcelin verkauft in der »Bassamba-Bar« jeden Tag ein Gericht. Doch sie kocht sehr scharf. Deshalb heißt sie bei ihm »Madame Piment« (Pfeffer). Lustigerweise hat sich das geändert, seit er sie so nennt, und sie kocht nun fast normal für Bamiléké-Verhältnisse! Und schließlich gibt es noch die Frau, die etwas weiter vorn an der Ecke im schwimmenden Öl die feinen Beignets bäckt, die er so liebt. Sie heißt nun »Madame Beignets«.

Während ich die Cola trinke, erzähle ich Marcelin im Flüster- und Telegrammstil von der Einladung des SWR-Fernsehens. Solche Dinge besprechen wir nie lautstark in der Öffentlichkeit, denn hier weiß so gut wie niemand, dass wir in der Schweiz inzwischen recht bekannt sind. Viele wissen zwar, dass schon Leute vom Fernsehen bei uns gewesen sind, aber sie haben keine Vorstellung davon, was das eigentlich bedeutet. Das ist auch gut so, denn hier zu Hause wollen wir möglichst ungestört unser bescheidenes, einfaches Leben genießen. Marcelin weiß ja auch aus eigener Erfahrung, was es heißt, immer irgendwie im Rampenlicht zu stehen.

Wie abgemacht, ruft mich Vojko Hochstätter am Donnerstag wieder an und wir führen ein längeres Gespräch. Zum Schluss sagt er mir, dass er sehr optimistisch sei, mir aber noch nicht definitiv zusagen könne. Er werde mich nach den Ostertagen wieder anrufen. Wenn die Redaktion einverstanden ist, wird sich dann der Moderator der Sendung, Wieland Backes, bei mir melden und genaueres entscheiden.

Also heißt es abwarten. Wir überlegen uns, was alles vorher zu erledigen wäre, falls ich wirklich in die Sendung eingeladen werde. Schon im Februar hatte mich Frau Manhart von der Schweizer Botschaft informiert, dass sowohl Skys Schweizer Pass wie auch mein neuer Pass auf den Namen Paholo Katharina für uns bereitlägen. Diese müssten wir also vor der Abreise noch in Yaoundé abholen. Doch wir rechnen aus, dass ich erst fünf Tage vor dem Abflug erfahren werde, ob es wirklich klappt. Das gibt Stress.

Am Dienstag nach Ostern kann ich mich kaum auf eine Arbeit konzentrieren, weil ich innerlich den ganzen Tag auf den Anruf warte. Gegen 16 Uhr schwindet langsam meine Hoffnung, dass er überhaupt noch kommt. Endlich, gegen 17 Uhr, klingelt mein Handy und es ist Vojko Hochstätter. Er bestätigt mir nochmals, dass es gut aussehe und ich morgen einen Anruf des Moderators Wieland Backes bekommen würde. Er bereitet mich auf das morgige Gespräch vor. Wir besprechen noch kurz die eventuellen Flugmöglichkeiten. Der SWR würde selbstverständlich die Reisespesen übernehmen.

Am nächsten Morgen fahren wir wieder nach Bangangté und ich begebe mich ins Internetcafé. Als der vereinbarte Zeitpunkt näher rückt, verlasse ich das Gebäude und gehe hinter das Haus, wo es etwas ruhiger ist. Ein bisschen aufgeregt bin ich schon. Fast auf die Minute genau ruft mich Wieland Backes an. Wir führen ein sehr langes und interessantes Gespräch und er sagt mir sofort zu. Ich denke, ich habe mit meiner doch außergewöhnlichen Liebesgeschichte seine Neugierde geweckt. Kurz nach diesem Gespräch meldet sich Vojko Hochstätter nochmals, um die

Einladung zu bestätigen und die Reisedaten und -möglichkeiten zu besprechen. Es wird so aussehen, dass Sky und ich am 21. April nach Zürich fliegen werden, dann von dort mit dem Zug nach Bern zu meiner Mutter reisen, wo Sky während meiner Abwesenheit bleiben kann. Am nächsten Tag werde ich per Bahn zur Aufzeichnung der Sendung nach Stuttgart fahren und anderntags wieder nach Bern zurückreisen. Alles wird bestens organisiert, ich kann zudem noch zwei Wochen Ferien in der Schweiz anhängen und am 12. Mai wieder nach Kamerun zurückfliegen.

Am Donnerstag rufe ich sofort Frau Manhart in der Botschaft an, um sie zu fragen, ob wir am Montag die Pässe abholen könnten.

»Ja, das ist möglich«, antwortet sie mir. Da wir mit dem Bus von Bangangté bis Yaoundé vier Stunden unterwegs sind, und dieser ja erst abfahren wird, wenn der Bus voll ist, werden wir erst irgendwann im Laufe des Nachmittags bei ihr in der Botschaft eintreffen, gebe ich zu bedenken.

»Das ist kein Problem, ich kenne diese Situation und bin eh bis gegen 16 Uhr im Büro«, beruhigt sie mich.

So bin ich schon mal etwas erleichtert.

Jetzt heißt es nur noch packen. Der SWR stellt mir das Flugticket per Mail zu, sodass ich es, Internet sei Dank, am Sonntagabend bequem zu Hause ausdrucken kann. Marcelin hat den Generator angeworfen, damit wir Strom dazu haben. Über das Festnetztelefon der »CAMTEL« komme ich per Wählverbindung ins Internet.

Sky steht neben mir, trinkt eine Fanta und verschluckt sich dabei. Er spuckt das Getränk genau über meinen Laptop. Das hat mir gerade noch gefehlt. Nachdem ich ihm auf den Rücken geklopft habe und sein Husten abgeklungen ist, hole ich rasch ein Papiertaschentuch, um von meinem Laptop noch zu retten, was zu retten ist. Er läuft jedenfalls noch, ich habe also Glück gehabt. Ich atme erleichtert auf und arbeite weiter. Nach etwa zwanzig Minuten wird der Bildschirm ohne Vorwarnung auf einen Schlag schwarz.

Was soll denn das?

Ich versuche, ihn wieder zu starten, was zwar gelingt, doch das Programm fährt nicht hoch und ich kann ihn nur noch ausschalten, indem ich die Batterie herausnehme. Ich werde ihn aber trotzdem in die Schweiz mitnehmen, vielleicht kann man ihn ja noch reparieren, überlege ich mir. Wie ärgerlich, gerade gestern hatte ich noch viele Fotos von der Kamera geladen, die ich noch nicht im Webalbum hatte. Wenn der Laptop ganz kaputt sein sollte, habe ich schon wieder viele Fotos verloren. Ich hoffe sehr, dass wenigstens diese gerettet werden können. Zum Glück habe ich als Erstes das Flugticket ausgedruckt, das wäre sonst katastrophal gewesen.

Mangels Strom schreibe ich das Buchmanuskript immer noch von Hand, denn es käme viel zu teuer, jeden Abend für mehrere Stunden den Generator laufen zu lassen. Zudem ist der Generator sehr laut und Sky könnte nicht schlafen.

Am Montagmorgen fahren wir nach Bangangté zum Busbahnhof. Marcelin kauft sofort die Fahrkarten für uns. Wir haben die Plätze 18 und 19 von insgesamt 32. Also wird es noch eine Weile dauern, bis alle Fahrkarten verkauft sind und der Bus abfährt. Während wir in der »Bassamba-Bar« warten, fährt Marcelin das Auto zu einem abgeschlossenen und bewachten Parkplatz. Hier heißen die bewachten Parkplätze »Garderie«. Schon bald kommt er zurück und wir kaufen noch das Nötigste für die vierstündige Busfahrt ein, vor allem für Sky, nämlich Wasser, Bâtons de Manioc, süße Gebäckkugeln, etwa in der Größe von Tennisbällen, und Bananen.

Die Fahrt nach Yaoundé verläuft problemlos, es gibt auch nicht mehr so viele Kontrollen wie nach dem Streik im Februar. Unterwegs erfahre ich von Marcelin, dass der Name Yaoundé eigentlich eine deutsche Verballhornung des Wortes »Ya Owondo« ist, was so viel heißt wie »die Erdnuss-Esser«. So wurden die Bewohner um das Dorf Ongola herum von den deutschen Kolonialisten genannt. Die Einheimischen nannten es Ongola, nach der großen, eisernen Palisade, die von Anfang der Kolonialzeit an den Amtssitz der fremden Herrscher umgrenzte. 1921 wurde Yaoundé zur Département-Hauptstadt, im Jahre 1927 schließlich Hauptstadt des französischen Mandatsgebiets Kamerun. Mitte der 1920er Jahre und im Anschluss an den Kakao-Boom der 1950er Jahre wurden die Grundlagen der heute mondernsten Stadt des Landes gelegt, die mit ihren ungefähr 1,5 Millionen Einwohnern die zweitgrößte Stadt des Landes ist.

Schon kurz vor 15 Uhr erreichen wir die Schweizer Botschaft. Frau Manhart freut sich, uns zu sehen, vor allem Sky, der seit dem letzten Besuch bei ihr enorm gewachsen ist. Unsere Pässe sind bereit. Doch erst jetzt wird mir bewusst, dass mein bis Juni gültiges Visum im alten Pass drin ist. Sie locht und entwertet somit den alten Pass, lautend auf den Namen Katharina Hänni, aber nicht die Seite mit dem Visum. So werde ich wieder mit dem noch gültigen Visum einreisen können. In meinem neuen Pass steht nun Katharina Paholo. Das Flugticket lautet auch auf diesen Namen. So fliege ich zum ersten Mal offiziell als Frau Paholo – ein schönes Gefühl!

Sky besitzt nun einen Schweizer und einen Kameruner Pass. Von den Weihnachtsferien her hat er im Kameruner Pass noch ein Schweizer Visum. Doch da wir über Brüssel fliegen, braucht er auch den Schweizer Pass. So reisen wir zwei mit vier Pässen! Erstaunlicherweise wird es weder bei der Aus- noch der Einreise Probleme geben.

Ich frage Frau Manhart noch nach besseren Hotels in Yaoundé, da wir hier nur ein kleines, einfaches kennen, das über eine Kaltwasserdusche verfügt. Wir möchten Sky wenn möglich aber noch vor dem Flug duschen. Sie gibt uns einige an und wir entscheiden uns für das »Diplomat«, ein typisches Stadthotel, das sich wie die Botschaft im »Quartier Bastos« befindet. Da wir von der Reise müde sind, entschließen wir uns, gleich im Hotelrestaurant etwas zu essen. Die Küche ist sogar überraschend gut. Danach gehen wir früh schlafen.

Am nächsten Morgen erkundigt sich Marcelin bei einem Taxifahrer nach dem Weg zum Flughafen, denn er war selber auch noch nie dort. Der Taxifahrer meint, bei normalem Verkehr würde die Fahrt ungefähr vierzig Minuten dauern, bei Stau könne man aber auch gut bis zu einer Stunde unterwegs sein. Marcelin will kein Risiko eingehen und so fahren wir kurz nach Mittag schon los. Auf dem riesigen Parkplatz stehen nur ein paar Autos, was mich schon sehr irritiert! Sechs Wochen später, wenn wir hier auf meine Familie warten werden, stehen sogar nur drei Autos auf dem Parkplatz! Wir sind zu diesem Zeitpunkt die einzigen Passagiere, die das Flughafengelände betreten, alles wirkt wie ausgestorben. Ein komisches Gefühl. Und das in der Hauptstadt Kameruns!

Wie wir später feststellen und auch an den Öffnungszeiten der wenigen Ladengeschäfte ablesen können, ist dieser Flughafen nur von Dienstag bis Freitag und am Sonntagabend in Betrieb. Alles ist klein und übersichtlich, im Gegensatz zu dem großen, internationalen Flughafen von Douala.

Wenigstens das Restaurant in der ersten Etage hat geöffnet. Wir essen und trinken noch etwas, doch Sky wird es schnell langweilig. Zum Glück habe ich einen Luftballon dabei und vor dem Restaurant gibt es einen großen Platz. So gehe ich mit ihm raus zum Spielen. Etwas später wechsle ich mich mit Marcelin ab, der mit Sky so lange Fußball spielt, bis wir endlich einchecken können. Marcelin und ich sind bis dahin total geschafft, nur Sky ist putzmunter und weiter zu jeder Schandtat bereit.

Marcelin verabschiedet sich bald von uns, da er noch in der gleichen Nacht nach Hause zurückfahren will.

Um wieder etwas Abwechslung in die weitere Wartezeit zu bringen, esse ich mit Sky im Flughafenrestaurant einen Toast. Wie an allen Flughäfen, ist das Essen auch hier relativ teuer. Bis wir dann endlich durch den Zoll gehen können, spiele ich noch etwas mit ihm. Er ist immer noch hellwach und trägt sogar seinen kleinen Rucksack selber. Neben dem Warteraum gibt es noch ein weiteres Restaurant mit Fernseher. Sky will sich die Musikclips anschauen und dazu tanzen. Da läuft plötzlich eine elegante Dame an uns vorbei und grüßt mich mit Namen. An meinem überraschten Gesichtsausdruck merkt sie, dass ich sie nicht sofort erkenne und stellt sich deshalb vor. Es ist die Frau des Schweizer Botschafters Etienne Thévoz. Ich habe sie ja erst einmal gesehen und damals nur kurz begrüßt.

Etwas später gehen wir doch noch in den Warteraum. Dieser ist zu meiner Überraschung sehr groß, hell und relativ freundlich. Es sind sogar noch andere Kinder dort, sodass Sky sofort Spielkameraden findet. Schräg gegenüber von mir sitzt ein Kameruner. Er packt seinen Laptop aus, schaut zu mir herüber und sagt auf Französisch: »Ich kenne Sie. Ihr Mann ist Prinz.«

Ich bin sehr überrascht, denn bisher wurde ich in Kamerun noch nie von Schwarzen auf meine Geschichte angesprochen. Ich antworte nur mit einem »Oui Monsieur«. Wie sich im Laufe des Gespräches herausstellt, ist er auch ein Prinz. Er möchte mit mir in Kontakt bleiben. Doch in diesem Moment werden wir zum Boarding aufgerufen. Eine Frau kommt mich sogar persönlich abholen, da Familien mit Kindern immer zuerst einsteigen dürfen. Der Herr sagt noch, er komme dann im Flugzeug zu mir, damit ich ihm meine E-Mail-Adresse aufschreiben könne. Doch leider erscheint er nicht und ich sehe ihn nicht mehr im Flugzeug. Auch später werde ich ihm beim Umsteigen in Brüssel nicht mehr begegnen, was ich sehr bedauerte.

Noch bevor wir die endgültige Flughöhe erreicht haben, ist Sky schon friedlich eingeschlafen und erwacht erst kurz vor der Landung. Er hat keinerlei Probleme mit dem Fliegen. So kann ich nach dem Essen auch etwas ausruhen. Das Umsteigen in Brüssel ist allerdings mühsam. Wir müssen fast den ganzen Flughafen durchqueren. Doch Sky ist guter Dinge und läuft brav selber mit, sodass ich ihn nicht noch tragen muss. Der Weiterflug nach Zürich verläuft auch problemlos. Nachdem wir durch den Zoll sind, setze ich Sky auf den Koffer auf dem Gepäckwagen. Das gefällt ihm ganz besonders. Er bleibt auch ruhig dort sitzen, während ich mir am Kiosk Zigaretten besorge. Als er aber seine Fanta erblickt, ist er nicht mehr zu halten, bis er eine Flasche davon in seinen Händchen hält. Wobei ihm die Fanta, die es in der Schweiz zu kaufen gibt, nicht so gut schmeckt wie diejenige in Kamerun. Dort sind Farbstoffe noch nicht verboten, so hat er nach dem Genuss immer ganz orangefarbene Lippen. Wir kaufen uns noch ein Sandwich und dann fährt auch schon die Bahn, die uns nach Bern bringen wird. Auch das Fahren im Zug macht Sky sehr viel Spaß, weil er da aus dem Fenster die vorbeiziehende Landschaft oder andere Bahnen bewundern kann. Aber vor allem muss er nicht immer still sitzen und kann auch herumlaufen oder sogar im speziell für Kinder eingerichteten Abteil spielen. Wir sind dann doch recht müde, als wir endlich in Kehrsatz ankommen und verziehen uns nach einer herzlichen Begrüßung und einem kleinen Imbiss recht bald unter die Decke.

Am nächsten Morgen setze ich mich in den Zug nach Stuttgart. Die Bahnkarten hatte der SWR direkt an die Adresse meiner Mutter geschickt, das hat bestens geklappt. Es gibt mit Sky kein Abschiedsdrama, er bleibt gerne bei seiner Großmutter. Am Nachmittag wird meine Schwester Hedi meine Mutter bei der Betreuung unterstützen.

Eigentlich hätte der Zug ab Bern direkt bis Karlsruhe durchfahren sollen, doch wegen eines technischen Problems heißt es leider in Basel umsteigen. Ich schicke sofort an Vojko Hochstätter eine SMS, dass ich mich wohl verspäten würde. Fast eine Stunde warte ich auf den Anschlusszug. Eine junge Frau, die auf denselben Anschluss wartet, informiert mich, es würde dann wohl in Karlsruhe knapp werden, den Zug nach Stuttgart zu erreichen. Das ist nicht gerade beruhigend. Später kommt noch die Durchsage, dass der Intercity nach Stuttgart in Karlsruhe den Anschluss nicht abwarten werde, jedoch eine Weiterfahrt mit dem Schnellzug möglich ist. Schlussendlich komme ich nur gerade mit 15 Minuten Verspätung an. Ich werde am Bahnhof von einem Fahrer des SWR erwartet. Dieser bringt mich dann nach Ludwigsburg zum 4-Sterne-Hotel »Nestor«. Dieses wunderschöne Haus, ein Backsteinbau aus dem 19. Jahrhundert, war früher mal ein Schloss. Am Empfang erwartet mich Vojko Hochstätter bereits. Er stellt mich kurz den anderen Talkgästen vor, dann kann ich aufs Zimmer gehen, um mich umzuziehen. Von dort aus habe ich einen herrlichen Blick auf den dazugehörenden Park.

Nach einer erfrischenden Dusche ziehe ich das Kleid an, das ich seinerzeit zur Beerdigung vom Vater des Notabels und zu seiner offiziellen Amtseinführung trug. In Europa würde man niemals denken, dass dieser hellgelbe Stoff ursprünglich für eine Beerdigung ausgewählt wurde. Dazu ziehe ich noch die Ketten an, die mich als Königin auszeichnen, sowie die Holzarmreife, die mit dem königlichen Stoff überzogen sind. Auch diese Armreife dürfen nur Leute tragen, die dem Königshaus angehören. Als mich Vojko Hochstätter so sieht, ist er mit meinem optischen Erscheinungsbild sehr zufrieden. Er hatte mich gebeten, etwas typisch Afrikanisches anzuziehen.

Zum letzten Briefing vor der Sendung kommt auch der bekannte Schauspieler und Filmregisseur Claude-Oliver Rudolph als Talkgast dazu. Rudolph wirkte seinerzeit im James Bond Film »Die Welt ist nicht genug« neben Pierce Brosnan mit. Er war auch mehrfacher Deutscher Meister im Judo und All-Style.

Die Sendung »Nachtcafé« wird zwar aufgezeichnet, aber die Aufzeichnung ist wie eine Livesendung, das heißt, es wird nichts rausgeschnitten und demzufolge auch nichts wiederholt. Ich bin keine Schauspielerin und deshalb immer noch sehr aufgeregt vor solchen Sendungen. In diesem Moment bin ich sogar so aufgeregt, dass ich nicht einmal ein kleines bisschen Werbung für mein Buch mache. Das hat mich im Nachhinein schon etwas geärgert.

Die Geschichten der andern Talkgäste fand ich mindestens genauso spannend und erschütternd wie meine eigene, vor allem diejenige von Beat Simon bewegte mich zutiefst. Die Freundin dieses sympathischen, jungen Mannes litt an einer sehr schweren Krankheit. Um davon geheilt zu werden, benötigte sie dringend ein Spenderorgan. Sie gründete daher ein Hilfswerk, das sie im Fernsehen vorstellen konnte. Eine Zuschauerin, die an derselben Krankheit litt, hatte daraufhin über das Hilfswerk mit ihr Kontakt aufgenommen. Unglücklicherweise verliebte sich diese Frau in die Freundin von Beat, die aber nichts von ihr wissen wollte, da sie weder lesbisch noch bisexuell war. Jahrelang wurde die Freundin von Beat von dieser Frau verfolgt und sogar polizeilich verwarnt. Anlässlich einer Party bei Beat hatte sich dann die Stalkerin mit einer List Zugang ins Haus verschafft. In einem günstigen Augenblick, als Beat vors Haus trat, um eine Zigarette zu rauchen, schlug ihm die Frau mit einem vierhundert Gramm schweren Hammer mehrmals auf den Hinterkopf, sodass er reglos liegen blieb. Zum Glück wurde er rechtzeitig entdeckt und ins Krankenhaus gebracht. Während er dort ums Überleben kämpfte, starb seine Freundin an ihrer Krankheit.

Christine Winkler, eine weitere Teilnehmerin der Talkrunde, lebte 28 Jahre lang mit einem Mann zusammen und hatte mit ihm zwei Kinder. Sie wurde leider von ihm nach Strich und Faden belogen, betrogen und finanziell ausgenutzt. Zusammen hatten sie eine Firma aufgebaut und diese gemeinsam jahrelang geführt. Als Dank schmiss er sie dort eines Tages raus. Diese Firma besaß, wie sie erzählt, einen Wert von vier Millionen Euro und sie bekam keinen Cent, weil nie etwas schriftlich festgehalten wurde. Seit der Trennung lebt sie von Hartz IV.

An der Talkrunde nimmt auch der Biopsychologe Peter Walschburger teil, er ist Professor an der Freien Universität Berlin. Die Biopsychologie beschäftigt sich mit der experimentellen Erforschung der biologischen Grundlagen der Psyche und verbindet somit Hirnforschung und Psychologie. Peter Walschburger erklärt den Hormonhaushalt frisch verliebter Männer und

Frauen so: Männer verlieben und entlieben sich unheimlich schnell, Frauen brauchen mehr Zeit, sie lieben dafür intensiver.

Nachdem ich meine Geschichte erzählt habe, spricht mir Peter Walschburger seine ehrliche Bewunderung für meine langjährige Beziehung mit Marcelin aus. Seiner Ansicht nach sei so eine Beziehung wie die unsrige auf die Dauer eigentlich gar nicht möglich. Doch in unserem Fall hätten sich wohl zwei getroffen, die ähnliche Werte- und Zukunftsvorstellungen haben.

Nach der Aufzeichnung der Sendung, die im Schloss »Favorite« stattfand, fahren wir alle zurück ins Hotel »Nestor« zum gemeinsamen Nachtessen. Nur Claude-Oliver Rudolph hat sich bereits verzogen. Mir gegenüber sitzt Peter Walschburger. Von Berufes wegen will er noch mehr von meiner Lebensgeschichte erfahren, um sich noch ein besseres Bild über die Beziehung zwischen mir und Marcelin machen zu können. Nochmals betont er, dass er es kaum fassen könne, dass unsere Beziehung wirklich funktioniere. Ich denke, es gibt eben doch Ausnahmen!

Nach und nach verabschieden sich alle, bis nur noch Christine Winkler und ich übrig bleiben. Zwischen uns hat sich sogar der Anfang einer Freundschaft entwickelt. Wir führen unser Gespräch bis morgens um drei in der Bar weiter, dann ist es auch für uns Zeit, ins Bett zu gehen, denn am nächsten Morgen um neun habe ich eine Verabredung am Bahnhof mit Frau Dr. Inoszka Prehm, auf die ich sehr gespannt bin. Nachdem sie mein Buch gelesen hatte, nahm sie mit mir Mailkontakt auf. Als ich ihr von meinem Auftritt im SWR schrieb, schlug sie mir sogleich ein Treffen in Stuttgart vor. Wir haben ein Restaurant mit einem stufenlosen Eingang im Bahnhof gewählt, da Frau Prehm im Rollstuhl sitzt. Als wir dann miteinander sprechen, ist sie so aufgeregt, dass sie die meisten Fragen, die sie mir stellen wollte, bereits vergessen hat. Und das, obwohl sie früher mal Journalistin war, am Anfang sogar Schauspielschülerin. Sie musste dann allerdings die Schauspielkarriere wegen Multipler Sklerose abbrechen. Heute ist sie Malerin und Cartoonistin, außerdem führt sie eine psychosoziale Praxis und fertigt auch psychologische Gutachten an. Sie übergibt mir eine sehr schöne Karte, die sie selber gemalt hat. Die zwei Stunden mit dieser äußerst interessanten, vielseitigen Frau vergehen wie im Flug und schon muss ich mich sputen, um meinen Zug für die Rückfahrt zu erreichen.

Am 1. Mai hat mein Bruder Ruedi Geburtstag. Einen ganz besonderen, er wird fünfzig. Um diesen mit seiner Familie und den engsten Freunden gebührend zu feiern, hat er in der Thuner Altstadt in einer Vinothek zu einer Weinverköstigung eingeladen. Der Aperitif für um die zwanzig Gäste wird draußen direkt an der Aare serviert, was an diesem wunderschönen, sonnigen Tag das absolute Tüpfelchen auf dem i ist. Es werden viele feine Häppchen aufgetragen, die Stimmung ist locker und heiter. Der Chef des Hauses bedient uns und es fällt ihm auf, dass ich keinen Wein degustiere. »Ich schätze Rotwein nicht so besonders, Muscat trinke ich allerdings sehr gerne«, antworte ich ihm auf seine Frage. Er bringt mir sofort ein Glas davon. Dann will er wissen, aus welchem Grund ich in der Schweiz weile, denn er hat mich auch erkannt.

»Ich bin extra angereist, um mit meinem Bruder seinen runden Geburtstag zu feiern«, sage ich im Brustton vollster Überzeugung. Ruedi, der gerade vor mir sitzt, lacht verschmitzt, als er dies hört. Klar, wenn wir genug Geld hätten, wäre ich selbstverständlich zu solchen Eskapaden bereit.

Kapitel 21

Fleißige Bienchen aus der Schweiz helfen uns

Viele kleine Leute an vielen kleinen Orten, die viele kleine Dinge tun, werden das Antlitz der Welt verändern

Am Dienstag, den 26. Mai 2009 werden meine Mutter, meine Schwester Hedi und mein Bruder Ruedi bei uns eintreffen, um an der Beerdigungsfeier für Papa teilzunehmen. Eigentlich wollten wir schon am Montag nach Yaoundé fahren, um sicher zu sein, dass wir rechtzeitig zu ihrer Ankunft am Flughafen sind. Die kleine Regenzeit hat begonnen und man kommt kaum mehr vom Haus weg. Doch am Sonntag entscheiden wir trotzdem, erst am Dienstag zu fahren, denn es steht noch zu viel Arbeit an. Die Betten habe ich zwar schon am Samstag mit frischer Bettwäsche bezogen, die wir extra in der Wäscherei waschen ließen. Die Moltons von Hand sauber zu waschen, ist fast ein Ding der Unmöglichkeit. Es nervt mich auch immer wieder, dass die beiden Waschbecken, die Marcelin vor Monaten gekauft hat, immer noch unberührt herumliegen und auch der Wassertank noch nicht gefüllt ist. Wenigstens steht er inzwischen auf Säulen und nicht mehr auf der Terrasse. Eine preisgünstige Pumpe hat Marcelin in der Zwischenzeit auch wieder beschafft, doch diese ist noch verpackt und wartet auf ihren Einsatz. Zeitlich wäre dies längst zu schaffen gewesen. Aber bisher gelang es mir nicht, Marcelin dazu zu überreden, diese Arbeiten endlich in Angriff zu nehmen. Gerade jetzt, wo Besuch kommt, wäre es sehr praktisch, Wasser im Haus zu haben. Aber was soll's, es ist nun mal so.

Am Montagabend bete ich, dass es am nächsten Morgen nicht regnet, oder jedenfalls nicht stark. Die Straße ist inzwischen in einem besseren Zustand. Auf beiden Seiten gibt es jetzt einen Abflussgraben für den Regen, sodass nicht mehr die ganze Straße im Matsch versinkt.

Gott hat meine Bitte erhört, es regnet am Dienstagmorgen nicht. Marcelin will um sieben Uhr in Bangangté am Busbahnhof sein, damit wir den ersten Bus erwischen. Welch ein Wunder, das schaffen wir tatsächlich. Doch am Busbahnhof müssen wir wie immer noch warten, bis der Bus voll ist. Sky spielt vergnügt mit anderen Kindern, die mit ihren Eltern ebenfalls auf die Abfahrt warten. Er plaudert auch mit den Marktfrauen, die bereits ihre Waren anbieten. Eine Frau trägt einen riesigen Kochtopf herbei. Kurz darauf verkauft sie frisch zubereiteten, heißen Reis. Marcelin fragt eine andere Frau, die von diesem Reis genüsslich isst, ob das Gericht für Kinder geeignet oder ihrer Meinung nach zu scharf ist. »Aber nein, da ist kein Piment drin, das kann Ihr Kind problemlos essen«, antwortet sie. So kauft Marcelin eine Portion und gibt sie mir zu kosten. Leider ist doch Piment drin, ich kann gerade einen Löffel voll essen. Es ist diese Art von Piment, die erst nach dem Essen im Hals brennt. Ich gebe den Reis Marcelin zum Probieren. Selbst für ihn ist das Gericht etwas zu scharf. So bekommt Sky kurzerhand eine Banane und ein Stück Brot.

Gegen halb zehn ist der Bus voll und es kann endlich losgehen. Wir haben drei Plätze genommen, damit es etwas bequemer für uns ist. Wenn der Bus keine Panne hat, könnten wir vor 14 Uhr in Yaoundé sein, überlege ich kurz. Die Fahrt verläuft tatsächlich angenehm ruhig, ohne Zwischenfälle und Pannen. Es ist leicht bewölkt und dadurch nicht allzu heiß im Bus. Sky und ich schlafen sogar ein wenig. An jeder Zahlstelle und Polizeikontrolle wird Essen verkauft. Während der Fahrt kann man sich also prima verpflegen. Wir kaufen in Stücke geschnittene Ananas, Erdnüsse und für Sky Bananen und Bâtons de Manioc.

Da wir rechtzeitig in Yaoundé eintreffen, können wir zuerst noch ins Hotel »Diplomat« gehen und uns ein halbes Stündchen aufs Ohr legen.

Damit wir nicht in den Feierabendverkehr kommen, will Marcelin wie letztes Mal früh zum Flughafen fahren. Was ich nicht erwartet hätte: Diesmal wirkt der Ort noch verlassener als vor Wochen. Wir begeben uns gleich ins Restaurant im Obergeschoss, denn inzwischen haben wir doch Hunger. Während wir auf das Essen warten, spiele ich mit Sky auf dem großen Vorplatz mit einem Ballon. Schlussendlich müssen wir so lange aufs Essen warten, dass wir es schnellstens hinunterschlingen müssen, denn inzwischen ist es schon 16 Uhr und die Maschine soll bald landen. Mit Sky gehe ich schon mal voraus zur Ankunftshalle, die sich ein Stockwerk tiefer befindet. Natürlich benutzen wir den Lift, denn das ist für Sky eine Besonderheit, da kann er Knöpfe drücken. Kaum sind wir unten angelangt, kommt Marcelin schon die Rolltreppe heruntergefahren und Sky rennt ihm freudestrahlend entgegen.

Da die Passagiere noch nicht in Sicht sind, will sich Marcelin noch um meinen Koffer kümmern, der bei meiner Ankunft vor zwei Wochen in Brüssel stecken geblieben ist. Als er damals nicht auf dem Rollband erschien, war der Ärger im ersten Moment groß. Man konnte uns jedoch zum Glück sehr schnell sagen, dass er nicht verloren, sondern nur beim Umladen in Brüssel hängengeblieben sei. Wir hatten zwei Möglichkeiten: Entweder zwei bis drei Tage in Yaoundé zu warten oder später wiederzukommen. Ersteres kam natürlich für uns nicht infrage. Da wir ja wussten, dass wir in zwei Wochen wieder auf dem Flughafen sein werden, war klar, dass wir ihn bei dieser Gelegenheit abholen würden.

Das Reisebüro von Brüssel Airlines hat leider noch nicht geöffnet. Marcelin entschließt sich, vor dem Büro zu warten, während Sky und ich uns in die große Ankunftshalle begeben. Bald darauf wird Marcelin meinen Koffer in Empfang nehmen können.

Natürlich dauert es für mein Empfinden eine kleine Ewigkeit, bis meine Familie endlich ankommt. Als Sky sein Grosi von Weitem erblickt, stürmt er sofort durch die Absperrung, die nur aus einem gespannten Seil besteht, auf sie zu. Wir begrüßen uns alle sehr herzlich und freuen uns auf die gemeinsamen Tage.

Dann nehmen wir zwei Taxis, um zum Hotel zu fahren. Marcelin fährt mit Ruedi zusammen, während Sky und ich uns mit Mutti und Hedi zusammen in ein Taxi setzen. Für Hedi macht das Taxi keinen besonders vertrauenswürdigen Eindruck. Wahrscheinlich fehlt nur eine Federung am Hinterrad, sonst ist das Auto für afrikanische Verhältnisse in einem relativ guten Zustand. Kaum sind wir eingestiegen, fordere ich Hedi sofort auf, die Tür zu blockieren. Sie schaut mich entsetzt an.

»Ist es wirklich so gefährlich?«, fragt sie mich leicht erschrocken.

»Ja«, antworte ich ihr, »es ist besser, du verschließt jetzt die Tür, bevor du nachher deiner Tasche oder Armbanduhr nachtrauerst. Bei langsamer Fahrt oder beim Halt an einer roten Ampel können sie die Tür öffnen und dich bestehlen. Wenn du es bemerkst, ist es bereits zu spät.«

»Ich habe damit gerechnet, dass es gefährlich ist, aber gleich so?«, sagt sie mit besorgter Miene.

»Vorsorge ist besser als Nachsehen«, begründe ich ihr die Maßnahme. Etwas später füge ich hinzu: »Ja, hier in der Stadt ist es leider sehr gefährlich, bei uns oben ist es schon ein bisschen besser. Aber auch bei uns gibt es eine sehr, sehr wichtige Regel, die strikt eingehalten werden muss: Wenn Marcelin oder ich dir eine Anweisung geben, in einem Ton, der keine Widerrede duldet, frage nicht lange warum und wieso, sondern halte dich einfach an den Befehl und tue, was man dir sagt! Du kannst später nachfragen. O.K.? Weißt du, warum das wichtig ist?«, frage ich noch, ohne eine Antwort abzuwarten. »Es kann sein, dass du in eine Situation kommst, die gefährlich werden oder sich zuspitzen kann. Im Gegensatz zu dir erkennen wir die Gefahr sofort. Mit einem kurzen Befehl können wir dich da noch rausholen. Aber ganz wichtig ist, dass du SOFORT tust, was man dir sagt. O.K.?« Sie will den Gedanken an mögliche Gefahren wahrscheinlich so schnell wie möglich vergessen und fragt nicht weiter.

Auf dieser Fahrt durch die Stadt prasseln auf Hedi und Ruedi viele neue Eindrücke. Sie waren beide noch nie in Schwarzafrika und sind zunächst vor allem überwältigt von der grünen, satten Vegetation. Das eine oder andere Geschäft am Straßenrand versetzt sie auch ins Staunen. Am besten gefallen Hedi die »Gärtnereien«. Sie sehen von Weitem aus wie ein schön angelegter Park. Doch die Blumen, Sträucher und kleinen Bäume stehen alle in Eimern oder kleinen Plastiksäcken zum Verkauf bereit. Ein besonderer Blickfang sind auch immer wieder die »Möbelhäuser«. Die Schreiner stellen ihre kompletten Sitzgarnituren, Wohnwände, Tische oder Betten so vors Haus, dass man sie von der Straße aus gut sehen kann. Das ist ihr »Ausstellungsraum«. Wunderschöne Rattanmöbel stechen mir ganz besonders ins Auge. Diese würde ich mir für unsere Terrasse wünschen. An einer andern Stelle sehen wir am Straßenrand ausgelegt prächtige Teppiche, die Käufer anlocken sollen.

Bei den auf Rot stehenden Ampeln fehlen natürlich wie erwartet auch die Bettler nicht. Weiter geht's an armseligen, verlotterten Gebäuden vorbei, stinkig und rußig die Luft. Am Straßenrand barfuß spielende Kinder fallen unseren Gästen ebenso auf. So erhält meine Familie schon mal einen ersten Eindruck von einer afrikanischen Großstadt.

Mehr zum Spaß frage ich, ob sie im Hotel zu Abend essen wollen oder lieber in der nahe gelegene Pizzeria. Mir ist klar, dass sie im Hotel bleiben wollen, denn sie haben eine sehr lange Reise hinter sich. Nachts um drei Uhr sind sie mit dem Auto zwei Stunden von Bern nach Genf gefahren und um 7.15 Uhr war der Abflug von Genf über Brüssel.

Im Hotel »Diplomat« angekommen, gehen wir gleich ins hoteleigene Restaurant, in dem wir auch bei unserem letzten Aufenthalt gut gegessen haben. Wie überall in Afrika dauert es jedoch auch hier unendlich lange, bis das Essen fertig ist. Während wir darauf warten, haben wir genug Zeit, uns über alles Mögliche zu unterhalten. Der wichtigste Punkt, den wir klären müssen, ist, wie wir am nächsten Tag nach Bangangté weiterfahren wollen. Entweder wir fahren mit dem öffentlichen Bus und kaufen uns zusätzliche Plätze, damit wir es ein bisschen bequemer haben. Doch bei dieser Variante könnten wir unterwegs nicht dann anhalten, wann wir wollen. Oder wir mieten gleich einen ganzen Bus, das heißt, wir bezahlen alle Plätze, und bestimmen dann auch, wie oft und wo wir rasten wollen. Ruedi und Hedi entscheiden sich für den ganzen Bus, vor allem für Mutti, damit sie aussteigen und herumlaufen kann, wenn ihre Beine schmerzen. Marcelin steht sowieso früh auf, dann wird er den Bus am Morgen organisieren. Nachdem auch dies geklärt ist, sind wir uns alle einig, so schnell wie möglich in die Federn zu kriechen, denn wir sind alle sehr müde. Wir beschließen, um neun Uhr zu frühstücken, damit wir gegen zehn Uhr fahren können. Dann wären wir gegen 14 Uhr zu Hause, hätten noch genügend Zeit zum Auspacken, und für einen kleinen Rundgang ums Haus bei Tageslicht würde es auch noch reichen.

Marcelin, Sky und ich müssen uns leider ein Bett teilen. Da dieses mit nur 1,90 m Länge und 1,40 m Breite für uns drei zu schmal ist, schlafen wir miserabel.

Marcelin geht wie abgemacht früh los, um den Bus zu organisieren. Ich stehe ebenfalls auf und auch Sky ist schon munter. Wir duschen und schauen noch ein wenig, was das Fernsehen bringt. Um halb neun Uhr ruft Marcelin an, um mir zu sagen, dass er den Bus bereits organisiert hat und wir so rasch wie möglich frühstücken sollen, damit wir dann gleich losfahren können. Sofort rufe ich bei Mutti und Hedi im Zimmer an, aber ich erreiche sie nicht, da sie bereits im Frühstücksraum sitzen. Ruedi wecke ich telefonisch. Damit es schneller geht, nehmen wir nur ein kleines Frühstück. Wir können dann ja auch unterwegs noch etwas essen.

Und schon fahren wir los. Wir haben wieder Glück, es ist leicht bewölkt und dadurch nicht so heiß. Nach einer guten Stunde haben wir die Hauptstadt Yaoundé hinter uns gelassen und kommen in die erste Kontrolle. Eigentlich wäre eine Kontrollstelle nichts Besonderes, zumal wir mit einem Bus unterwegs sind, der ständig zwischen Bangangté und Yaoundé unterwegs ist. Doch es dauert leider länger. Nach ungefähr dreißig Minuten steigt auch Marcelin aus, um sich nach der Ursache des Wartens zu erkundigen. Er bleibt lange bei den beiden Kontrolleuren stehen. Da weiterhin nichts passiert, werde ich langsam ungeduldig und rufe Marcelin zu, was uns denn aufhalte. Eigentlich seien alle Papiere in Ordnung, nur die eine Unterschrift nicht richtig, erfahre ich. Anstelle des Chefs hat nur der Fahrer des Busunternehmens unterschrieben. Der eine der Kontrolleure hätte uns schon lange weiterfahren lassen, doch der andere, der anscheinend seine Macht demonstrieren will, gibt nicht nach. Marcelin hat es sogar, wie hier üblich, mit Bestechung versucht, auch dies ergebnislos. Daraufhin ruft der Fahrer seinen Chef an. Dieser soll inzwischen unterwegs sein zu uns. Ein Blick auf die Uhr zeigt, dass schon bald Mittag ist. Vielleicht genießt er daher zuerst in aller Ruhe sein Mittagessen, bevor er losfährt. Es ist alles möglich und somit kann es noch eine Weile dauern!

Uns bleibt nichts anderes übrig, als weiter zu warten. Langsam wird es unerträglich heiß im stehenden Bus. Wir lassen die Tür und alle Fenster offen. Nach zwei Stunden warten wir noch immer. Plötzlich kommen Marcelin und der Fahrer zum Bus zurück. Beide steigen wortlos ein und wir fahren weiter, obschon der Chef noch nicht aufgetaucht ist.

»Warum können wir nun doch fahren?«, frage ich Marcelin ganz erstaunt.

»Die Männer von der Kontrollstelle fahren in die Stadt zurück für die Mittagspause«, sagt Marcelin schulterzuckend. Ich verstehe die Welt nicht mehr. Wir haben schlussendlich zweieinhalb Stunden für nichts verloren.

Kaum sind wir losgefahren, kuschelt sich Sky an mich und schläft sofort ein. Außerhalb Yaoundés kommt man durch hügeliges Waldland, dann wird der Wald lichter und Palmen sowie kleines Buschwerk säumen die Straße. Aber vor allem die blühenden Flamboyants ziehen alle Blicke auf sich. Diese Bäume mit ihren Tausenden von flammend roten Blüten sind ganz einfach ein Traum.

An einer Stelle überqueren wir den Sanaga. Dieser Fluss ist mit 920 Kilometern Länge und einem Becken von 140 000 km^2 der größte und längste Fluss Kameruns. Die Ausnutzung seiner Wassermenge im Kraftwerk von Edéa machte es notwendig, an mehreren Orten Dämme zu bauen, um die Wassermenge zu regulieren. Die meisten Flüsse in Kamerun sind nicht tief, sodass sie nicht schiffbar sind. Alle Wasserläufe werden jedoch mit Pirogen, den schmalen traditionellen Holzbooten oder Einbäumen, befahren, mit denen die Fischer auf Fang gehen oder die als Fähren zum andern Flussufer dienen.

Mir ist aufgefallen, wie ruhig der Sanaga dahinfließt. Wenn das Wasser nicht allzu kalt ist, kann man Sandtaucher beobachten, was mich jedes Mal sehr fasziniert. Das sind junge Menschen, ich denke meistens wahrscheinlich Burschen, die mit Eimern nach Sand tauchen. Sie hieven ihn dann in ihr Einbaumboot und bringen ihn an Land. Dort schaufeln sie den Sand wieder aus dem Boot. Sie tauchen natürlich ohne Sauerstoffgeräte. Dieser Sand sei besonders geeignet für den Bau von Häusern.

Ich frage meine Familie, ob jemand Durst hat und etwas trinken möchte, denn im warmen Bus so lange zu sitzen, trocknet die Kehle aus. Ruedi macht den Vorschlag, wenigstens die Hälfte der Strecke hinter uns zu bringen, bevor wir schon wieder anhalten. Alle sind damit einverstanden. Eigentlich war es auch ein unüberlegter Vorschlag von mir, denn wir fahren schließlich eine sehr lange Strecke durch hügeliges Buschland, das nicht stark bewohnt ist. Nur selten sieht man Ortschaften im Umland.

Während der Fahrt an dieser menschenleeren Strecke entlang kommen wir auch bei einem Unfall vorbei. Zunächst nehme ich an, dass zwei Autos darin verwickelt sind. Das eine ist nur noch ein Schrotthaufen und wird mit bloßer Manneskraft, es sind etwa sechs Männer, von der Straße gehoben. Ich glaube, dieses Auto ist selbst hier nicht mehr zu retten! Das andere Auto ist unversehrt und anscheinend nur zum Unfall dazugekommen. Eine Sekunde später verstehe ich, wie der Unfall passieren konnte. Wir fahren über eine leichte Bodenwelle, unter uns befindet sich eine nicht sichtbare Brücke über einen kleinen Bach. Anscheinend ist das Fahrzeug mit überhöhter Geschwindigkeit darübergerast, was dann zum Sprungbrett wurde. Der Wagen, eh schon nicht mehr das neueste Modell, landete sehr unsanft und fiel auseinander!

Marcelin macht den Vorschlag, in Bafia einen Verpflegungsstopp einzulegen. Dieser kleine Ort ist eine Stunde von Bangangté entfernt. Da wir alle inzwischen ein wenig schlapp von der lange Fahrt und der ungewohnten Hitze sind, stimmen wir sofort zu. Sky schläft bis zur Ankunft und ich döse auch ein bisschen. In Bafia finden wir ein schönes, afrikanisches Gartenrestaurant. Marcelin besorgt Grillfleisch, das an Holzspießchen in ganz kleinen Stücken über dem Feuer gebraten wird.

Während wir warten, flitzen Kinder auf ihren selbst gebauten Holzrollern an uns vorbei. Wäre Papa noch dabei, hätte ihn das sicher dazu animiert, für Sky auch einen zu schreinern.

Das Grillfleisch schmeckt allen vorzüglich. Als der Kellner die Rechnung bringt, fällt Marcelin aus allen Wolken. Da Weiße am Tisch sitzen, hat der Kellner kurzerhand die Preise zum Teil fast verdoppelt. Marcelin macht natürlich einen Aufstand und es gibt eine große Diskussion. In einer solchen Situation werden hier alle anwesenden Gäste des Restaurants miteinbezogen und um ihre Meinung gebeten. Man ist sich schnell einig, dass die Rechnung zu hoch ist. Daraufhin korrigiert der Kellner gezwungenermaßen die Preise nach unten. Das Ganze muss man auch als eine Art Spiel betrachten, das nicht nur hier gang und gäbe ist, es wird auch in anderen afrikanischen Ländern praktiziert. Als er Marcelin das Rückgeld gibt, grinst er ihn ganz verschmitzt an, so als wolle er sagen: Einen Versuch war es mir allemal wert. Marcelin lächelt zurück, was wahrscheinlich heißen soll: War wohl nichts!

Nun müssen wir aber los, denn wir möchten zu Hause sein, bevor es dunkel wird.

Zum Glück werden uns unterwegs weitere Kontrollen erspart, sodass die Fahrt zügig vorangeht. Langsam kommen wir ins Bamiléké-Gebiet, die am dichtesten besiedelte Region des Landes. Das Bamiléké-Plateau ist hauptsächlich Kulturland mit Frucht- und Eukalyptus-Bäumen, Getreide, großen Kaffee-, Tee- und Bananenplantagen. In der Küstenregion findet man Kautschuk und Ölpalmen sowie viele Sorten verschiedenster Früchte und Wurzelgemüse.

Hedi bewundert immer wieder die herrliche Aussicht und lässt den Blick zwischen den unzähligen Hügeln hindurch ins weite Land schweifen. »Wir haben von unserem Haus aus fast die gleiche, herrliche Fernsicht«, schwärme ich ihr vor.

Auf dem Markt in Makanene legen wir noch einen kurzen Stopp ein, um Früchte zu kaufen. Marcelin geht sofort los. Auch hier ist es dasselbe Problem: Wenn ich eingekauft hätte, wäre es gleich um einiges teurer geworden. Hedi und ich steigen kurz aus, um hinter dem Bus eine Zigarette zu rauchen. Wie aus dem Nichts kommt schon eine Frau zu uns, die Pistazienpaste verkaufen möchte. Leider habe ich kein Geld bei mir. Diese Paste schmeckt nämlich herrlich zu Omeletts.

Nach der zweiten Zigarette kommt Marcelin zurück. Er habe etwas Spezielles für uns gekauft, erwähnt er fast feierlich: »Die Fleischspießchen waren nur die Vorspeise, jetzt gibt es eine Überraschung!« Mit diesen Worten holt er sechs größere Fleischstücke heraus. Ich sehe sofort, dass es Viper, also Schlangenfleisch ist und bin gespannt auf die Reaktion meiner Familie. Nach etwas Rätselraten freuen sich alle darauf, denn DAS möchte man dann mal versuchen, wurde uns schon im Voraus gesagt. Leider ist es etwas scharf gewürzt, aber es schmeckt trotzdem gut. Alle stimmen zu, dass meine Beschreibung stimmt: Wenn man nicht weiß, dass es Viper ist, könnte man es tatsächlich für Hähnchen halten, nur die fehlenden Knochen würden irritieren. Wieder etwas gestärkt fahren wir weiter, vorbei an unzähligen Baobabs (Affenbrotbäumen), Palmen und Bananensträuchern, und freuen uns darauf, bald daheim zu sein.

Kurz vor Bangangté überqueren wir einen Fluss. mit dem es eine ganz spezielle Bewandtnis hat, wie uns Marcelin erklärt. »Nach dem Trauerjahr waschen sich dort die Witwen in Anwesenheit ihrer Familie. Dieses Ritual wird jeweils morgens zwischen fünf und halb sechs Uhr durchgeführt. Es wird damit sozusagen die Trauerzeit und das »alte« Leben weggewaschen. Jemand von der Familie gibt der Witwe irgendeinen Gegenstand, den sie ins Wasser legen muss. Dann schauen alle gespannt, was damit passiert, ob er wegschwimmt oder untergeht. Das eine bedeutet, dass sie ihren Mann umgebracht hat, das andere beweist ihre Unschuld. Danach reicht man ihr ein Tuch und sie kann aus dem Wasser steigen. Von da an dürfen die Witwen wieder ein »normales« Leben führen, ausgehen, feiern, eine Beziehung aufbauen oder gar heiraten.«

Es ist plötzlich sehr still im Auto, alle machen sich darüber ihre eigenen Gedanken.

»Was hat das aber für Folgen, wenn sie für schuldig befunden wird?«, unterbricht Hedi die Stille.

»Sollte es sich um eine Frau vom Königshof handeln, wird sie vom Hof gejagt und von der Gesellschaft ausgeschlossen. Ist es eine Frau aus dem Volk, wird sie ebenfalls gemieden. Es wird aber keine Anzeige erstattet oder ein Verfahren gegen sie eingeleitet«, ergänzt Marcelin.

Bald fahren wir über »unsere« Kreuzung. Geradeaus würde es zu unserem Haus gehen, doch wir müssen zuerst ins Dorf und daher einen Umweg machen, um unser Auto zu holen. Wir biegen also links ab, an der Bar von Socrate vorbei. Die Fahrt durch Bangangté ist zu kurz, um rasch all die Orte zu zeigen, die für uns eine Bedeutung haben. Die Busendhaltestelle, wo unser Auto steht, befindet sich direkt neben der »Bassamba-Bar«. Natürlich trinken wir dort noch etwas, wenn wir schon mal hier sind. Meine Familie wird sogleich allen unseren Freunden und Bekannten vorgestellt. Die Einwohner von Bangangté sind sehr stolz auf meine Familie und dementsprechend herzlich werden sie von allen Seiten begrüßt. Mir fällt immer wieder auf, wie offen und herzlich die Menschen hier im Bamiléké-Grasland sind. Sie gehen ohne Vorbehalte auf Fremde zu. Da könnten sich nach meinen Erfahrungen viele andere ein Beispiel daran nehmen.

Allzu lange können wir aber nicht sitzen bleiben. Marcelin kauft noch schnell das Nötigste ein und dann geht es endlich Richtung Bametcha. Kurz vor Sonnenuntergang kommen wir an. Die Zeit reicht gerade noch aus, um die Koffer ins Haus zu bringen, die Ziege von der Wiese zu holen, die Schweine zu füttern und Wasser für die Dusche und die WC-Spülung aus unserem Brunnen zu ziehen. Der Rundgang muss leider bis morgen warten, es ist bereits zu dunkel.

Seit dem 19. Mai 2009 haben wir Strom im Haus. So können wir sogar mit normalem Licht gemütlich zu Abend essen. Meine Mutter sieht mit Begeisterung, was sich alles seit ihrem Besuch vor einem Jahr bei uns verändert hat. Eigentlich hätten wir gerne noch viel mehr machen wollen, bevor sie anreist. Aber dazu reichten die finanziellen Mittel nicht aus. Inzwischen haben wir einen schönen Fliesenboden im Wohnzimmer, in der Küche und auch im Badezimmer gelegt. Außer in unserem Schlafzimmer haben wir nun überall Zimmerdecken eingezogen. Im Schlafzimmer hat sich nichts verändert. Nicht mal die Wände sind verputzt und einen Schrank haben wir nach wie vor nicht. Wenigstens regnet es nicht mehr rein. Nur noch im Korridor, vor den Kinderzimmern, tropft es weiterhin herunter. Dort sind noch immer die alten, gebrauchten Blechdächer drauf. Diese hatten wir seinerzeit in der Not besorgt, weil es in ganz Kamerun keine Blechdächer mehr zu kaufen gab, da die Fabrik keine mehr lieferte!

Der erste Tag für unsere Gäste in Bametcha zeigt sich sonnig. Nachdem alle aufgestanden sind, frühstücken wir ausgiebig. Natürlich gibt es meinen Zitronengras-Tee, den alle herrlich finden. Später machen wir einen Geländerundgang. Meine Mutter freut sich über den Bungalow, der inzwischen im Rohbau fast fertig ist. Für das ganze Blechdach hat es noch nicht gereicht, aber fast die Hälfte ist wenigstens gedeckt. Dächer reißen ja auch immer ein Loch ins Portemonnaie. Alle Blechdächer für den Bungalow kosten ungefähr 1500 CHF. Das können wir natürlich nicht auf einmal aufbringen. Schon die Hälfte haben wir in mehreren Etappen gekauft, immer wieder zehn Dachteile. Doch immerhin sind die Wasserleitungen schon im Haus. Die Plastikrohre für den Strom ebenfalls, nur die Kabel müssen noch durchgezogen werden. Außen ist es verputzt und teilweise auch das erste Mal gestrichen. Dadurch sieht es schon viel besser aus als damals unser Haus, als die Eltern zum ersten Mal bei uns zu Besuch waren. Der Boden ist zwar noch erdig, aber schon ebener als damals der unsrige. Wir haben aus den Anfangsfehlern beim Hausbau gelernt. Diesmal wurden die Wände gleich mit Zementsteinen bis zum Dach hochgezogen.

Der Blick vom Bungalow aus in die Weite ist atemberaubend. Marcelin und ich setzen uns oft während der Arbeitspause auf die Terrasse, um diese wunderbare Aussicht zu genießen.

Nach der Bungalowbesichtigung gehen wir alle über die Straße zum Grundstück für unser geplantes Hotel. Die »Buvette«, also eine Art Bar, wie wir dies hier nennen, und der »Tante Emma-Laden« sind im Rohbau inklusive Dach fertig. Innen und außen ist alles bereits verputzt. Da die ganze Hotelanlage U-förmig wird, ist sie in sich abgeschlossen. Das macht es für uns einfacher, für die Sicherheit unserer Gäste zu garantieren. Hinter dem Restaurant sind ein Lager für die Getränke und mein Büro mit der Rezeption geplant. Dafür, sowie für die ersten fünf Zimmer, ist die Erde ausgehoben und die lange Außenmauer steht bereits. Mutter, Ruedi und Hedi sind sichtlich beeindruckt.

Ich finde es toll, dass wir die von uns gezeichneten Baupläne jederzeit ändern und dem Gelände anpassen können. Eigentlich hatten wir ursprünglich pro Seite sechs Hotelzimmer vorgesehen. Doch da das Gelände weiter hinten wieder abschüssig wird, hat Marcelin den Plan spontan auf fünf Zimmer gekürzt. Aus der Sicht des Bauherrn ist es praktisch, hier in Kamerun zu bauen, denn man braucht dafür keinen Architekten beizuziehen. Die Pläne müssen auch nicht vom Bauamt abgesegnet werden. Da meistens sowieso nur einstöckig gebaut wird, ist dies auch kein Problem. Wie es bei mehrstöckigen Häusern ist, weiß ich nicht.

Dann stehen wir vor dem großen, wunderschönen, typischen Savannenbaum. Die erste spontane Entscheidung war, ihn vom Hotelgelände auszuschließen.

»So würde er allerdings an der Außenmauer stehen, und das wäre viel zu gefährlich«, erklärt Marcelin. »Man könnte dann sehr leicht jederzeit auf den Baum klettern und in das Hotelgelände eindringen.« Das leuchtet allen ein.

»Integriert doch den Baum ganz einfach in die Hotelanlage«, schlägt Ruedi spontan vor.

»Gute Idee, dann sägen wir ganz einfach die untersten Äste ab und bauen ein Gartenrestaurant darum herum«, spinne ich den Faden weiter.

Anschließend gehen wir wieder zum Haus zurück und ich zeige meiner Familie die Hotelpläne. Man ist sich einig, dass es ein riesiges Projekt ist, das wir uns da vorgenommen haben. Wie lange wir daran zu bauen haben, steht in den Sternen und richtet sich ganz nach unseren finanziellen Möglichkeiten. Doch ich bin davon überzeugt, dass wir es irgendwann schaffen werden.

Dann genießen wir gemeinsam auf der Terrasse den Sonnenuntergang. Auf Marcelin und mich wartet noch die übliche Abendarbeit, wie Ziege zum Haus holen und Wasser ziehen. Ruedi versucht auch, Wasser aus dem Brunnen zu ziehen, was ihm sehr gut gelingt. Da es nach dem Sonnenuntergang doch recht kühl wird, essen wir drin. Der Abend wird lang, denn es gibt viel zu bereden und zu erzählen, sodass wir erst nach Mitternacht zu Bett gehen.

Bereits am nächsten Tag drängt es Ruedi zur Arbeit. Er müsste ja nicht der Sohn meines Vaters sein! Genau wie Papa kann auch er nicht unnütz herumsitzen. Er hatte schon einige Pläne im Koffer mitgebracht und vor Ort fand er noch einiges mehr, das er anpacken wollte. Auch Hedi will mithelfen. Sie hat leider nur ein Problem, nämlich eine Sonnenallergie. Hier in Afrika ist die Sonnenbestrahlung acht Mal stärker als in der Schweiz. Da wir auch gegen Abend Sonne auf der Terrasse haben, muss sie einmal regelrecht ins Haus flüchten. Ein anderes Mal hängt sie Bettwäsche als Sonnenschutz zwischen zwei Pfeilern auf, um sich zu schützen.

In den zwei Wochen, die sie bei uns verbringen, bereichern sie uns mit vielen guten Ideen, die sie auch gleich ausführen. Ruedi fertigt ein Terrassentürchen an, passend zur Brüstung. Er zeichnet einfach die Balusterform der Betonbalustrade auf Holz, das etwas dicker ist als Laubsägeholz. Dasselbe Holz verwendeten wir auch für die Zimmerdecken. Diese Baluster versucht er dann sehr umständlich auszuschneiden, weil wir nicht das passende Werkzeug dafür haben. Meine Mutter sticht daraufhin alle mit dem Stechbeitel nach, damit man das überflüssige Holz leicht rausbrechen kann. Danach schleift sie es noch von Hand etwas nach und streicht es weiß an. Ich muss sagen, das Türchen sieht toll aus und ist sicher das außergewöhnlichste hier in ganz Bangangté. Mit der Begründung, dass die Hunde nicht mehr durchschlüpfen können, hat leider Marcelin später auf der Innenseite mehrere hässliche Holzlatten sehr unsensibel angenagelt.

Ruedi lässt auch noch einen sehr praktischen Untersatz vom Schreiner zimmern. Darauf passen zwei Küchenmöbel für die Durchreiche von der Terrasse zur Küche, sodass diese nun die richtige Höhe haben. Meine Mutter streicht auch diesen Untersatz weiß an und Hedi bezieht ihn mit Folie, damit man ihn abwaschen kann. Auch so etwas hat bestimmt niemand in Bangangté. Ferner bespannen Hedi und Ruedi die Terrassenbrüstung mit dem leichten, grünen Vogelschutzgitter, damit die Hunde nicht mehr so einfach auf die Terrasse kommen.

An einem Nachmittag, wir sind gerade alle mit verschiedenen Arbeiten beschäftigt, ziehen langsam Wolken auf und der Wind frischt auf, was den anderen gar nicht auffällt. Eine starke Windböe zieht über die Terrasse. Ich habe die Hände voll und rufe deshalb Hedi im Befehlston zu: »Gehe sofort die Fenster schließen!« Sie dreht sich gemütlich um, schaut mich an und fragt: »Warum?« Ich lasse alles fallen, was ich gerade in den Händen halte, renne an ihr vorbei ins Haus und strafe sie mit einem vorwurfsvollen Blick. Blitzartig schließe ich alle Fensterläden. Als ich wieder rauskomme, sage ich leicht verärgert zu ihr: »Das war jetzt genau so eine Situation, wie ich sie dir im Taxi erklärt habe! Wenn ein Befehl in diesem Ton kommt, frag nicht nach, sondern FÜHRE IHN AUS!«

»O.K. Aber warum hätte ich die Fensterläden so schnell schließen sollen?«, fragt sie mich absolut verständnislos. »Spürst du den Wind nicht? Genau ein solcher Wind hat die Wand unseres Schlafzimmers rausgedrückt und das möchte ich nicht unbedingt ein zweites Mal erleben. Siehst du, das meinte ich mit einer Situation, die du nicht erkennen kannst. Wenn es wieder eine solche geben sollte, tue einfach, was ich dir sage und frage nachher!«

Da ich oft mit Ruedi für Einkäufe in der Stadt bin, lasse ich Sky bei meiner Mutter und Hedi. Das gefällt dem Kleinen anscheinend. Sie lassen ihn mitarbeiten, was ihm enormen Spaß macht. Am meisten beeindruckt es ihn aber, wenn er mit Ruedi etwas schreinern darf. Selbst wenn er nur auf dem Brett sitzen kann, das Ruedi gerade zersägen will, strahlt er übers ganze Gesicht. Er darf auch mithelfen, als Ruedi und Hedi das Netz an der Terrassenbrüstung befestigen. Dies alles imponiert Sky so sehr, dass er mir noch Wochen später erklärte »das hat Ruedi gemacht« und auf das Terrassentürchen zeigte.

Meine Mutter hat mir Pektin mitgebracht, um Konfitüre zu kochen. Ich habe immer gesagt, ich will dann mal versuchen, aus Mangos und Papayas Konfitüre herzustellen. Jetzt will es Hedi probieren, denn inzwischen ist uns diese ausgegangen und wir können nicht nach Bafoussam fahren. Hier in Bangangté gibt es so etwas nicht zu kaufen. Bei den Einkäufen mit Ruedi haben wir fast alle Läden vergeblich danach abgesucht. Hedi beschließt, aus Mangos Konfitüre zu kochen, denn jetzt ist nicht Saison für Papaya. Wir finden alle, dass sie herrlich schmeckt. Es funktioniert so gut, dass Hedi vor der Abreise noch ein paar Gläser machen will. Ich schaue ihr zu, denn ich habe noch nie selber welche hergestellt.

Abends, nach dem Essen, machen wir es uns jeweils im Wohnzimmer bequem. Marcelin schaut meistens fern, während wir andern uns auf Berndeutsch unterhalten. Sehr oft spielen Ruedi und Hedi noch mit Sky. Auch diese Spiele sind ihm lebhaft im Gedächtnis geblieben, zum Beispiel die Balgerei und Kissenschlacht mit Ruedi. So viel Betrieb im Haus ist er ja schließlich nicht gewohnt. Alle spielen mit ihm und lassen ihn immer wieder im Mittelpunkt stehen.

Meine Mutter möchte, dass wir ein Hühnerhaus und einen Ziegenstall bauen. Marcelin hat sich mit dem Architekten geeinigt, dass dieser für den Aushub, das Fundament und das Hochziehen insgesamt 150 000 CFA bekommen wird. Das entspricht ungefähr 375 CHF. Doch nun gibt es schon die ersten großen Diskussionen. Ruedi kann nicht glauben, dass hier ein »Architekt« so teuer sein kann. Es bricht ein richtiger Streit aus. Marcelin und ich versuchen Ruedi klarzumachen, dass wir niemanden gefunden haben, der noch günstiger arbeiten würde. Zudem habe dieser Architekt auch unser Haus gebaut. Ein Wort ergibt das nächste, bis ich schließlich in Tränen ausbreche. Hedi und Mutter versuchen zu vermitteln. Doch an diesem Abend kommen wir zu keinem Ergebnis mehr und brechen das Thema ab.

Mit immer noch heißen Köpfen setzen wir am nächsten Morgen unsere Berechnung fort. Wir werden Zement und ein Blechdach benötigen. Bausteine haben wir bereits auf dem Platz, diese müssen wir also nicht einkalkulieren. Sie wären allerdings für den Hotelbau vorgesehen. Schlussendlich kommen wir auf einen Betrag von fast 800 CHF. Plötzlich bemerke ich mit Schrecken, dass wir noch nicht einmal das Holz für den Dachstuhl berechnet haben. Fenster, Türrahmen und Türen fehlen ebenso in unserer Aufstellung. Jetzt, wo wir vermeintlich alles im Detail berechnet haben, finde ich, dass es wirklich ein sehr teures Hühnerhäuschen wird!

Meine Mutter will es trotzdem finanzieren. Ich verstehe sie, denn ich habe ihr die Ohren genug vollgejammert, wie viele Vorteile ein Hühnerhäuschen hätte, und außerdem ist es leider so, dass die Hunde die Hühner reißen. Hühner, die keinen Nistplatz und keine feste Schlafstelle haben, wo sie geschützt sind, verlassen ihr Gelege vorzeitig. Dadurch haben wir bestimmt schon um die hundert Eier oder Küken verloren. All diese Gründe sprechen für das Hühnerhäuschen. Aber es gibt einen wichtigen Grund, der dagegen spricht: Der Bungalow sollte bis September bezugsbereit sein, wenn Paula dort mit ihrer Familie einziehen will. Mit diesem Geld könnten wir einiges dort fertigstellen. An erster Stelle das Dach. Es ist Mai, die Regenzeit beginnt, und das Haus ist erst zur Hälfte gedeckt! Außerdem müssen die Wände verputzt, der Boden zementiert und mit Platten belegt und die Decke eingezogen werden. Das Gitter für die Fenster ist auch noch nicht bestellt. Dann muss das Haus gestrichen und eingerichtet werden. Das alles kostet. Wenn wir den Bungalow vermieten können, haben wir bereits ein Einkommen vor Ort, aber mit dem Hühnerhäuschen verdienen wir nichts. Unsere erste Priorität besteht natürlich darin, dass wir unseren Lebensunterhalt selber bestreiten können. Ruedi und Hedi verstehen uns, doch meine Mutter besteht trotzdem auf dem Hühnerhäuschen. Zu Mamas Zufriedenheit geben wir schlussendlich nach und es wird mit dem Bau begonnen, der anfangs recht zügig vorangeht. Es wäre eigentlich Marcelins Wunsch gewesen, dass Mama das Häuschen noch vor ihrer Abreise fertig sieht. Doch das klappt leider nicht – hier in Afrika laufen die Uhren eben anders.

Später meldet uns dann Paula, dass sie nicht zu uns ziehen wird. Sie lebt seit ein paar Wochen in Yaoundé, doch hat sie sich bereits derart mit ihrem Mann zerstritten, dass sie sich von ihm trennen will. Auch mit seinen Kindern versteht sie sich nicht. Zudem habe sie nicht gewusst, was es bedeutet, einen Moslem geheiratet zu haben. Sobald sie über das nötige Geld verfügt, wird sie abhauen und in einem anderen afrikanischen Land bei einer Freundin Unterschlupf suchen.

22. Kapitel

Die große Beerdigungsfeier für meinen Papa in Kamerun

Der Tod ist wie der Mond, niemand hat seinen Rücken gesehen

Für die Beerdigungsfeier für meinen Papa organisiert Marcelin als Erstes in den verschiedenen Chefferien die speziellen Objekte für den Heiligen Platz. Dazu gehört die fast lebensgroße Holzstatue, die einen Jäger darstellt und die zugleich der Wächter des Heiligen Platzes sein wird, ferner der Trauerhut, den ich am Sonntag tragen werde, und das lange königliche Tuch, das die Mauer des Heiligen Platzes zieren wird. Ich werde am Sonntag auch ein solches Tuch tragen, informiert mich Marcelin. Er benötigt noch die Speere, die den Ort als Heiligen Platz bestätigen und gleichzeitig eine Respektserweisung für die Chefs bedeuten. Von unserem Chef von Bametcha kann er das Leopardenfell ausleihen. Alle diese Dinge dürfen in der Tradition der Bamiléké keinesfalls auf dem Heiligen Platz fehlen. Da zudem fünf Chefs zugesagt haben, an unserer Beerdigungsfeier teilzunehmen, ist es für uns enorm wichtig, dass nichts vergessen wird.

Marcelin hat für die bevorstehende Beerdigungsfeier meines Vaters sehr viel vorzubereiten. Trotzdem schlägt er vor, dass wir zum Spital Bangwa fahren könnten. Ich war davon überzeugt, für Hedi als Krankenschwester könnte es interessant sein, ein afrikanisches Krankenhaus zu besuchen. Doch da liege ich völlig falsch. Auch Ruedi und meine Mutter zeigen sich wenig begeistert. Immerhin ist es nicht irgendein Spital, sondern dasjenige, in dem Sky geboren wurde. Und ich verbrachte dort zwei Monate mit Malaria und Blutarmut und wäre dabei fast gestorben. Dieses Desinteresse enttäuscht mich schon ein bisschen. Wir schlagen stattdessen vor, zum Markt nach Bangangté zu fahren, den nur meine Mutter schon einmal gesehen hat. Doch auch dieser Vorschlag stößt auf taube Ohren. Ich nahm an, Ruedi und Hedi würde es vielleicht interessieren, noch ein bisschen mehr von Afrika zu sehen als nur unser Haus. Ein Marktbesuch ist ja immer wieder spannend. Ruedi kam allerdings durch seine Einkäufe öfters nach Bangangté und sah wenigstens einiges vom Dorf. Es war ja nur gut gemeint von uns, um unseren Gästen noch etwas zu bieten.

Ich wurde auch schon mehrmals von verschiedenen Seiten gefragt, ob wir in Foumban gewesen seien, um uns den prächtigen Sultanspalast anzuschauen und durch die berühmte Künstlerstraße zu schlendern, wo man Holzschnitzern bei der Arbeit zuschauen kann; ebenso finde man dort Bronzegießer, Korbmacher, Weber, Töpfer und Sticker. Obschon dies alles sicher sehr sehenswert wäre, waren wir bisher noch nicht dort. Es ist hier nicht üblich, einfach so zum Vergnügen Ausflüge zu machen. Man fährt nur dorthin, wo man etwas Wichtiges zu erledigen hat. Und mit unserer Klapperkiste sowieso nicht. Zudem ärgert es Marcelin auch immer ein bisschen, wenn jemand von Foumban schwärmt, denn seiner Meinung nach sei der Königshof von Bangangté einst viel bedeutender gewesen als derjenige von Foumban.

Da ich irrtümlicherweise annahm, der große Rummel für die Vorbereitungen würde bereits am frühen Samstagmorgen beginnen, hatte ich meine Familie entsprechend vorgewarnt. Mutter, Ruedi und Hedi möchten natürlich wissen, wann es ungefähr losgeht, damit sie nicht unerwartet aus dem Schlaf gerissen werden. Ich erkundige mich bei Marcelin und vernehme, dass ich das zuerst falsch verstanden habe: Die Leute werden erst gegen Mittag kommen. So gebe ich Entwarnung und alle werden ausschlafen können. Dies ist auch sehr zu empfehlen, da die Feier ohne Unterbrechung bis zum Sonntagnachmittag dauern wird!

Sogar im Lokalradio wurde mehrmals auf diese große Beerdigungsfeier aufmerksam gemacht.

Marcelin schläft an diesem Morgen etwas länger als sonst, nämlich bis gegen sechs Uhr. Auch ich bin schon sehr zeitig wach und habe vorerst einige Hausarbeiten zu erledigen. Schon früh bringt jemand einen Strunk Kochbananen. Bevor Marcelin ins Dorf fährt, sagt er mir, ich könne schon mal mit dem Schälen der Bananen anfangen. Am späteren Vormittag beginne ich damit auf der Terrasse. Inzwischen weiß ich zwar, wie man das macht, aber natürlich bin ich noch nicht so geschickt wie die einheimischen Frauen. Nachdem ich schon einige Bananen geschält habe, kommt Nicole mit ihren fast erwachsenen Kindern. Eines der Mädchen kann nicht mehr zusehen, wie ich mich abmühe und bietet mir an, die Bananen für mich zu schälen. Ihr Angebot nehme ich sehr gerne an, denn die Früchte sind noch sehr grün und deshalb hart zum Schälen. Ich kümmere mich stattdessen um Sky und gehe in die Küche, um bei den weiteren Vorbereitungen zu helfen. Doch wirklich helfen kann ich nicht, denn alle nehmen mir immer sogleich die Arbeit ab, wenn ich etwas anfangen will. Warum dies so ist, wird mir Julienne, die Frau, die in Bangangté den Markt leitet, erst am Ende der Feier erklären, denn auch sie ist sehr beschäftigt mit den Vorbereitungen.

Ab Mittag treffen allmählich die Frauen ein, die uns beim Kochen helfen wollen. Sie richten die Küche beim Bungalow ein. Die Terrasse dort ist überdacht. Falls es regnen sollte, sind sie geschützt. Sie richten sich vier Feuerstellen ein. Meine Schwägerin Nicole, die Frau von Jacques, bereitet zwei Saucen mit Piment zu, eine ganz scharfe und eine »normale«. Bei ihr habe ich seinerzeit ein Gericht gegessen, das meinen Mund betäubt hat wie beim Zahnarzt.

Am Nachmittag kommt auch schon Jean-Vincent, ein Albino, zu uns. Er ist ein Mitglied der Gesellschaft »Manjo Lali« von Bangangté. Er hilft Marcelin, eines unserer Schweine und einen Ziegenbock zu schlachten. Das ist für uns günstiger, als extra ein Schwein und eine Ziege zu kaufen. Aus diesem Grund halten wir diese Tiere. Bei unserer momentanen finanziellen Situation wäre es uns schlicht und einfach nicht möglich gewesen, eine Ziege und ein Schwein zu kaufen. Wir halten sie auch in Hinsicht auf die nächsten Wahlen. Falls es wieder Streik gibt und die Geschäfte über Wochen oder gar Monate geschlossen sind, wo bekommen wir dann das Nötigste her? Hier gibt es keine Konservenprodukte, jedenfalls nicht viele, nur Kondensmilch und Sardinen. Damit kommt man nicht weit.

Meine Familie schaut der Schlachtarbeit der beiden entsetzt

zu. Gerade tierfreundlich werden die Tiere nicht getötet. Sky kann ich zum Glück von diesem Anblick fernhalten. Ich finde, er ist doch noch etwas zu klein für so etwas. Als er die Tiere so regungslos daliegen sieht, meint er dazu, dass sie wohl schlafen. Wir lassen ihn in dem Glauben.

Bald erscheint auch »Madame Piment«, die von Sky freudig begrüßt wird. Später trifft noch die Frau ein, die immer in der »Kiba-Bar« Essen anbietet. Wie ich einmal von ihr erfahren habe, ist sie seit Jahren Witwe. Voller Stolz erzählte sie mir damals, dass ihr Mann Pfarrer gewesen sei. Diese liebenswürdige Frau ist genau so, wie ich mir eine Pfarrersfrau vorstelle: klein, rund und herzensgut. Alle Frauen, die Marcelin für diesen Zweck organisiert hat, übernehmen gemeinsam das Zepter beim Kochen. Ich werde nur nach Salz, Cubes (Bouillon- oder Gewürzwürfel), Kochbesteck und Teller gefragt. Schon bald brodelt es auf allen vier Kochstellen beim Bungalow.

Ein junger Mann bringt uns Bier auf dem Mofa. Ich traue meinen Augen nicht, als ich sehe, dass er vier Kisten davon auf seinem Gepäckträger mitgeführt hat!

Am späteren Nachmittag trudeln auch die anderen Mitglieder der Gesellschaft »Manjo Lali« ein. Sie werden Musik machen und tanzen. Auch andere Gäste treffen ein. Schon bald hat sich beim Bungalow oben eine bunt zusammengewürfelte Menschenmenge eingefunden und es wird laut diskutiert und gelacht. Je später es wird, umso mehr Gäste erscheinen. Ich esse mit meiner Familie im Haus. Marcelin kümmert sich um das ganze Treiben draußen. Nach dem Essen gesellen wir uns auf der Terrasse auch dazu, um zu schauen, was da so alles abläuft. Als es dunkel wird, erscheint auch der Chef von Bametcha. Die Musik spielt vor dem Küchenfenster und es wird fröhlich getanzt. Auf der Terrasse wimmelt es inzwischen nur so von Leuten. Bei solcher Musik und ausgelassenem Tanz kommen bei uns Europäern absolut keine Trauergefühle auf. Mehrere Musiker schlagen rhythmisch und sehr schnell mit Hölzern auf ein größeres Holzstück, begleitet von zwei Trommlern. Einer hat zwei leere Konservendosen, in denen er einen Holzstab befestigt hat, als Musikinstrument umfunktioniert. Später holt Marcelin seine Sanza hervor und spielt fleißig mit. Ab und zu werden die Musiker auch noch von unseren Hunden mit lautem Gebell begleitet, denn sie sind es nicht gewohnt, dass es bei uns so laut zugeht. Sky ist nicht mehr zu halten, er tanzt zusammen mit einem anderen Jungen in seinem Alter, der in einem hellblauen, dicken Skianzug steckt. Achtzehn Grad empfinden Afrikaner als kalt. Auch Jacques trifft warm angezogen bei uns ein. Er ist in eine dicke, schwarze, gefütterte Windjacke eingemummt. Auf seinem Kopf thront ein Hut, den er sich über der Kapuze seiner Windjacke aufgesetzt hat. Das sieht schon sehr originell aus. Ein anderer trägt eine ebenso dicke und gefütterte Jeansjacke und eine warme Fellmütze über den Ohren. Mir fällt noch ein weiterer Gast in einer langen, dunkelbraunen Daunenjacke und einer Art Tropenhelm aus demselben Material besonders auf.

Im Laufe des späteren Abends macht der Chef von Bametcha eine folgenschwere Bemerkung. Er fragt, warum die Musiker nicht auf der anderen Seite der Terrasse, unter der Neonröhre, spielen. Gesagt, getan, die Musiker und die ganze Gesellschaft ziehen direkt vor das Schlafzimmerfenster meiner Mutter und Hedi. Wir drei Frauen waren in der Zwischenzeit wieder ins Haus gegangen und hatten davon nichts mitbekommen. Ich fühle mich doch noch nicht hundert Prozent sicher bei solchen Veranstaltungen. Vor allem in solchen Momenten wie heute, wo ich im Mittelpunkt stehe. Ich habe Angst, etwas falsch zu machen und bin deshalb froh, als Frau des Hauses und bald auch offiziell Königin, tun und lassen zu können, was ich will. Es stört sich auch niemand daran, dass ich mich meistens im Haus aufhalte.

Als ich Marcelin darauf aufmerksam mache, dass nun ausgerechnet vor dem Fenster von Mutter und Hedi musiziert und getanzt wird, meint er nur, dass er das nicht bedacht habe.

Ruedi hält sich die ganze Zeit draußen auf. Ihm gefällt die Stimmung, er tanzt sogar mit. Eine fröhliche, hübsche Frau in einem hellbraunen, traditionellen Gewand, bemüht sich ganz besonders um meinen Bruder. Wer sie war, wusste niemand, einfach eine von mehreren fremden Gästen, die die Trauer mit uns teilen will.

Wie wir übrigens zu unserem nicht geringen Amüsement später vernahmen, erzählt seither eine dieser uns unbekannten Frauen, die ein paar Worte mit Ruedi gewechselt hatte, im Dorf herum, sie sei mit ihm verlobt und werde demnächst zu ihm in die Schweiz fliegen!

Ruedi isst mit den anderen Gästen draußen und führt, wie mir scheint, ein sehr anregendes Gespräch mit dem Chef von Bametcha. Es gab da allerdings noch ein Missverständnis, wie ich erst viel später erfuhr. Ruedi hatte den Chef gefragt, ob er ihn fotografieren dürfe, was mit Kopfnicken gestattet wurde. Ruedi versuchte ihm zu erklären, dass er dann die Aufnahme von mir bekäme. Doch im weiteren Verlauf des Gespräches stellte sich heraus, dass der Chef gar nicht auf das Bild erpicht war, sondern ihm schlicht und einfach seine Digitalkamera abschwatzen wollte! Diese war nun Ruedi doch ein bisschen zu teuer, um sie einfach so jemandem zu schenken, der sie vor allem als Prestigeobjekt besitzen möchte. Er versprach ihm, sich nach einem anderen Fotoapparat umzusehen. Dasselbe Missverständnis passierte übrigens auch meiner Mutter, die ebenfalls nach ihrer Kamera gefragt wurde.

Langsam sind wir müde und möchten ins Bett. Doch jetzt gibt es zuerst noch ein Problem zu lösen. Marcelin teilt mir mit, dass die Frauen, die gekocht haben, hier schlafen wollen.

Aber wo? Im Haus kommt für uns nicht infrage. Marcelin reagiert seit dem Überfall fast panisch, wenn fremde Leute das Haus betreten. Dafür habe ich volles Verständnis. Die Frauen wollen auch gar nicht im Haus, sondern draußen schlafen. Ist nur die Frage, wo und wie. Marcelin will sogleich eine Matratze rausgeben. Da protestiere ich aber energisch, denn dann könnte man sie danach gleich entsorgen. Er schaut sich im Haus um und überlegt. Wir haben noch zwei hölzerne Deckenpaneele übrig, die wir nicht benötigten. Diese gibt er den Frauen schon mal, damit sie nicht auf dem nackten Boden schlafen müssen. Dann fragt er mich noch nach einer Decke, die als Unterlage dienen könnte. Ich finde einen alten, dicken Stoffvorhang. Den kann man wieder waschen, denke ich. Die Frauen sind zufrieden damit, denn diese Variante ist immer noch bequemer, als auf einem Stuhl zu schlafen.

Sky habe ich gegen 22 Uhr zu Bett gebracht, als die Musiker die erste Pause machten. Bei der nächsten wollen Mutti und Hedi auch so schnell wie möglich unter die Decke schlüpfen, damit sie wenigstens einschlafen können, bevor die Musik wieder einsetzt. Am nächsten Morgen sagen mir die beiden, dass sie gut schlafen konnten, obwohl die Musik direkt vor ihrem Fenster gespielt hat. Ich nehme an, durch die vielen Eindrücke des ganzen Tages waren sie so erschöpft in die Kissen gesunken, dass sie von all dem nichts mehr mitbekommen haben. Unser Schlafzimmer befindet sich weiter weg, so wurde ich nicht gestört und konnte gut schlafen. Ob die Gäste wirklich die ganze Nacht mit dem Tanzen durchgehalten haben, weiß ich nicht und habe anderntags auch nicht danach gefragt.

Der große Tag der Beerdigungsfeier für meinen geliebten Papa hier in Kamerun ist angebrochen. Nein, Trauer kommt nicht auf in mir, es ist alles viel zu hektisch. Ums Essen muss ich mich wenigstens nicht kümmern. Die Frauen, die gestern gekocht haben, sind ja hiergeblieben. Ich frühstücke mit meiner Familie wieder drinnen und gehe den ganzen Morgen so wenig wie möglich aus dem Haus. Es kommen ständig neue Leute dazu. Um hier in Afrika die perfekte Gastgeberin zu spielen, kenne ich mich noch zu wenig aus. Doch von Ruhe kann nicht die Rede sein, denn das laute Stimmengewirr dringt bis zu uns rein.

Nach dem Frühstück trifft auch schon der Chef von Netat samt einer Begleitperson ein. Die beiden essen vorab bei uns im Wohnzimmer, der Chef sitzt auf dem für ihn bestimmten Hocker, den Marcelin extra für ihn gekauft hatte.

Für diese Feier gibt es das traditionelle Kelombab. Dieses besteht aus Bananen und Fleisch in einer Sauce, wobei die Bananen separat serviert werden. Marcelin kümmert sich um die hohen Gäste und dazwischen sagt er mir, wie und was ich den beiden bringen kann. Als sie fertiggegessen haben, verlassen sie das Wohnzimmer und schon einige Zeit später treffen die nächsten Hungrigen ein. Aus Platzgründen können nur einige ausgewählte Gäste im Wohnzimmer essen. Marcelin ist überall, er hat mehr als alle Hände voll zu tun und er entscheidet, wer zu den speziellen Gästen gehört. Aus Geldmangel wollte Marcelin sparen, wo er konnte. So hat er auch niemanden engagiert, der ihm helfen könnte, den ganzen Tagesablauf zu organisieren und im Griff zu haben.

Dann macht sich auf einmal wirklich Hektik breit, denn das Essen wird draußen an all die übrigen Gäste verteilt. Ich bin hauptsächlich im Haus zuständig, denn ich hätte den Überblick eh schon längst verloren und den Ablauf kenne ich sowieso nicht.

Man kann nicht wahllos einfach so allen Anwesenden servieren, wie man will, es muss auch da eine gewisse Ordnung eingehalten werden. Den Tänzern und Musikern wird extra serviert, ebenso den wichtigen Gästen, vor allem den weiteren Dorfchefs, die extra gekommen sind. Ich erfahre, dass ich den Chefs das Essen auftragen und »Bon appétit« wünschen muss. Zum Glück hat mir das niemand vorher gesagt, sonst wäre ich gestorben vor Aufregung.

Julienne hat ein bisschen das Zepter übernommen, worüber ich sehr froh bin. Ihre Freundin, die ihr auch hilft, will mich alleine zu den Chefs schicken, um sie zu bedienen. Julienne lehnt strikt ab und sagt, dass ich das unmöglich alleine könne, sie werde mitgehen. Denn es kommt auch noch sehr genau darauf an, welche Chefs man zuerst bedient, wie und mit welcher Speise. Auch darüber wurde ich vorher nicht unterrichtet. Bei einem so großen Fest kann man sich keinen groben Fehler erlauben, da sollte möglichst alles stimmen. Naja, alles stimmt dann doch nicht, weil Marcelin mit der Aufsicht und Verantwortung total überlastet ist.

Meine Familie und ich essen auch im Wohnzimmer. Vom Fleisch bleibt nicht mehr viel übrig für uns. Wir wären beinahe vergessen worden, wenn sich Marcelin nicht noch rechtzeitig für uns eingesetzt hätte.

Und wieder kommt große Betriebsamkeit auf. Marcelin sagt mir, dass es an der Zeit sei, mich umzuziehen. Julienne hat mir extra für diese Feier ein traditionelles Kleid geschenkt. Das Oberteil ist aus rotem Stoff mit feinem, gelbem Muster, der untere Teil blau-weiß mit zwei Purpurstreifen. Dazu kommen die speziellen Halsketten, die nur Prinzen, Prinzessinnen und Königinnen tragen dürfen. Im Wohnzimmer zieht mir Julienne dann noch das Wichtigste für diese Feier an: Zuerst eine weiß-schwarz gehäkelte Mütze, die einzig Notabeln, Prinzen, Prinzessinnen und Königinnen vorbehalten ist. Darauf kommt der Trauerhut, was zum Balanceakt wird, da man ihn leider nicht richtig befestigen kann. Es wird nur eine dünne Schnur unter dem Kinn durchgezogen. Für afrikanische Frauen, die das Balancieren auf dem Kopf gewohnt sind, kein Problem, doch für mich ist es eine echte Herausforderung, denn er ist mindestens siebzig Zentimeter hoch und recht schwer. Dann rollt sie das große, blau-weiß bedruckte

Tuch aus einem ganz bestimmten Stoff mit dem königlichen Muster und einem breiten Purpurstreifen umsäumt zu einer Wurst zusammen und bindet es mir um den Oberkörper. Eigentlich ist es ja so, dass diejenige Person, die dem Verstorbenen am nächsten steht, diese Bekleidung samt Trauerhut tragen müsste, in unserem Fall also unsere Mutter. Doch das wäre für sie völlig unzumutbar gewesen. Nicht nur wegen ihrer Gehbehinderung, sondern auch wegen des schweren Stoffes, der Hitze und dem Trauerhut.

Dann noch schnell die rechteckige Basttasche, von der Julienne je eine für meine Mutter, Ruedi und Hedi als Geschenk mitgebracht hat, an den Arm gehängt und es kann losgehen. Während ich Hedi bitte, mir zu folgen, drücke ich ihr noch rasch das Bild unseres Vaters in die Hand. Ruedi will im letzten Moment noch etwas in seinem Zimmer suchen. »Beeile dich«, rufe ich ihm aufgeregt zu, »die Zeremonie beginnt gleich.«

Dann geht es hinauf zum Festplatz, wo bereits musiziert wird. Die Musiker tragen alle blau gemusterte Gewänder mit Kopfbedeckungen aus demselben Stoff.

Für Hedi wird es eine Feuerprobe. Sie muss mit dem großen Bild unseres Vaters in den Händen vorausgehen und hat keine Ahnung, was da auf sie zukommt. Sie tut mir fast ein bisschen leid. Die Sache ist nicht so einfach für sie, weil diejenige Person, die das Bild des oder der Verstorbenen trägt, immer alleine vorab laufen muss. Von hinten rufe ich ihr so gut es geht zu, was sie jeweils machen muss, denn sie darf nicht nur gehen, sondern soll dazu auch noch tanzen. So bin ich total im Stress mit dem Halten des Hutes und Anführen von Heidi. Sogar meine Mutter, begleitet von Nicole, bemüht sich, mit ein paar Tanzschritten zu folgen. Ich rufe Nicole zu, sie solle mit Mama nur eine Runde mittanzen. Der Boden ist zu uneben und steinig, ich möchte nicht, dass Mutter hinfällt oder ihr wieder die Beine den Dienst versagen, was auch schon vorgekommen ist.

Ruedi ist noch nirgends zu sehen. Ich versuche, meine Augen und Ohren überall zu haben. Doch dann sehe ich ihn außerhalb des Tanzkreises fotografieren und bin schon mal etwas beruhigt. Irgendjemand zieht ihn dann auch in den Kreis, damit er mittanzt. Nun beginnt Sky auf einmal zu weinen, weil sich kein Mensch seiner annimmt. Ich kann ihn nicht zu mir nehmen, weil ich schon alle Hände voll zu tun habe, um den Trauerhut auf dem Kopf zu behalten, der immer wieder bedenklich ins Rutschen kommt. Ich bin völlig überfordert, werde wütend und schreie auf Deutsch in die Menge, es solle sich doch gefälligst jemand um Sky kümmern. Kaum ausgesprochen, wird mir bewusst, dass alle, die deutsch verstehen, Sky auch nicht nehmen können. Marcelin hat meinen Hilfeschrei anscheinend doch verstanden: Er steht außerhalb des Kreises und filmt alles. Er ruft Sky zu sich und der Kleine ist wieder beruhigt.

Nach mehreren Tanzrunden muss ich in der Mitte bleiben, damit man mich umtanzen kann und die Leute Geld entweder in meinen Trauerhut oder auf meine Stirn legen können. Hinter mir steht jemand, der das Geld von meiner Stirn abnimmt, ich darf es selber nicht anfassen.

Eigentlich müsste ich nun, wie es der Sitte entspricht, eine Kiste Bier und eine Schale mit Erdnüssen neben die Musiker auf den Boden stellen. Nicole holt für mich die Erdnüsse aus dem Haus. Jemand stellt die Kiste Bier hin, die Erdnüsse platziere ich daneben, während die Musiker noch weiterspielen. Plötzlich, wohl auf ein bestimmtes Zeichen hin, das ich nicht mitbekommen habe, stürzen sich alle auf das Bier und die Erdnüsse. Hedi, Ruedi und ich müssen nun so schnell wie möglich aus dem Kreis flüchten. So will es die Tradition. Die Kiste Bier und die Erdnüsse sind Zeichen für das Ende der Trauerzeit. Die Kiste Bier ist als Dank für die Musiker bestimmt und die Erdnüsse sagen: »Mein Papa ist tot, esst nun die Erdnüsse und vergesst die Trauer. Esst die Erdnüsse an unserer Beerdigung, wir (die Hinterbliebenen) kommen dann auch an die Beerdigungsfeiern eurer Familien.«

Nach diesem Ritual tanzen wir zum Heiligen Platz, wo die Chefs schon auf den für sie bestimmten Hockern Platz genommen haben. Marcelin hatte extra noch zusätzlich einen mit drei und einen mit vier Beinen gekauft. Auch hier ist es wiederum wichtig: Der vierbeinige ist für den im Rang am höchsten stehenden Chef bestimmt. Ich bleibe vor dem Platz stehen und tanze dann weiter in gebückter Haltung, damit die Chefs ebenfalls Geld in meinen Hut werfen können. In dieser Haltung zu tanzen und die Balance für den Hut zu behalten, damit er nicht runterfällt, ist enorm anstrengend. Mir kommt es vor, als wären es Stunden, obwohl es wahrscheinlich nur ein paar Minuten sind.

Vor dem Heiligen Platz zu tanzen bedeutet, dass ich den Geist von Papa freigebe und er nun in »Ruhe« gehen kann.

Wir laufen zum Haus zurück, wo ich den Trauerhut und das lange heilige Tuch ausziehe, das um mich geschlungen wurde. Das Oberteil mit dem dicken, gewobenen Stoff behalte ich an. Ich atme ein paar Mal tief durch, und als sich die Aufregung in mir gelegt hat, gehe ich wieder raus zu den andern. Die ersten gratulieren mir auch schon und bestätigen mir, dass ich jetzt eine richtige Königin bin.

Julienne setzt sich zu mir auf die Terrasse. Jetzt hat sie endlich Zeit, mir zu erklären, weshalb ich bei den ganzen Vorbereitungen nicht helfen durfte.

»Weißt du«, beginnt sie zu erzählen, »das gehört zu unserer Tradition. Es ist die Beerdigungsfeier für deinen Vater. Du bist in Trauer und in dieser Zeit nimmt man dir möglichst alles ab, damit du genügend Zeit hast, dich damit auseinanderzusetzen, dass der geliebte Mensch von uns gegangen ist. Deshalb auch musste Marcelin alles selber organisieren. Umgekehrt ist es dasselbe: Wenn Marcelins Mutter stirbt, wirst DU alles organisieren und vorbereiten, er wird in seiner Trauer um seine Mutter für ihre Beerdigungsfeier nichts dazu beitragen müssen. Allerdings darf jemand zum Helfen beigezogen werden. Das ist unsere Art, der trauernden Person unsere Unterstützung zu zeigen. Akzeptier es einfach.«

Jetzt verstehe ich diese für mich seltsame Haltung mir gegenüber. Ich fühlte mich nämlich irgendwie ausgeschlossen und hatte das Gefühl, Marcelin wolle mich da einfach raushalten, obwohl ich gerne mitgeholfen hätte. Dann bestätigt mir Julienne noch, dass die Zeremonie, die ich vollzogen habe und wie ich gekleidet war, einzig Königinnen vorbehalten sei.

Anschließend setze ich mich zu meiner Familie. Die Musiker und Tänzer haben sich inzwischen im Rohbau des Buvettes auf der andern Straßenseite für ihren nächsten Auftritt umgezogen. Sie tragen nun zu Shirts umgeschneiderte Jutesäcke und dazu klimpern die Muschelschellen an ihren Waden. Einer trägt die Affenmaske, bei einem andern entdecke ich die Maske eines

Schweines und bei einer besonders gruseligen Maske sind mir sogar Hörner aufgefallen. Der Anführer erscheint in einem grünen Bastrock, dazu einer ebenfalls Furcht einflößenden Maske und einem Stock in der Hand. Eine Gruppe tritt in hellbraun gemusterten Gewändern auf, mit Mützen aus demselben Stoff. Ein anderer trägt ebenfalls diesen Zweig, den ich bereits beim Kinderfest im Kapitel »Kirchlicher Segen und ein traditionelles Ritual« beschrieben habe. Mit viel Lärm ziehen sie auf unserem Grundstück ein, bis zum Platz hinauf, wo sie wieder ausgelassen spielen und tanzen, umwirbelt von der roten Lateriterde, begleitet von rhythmischem Händeklatschen und Fußstampfen mit der Genauigkeit eines Metronoms.

Dann tritt als Nächstes die Gesellschaft »Manjo Lali« aus Bangangté in braun gemusterten Gewändern auf. Sie tragen alle lange Bambusstöcke, deren Bedeutung sehr wichtig ist. Diese Gruppe, die zu jeder Beerdigung gerufen werden kann, tanzt nur mit den Stöcken, wenn ein Familienmitglied dieser Versammlung gestorben ist, und ich war auch Mitglied dieser Versammlung. Ansonsten tanzen sie ohne diese Stöcke.

Eine Gruppe Frauen fällt mir besonders auf, da sie alle dieselben Gewänder aus weißem Stoff mit großen gelb und grün aufgedruckten Blättern tragen, dazu ein gelbes Kopftuch.

Julienne holt mich, denn nun MUSS ich ein paar Runden mittanzen. Damit danke ich den Musikern für ihren Auftritt. Ich tue dies sehr gerne, denn diese Musiker haben für mich eine ganz besondere Bedeutung. Damals, als ich vor knapp vier Jahren in Kamerun ankam, haben sie zu meiner Begrüßung in demselben Aufzug für mich getanzt. Eine weitere Gruppe Tänzer, bestehend aus sechs Mann, tragen die schwarzen Wedel.

Nach diesem Tanz mache ich eine kleine Runde und begrüße noch einige Leute, die ich vorher gar nicht gesehen habe. Unter anderem Prinz Bangoulap, der mir seinerzeit den Titel Prinzessin von Bangoulap gegeben hatte. Er und sein Begleiter sprechen mir ihre Begeisterung aus. Sie sind total überrascht von der Größe dieser Feier. Es kommt schließlich nicht oft vor, dass bei einer gewöhnlichen Beerdigungsfeier, wenn es sich nicht um einen Chef oder Notablen handelt, gleich fünf Chefs anwesend sind. Ein Notabler, der mit Jacques unter dem Bananenbaum im Schatten sitzt, vor sich am Boden eine Kalebasse gefüllt mit

Palmwein, spricht mir ganz besonders seine Bewunderung aus. Er habe noch nie so eine große und wundervolle Beerdigungsfeier gesehen. Auch Jacques gratuliert mir und spricht seine Anerkennung aus. Ein solches Fest habe er wirklich nicht erwartet. Das freut mich natürlich riesig. Wenn Papa sehen könnte, welch große Ehre ihm hier zuteil wird, er würde sicher staunen. Was würde er wohl dazu sagen?

Etwas abseits der vielen Leute steht ein mir unbekannter Mann mit einer Pistole in der Hand. Damit feuert er immer mal wieder, gegen den Himmel gerichtet, einen Schuss ab. Als ich dies zum ersten Mal an einer Beerdigung sah, fand ich es sehr befremdlich. Doch inzwischen weiß ich: Auch das gehört hier bei so einer Feier zur Tradition.

Ich gehe wieder zum Haus zurück und setze mich kurz zu meiner Familie, ein Ende des Festes ist noch lange nicht abzusehen. Mit einem Blick sehe ich, dass es auch noch viel aufzuräumen geben wird. Es ist zwar inzwischen fast alles abgewaschen worden, aber die Kartonteller und das Plastikbesteck liegen noch überall herum. Ich nehme mir schon mal einen Müllbeutel und beginne, alles einzusammeln.

Königin hin oder her, hier muss ich die Arbeit trotzdem selber machen, wie alle anderen Königinnen auch!

Bis zum Abend räume ich auf, dann gilt es auch noch, Wasser ins Haus zu bringen. Die Gäste sind inzwischen alle nach Hause gegangen. Die Hunde müssen wir nicht mehr füttern, da für sie heute auch ein Festtag war. Die Knochen, die nach dem Essen einfach achtlos weggeschmissen wurden, haben sie sicher inzwischen allesamt gefunden.

Sobald es dunkel wird, gehen wir ins Haus. Wir vertilgen noch den Rest vom Beerdigungsessen, den Marcelin für uns aufgespart hat. Wirklich Hunger hat aber niemand. Es wird kein trauriger, sondern ein gemütlicher und schöner Abend.

Morgen wird zwar ihr letzter Urlaubstag sein, doch Ruedi und Hedi möchten auch diesen noch nutzen, um einiges zu erledigen. Sie erstellen dazu eine Liste und es kommt dadurch selbst am letzten Tag sogar leichte Betriebsamkeit auf. Sie schaffen fast alles, was sie sich vorgenommen haben. Gepackt haben alle schnell, denn das meiste, was sie mitgenommen haben, war für uns bestimmt.

»Wir könnten ja ohne eure Begleitung nach Yaoundé fahren«, schlägt Ruedi vor.

»Das kommt gar nicht infrage, das ist viel zu gefährlich«, wendet Marcelin sofort energisch ein.

Wir diskutieren hin und her und sehen bald ein, dass es für uns wegen Sky sehr umständlich wäre, mitzufahren. Wir müssten aus Kostengründen am selben Abend wieder nach Hause, da wir uns nicht nochmals eine Hotelübernachtung in Yaoundé leisten könnten. Marcelin ruft den Chef des Busunternehmens an und fragt ihn, ob er einen vertrauenswürdigen Fahrer hätte, der unsere Familie zum Flughafen begleiten könnte. Ja, bekommt er zur Antwort, er schicke uns seinen direkten Stellvertreter.

Es stand außer Zweifel, dass wir unsere Familie wenigstens nach Bangangté fahren würden. Das heißt, WIR wollten, aber das Auto nicht. Kurz nach dem Haus des verstorbenen Jägers Manuel beginnt das Auto zu streiken und wir kommen nicht mehr weiter. Marcelin versucht, mit einem Holzstückchen, das er irgendwo einklemmt, das Auto wieder zum Laufen zu bringen, aber auch das hilft nichts. Ruedi amüsiert sich köstlich, als er diese Bemühungen sieht. Tja, hier gibt es keine Pannenhilfe und dann wird eben mit allen möglichen und unmöglichen Hilfsmitteln versucht, das Gefährt wieder zum Laufen zu bringen.

Marcelin hat ausgerechnet auch noch sein Handy zu Hause vergessen. Da es anscheinend länger dauern wird, bis das Auto wieder anspringen könnte, erklärt sich Ruedi bereit, das Handy zu Hause zu holen. Erst als er außer Sicht- und Hörweite ist, fällt mir ein, dass er auch hätte Wasser mitbringen können. Wir haben natürlich keines mitgenommen, da wir nicht schon wieder mit einer Panne gerechnet haben.

Nach Ruedis Rückkehr ruft Marcelin Titcha, den Mototaxifahrer an, er solle ein Autotaxi organisieren, um die Familie abzuholen. Dann ruft er den Chef vom Busunternehmen an. Er informiert ihn, dass wir unterwegs seien, aber das Auto leider wieder mal streike.

Marcelin versucht weiter, seine Fähigkeiten als Automechaniker zu beweisen, doch leider ohne jeglichen Erfolg. Da fährt plötzlich der Chef von Bametcha vor und parkiert sein Motorrad direkt vor unserem Auto. Seine erste Frau Brigitte steigt ab. Hinten auf dem Motorrad hat er noch einen großen, prall gefüllten

Jutesack befestigt. Der Chef zeigt sich überglücklich, dass er sich dank der Panne noch persönlich von meiner Familie verabschieden kann.

Kurze Zeit später treffen miteinander der Bus, das Taxi und Titcha bei uns ein. Meine Familie samt Gepäck wird in den Bus verfrachtet. Marcelin und Brigitte nehmen das Taxi. Der schwere Jutesack wird auch gleich kommentarlos mit eingeladen. Das ist Nachbarschaftshilfe in Afrika! Marcelin hatte den Chef des Busunternehmens wirklich nur darüber informieren wollen, dass wir eine Panne haben. Da wir mit ihm befreundet sind, hat er uns kurzerhand gleich den 30-sitzigen Bus samt Stellvertreter geschickt, um meine Familie zu holen, denn durch die Panne haben sie den ersten Bus, der nach Yaoundé fährt, verpasst. Bequem erreichen wir also den Busbahnhof und natürlich die »Bassamba-Bar«, die gerade geöffnet wird. Auch Marcelin und Titcha stoßen wieder zu uns. Titcha bleibt eine Weile bei uns sitzen, besser gesagt bei Hedi. Er tauscht mit ihr die Telefonnummer aus, obwohl Hedi sehr schlecht französisch spricht. Zwischen Titcha und Ruedi hat sich fast so etwas wie eine Freundschaft ergeben, denn öfters ist Ruedi mit Titcha alleine ins Dorf gefahren, sodass er für ihn zu einem treuen und hilfreichen Begleiter wurde.

Da der erste Bus also weg ist, haben wir viel Zeit, uns zu verabschieden. Wir sitzen gemütlich vor der »Bassamba-Bar« und ich hole für alle etwas zu trinken. Marcelin isst noch etwas und Sky spielt ausgelassen zwischen den Leuten. Gegen elf Uhr ist der Bus dann endlich voll und wir verabschieden uns endgültig alle sehr herzlich. Doch bis er wirklich abfährt, dauert es noch etwas. Wobei ich noch anfügen möchte, dass ein 30-sitziger Bus nicht bedeutet, dass nur dreißig Leute mitfahren. Meistens zwängen sich ja fünf Personen auf vier Plätze.

Sky nutzt die Zeit, um sich ausführlich und immer wieder bei allen mit einem »Bisou« (Kuss) zu verabschieden. Ich gehe mit ihm auf die Seite zum Busfenster, wo Ruedi sitzt. Dort klettert er kurzerhand durchs Fenster rein und auf Ruedis Schoß, was ihm großes Vergnügen bereitet. Er versteht natürlich noch nicht, dass seine Großmutter, die Tante und der Onkel wieder nach Hause fliegen. Er wird sie erst am Abend und in den nächsten Wochen vermissen.

Nachdem der Bus abgefahren ist, fragt mich Marcelin, ob ich damit einverstanden sei, sogleich nach Hause zurückzukehren. Instinktiv spüre ich, dass dies sein dringlichster Wunsch ist. Eigentlich wäre ich noch gerne ins Internetcafé gegangen, da ich seit zwei Wochen meine elektronische Post nicht mehr abgerufen habe.

»Wir müssen aber vorher noch etwas zu essen einkaufen«, gebe ich nur zu bedenken.

»Wir nehmen zwei Mototaxis und dann können wir auf dem Heimweg einkaufen«, meint er. Doch seine Gedanken sind beim Strom, der nicht mehr bis in unser Haus kommt, und beim Auto, das stehen geblieben ist. So erstaunt es mich nicht, dass wir unterwegs nicht mehr anhalten, um einzukaufen. Kaum auf dem Moto, hat er das total vergessen.

Zu Hause angekommen, setze ich mich zuerst mal auf die Terrasse. Wie ruhig es doch plötzlich hier geworden ist, alles wirkt wie ausgestorben. Melancholie und fast ein bisschen Heimweh steigt in mir hoch. Ein Gespräch mit Hedi geht mir durch den Kopf. Sie sagte zu mir: »Ich bin überzeugt, dass du nicht hier bleiben wirst. Früher oder später kommst du zurück. Liebe zu Afrika und zu Marcelin hin oder her, das hältst du nicht ewig aus.«

Ich blieb ihr eine Antwort schuldig.

Doch wenn ich jetzt so überlege, könnte ich wieder in dieses europäische Leben zurück?

Es schaudert mich bei diesem Gedanken. Wieder in ein Leben, das in absehbaren Bahnen läuft? Ein Leben, bei dem man zu achtzig oder neunzig Prozent sicher weiß, was man nächste Woche, gar nächsten Monat machen wird?

Nein und nochmals nein! Das ist nicht mehr meine Sache!

Sicher haben wir hier kein einfaches Dasein. Sicher haben Marcelin und ich auch Probleme, manchmal sogar sehr große. Trotzdem möchte ich dieses Leben nicht aufgeben, vielleicht noch nicht.

Ich bin überzeugt davon, dass meine Lebensqualität hier größer ist als in Europa. Ich lebe sehr intensiv, abwechslungsreich, unberechenbar, unplanbar. Jeden Tag spüre ich das Leben mit seiner ganzen Kraft, es fordert mich auch stets aufs Neue. Dazu kommt, wenn wir die meisten Träume verwirklichen können, aus eigener Kraft, mit eigenem Schweiß, mit Streitereien und Auseinandersetzungen, dann haben WIR gemeinsam etwas geschaffen, worauf WIR sehr stolz sein können. Wenn wir es wirklich noch schaffen, für Sky und vielleicht noch weitere Kinder eine gesicherte Zukunft zu hinterlassen, dann haben wir in unserem Leben wirklich etwas erreicht und nicht umsonst gelebt.

Nein, nein, das alles hier möchte ich (noch?) nicht aufgeben! Ich will wissen, erfahren, spüren, wie weit wir es zusammen schaffen können, ob es uns gelingt, alle unsere Ziele zu erreichen.

Und dann gibt es noch einen sehr wichtigen Grund. Mein Vater hat über mich immer gesagt: »Was die im Kopf hat, hat sie nicht im Hintern!« Was nichts anderes heißt, als dass ich einen sturen Kopf habe. Ja, das habe ich. Mir ist inzwischen bewusst geworden, dass es viel einfacher ist, etwas aufzugeben, als darum zu kämpfen. Ich habe den Weg nach Afrika gewählt und das ist sicher kein einfacher Weg. Wenn ich ein einfaches, bequemes Leben gewollt hätte, wäre ich in der Schweiz geblieben.

Papa, du hast recht, was ich im Kopf habe, habe ich nicht im Hintern!

Mit dem Besuch meiner Familie wurde mir einiges klar: Ich freute mich sehr, dass sie gekommen sind. Ich wollte versuchen, ihnen meine Welt hier näherzubringen, zeigen, wie ich hier lebe und meine Liebe zu Afrika verständlich machen. Doch ich glaube, das kann man niemandem erklären, man muss es selber spüren. Und wenn man mit europäischen Gedanken hierherkommt und nicht offen ist für Neues, kann man sie nicht annähernd sehen und verstehen, **meine große Liebe zu Afrika!**

23. Kapitel

Der Ameisenschreck oder was kribbelt und krabbelt denn da?

Was der Leopard nicht fressen konnte, wird auch von der Katze nicht gefressen

Nach den aufregenden, aber auch sehr anstrengenden zwei Wochen rund um die Beerdigungsfeier und deren Organisation wird es wieder ruhiger bei uns.

Einige Tage nach der Abreise meiner Familie ruft mich Marcelin zu sich. Es ist später Nachmittag und er ist damit beschäftigt, Wasser zu ziehen. Ich nehme Sky bei der Hand und gehe mit ihm zum Brunnen hinauf. Marcelin muss mir nichts erklären, schon von Weitem sehe ich, dass das Wasser in den Eimern, die vor ihm auf dem Boden stehen, eine eigenartige Farbe hat. Gespannt trete ich etwas näher. Das Wasser ist mit einer goldbraun glänzenden Schicht bedeckt.

Was könnte das denn sein?

Ich muss noch näher ran. Ameisen, o je!

Das ganze Wasser ist voll mit den großen, braunen Lebewesen. Einige der Tiere krabbeln über den Eimerrand und versuchen, sich zu retten. Alle Kübel sind voll damit, auch die folgenden Gefäße mit Wasser, die Marcelin noch heraufzieht. Sky nehme ich von den Eimern weg, er steht natürlich ganz nahe, um alles genau zu beobachten, und versucht, die Ameisen anzufassen. Sie sind zwar nicht giftig, aber ihr Biss zwickt ganz gemein und ist schmerzhaft. Diese Erfahrung möchte ich ihm gerne ersparen.

Ein riesiger Ameisenstamm scheint ins Wasser gefallen zu sein. Es müssen Millionen von Tieren sein. Warum und wie sie ins Wasser hineingekommen sind, ist uns ein Rätsel. Ich glaube nicht, dass sie von außen über den Brunnenrand gekrabbelt sind. Da der Brunnen innen noch die unbearbeitete Erdwand hat, vermute ich, dass ihr Weg durch den Brunnen ging. Aber die Erdwand ist doch nicht glatt, weshalb sind sie reingefallen?

Von Ameisen verstehen wir beide nun doch zu wenig, um dieses Rätsel lösen zu können.

Ich gehe ins Haus zurück, hole ein großes Sieb und beginne, die Ameisen abzusieben. Die Eimer lasse ich dann dort stehen. Sie zum Haus mitzunehmen, scheint mir zu riskant. Ich möchte nicht auch noch das ganze Haus voller Ameisen haben.

Auf solche Mitbewohner kann ich nun wirklich verzichten.

Wie immer es auch geschah, die Ameisen sind nun mal im Wasser und dieses können wir nicht mehr zum Trinken und Kochen verwenden. Für alles andere, wie Geschirr abspülen, Kleider waschen und Blumen gießen, reicht es ja noch.

In diesem Moment wird mir wieder bewusst, wie wertvoll sauberes Wasser ist. Zum Glück haben wir noch genug gefiltertes und in Flaschen abgefülltes im Haus. Ansonsten hätten wir zwar Wasser in Hülle und Fülle, aber keines, das man trinken kann. Welch eine Ironie!

Meine Gedanken schweifen in andere Länder Afrikas, zu denjenigen Menschen, die keine Wahl haben, ob sie solches Wasser trinken wollen oder nicht, und oft ist es noch viel verschmutzter.

In der Schweiz habe ich mir überhaupt nie solche Gedanken gemacht. Warum auch? Da gibt es jeden Tag frisches, sauberes Trinkwasser, das aus der Leitung kommt, zu jeder Tages- und Nachtzeit und immer genug. Wir duschen damit und spülen das kostbare Nass sogar zum WC hinunter!

JETZT aber mache ich mir Gedanken! Wir müssen das Wasser wieder sauber kriegen, bevor unser Vorrat an Kochwasser aufgebraucht ist.

»Was machen wir denn nun damit?«, frage ich Marcelin in großer Sorge, doch er beruhigt mich auch dieses Mal.

»Wir müssen fleißig Wasser ziehen und es halt wegschütten, bis alle Ameisen draußen sind. Eine andere Möglichkeit sehe ich nicht. Und dann werde ich Javel ins Wasser geben, damit es keine Seuche gibt, schließlich sind das tote Tiere und dieses Bleichmittel kann man ja nicht nur benutzen, um verfärbte Wäsche wieder sauber zu bekommen, sondern es desinfiziert auch das Wasser«, antwortet er mir.

An den folgenden Tagen ziehen wir mehrmals am Tag Wasser aus dem Brunnen. Eine sehr schwere, schweißtreibende Angelegenheit! Doch wir schaffen es wirklich, nach drei Tagen haben wir wieder ameisenfreies Wasser und ab dem vierten Tag können wir es wieder zum Kochen verwenden.

Da haben wir ja nochmals Glück gehabt, dass wir die Biester so schnell losgeworden sind.

24. Kapitel

Hoher Besuch beehrt uns

Wende dein Gesicht der Sonne zu, dann fallen die Schatten hinter dich

Gestern Abend habe ich bis drei Uhr nachts am PC gearbeitet, Mails geschrieben und beantwortet und natürlich am Buchmanuskript weitergeschrieben. Dementsprechend bin ich heute Morgen hundemüde.

Schon um sechs Uhr werde ich von Hammergeräuschen geweckt. Fängt ja gut an! Das muss der Schreiner sein, der die zweite Hälfte des Daches vom Hühnerhaus deckt, denke ich, drehe mich auf die andere Seite und schlafe wieder ein. Etwas später wecken mich Stimmen. Aha, der Bauarbeiter ist gekommen, der den Bungalow verputzen soll. Das kann er ohne mich. Bald schlafe ich wieder friedlich weiter. Doch kurze Zeit darauf reißt mich laute Musik aus dem Schlummer. Marcelin hat auf der Terrasse das Radio eingeschaltet. Ich drücke meine Ohren noch tiefer ins Kissen. Schlussendlich weckt mich Sky. Er hat gehört, dass Papa auf der Terrasse Gitarre spielt, und zwar mit Verstärker. Da ist er nicht mehr zu bremsen und will unbedingt zu ihm. Misslaunig stehe ich auf. Wenn mir nicht genügend Zeit bleibt, um in Ruhe aufzustehen, wenn ich richtig wach bin, ist mein Tag schon so gut wie gelaufen. Ich öffne den Fensterladen und nehme Sky aus dem Bett. Kaum ist er angezogen, flitzt er schon auf die Terrasse. Für Sky ist es das Schönste und Größte, wenn er Papa beim Gitarrenspiel zuschauen darf.

Um ganz wach zu werden brauche ich noch meine fünf Minuten. Währenddessen höre ich, dass der Fernseher läuft. Ach ja, es ist der 14. Juli, Nationalfeiertag in Frankreich. Die Feierlichkeiten werden jeweils live übertragen.

Marcelin beendet das Gitarrenspiel und wir bereiten gemeinsam unser Frühstück vor, Omelett mit Bâtons de Manioc. Dazu gibt es ausnahmsweise Schwarztee anstelle von Zitronengrastee. Bald steht alles auf dem Tisch. Als auch Sky mit seinen Spezialwünschen versorgt ist und bereits die erste Milch auf dem Tisch ausgeleert hat, erscheint ein unerwarteter Gast. Ein älterer Mann auf einem Mototaxi in traditioneller, beigefarbener Gandura mit feinem Lochmuster, dem Prinzengewand, und einer turbanähnlichen Kopfbedeckung. Ich sehe ihn zuerst nur von Weitem und nehme an, es sei unser Nachbar, der sich in Schale geworfen hat. Dieser Nachbar besitzt direkt neben uns ein Grundstück. Seine Versuche, hier ein Haus zu bauen, scheiterten mehrmals kläglich, denn jedes Mal wurden bereits die Grundmauern vom Regen einfach weggespült. Jetzt hat er im Dorf gebaut, schräg gegenüber der Bar von Socrate.

Doch er ist es nicht. Der geheimnisvolle Besucher begrüßt mich mit dem königlichen Gruß!

Ich bin irritiert, denn er spricht mich auch mit Königin an, als hätte er eine Audienz bei mir. Marcelin bietet ihm sogleich den guten, stabilen Gartenstuhl oben am Tisch an, sodass niemand neben ihm sitzt. In diesem Moment ist für mich klar, dass er einen höheren Rang innehat. Erst nach der ausführlichen Begrüßungszeremonie gibt mir Marcelin zu verstehen, dass es sich um den jüngeren Bruder seines Vaters Njiké Robert handle. Dieser sei gekommen, um mir die königliche Eloge zu geben, und zwar dieselbe, wie sie unser König Njimouluh Seidou und seine Mutter haben, nämlich GOUTCHOU.

Die Eloge bedeutet für die Bamiléké so etwas Ähnliches wie für uns Schweizer der Heimatort. Wenn sich zwei Stammesangehörige treffen, die sich nicht kennen, fragen sie zuerst nach der Eloge. Normalerweise ist die Eloge dort, wo man geboren ist oder wo das Elternhaus steht, was hier meistens identisch ist.

Wenn nun ein Bamiléké, der beispielsweise in der Schweiz lebt, mich besuchen möchte, wird er mich leicht finden, wenn er meine Eloge kennt. Dazu begibt er sich an den Ort meiner Eloge, nämlich zur Chefferie Nentat/Goutchou und erkundigt sich dort, wo ich lebe. Dann wird man ihn zu uns führen.

Doch ganz so einfach ist es doch nicht: Marcelin muss mir diese Eloge noch zusätzlich bestätigen, erst dann ist sie gültig. Jungs bekommen ihre Eloge erst später, und zwar von der Mutter. In unserem speziellen Fall wird es etwas anders sein, da wir direkt zum Königshaus gehören. Sky wird dieselbe Eloge bekommen wie ich, aber wenn er später einmal Papa werden und Töchter haben sollte, werden diese die gleiche Eloge bekommen wie die Töchter des Königs.

Um dem Anlass einen passenden, würdigen Rahmen zu geben, bittet mich Marcelin, das traditionelle Kleid anzuziehen, das ich bei der Beerdigungsfeier in der Chefferie Nentat/Goutchou getragen habe. Eigentlich hätte ich gerne zuerst mein Omelett gegessen, doch dazu komme ich vorläufig nicht.

Mit einem kleinen Zeremoniell nimmt mich der »Vater« des Königs in die königliche Eloge auf, während Marcelin dieses denkwürdige Ereignis mit der Fotokamera festhält. Den Gesichtern der beiden zu entnehmen, sind beide stolz auf mich, vor allem der »Vater«, dass er nun eine Weiße in der Familie hat. Danach ziehe ich mich rasch wieder um und kann endlich mein inzwischen kalt gewordenes Omelett essen. Es schmeckt aber trotzdem herrlich. Als nur noch ein kleiner, letzter Bissen auf dem Teller liegt, steht der »Vater« auf und deutet mir an, dieses Stück zu halbieren. Mit der Gabel teile ich es in der Mitte. Er nimmt sich eine Hälfte mit der Hand aus dem Teller und isst sie. Diese große Geste bedeutet hier im Bamiléké-Grasland: »Ich habe Vertrauen zu dir!« Dieses Zeichen des Vertrauens mir gegenüber berührt mich sehr.

Hier ist es absolut üblich, den Erzfeind oder den, den man dafür hält, zu vergiften. Deshalb überlegen sich die Leute sehr gut, bei wem sie etwas essen. Der König isst zum Beispiel nie in der Öffentlichkeit oder bei öffentlichen Anlässen und nimmt auch nicht persönlich an Beerdigungen teil. Einer seiner Notabeln vertritt ihn und es ist dieselbe Ehre, wie wenn der König persönlich anwesend wäre.

Der Begriff Vater hat hier eine andere, mehrschichtigere Bedeutung. Meistens handelt es sich bei demjenigen, der mit Vater angesprochen wird, nicht um den leiblichen Vater. Aus europäischer Sicht könnte man die Person, die als Vater angesprochen wird, auch als eine Art Mentor bezeichnen, also jemand, der einem in einer bestimmten Situation hilft und beisteht oder der einen liebt und versteht. Das Alter spielt da überhaupt keine Rolle. Es kann deshalb durchaus möglich sein, dass derjenige, den jemand als

Vater anspricht, jünger ist als er selber und in Wirklichkeit sein Onkel, sein Großvater oder sogar der eigene Sohn ist! Es hat also nichts mit dem biologischen Sinn des Begriffs Vater zu tun.

Beim Begriff Mutter ist es ähnlich. Man kann unter anderem auch Mutter genannt werden, weil man eine bestimmte Verantwortung für andere Menschen trägt oder ein entsprechendes Amt ausübt.

Mit den Geschwistern verhält es sich ähnlich wie in Europa, aber der Begriff Halbgeschwister existiert in unserem Dorf nicht, und zwar deshalb, weil hier die Polygamie offiziell anerkannt, also legal ist und praktiziert wird. So haben viele Kinder zwar denselben Vater, aber verschiedene Mütter.

Marcelin wird von einigen Leuten im Dorf anstelle von Marcelin mit dem Namen seiner Eloge »Taki« angesprochen, oder ganz einfach auch »Papa« oder »mon fils«. Inzwischen ist er als Chef initiiert und so wird er gelegentlich noch einen weiteren Namen bekommen.

Der »Vater« erhebt sich, um mit Marcelin in die Chefferie Bametcha zu fahren. Sie nehmen das Auto, denn der Himmel ist so grau überzogen, dass man jeden Moment mit Regen rechnen muss. Sky darf auch mit, so kann er dort etwas mit den Kindern in der Chefferie spielen. Der königliche »Vater« ist mit Marcelin zur Chefferie von Bametcha gefahren, um dem Chef mitzuteilen, dass in der Chefferie Supérieure entschieden wurde, Marcelin in der Familienhierarchie einen Rang höher zu stellen. Er solle nun zu den »Heiligen Sieben« gehören, den Heiligen Tänzern der Notabeln, was für Marcelin eine große Ehre bedeutet. Dem Chef von Bametcha wurde mitgeteilt, er solle so schnell wie möglich alles Nötige dafür in die Wege leiten, damit die entsprechende Zeremonie bereits am kommenden Sonntag stattfinden könne.

Bevor sie wegfahren, erteilt mir Marcelin noch den Auftrag, in der Zwischenzeit die soeben gemachten Fotos auszudrucken. Doch vorher wasche ich noch schnell das Geschirr ab und kehre die Terrasse, denn ich bin überzeugt, so schnell kommen die drei nicht mehr zurück. Dann starte ich meinen Laptop. Ich höre am Ton des Stromreglers, dass wir wieder Strom haben; leider gab es kurz vorher wieder einmal einen Stromausfall. Dann lade ich die Fotos. Den neuen Drucker habe ich schon bereitgestellt, aber noch nicht installiert. Leider finde ich die CD nicht, um den Drucker schnell zu installieren. Bei allen Möglichkeiten, die ich im Internet dafür finde, dauert der Download über eine Stunde, mit der CD dauert es bloß ein paar Minuten.

Unerwartet schnell kommen die drei schon zurück. Ich frage Marcelin sogleich nach der CD, die er mit einem Griff parat hat. Während Marcelin noch mit dem »Vater« draußen plaudert, drucke ich rasch ein Foto aus. Doch es scheint wie verhext, ausgerechnet in diesem Moment ist auch noch die Tintenpatrone leer, sodass das Foto miserabel wird und wir es ihm leider nicht mitgeben können.

Dann verabschiede ich den hohen Besuch. Marcelin fährt ihn mit dem Auto zurück, denn es sieht immer noch nach Regen aus. Etwas später rufe ich Marcelin an, er solle noch Bananen für Sky kaufen. Da erfahre ich, dass er wieder einmal in der Werkstatt festsitzt. Na toll, das kann also dauern! Dabei hatte Marcelin gestern gesagt, wir würden heute zusammen die Tür zum Ziegenstall bauen, damit die Ziege und ihr Junges, das vor einer Woche geboren wurde, abends bereits im neuen Stall schlafen können.

Ich gehe mit Sky nach draußen und beginne, die Bretter für den Türrahmen des Ziegenstalls zurechtzusägen. Schon bald kann ich den ganzen Rahmen zusammennageln. Sieht nicht schlecht aus, finde ich, viel besser als der erste Rahmen für den Hühnerstall. Sky arbeitet fleißig mit und klopft mit einem kleinen Hammer Nägel in ein altes Brett. Ich trage den fertigen Rahmen hinters Haus zum Stall. Auch die Maße stimmen besser als bei der ersten Tür, man lernt eben immer dazu. Es gelingt mir sogar, den Rahmen alleine in die Türöffnung zu nageln, so gut passt er. Inzwischen ist es zwar schon fast sechs Uhr abends, aber ich will die Tür unbedingt auch noch hinkriegen. Um neue Bretter zu sägen, reicht die Zeit allerdings nicht mehr, bevor es dunkel wird. So nehme ich kurzerhand die Tür, die eigentlich für den Hühnerstall vorgesehen war. Zur Sicherheit messe ich Türrahmen und Tür nochmals. Es sollte passen. Marcelin hatte mir die Türscharniere letzte Woche schon besorgt.

In diesem ungünstigen Moment klingelt das Telefon, meine Mutter ruft an. Ich frage sie rasch, ob es etwas Dringendes gäbe, was sie verneint. So bitte ich sie, später anzurufen oder noch lieber morgen.

Nach einem Blick in die Regentonne entscheide ich, kein Wasser am Brunnen zu ziehen, für die Toilette reicht dieses Wasser auch.

Danach nagle ich je eine Hälfte der Scharniere an die Tür und trage sie, zusammen mit Hammer, Bleistift und Nägel, zum Stall. Sky spielt inzwischen zufrieden in seinem großen Sandkasten und ist eine Weile beschäftigt. Beim Stall stelle ich die Tür erst mal in den Rahmen. Dann muss ich noch die Scharniere anpassen und zwar alleine, ohne Hilfe und das mache ich zum ersten Mal in meinem Leben. Die Tür passt perfekt und man kann sie ohne Probleme öffnen! Sehr zufrieden mit mir und stolz erhobenen Hauptes hole ich Sky. Nun gilt es, die Ziege zusammen mit ihrem Zicklein in ihr neues Haus zu bringen. Erwartungsvoll binde ich die beiden los. Die Ziege vollführt nicht gerade einen Freudentanz vor Begeisterung, sondern meckert energisch, denn einen geschlossenen Raum war sie bisher nicht gewohnt. Wir hatten sie immer außerhalb des Hauses unter dem Dachvorsprung angebunden. Sie wird sich bestimmt schnell eingewöhnen.

Inzwischen ist es fast dunkel geworden. Schnell fülle ich noch drei Eimer mit Wasser aus der Regentonne und stelle sie ins Badezimmer. Somit hat Sky sein Badewasser und mein Duschwasser ist auch schon bereit. Dann will ich gerade noch die Gläser von unserem vormittäglichen Besuch abwaschen, als ein Mototaxi vorfährt. Ich erwarte außer Marcelin niemanden. Es ist Titcha. Er bringt zwei Säcke Zement. Rasch zünde ich die Petroleumlampe auf der Terrasse an, damit er die Säcke abladen kann.

Marcelin hätte mich eigentlich darüber informieren sollen, dass Titcha uns noch Zement bringt. Gerade als ich ihn deshalb anrufen will, vernehmen wir aus der Ferne Motorengeräusche. Sofort laufen die Hunde los und kurze Zeit später steht Marcelin völlig entnervt neben uns. Er hat das Auto wieder ganz oben geparkt, allzeit bereit für den Rollstart.

»Wir sollten uns dringend ein neues Auto zulegen. Mit dieser Klapperkiste sind wir mehr in der Werkstatt als auf der Straße«, meint er ganz verdrossen.

Aber immer noch besser als gar keines, finde ich. Im Notfall erreichen wir damit zu jeder Tages- und Nachtzeit das Spital – falls das Auto mitmacht!

Marcelin bezahlt Titcha und bevor er wegfährt, wünschen wir ihm noch einen schönen Abend.

Da es schon so spät ist, hat Marcelin unterwegs Couscous aus Maniok und eine Sauce gekauft, damit wir möglichst schnell essen können. Sky stürzt sich buchstäblich auf das Couscous, nachdem wir die Sauce aufgewärmt haben. Alles, was mit Maniok zubereitet ist, liebt er. Wie alle Kinder mag er ganz besonders diejenigen Speisen, die man in eine Sauce tunken kann. Nach dem Essen folgt unser Abendritual: Marcelin badet Sky und ich nehme ihn dann zum Abtrocknen und Anziehen des Pyjamas in Empfang. Während der Kleine seinem Papa gute Nacht sagt: »Bonne nuit Papa, dors bien Papa, à demain Papa«, bereite ich noch die Milchflasche für ihn vor. Dann lässt er sich zufrieden zu Bett bringen, trinkt seine Milch aus und schläft schon bald friedlich.

Nun bin ich also ganz offiziell Königin und habe sogar meine königliche Eloge – doch in meinem Alltag ändert sich auch weiterhin nichts, die Arbeit bleibt dieselbe!

Bonne nuit Afrique!

25. Kapitel

Die »Heiligen Sieben« und die Versammlung »Jeunesse Metcha«

Die Sonne geht an keinem Dorf vorüber

Für die traditionelle Zeremonie zu Marcelins Beitritt zu den »Heiligen Sieben« muss er, wie man ihm sagte, das meiste selber organisieren. Da er nicht genau weiß, was da alles auf ihn zukommen wird, fährt er nach Bangangté, um sich schon mal zu erkundigen. Dass er in diesen Tagen sehr aufgeregt ist, will er natürlich nicht zugeben.

Marcelin will den Chef fragen, ob ich auch dabei sein darf. In seiner Aufregung vergisst er aber, ihn deswegen anzurufen. Erst am Samstag erinnere ich ihn daran, doch es ist schon zehn Uhr abends, und um diese Zeit schläft der Chef wahrscheinlich bereits. Marcelin schlägt mir vor, am Sonntagmorgen in die Chefferie zu gehen, um den Chef zu fragen. Er muss sich ja eh noch erkundigen, was er alles für sein Ritual benötigt. Wie alles ablaufen wird, weiß er immer noch nicht genau.

»Ich hole dich später ab«, beteuert er. Da es sich allerdings um ein heiliges Ritual handelt, mache ich mir keine große Hoffnung.

Marcelin kommt im Laufe des Morgens von der Chefferie zurück. Wie ich vermutet habe, ist es Frauen strengstens verboten, dabei zu sein, es handelt sich um ein reines Männerritual. Er macht mir den Vorschlag, dass ich trotzdem in die Chefferie mitkommen könnte, um mit den anderen Frauen ein wenig zu plaudern. Da ich mich jedoch nicht besonders gut fühle, bleibe ich lieber daheim.

Ich überlege mir zwischendurch, ihn anzurufen, ob die Zeremonie vorbei sei. Doch dann unterlasse ich es, denn es wäre für ihn sicher sehr unangenehm, wenn ausgerechnet während eines wichtigen zeremoniellen Rituals sein Handy klingeln würde.

Kurz nach drei Uhr nachmittags kommt er todmüde nach Hause. Es sei für ihn sehr anstrengend gewesen. Ich hätte nur allzu gerne mehr darüber erfahren. Doch wie ich erwartet habe, will und darf er mir rein gar nichts erzählen. Ich weiß nur so viel, dass es ein »Heiliges Haus« gibt. Bevor Marcelin zu den »Heiligen Sieben« gehörte, war für ihn dort der Zutritt verboten. Wenn es nicht regnet, treffen sich die »Heiligen Sieben« beim »Heiligen Platz«, der sich irgendwo an einem unbekannten Ort im Busch befindet. Die Versammlung der »Heiligen Sieben« findet immer am achten Tag statt, also am traditionell Heiligen Sonntag, dem »Nga«. Soviel ich weiß, ist das ein Treffen der Notabeln und es werden dort kommunale Probleme besprochen. Die Bamiléké leben hier, wie gesagt, sozusagen mit zwei Kalendern: Mit dem normalen Siebentagekalender und dem traditionellen mit acht Tagen. Alles, was stark mit der Tradition verbunden ist, richtet sich nach dieser Acht-Tage-Woche. So verschiebt sich die Versammlung der »Heiligen Sieben« jede Woche um einen Tag. Am Heiligen Sonntag »Nga« darf man auch nicht in die Chefferie gehen, außer es findet dort eine wichtige Veranstaltung oder eine traditionelle Gerichtsverhandlung statt, wie ich sie einmal miterleben durfte.

Die Bamiléké bewahren gewisse Traditionen, indem sie sie geheim halten, und irgendwie, wenn ich es so bedenke, finde ich das auch richtig. Ich hoffe, sie können diese Traditionen noch sehr lange weiterführen, sodass sie Sky eines Tages auch kennenlernen darf.

Ungefähr drei Wochen später, es ist Donnerstagnachmittag und die Versammlung, die sich »Jeunesse Metcha« nennt, findet wie immer mit zahlreichen Teilnehmern auf unserer Terrasse statt. Der Verein »Jeunesse Metcha«, der jetzt offiziell eingeführt ist, kam folgendermaßen zustande: Ein Bewohner von Bametcha kam zu Marcelin und jammerte ihm die Ohren voll, dass sie hier einen Verein gehabt hätten, doch die Leute des Nachbardorfes seien neidisch darauf gewesen und hätten es geschafft, diesen durch Intrigen zu zerschlagen. Es sollte jedoch seiner Ansicht nach unbedingt wieder einen Verein geben. Marcelin forderte ihn ganz einfach auf: »Dann gründe doch du einen eigenen Verein hier im Dorf. Ich stelle euch den Platz zur Verfügung, ihr könnt euch hier treffen.«

Das war im Herbst 2008. Der Verein wurde daraufhin gegründet. Anfangs lief es noch recht gut. Doch über Weihnachten/Neujahr waren wir vier Wochen in der Schweiz und von da an nahmen nur noch wenige Mitglieder teil. Fast zwei Monate lang fand gar keine Versammlung mehr statt. Bis zur Beerdigungsfeier von meinem Vater. Die Mitglieder des Vereins »Jeunesse Metcha« sahen dort voller Bewunderung und auch etwas neidisch, wie diejenigen des Vereins »Manjo Lali« von Bangangté Musik machten. Unter den Musikern entdeckten sie auch Marcelin. Von diesem Tag an hatte der Verein »Jeunesse Metcha« jeden Donnerstagnachmittag wieder zahlreiche Teilnehmer! Da der Verein durch Marcelins Aufnahme zu den »Heiligen Sieben« ein »hohes« Mitglied hat, wollen natürlich alle dazugehören.

Dass aber an der heutigen Versammlung etwas anders sein würde als sonst, darüber hat mich Marcelin wieder einmal nicht orientiert. Eigentlich wäre ich auch Mitglied, doch für mich ist es ganz einfach langweilig, dabeizusitzen und kein Wort zu verstehen. So mache ich in dieser Zeit lieber etwas anderes. Ich bin gerade dabei, neben dem Bungalow die langen Ranken der Passionsfrucht, die bis auf den Boden hängen, über einen kleinen Baum zu legen. Die Passionsfrucht ist eigentlich eine Kletterpflanze und fühlt sich am Boden nicht wohl.

In diesem Moment fährt der Chef von Bametcha zu unserem Haus. Weil ich hinter dem Baum stehe, sieht er mich nicht. Kurz darauf kommt noch ein weiterer Chef dazu. Da tut sich doch irgendetwas, denke ich bei mir. Ich sammle noch rasch die letzten Passionsfrüchte auf, auch die älteren. Diese lässt man trocknen und dann kann man sie säen. Ich lege die Früchte auf den Fenstersims vom Bungalow.

Wie ich sehe, haben sich die beiden Chefs zu den anderen Teilnehmern der Versammlung gesetzt. Es wird mit so feuriger Begeisterung für die beiden Chefs musiziert, gesungen und getanzt, dass man meinen könnte, jeder von ihnen habe soeben eine Million gewonnen! Ich bleibe auf der Terrasse und schaue dem Geschehen zu. Es werden wieder einmal Reden gehalten. Zuerst von Marcelin, dann vom Sekretär der Versammlung und schließlich von den beiden Chefs. Aus dem Tonfall höre ich heraus, dass alle sehr zufrieden sind und sich gegenseitig loben.

Dann werde ich wieder einmal ins kalte Wasser geworfen. Marcelin bittet mich, Teller zu holen und unseren Gästen das Essen zu servieren. Bianca, die zweite Frau des Chefs, die auch Mitglied der Versammlung ist, steht auf und kommt mit mir in die Küche. Zuerst müsse ich die Chefs bedienen, weist sie mich an. Sie werden drinnen an unserem Tisch essen. Für die anderen gebe ich die Teller durch die Durchreiche raus. So habe ich die Chefs noch nie bedient. Mein Gott, durchfährt es mich und es wird mir heiß und kalt, hoffentlich mache ich alles richtig! Dann flüstert mir Bianca zu, dass ich im Haus bleiben muss und mit den Chefs essen, was eine außerordentlich große Ehre sei. Ich darf zudem das gleiche Gericht essen wie die Chefs! Es sind zwar »nur« Kochbananen mit Fleisch an einer leicht scharfen Sauce, aber trotzdem. Ich setze mich aber nicht zu ihnen an den Tisch, sondern an den Salontisch in der Nähe, denn ich fühle mich zu unsicher in ihrer Gegenwart.

Später frage ich Marcelin, ob ich mich richtig verhalten habe, was er mir bestätigt. Wieder einmal habe ich eine Prüfung bestanden! Marcelin sagt noch, ich hätte mich zwar auch an den Tisch setzen dürfen, weil es ja unser Zuhause ist, aber es sei auch richtig oder sogar besser gewesen, dass ich mich an den Salontisch gesetzt habe.

Nach dem Essen gehen die Chefs wieder raus zu den anderen und es geht lebhaft weiter mit Diskussionen und Ansprachen. So wird es schnell Abend, zumal die Versammlung erst gegen 16 Uhr angefangen hat. Die ersten Mitglieder verabschieden sich und die Chefs brechen auch bald auf.

Marcelin und ich räumen die Terrasse auf, das Geschirr habe ich bereits vorher abgewaschen. Als alle Arbeit erledigt ist, die Tür geschlossen und wir drin sitzen, will ich von Marcelin unbedingt wissen, warum die Chefs heute da waren. Er informiert mich, dass mit ihrer Anwesenheit die Versammlung nun als offiziell und richtig erklärt wurde. Unser Chef von Bametcha sei fast geplatzt vor Stolz, als er während der Versammlung erklärt habe, dass »seine« Kinder dank unserer Anwesenheit sich entschlossen hätten, in ihr Dorf zurückzukehren. Es hätten bereits acht Personen angefragt, ob sie ein Grundstück neben uns haben können.

Das Buschdörfchen Bametcha beginnt sich also unseretwegen zu entwickeln!

Die gewöhnlichen Versammlungen, zu denen jedermann beitreten kann, finden immer am gleichen Tag statt. Sie richten sich nicht nach dem traditionellen Kalender, im Gegensatz zur Versammlung der »Heiligen Sieben«. Der König hat veranlasst, dass Marcelin dort beitreten darf. Eigentlich müsste ich richtigerweise sagen: Beitreten MUSS, denn eine Ablehnung ist praktisch nicht möglich. Zum einem ist es eine viel zu große Ehre, dort dazuzugehören, und zum anderen wäre es ein schwerer Verstoß gegen die Tradition, die Marcelin ja sehr viel bedeutet.

Solche Gesellschaften sind hier im Bamiléké-Land etwas sehr Wichtiges. Sie stellen sowohl ein soziales Netz dar, als auch eine Art Bank (auch *tontines*, Sparclub genannt), eine Beratungsstelle bei Problemen und natürlich ebenso einen Treffpunkt für Gemeinschaft und Geselligkeit. Da Marcelin Musiker ist und neben anderen Instrumenten die Sanza beherrscht, lehrte er die Mitglieder Sanza spielen. So können sie nun auch auf Beerdigungen spielen und damit etwas Geld verdienen. Vereine, die traditionelle Musik gut spielen und bei Beerdigungen auftreten dürfen, haben auch gesellschaftlich hohes Ansehen. Schon Anfang November hatten sie ihren ersten großen Auftritt. Die Mutter eines Mitgliedes ist gestorben und sie durften an ihrer Beerdigung auftreten. Doch der wirklich große Auftritt war bei der Familienversammlung von Bametcha, bei der ich leider nicht dabei sein konnte, weil ich mit einer akuten Magenverstimmung im Spital lag. Bei dieser jeweils im November stattfindenden Familienversammlung wurde Geld gesammelt, damit das neue Haus der Chefferie endlich fertiggestellt werden kann.

Bei jeder Versammlung, also jede Woche, zahlt man einen fixen Betrag. Bei unserer Versammlung sind das jeweils 200 CFA. Man kann aber auch noch zusätzlich einen freiwilligen Betrag in die Kasse zahlen. Wenn man diesen Betrag ein Jahr lang stehen lässt, bekommt man ihn nach einem Jahr mit Zinsen ausbezahlt.

Dann kann man auch Kredite aufnehmen, wenn man Geld braucht. Ich finde dieses System gut und praktisch. Je nach Kassenstand stehen ein oder mehrere Beträge zum Aufnehmen frei. Ein Mitglied möchte beispielsweise 5300 CFA aufnehmen. Es bekommt dann 5000 CFA bar ausbezahlt. Ins Kassabuch, das der Kassier sehr genau führt, wird notiert, dass es 5000 CFA erhalten hat. Die 300 CFA, also den Zins, muss es gleich einbezahlen. Auf diese Weise sind dann schon wieder gleich 300 CFA in der Kasse und je nachdem, wie viele Einzahlungen eingehen, kann ein anderes Mitglied am selben Tag oder eine Woche später ebenfalls einen Kredit beziehen. Im Prinzip ist dadurch die Kasse nie leer. Das so gesammelte Geld wird jeweils bei einem der Mitglieder aufbewahrt, üblicherweise jedes Mal bei einem anderen, doch bei unserem Verein heben wir das Geld für die Mitglieder auf.

Der Verein hat auch Statuten erstellt, in denen festgelegt ist, wie lange man Zeit hat, um den Kredit zurückzuzahlen. Bei kleineren Beträgen ist es meistens ein Monat, drei Monate für mittlere und vier bis sechs Monate bei großen Beträgen. Das setzt jeder Verein selber fest.

Bei der großen Versammlung »Manjo Lali« in Bangangté ist es sogar so, dass die Beträge ersteigert werden, weil immer mehr Leute Geld wollen als Geld zur Verfügung steht. Was ich ebenfalls gut finde. So kommt mehr Geld in die Kasse. Jeder kann selber entscheiden, wie viel er für seinen Kredit bezahlen will und es beziehen nur diejenigen Leute Geld, die es auch wirklich brauchen – und wieder bezahlen können.

Den Verein kann man auch als soziales Netz betrachten. Unser Nachbar hat zum Beispiel nicht um Geld gefragt, sondern um praktische Hilfe. Er wollte sein Haus mit Lehmsteinen aufbauen und bat um Mithilfe, diese Steine herzustellen. Dank der Unterstützung einiger seiner Vereinskollegen hatte er in relativ kurzer Zeit sein Haus gebaut. Er musste die Helfer nur mit Zigaretten, Wasser, Essen und Kolanüssen versorgen.

So ist unser Verein »Jeunesse Metcha« in unserem kleinen Dörfchen ein wichtiges Sozialnetz und fördert die Zusammengehörigkeit. Und unser Chef von Bametcha ist mächtig stolz darauf, wieder eine Versammlung in seinem Dorf zu haben.

26. Kapitel

Familiendrama und Hommage an Nicolas

Klatsch und Lügen sind Geschwister

Als ich am 15. September 2005 zum ersten Mal in Kamerun landete, stand Marcelin in Begleitung eines seiner besten Freunde am Flughafen in Douala, um mich abzuholen. Er stellte ihn mir als Nicolas vor. So habe ich die beiden gleichzeitig zum allerersten Mal gesehen. Nicolas war es auch, der als einziger Freund an unserer traditionellen Hochzeit teilnahm.

Nicolas stammte aus der Chefferie Supérieure von Bamenda und war daher ebenfalls ein echter Prinz. Bamenda ist mit circa 450 000 Einwohnern die viertgrößte Stadt Kameruns. Sie ist die Hauptstadt der Nordwest-Provinz und deren bedeutendste wirtschaftliche und kulturelle Metropole. Verkehrssprache in Bamenda ist Englisch und damit ist sie die größte Stadt der anglophonen Minderheit im Land.

Der Reporter vom Schweizer Fernsehen, Hanspeter Bäni, der mich damals nach Kamerun begleitete, hatte mich vor Antritt der Reise gefragt, ob Marcelin ihm einen Englisch sprechenden Guide organisieren könnte. Da Nicolas perfekt Englisch beherrscht – er war einige Zeit Englischlehrer an der Schule auf dem Hügel von Mfetom, die die Eltern von Claude Njiké-Bergeret aufgebaut hatten –, war er der richtige Mann für diese Aufgabe. Die Französin Claude Njiké-Bergeret war eine der Frauen des Nachfolgers von Marcelins Vater auf dem Thron am Königshof von Bangangté, François Njiké, der bereits 1987 verstarb. Sie schrieb zwei Bücher über ihr Leben in Kamerun, »*Meine afrikanische Leidenschaft*« und »*Schwarze Weisheit*«.

Nicolas war seit einiger Zeit Journalist und Nachrichtensprecher bei unserem Lokalradio Medumba in Bangangté. Dieser Mann imponierte mir von Anfang an mit seiner ruhigen, besonnenen Art. Er sprach nicht viel, aber das, was er sagte, war gut überlegt und sehr treffend pointiert. Er war ein bisschen größer als ich und sehr schlank. Ich schätzte ihn etwa auf mein Alter. Doch später musste ich feststellen, dass ich mich getäuscht hatte, denn bei einem gemütlichen Beisammensein unter Freunden verriet er mir, dass er bereits Urgroßvater sei.

Wie mir Hanspeter Bäni erzählte, hatte auch er Nicolas als sehr ruhigen und hilfsbereiten Führer kennen- und schätzen gelernt. Die beiden blieben auch weiterhin in Kontakt.

In der allerersten Woche, als wir in Bangangté wohnten, lud uns Nicolas ins Radiostudio ein, um mit uns ein Interview zu machen, das mir besonders gut in Erinnerung geblieben ist. Da er wohl glaubte, meine Englischkenntnisse seien besser als die französischen, stellte er mir die Fragen auf Englisch, was ich zwar verstand, aber nur auf Französisch beantworten konnte. Das ist hier in Kamerun kein Problem, da die beiden Amtssprachen Französisch und Englisch sind. In Douala und Yaoundé wird Französisch gesprochen.

Nicolas war, zusammen mit Hanspeter, die ersten beiden Wochen meines ersten Aufenthaltes in Kamerun meistens mit uns zusammen.

Als ich am 13. Dezember 2005 endgültig nach Kamerun auswanderte und wir im Hotel »Foyer du Marin« in Douala übernachteten, stach mir dort sogleich eine Zeitungsüberschrift in die Augen:

»Mutter mit fünf Kindern in Bangangté vergiftet«.

Grauenhaft, dachte ich für mich und es lief mir eiskalt den Rücken hinunter. Sofort fragte ich Marcelin erschüttert, ob er schon etwas darüber wisse, denn gewöhnlich spricht sich so etwas sehr schnell herum. Doch zu diesem Zeitpunkt hatte er noch nichts von dieser Geschichte gehört, und so konnten wir nicht ahnen, wie nahe uns diese gehen, und vor allem, wie sehr dieser äußerst tragische Vorfall das Leben unseres Freundes Nicolas verändern würde.

Kaum waren wir damals in Bangangté angekommen, rief uns Nicolas an. Er war völlig durcheinander und informierte uns darüber, dass seine Frau verhaftet wurde. Sie sei irgendwie in diese schreckliche Geschichte verwickelt, von der wir sicher bereits erfahren hätten, berichtete er ganz verzweifelt. Nach diesem Telefongespräch machten wir uns unverzüglich auf, um Nicolas Frau zu besuchen. Sie war auf dem Polizeiposten in Gewahrsam genommen worden. Wir brachten ihr zu essen mit. Wie im Spital, gibt es auch dort keine Verpflegung, dafür ist die Familie zuständig. Diese hat dafür zu sorgen, dass der oder die Gefangene nicht verhungert oder verdurstet.

Der Polizeiposten an und für sich machte einen sauberen, sehr einfachen Eindruck auf mich. Glatter Fußboden, grau gestrichene Wände, im Großen und Ganzen aber trostlos, Hauptsache funktional, wie sich hier alle Amtsgebäude präsentieren.

Als ich jedoch sah, wo die arme Frau untergebracht war, musste ich doch innerlich lachen. Unter der Treppe, die ins erste Stockwerk führt, saß sie auf einer schmutzigen, zerrissenen Schaumgummimatratze! Theoretisch hätte sie von dort jederzeit die Möglichkeit gehabt abzuhauen. Aber ich glaube, dass Leute, die flüchten wollen und man sie dabei erwischt, kurzerhand erschossen werden. Dieses Risiko wollte sie keinesfalls eingehen. Nicolas Frau beteuerte uns mehrmals unter Tränen, dass es sich um ein riesengroßes Missverständnis handle.

Was war geschehen?

Nicolas' Frau arbeitete seit Jahren als angesehene Heilerin im Dorf. So wurde sie eines Tages auch von Tchato Julienne, zusammen mit ihrem ältesten, etwa 20-jährigen Sohn aufgesucht, um für ihn ein Heilmittel gegen seine Krankheit zu bekommen.

Der Sohn nahm das Heilmittel entgegen und reiste ein paar Tage später nach Yaoundé, um dort seine Arbeit wieder aufzunehmen. Er berichtete daraufhin seiner Mutter mehrmals, wie sehr ihm das Mittel geholfen habe.

Dies bewog Tchato Julienne, nochmals zur Heilerin zu gehen, um das gleiche Medikament auch für ihre weiteren Kinder zu kaufen. Nicolas' Frau schrieb die Flasche, wie sie das immer tat, mit ihrem Namen und demjenigen des Heilmittels an. Zu Hause angekommen, kochte die Frau für sich und ihre Kinder etwas zu essen und alle legten sich friedlich schlafen. Dann nahm das Schicksal seinen Lauf.

Was danach geschah, berichtete der mehrfache, leidgeprüfte Familienvater Deufeula Saint-André, ebenfalls Journalist beim Lokalradio Medumba. Mitten in der Nacht sei er aufgewacht, weil seine Frau, am ganzen Körper nass geschwitzt, sich im Bett herumgewälzt und vor höllischen Bauchschmerzen laut aufgeschrien habe. Unverzüglich sei er aus dem Haus geeilt, um seinen Nachbarn um Hilfe zu bitten. Zusammen brachten sie die arme Frau ins Spital. Ihre älteste Tochter Gaëlle, die im dritten Monat schwanger war, sei ebenfalls mitgefahren. Kaum im Spital angekommen, habe auch die Tochter angefangen zu schreien wie am Spieß, von irrsinnigen Bauchschmerzen gepeinigt.

Während die Ärzte sich um die beiden Frauen kümmerten, eilte Saint-André nach Hause, um nach den andern Kindern zu sehen. Er fand jedoch nur noch den zweijährigen Enkel vor, der ebenfalls bei ihnen wohnte. Der Kleine schlief friedlich. Der Neffe Djeudji, der auch in diesem Haushalt lebte, war zu jenem Zeitpunkt ebenfalls nicht zu Hause.

Vater Saint-André, völlig verzweifelt, wusste kaum, wo ihm der Kopf stand. Wo waren denn seine weiteren drei Kinder? Er machte sich unverzüglich wieder auf den Weg ins Krankenhaus.

Dort berichtete ihm seine Tochter Stella Angèle, bevor auch sie tot zusammenbrach, dass ihnen ihre Mutter rotes Öl zusammen mit einem Medikament verabreicht habe. Zur gleichen Zeit starb auch Sohn Adrien im Spital. Die beiden Kinder waren zusammen ebenfalls ins Spital geeilt, kurz nachdem der Vater mit der Mutter und ihrer Schwester Gaëlle losgefahren war.

Doch wo blieb Tochter Christelle? Bald darauf wurde diese von ihrer Tante ins Krankenhaus gebracht. Von ihr vernahm der beklagenswerte Vater, dass seine Tochter sofort zu ihr geeilt sei, um sie über den Vorfall mit ihrer Mutter zu informieren. Vor ihrem Haus sei sie schreiend zusammengebrochen und gestorben. Eine unglaubliche Tragödie.

Ein Riesenschock für den armen Mann, der plötzlich vor den fünf toten Körpern seiner Liebsten stand. Dabei war er stets dagegen gewesen, dass seine Frau zu Heilern ging. So tat sie dies hinter seinem Rücken, wie er nun verzweifelt feststellen musste. Warum hatte sie nicht auf ihn gehört?

Der Verdacht der Vergiftung fiel sofort auf Nicolas' Frau, da Saint-André die von ihr angeschriebene, halb leere Flasche gefunden hatte. So wurde Nicolas Frau umgehend festgenommen, obschon sie ihre Unschuld beteuerte.

Der älteste Sohn, der vom Vater über dieses tragische Unglück der Familie informiert wurde, reiste unverzüglich aus Yaoundé an, um ihm im größten Schmerz beizustehen. Der Sohn bestätigte vor Gericht, dass auch er von diesem Heilmittel genommen habe. Er hatte extra seine angebrochene und zum Glück noch nicht leere Flasche mitgebracht. Man verglich die beiden Flaschen und stellte fest, dass es sich um dasselbe Heilmittel handeln müsse. Doch dieser Beweis reichte nicht, sie zwangen Nicolas Frau, aus beiden Flaschen zu trinken, was sie ohne zu zögern tat. Sie hatte die beiden Flaschen abgefüllt und angeschrieben, für sie gab es keine Zweifel, dass es sich um ihr Heilmittel handelte.

Nach drei Tagen lebte sie immer noch, womit ihre Unschuld bewiesen war!

Doch damit war das Rätsel noch nicht gelöst, wie die fünf Personen zu Tode kamen. Wie Recherchen dann ergaben, hatte Tchato Julienne am selben Nachmittag auf dem Markt noch Rattengift gekauft. Unglücklicherweise sah die Flasche genau gleich aus wie diejenige mit dem Heilmittel, doch die Frau machte sich darüber keine Gedanken.

Der Sohn durchsuchte dann die Wohnung und fand die zweite Flasche, die das Rattengift enthielt. Diese war, wie erwartet, ebenfalls angebrochen, was den Unglücksfall zusätzlich bestätigte.

Der Neffe Djeudji erzählte später seinem Onkel, dass zu jenem Zeitpunkt, als das Unglück geschah, alle Kinder zu Hause gewesen seien. Aber die Mutter habe gesagt, das Heilmittel sei nur für sie und diejenigen Kinder bestimmt, die sie geboren hatte. So haben er und der kleine Enkel nichts davon bekommen. Den Rest des Heilmittels wollte die Mutter, wie sie sagte, am nächsten Tag mit nach Yaoundé nehmen, wo weitere Kinder leben, die sie während einer früheren Beziehung geboren hatte. So haben schlussendlich die beiden im Haus lebenden verwandten Kinder nur dank ihrer Diskriminierung überlebt!

Nicolas' Frau wurde also unverzüglich auf freien Fuß gesetzt. Doch ihr Ruf war geschädigt und die Gerüchte gingen trotzdem weiter. Hatte es vielleicht nicht doch etwas auf sich mit der ganzen Sache? Was mixt sie da eigentlich zusammen? Schale Blicke folgten ihr auf Schritt und Tritt, die Kundschaft blieb aus, das Vertrauen war geschwunden. Die arme Frau hielt das alles nicht mehr länger aus und flüchtete buchstäblich Hals über Kopf zu ihrer Familie nach Yaoundé. Nicolas konnte sie weder zurückhalten noch begleiten, sonst hätte er seine Arbeit aufgeben müssen. Ein großes, unlösbares Problem für die beiden.

Der Rufmord an seiner Frau und das ungewohnte Alleinsein machten ihm schwer zu schaffen. Er wurde krank, so krank, dass er nach Hause zu seiner Familie nach Bamenda fuhr, um sich dort behandeln zu lassen.

Schon nach kurzer Zeit kam er wieder nach Bangangté zurück, um seine geliebte Arbeit beim Radio nicht zu verlieren. Doch er war ein gebrochener Mann und kam mit dem Leben nicht mehr zurecht. Marcelin hatte ihn zufällig im Dorf getroffen und von ihm vernommen, dass es ihm nach wie vor gesundheitlich sehr schlecht gehe, was ihm auch anzusehen gewesen sei. Nicolas habe alle Lebensfreude verloren. Er werde deshalb wieder nach Bamenda zurückgehen, um sich weiterhin behandeln zu lassen, erfuhr Marcelin von ihm.

In den Wäldern hinter Bamenda steht ein Krankenheim, das von einem Naturmediziner, auch Wunderdoktor genannt, geführt wird. Hunderte von Patienten sollen dem Ruf seiner Heilkunst folgen. Ob Nicolas sich dort behandeln ließ, wissen wir nicht.

Marcelin hatte versucht, ihm Mut zu machen. Leider vergeblich. Bevor sich die beiden voneinander verabschiedeten, bat Nicolas Marcelin noch eindringlich, mit seiner Frau zu reden, dass sie wieder zu ihm zurückkehren solle, was er seinem Freund gerne versprach. Die beiden Männer ahnten zu diesem Zeitpunkt nicht, dass sie sich nie mehr sehen würden.

Die Frau kam nicht mehr zurück, der Hilferuf ihres Mannes verhallte ungehört.

Im Mai 2007, als ich gerade in der Schweiz weilte, erreichte mich von Marcelin ein SMS mit der Nachricht, dass Nicolas gestorben sei. Ich konnte es fast nicht glauben und war sehr traurig darüber. Wir werden Nicolas stets in unseren Herzen bewahren. Er war ein ganz besonderer Mensch, respektierte alle, aber besonders Marcelin und damit auch mich. Er war der erste Mensch, der mich vom ersten Tag an mit »Reine« angesprochen hatte, sowohl im Radiointerview als auch privat.

Woran er starb, haben wir leider nie erfahren. Vielleicht an gebrochenem Herzen?

MERCI NICOLAS, Du hast unser Leben bereichert, danke, dass es Dich gab.

27. Kapitel

Hurra, wir haben Strom!

Niemand kann dem Rauch eine bestimmte Richtung geben

Seit dem 19. Mai 2009 haben wir Strom im Haus!

Über ein halbes Jahr lang hatte Marcelin immer wieder Stromkabel für unser Haus eingekauft. Man kann im wahrsten Sinne des Wortes sagen meterweise, weil es doch relativ teuer ist. Mal kaufte er zwanzig, mal fünfzig Meter und einmal konnte er sogar ein Kabel von über hundert Metern kaufen. Er hatte eigentlich nie groß darüber berichtet, sondern diese Einkäufe immer nur so nebenbei getätigt, denn er möchte, dass ich hier so leben kann, wie ich es von Europa gewohnt bin. Dazu gehört nun mal auch Strom.

Beim letzten Besuch meiner Eltern im vergangenen Jahr hatte meine Mutter Marcelin mehrmals liebevoll damit gehänselt, dass wir wohl nie Strom haben würden. Oder wenn, dies noch sehr, sehr lange dauern werde. Bei ihrem nächsten Besuch haben wir Strom, versprach Marcelin deshalb mehr sich selber als seiner Schwiegermutter.

Vor einiger Zeit hatte Marcelin bei Sonel, der Stromfirma hier in Bangangté, den Stromzählerkasten bestellt und auch gleich bezahlt. Sie würden ihn in den nächsten Tagen bei der Chefferie Bametcha anbringen, wurde ihm daraufhin versichert. Zwei Wochen später ging Marcelin zufälligerweise in die Chefferie und sah, dass unser Stromzähler dort hängt. Die Firma Sonel hatte es nicht einmal für nötig befunden, uns darüber zu informieren, obschon sie für die Montage an unserem Haus vorbeigefahren sind!

Marcelin weckt mich an diesem für uns denkwürdigen Tag schon sehr früh, um mir zu sagen, dass er mit den Leuten von der Stromfirma dabei sei, das Kabel von der Chefferie, wo die Verteilerstation ist, bis zu unserem Haus zu ziehen. Total aufgekratzt gibt er mir einen Kuss und meint fröhlich: »Heute Abend haben wir Licht im Haus!« Und damit ist er auch schon weg.

»Ja, ja«, denke ich so bei mir, »wenn wir in einer Woche Strom haben, ist es auch O.K.«, und schlafe weiter, denn Sky ist noch nicht aufgewacht. Inzwischen habe ich mich längst an die afrikanischen Zeitangaben gewöhnt. Wenn jemand »heute« sagt, kann das genauso gut in einer Woche sein, also nur kein unnötiger Stress. Sky lässt mich bis gegen halb zehn schlafen, was ich natürlich genieße.

Es ist ein heißer, sonniger Tag. Eigentlich sollte die Regenzeit schon begonnen haben, doch von Regen ist noch weit und breit nichts zu sehen. Wie jeden Morgen gieße ich dann in aller Ruhe meine Blumen und das Gemüse. Dieses steht in Töpfen auf einem Gestell auf der windgeschützten Seite der Terrasse. Sozusagen wie in einer Art Treibhaus. Ich werde es später in den Garten setzen, sobald der ersehnte Regen endlich kommt.

Dann spiele ich mit Sky. Gegen Mittag kommt Marcelin total verschwitzt, aber zufrieden zum Haus, um Wasser und Isolierband zu holen, das wir jedoch zuerst suchen müssen. Sky hatte es im Schlafzimmer in meinem Koffer versteckt! Marcelin berichtet, dass sie das Kabel schon bis zur Hälfte gezogen haben. Voller Energie läuft er zu den anderen zurück, die auf das Isolierband warten.

Am späteren Nachmittag höre ich ihre Stimmen, sie sind inzwischen schon bei unserem Grundstück angelangt und dann ist es nicht mehr weit bis zu unserem Haus. Das richtige Stromkabel reicht leider nicht ganz. Für die letzten Meter nimmt Marcelin deshalb kurzerhand dasjenige Kabel, das er anfangs aus Unwissenheit gekauft hatte und eigentlich für Telefonanschlüsse gedacht wäre. Kein Problem, das geht auch. Einer der Männer steigt auf die Terrassenbrüstung, um das Kabel über die Dachbalken zu ziehen. Nach einer hitzigen Diskussion, welches Kabel wohin gehört, schließen sie es ganz einfach am Haus an.

Ein kurzer Test, zu meiner größten Überraschung funktioniert es doch tatsächlich! Wir haben Licht im Haus, ich kann es fast nicht glauben. Die zwei Männer verabschieden sich und Marcelin zahlt ihnen sogar das Mototaxi nach Hause, so sehr freut er sich.

Da es inzwischen fast Abend geworden ist, wollen wir noch

rasch Sky baden, bevor es zu kalt dafür ist. Während der Kleine fröhlich im Wasser plantscht, erklärt Marcelin ihm: »Siehst du mein Sohn, nun haben wir Strom im Haus. Das ist auch für dich, damit du ein besseres Leben hast!«

Dann schließen wir den Kühlschrank an, um zu testen, ob er läuft. Tatsächlich, er funktioniert! Jetzt können wir die Joghurts für Sky frisch halten. Sehr viel mehr haben wir auch nicht drin, denn wir lebten gut zwei Jahre ohne Kühlschrank, was sollen wir jetzt da auch aufbewahren? Doch wir freuen uns trotzdem. Wir sind sicher, dass er uns gute Dienste leisten wird. An das Licht müssen wir uns wirklich erst gewöhnen. Es ist noch fast befremdlich, dass man jetzt einfach den Lichtschalter betätigen kann. Die ersten Tage gehen wir sogar etwas öfters als wirklich nötig von Zimmer zu Zimmer, nur um das Licht einzuschalten, und ich freue mich jedes Mal, als wäre es ein kleines Wunder. Ja, es ist ein kleines Wunder für uns!

Doch leider können wir uns gerade mal ganze zehn Wochen darüber freuen. Am 30. Juli 2009 haben wir Stromausfall. Hier ist es ja fast normal, dass wöchentlich für ein paar Stunden oder sogar für Tage der Strom ausfällt. Bei diesem Stromausfall jedoch stimmt etwas nicht, denn der Sicherungskasten brennt durch. Marcelin nimmt sich eine Taschenlampe und geht raus, um das Stromkabel zu kontrollieren. Hinter ihm verschließe ich sofort die Tür. Nach einer guten halben Stunde kommt er wieder zurück. Er sagt, dass er nichts Außergewöhnliches gefunden habe, auch der Zähler in der Chefferie sei eingeschaltet. Also muss Sonel mal wieder ein Problem haben, nehmen wir an. Den Rest des Abends verbringen wir wieder wie früher im Schein der Petroleumlampen und ohne Fernsehen.

Am nächsten Morgen wird Marcelin wortwörtlich aus dem Bett gerufen. Wenn wir eine Klingel hätten, hieße es aus dem Bett geklingelt. Bertrand überbringt Marcelin ganz aufgeregt die Hiobsbotschaft, dass unser Stromkabel geklaut wurde! Ich bin auch aufgestanden, stehe hinter der Tür und höre die Nachricht mit. Marcelin wirft sich eine Jacke über und geht sofort raus. Ich ziehe mich rasch an, denn an Schlaf ist nicht mehr zu denken, dazu bin ich zu aufgeregt. Total aufgebracht und verärgert kommt Marcelin nach einiger Zeit zurück. Unser gesamtes neues Stromkabel, das wir uns über Monate vom Mund abgespart haben, wurde über Nacht geklaut. Einfach weg. Ich mache meinem Ärger Luft, indem ich meine Familie und Freunde in der Schweiz sofort per Mail darüber informiere. Die Batterie vom Laptop ist glücklicherweise noch geladen. Unter Tränen veröffentliche ich das »Malheur« auch auf Facebook.

Wir sind total ratlos und entmutigt. Wie soll es jetzt weitergehen?

Es ist unmöglich, dass wir sofort wieder rund 3000 CHF auftreiben können, um ein neues Kabel zu kaufen. Wir hatten endlich den Schritt ins 20. Jahrhundert geschafft und jetzt wieder dieser Rückschlag! Wie so oft in solchen Situationen, sagt Marcelin nicht viel dazu. Naja, was sollen wir auch bereden, es bleibt uns nichts anderes übrig, als uns mit dieser Tatsache abzufinden.

Nachdem wir uns endlich an den Luxus des elektrischen Lichtes gewöhnt haben, müssen wir nun am Abend wieder auf die Petroleumlampen umstellen, was ungewohnt ist. Sky vermisst den Fernseher und möchte seine Videos schauen. Marcelin zerreißt es fast das Herz, wenn er seinem Sohn sagen muss, dass wir keinen Strom mehr haben und deshalb der Fernseher nicht funktioniert.

Diese Erklärung an seinen Sohn weckt bei Marcelin jedoch alle Kampfgeister. Am nächsten Tag fährt er schon früh nach Bangangté. Eher als erwartet erscheint er wieder, in Begleitung zweier Freunde. Er hat ein billigeres Telefonkabel eingekauft und gemeinsam wollen sie dieses wieder von der Chefferie bis zu uns ziehen. Leider werden sie an diesem Tag nicht fertig, das Kabel ist schlicht und einfach zu kurz.

Die Meldung im Facebook bleibt nicht ohne Folgen, wir erhalten Spenden. So viel, dass wir für die ganze Strecke das Telefonkabel ziehen können. Wir sind überwältigt von der Hilfsbereitschaft. Vielen Dank an alle! Jetzt haben wir wieder Licht, aber nur so schwach, dass wir zusätzlich den Kühlschrank nicht mehr anschließen können. Brennt im Wohnzimmer und in der Essecke Licht, kann in einem andern Raum erst wieder Licht gemacht werden, wenn eines der beiden ausgeschaltet ist. Vergessen wir es, werden alle Lichter stark gedimmt, denn der Kupferquerschnitt im Telefonkabel ist zu klein. Beim Fernseher ist es so, dass maximal noch eine Lampe zusätzlich brennen darf, sonst schaltet er aus. Für ein elektrisches Bügeleisen reicht dieser Schwachstrom, wie ich feststellte, auch nicht aus. Einmal versuchte ich, mit dem Föhn meine Haare zu trocknen und stand sehr schnell im Dunkeln. Trotz allem, noch immer besser als gar kein Strom.

Im Oktober haben wir wieder eine Woche lang keinen Strom. Auch das sind wir ja längst gewohnt. Es ist ein Donnerstag, Marcelin hat auf der Terrasse seine Versammlung. Er kommt zwischendurch kurz rein und in diesem Moment erleben wir das Wunder gemeinsam: Der Strom kommt wieder! Unsere Freude ist groß. Trotzdem schalten wir wegen Sky unbemerkt alle Lichter rasch wieder aus. Der Kleine spielt friedlich vor dem Haus und ich möchte nicht riskieren, dass er bei diesem schönen Wetter drin sitzen will und Videos schauen.

Die Versammlung verabschiedet sich, es geht schon dem Abend zu. Jetzt wollen wir Sky doch noch ein paar Minuten Video gönnen. Unser Sohn schmeißt sich dazu genüsslich aufs Sofa und ich setze mich daneben an den Laptop. Plötzlich stürzt Marcelin ins Wohnzimmer und stellt Fernseher und Stromregler blitzartig ab.

Da in Afrika der Strom nicht »dosiert« aus der Steckdose kommt wie in Europa, ist ein Stromregler unerlässlich. Besonders nach Stromausfällen ist der erste Strom »überdosiert«, was oft das Todesurteil für ein Gerät bedeutet. So ging mein erster Drucker kaputt. Wir hatten ihn am Strom angeschlossen und ohne Stromregler benutzt. Leider hatten wir dann vergessen, den Stecker rauszuziehen. Damit geht man in Europa schon viel argloser um. Nach fünf Minuten gab es ein zischendes Geräusch und einen dumpfen Knall. Dort, wo das Kabel am Drucker angeschlossen war, stieg eine schwarze Rauchwolke auf. Bye, bye Drucker, das war's.

Plötzlich kommt ein Versammlungsmitglied aufgeregt zurück und ruft Marcelin schon von Weitem zu: »Es brennt, es brennt!« Beide Männer eilen davon.

Kurz darauf kommt Marcelin zurück und berichtet ganz besorgt: »Ein Strommast brennt, komm und schau dir das an.«

Oben am Strommast ist die Hochspannungsleitung befestigt, die zur Chefferie führt. Am selben Mast, etwas tiefer, haben wir unser Kabel befestigt.

Doch ich sehe »nur« Rauch. Bei Tageslicht ist selbst dieser schlecht zu sehen. Der Brand befindet sich glücklicherweise noch oberhalb unseres Kabels. Marcelin geht ins Haus zurück und stellt fest, der Strom funktioniert noch. Doch er schaltet ihn sofort wieder aus und trennt sogar die Leitung, die zu unserem Haus führt. Sam, unser Freund und Elektriker, hatte damals den Sicherungskasten angeschlossen und Marcelin geholfen, das Kabel zu installierten. Sollte mal das Kabel brennen, so müsse dieses so schnell wie möglich vom Haus getrennt werden, informierte er Marcelin noch.

Zufälligerweise hat Marcelin die Telefonnummer desjenigen Mitarbeiters von Sonel griffbereit, der eigentlich am nächsten Morgen unser Kabel hätte fertig anschließen sollen. Er ruft diesen sofort an und informiert ihn über das Geschehene. »Melde dies unverzüglich deinem Chef, damit der Strom abgeschaltet wird«, weist Marcelin ihn abschließend an.

Bereits zehn Minuten später ist der Strom tatsächlich abgestellt. Marcelin bekommt sogar einen Rückruf, dass der Chef von Sonel PERSÖNLICH vorbeikommen werde, um sich den Schaden anzusehen. Eine halbe Stunde später fährt er bei uns vorbei und sieht sich auch den zweiten Schadensplatz an. Weiter oben brennt nämlich ein Holzmast genau dort, wo das Kabel die Straße überquert.

Nach dem Abendessen schauen wir nach, ob der Mast immer noch brennt. Das glühende Rot sieht man schon von Weitem. Einen Moment überlege ich mir, ob es nicht eine Möglichkeit gäbe, den Schwelbrand zu löschen. Strom wäre ja jetzt keiner mehr auf dem Kabel. Aber wie sollen wir das Wasser dort hinaufkriegen? Selbst wenn wir einen Gartenschlauch hätten, der Mast ist etwa zweihundert Meter vom Haus entfernt. Nein, wir haben keine Möglichkeit, etwas zu tun, es bleibt uns nichts anderes übrig, als abzuwarten.

Gleich am nächsten Morgen sieht sich Marcelin den Schaden nochmals an. Als er zurückkommt, sagt er nur: »Der Mast ist abgebrannt.«

Naja, nicht der ganze Mast: Er ist »nur« viel kürzer geworden, mit einem verkohlten Ende.

»Und unser Kabel?«, frage ich Marcelin besorgt.

»Es ist zwar nicht verbrannt, aber geschmolzen, wir müssen

diesen Teil auch wieder ersetzen«, gibt er mir sachlich zur Antwort.

»Wie konnte eigentlich der Mast Feuer fangen?«

Marcelin dreht sich zum Strommast, der gegenüber von unserem Haus am Straßenrand steht und zeigt auf ihn. »Schau dir den Mast an, fällt dir etwas auf?«

Ich starre den Mast an und schüttle langsam den Kopf. »Nein, ich sehe nichts.«

»Genau das ist das Problem! Während wir eine Woche lang Stromausfall hatten, haben Diebe die Isolatoren von den Masten geklaut. Die Hochspannungsleitung hat dadurch das Metall berührt, an denen die Isolatoren befestigt waren, und so hat der Mast Feuer gefangen.«

Jetzt haben diese Schweine innerhalb kürzester Zeit schon das zweite Mal die Isolatoren geklaut. Marcelin ärgert sich schon gar nicht mehr darüber.

Nach dem Frühstück bringen wir Sky in die Kinderkrippe, die er seit Anfang September besucht. Der Alltag geht weiter, auch ohne Strom.

Marcelin hat bald darauf ein neues Kabel gekauft. Danach wurde ich in einer E-Mail gefragt, woher wir den Mut nehmen, schon wieder neu anzufangen. Ob wir nicht Angst hätten, dass uns das Kabel wieder gestohlen werde, denn das sei doch nur eine Frage der Zeit. Ja, das ist eine gute Frage. Doch wie würde unser Leben, unsere Zukunft aussehen, wenn wir nach jedem Rückschlag aufgeben und resignieren würden? Nur noch dasitzen, sich der Verzweiflung hingeben und weinen?

Nein und nochmals nein. Um hier in Afrika zu überleben, muss man kämpfen, wirklich kämpfen! Allen Widerständen die Stirn bieten und nach jedem Rückschlag aufstehen und sogleich neu anfangen.

Nachwort

Nun bin ich also bereits seit mehr als vier Jahren in Kamerun und habe in dieser Zeit sehr viel erlebt. Einer der kostbarsten, wunderschönsten Augenblicke in meinem Leben war 2006 die Geburt unseres gemeinsamen Sohnes Sky. Seit September 2009 besucht er bereits täglich die Kinderkrippe, was ihm viel Spaß macht.

Es gab Momente, wo wir richtig stolz auf uns waren, wieder etwas erreicht und gemeinsam geschaffen zu haben, aber auch pechschwarze Tage, wo wir nicht mehr wussten, wie es weitergehen soll. Wir erlebten dramatische Situationen: Einmal musste Marcelin um mein Leben zittern und ein anderes Mal ich um das seine. Dann der grauenhafte, nächtliche Überfall.

Auch in unserer Beziehung gab es in dieser Zeit Höhen und Tiefen. Die Höhepunkte waren sicher unsere drei Hochzeiten (am Königshof, standesamtlich und kirchlich). Aber es zogen auch schwarze Wolken über unserer Ehe auf, wir hätten uns sogar beinahe getrennt, doch wir haben es geschafft, wieder einen gemeinsamen Weg zu finden. Dieses Mal. In jedem Leben, in jeder Beziehung, gibt es gute und schlechte Tage.

Oft bin ich auch an Grenzen gestoßen, an größere und härtere Grenzen, die ich so in der Schweiz nie erlebt hätte. Ich stieß an die Grenze meiner körperlichen und geistigen Kräfte. Ich musste Entscheidungen treffen, die ich in der Schweiz nicht hätte treffen müssen und bei denen ich mich heute noch frage, ob sie richtig waren.

Nicht nur wir als kleine Familie, sondern das ganze Dorf erlebte im September 2009 ein Hoch, als die Fußballmannschaft »Panthère« von Bangangté den Kameruncup geholt hatte. So stand unser Dorf plötzlich im Mittelpunkt von ganz Kamerun.

Doch schon einige Wochen später folgte ein Tief, das ganz Bangangté in große Trauer stürzte: Der Chef meines Heimatortes Goutchou/Netat war unerwartet gestorben.

Natürlich ist das Leben für die meisten Menschen hier hart und der Alltag von viel Mühe und – aus europäischer Sichtweise – deutlich weniger Lebensqualität geprägt. Der Reisebericht meines Bruders Ruedi schildert diese europäische Wahrnehmung von Land, Leuten und Lebensweise und aus dieser Perspektive fällt sein Bericht wenig schmeichelhaft aus. Er soll jedoch mit dieser ganz anderen Wahrnehmung dazu anregen, darüber nachzudenken, zu diskutieren und nicht einfach zu verurteilen. Es könnte unter anderem durch seinen Bericht der Eindruck entstehen, »der Afrikaner« sei generell nicht bereit, etwas zu ändern. Doch meine Erfahrung ist eine andere.

Ruedi hat beispielsweise die handwerklichen Fähigkeiten unseres Maurers und des Schreiners belächelt. Hat er sich aber je gefragt, ob die beiden die Chance für eine so gute berufliche Ausbildung hatten, wie er das von ihnen erwartete? Ich hatte gehofft, mein Bruder, zu dem ich übrigens ein sehr gutes Verhältnis habe, würde etwas mehr Verständnis für uns und die Situation in Afrika im Allgemeinen aufbringen.

Es ist auch sehr einfach zu sagen, die Regierung ist an allem schuld, oder: denen kann eh nicht mehr geholfen werden, da sie nichts ändern WOLLEN. Dass sie WOLLEN, spüre ich hier in Kamerun sehr stark. Man sollte den Menschen Möglichkeiten zeigen, wie sie die Situation ändern könnten. Ob sie es dann auch durchziehen, ist die andere Frage.

Das größte Problem ist die Korruption, man begegnet ihr auf Schritt und Tritt. Ich wage zu behaupten, dass die afrikanischen Regierungen daran mindestens zu neunzig Prozent schuld sind.

Als Polizist hat man zwar einen angesehenen Job, aber so schlecht bezahlt, dass man fast gezwungen ist, »nebenbei« etwas zu verdienen. Ist man mit den Schulnoten seines Kindes nicht zufrieden, ist der Lehrer gerne bereit, gegen eine kleine Entschädigung diese zu verbessern. Selbst die Korrektur von Schulheften kann man mit dieser Methode beschleunigen. Im Krankenhaus gibt's kein Bett ohne Bestechungsgeld. Bei Verwaltungen ist es selbstverständlich, dass man, um schneller an seine Papiere zu kommen, gleich einen kleinen Betrag unauffällig beilegt. Die Justiz ist vollständig korrupt. Es ist alltäglich, dass Verdächtige aus Polizei- oder Untersuchungshaft freigekauft werden. Dies löst oft Angst und Frust bei der Bevölkerung aus und führt nicht selten zu »justice populaire«, Selbstjustiz. Bei dem Überfall auf uns wurde uns mitgeteilt, man habe Verdächtige festgenommen. Als Marcelin dann auf dem Polizeiposten erschien, wollte allerdings niemand mehr etwas davon wissen, man habe sich getäuscht. Ob das stimmt, wage ich zu bezweifeln.

Da ich auch einige Zeit in Kenia lebte und oft dort in den Ferien war, habe ich etliches über dieses Land und seine Probleme mitbekommen, die denjenigen Kameruns ähnlich sind.

Der jetzige kenianische Präsident Mwai Kibaki hatte nach seinem Amtsantritt 2002 für kurze Zeit sehr hart gegen die Korruption angekämpft und es funktionierte sogar eine Weile. Jeder Polizist bekam eine Personalnummer auf seine Uniform gestickt. War er korrupt, nahm Geld, Geschenke oder anderes an, konnte man ihn anzeigen. Das hatte zur Folge, dass er entlassen wurde. Aber das ist keine Lösung der ganzen Problematik. Und so geht es in vielen anderen Jobs. Der durchschnittliche Stadtbewohner Kenias besticht 16 Mal pro Monat! Aus Not.

Gegen Ende der neunziger Jahre, ich weiß leider nicht mehr genau wann, hat ein Kenianer bei einer dieser Weltkonferenzen in Genf dazu aufgerufen, nicht mehr für seine Heimat zu spenden! Er sagte damals, die Spenden würden sein Land in den Abgrund führen. Das erstaunt im ersten Moment. Doch seine Argumente sind nachvollziehbar: Nach jeder noch so leichten Dürre, wenn Hafer und Weizen wieder vertrocknet waren, haben die Leute sofort ihre Hände in den Schoß gelegt und gesagt: »Warum sollen wir einen Finger krumm machen, warum sich ärgern? Europa und Amerika werden eh für Weizen und Hafer und alles, was sonst noch verdorrt ist, wieder Spendengelder schicken.« Das ging so weit, dass sie Hafer, Weizen und weitere Getreide gar nicht mehr angebaut haben. Dadurch, dass sie sich also auf diese Hilfe verlassen haben, verlernten sogar viele, Getreide anzubauen! Der Gesandte an der Weltkonferenz sagte auch noch knallhart: »Lasst sie hungern, damit sie wieder lernen, Getreide anzubauen und sich darum zu kümmern!«

Wo er recht hat, hat er recht – oder etwa nicht?

Was wäre die beste Entwicklungshilfe? Hilfe zur Selbsthilfe!

Beispielsweise bei der Ausbildung, sei's im eigenen Land oder im Ausland.

Aus meiner Sicht sollte man einige Agrarwissenschaftler ausbilden sowie mehrere Leute, die sich um den Bau riesiger Bewässerungsanlagen kümmern könnten. Statt einer Bewässerungsanlage aus Europa, die aus Metall besteht und beim dortigen Klima sehr schnell rostet, jemanden beiziehen, der eine Ahnung davon hat, wie man Bewässerungsanlagen aus Bambus baut. Diese könnte dann bei einem Schadenfall vor Ort ersetzt werden. Mit heimischen Materialien, und es würden dadurch erst noch einige Arbeitsplätze geschaffen.

Wer schon mal irgendwo in Afrika war, hat sicher einmal an einem Feldrand einen verrosteten Traktor stehen sehen. Wir sind stolz darauf, Entwicklungshilfe zu leisten, indem wir einen Traktor nach Afrika schicken. Doch haben wir die Leute auch zu Mechanikern ausgebildet, damit sie den Traktor dann selber reparieren können? Vielleicht ist ja nur der Schlauch der Ölleitung gerissen. Doch niemand hat ihnen gezeigt, wie man ihn reparieren könnte. Ferner sollte man dafür sorgen, dass Ersatzteile, die im Heimatland nicht zu bekommen sind, ohne, oder wenigstens mit günstigeren Zollgebühren eingeführt werden können. Allerdings sind Afrikaner auch sehr einfallsreich, wenn es darum geht, irgendetwas mit einfachsten Mitteln zum Laufen zu bringen, da staune ich immer wieder. Marcelin ist geradezu ein Paradebeispiel dafür, wenn ich an unser Auto denke!

Studiert einer Medizin, sollten ihm diejenigen Geräte gespendet werden, die er dann für die Ausübung seines Berufes benötigt. Dieser Arzt kann dann wiederum seine Assistenzärzte selber ausbilden. Ein gutes Beispiel ist das Spital Bangwa, das vermutlich zu neunzig Prozent von Spenden aus der Schweiz betrieben wird.

Geld fließt also jetzt schon, nur eben leider ein großer Teil in die falschen Taschen, wie das Beispiel der Markthalle von Mombasa zeigt, die zum »Weltkulturerbe« gehört. Der frühere Präsident Daniel arap Moi hatte in den 90er Jahren um Spenden gebettelt, um die Halle zu renovieren. Man spendete ihm 20 000 CHF. Für 2000 CHF ließ er Farbe kaufen und die Halle neu streichen. Die restlichen 18 000 CHF flossen in seine eigene Tasche! Da wäre es noch kostengünstiger gewesen, zwei Leute samt Material nach Kenia zu schicken und die Halle fachgerecht restaurieren zu lassen. Und vor allem: sie WÄRE restauriert worden und nicht nur einfach neu gestrichen.

Man hätte vom Präsidenten eine genaue Kostenaufstellung über die Arbeit und das Material verlangen müssen. Jemand hätte nach Kenia fliegen sollen, um Arbeit und Kosten zu kontrollieren. Oder das Material auch gleich selber einkaufen, da eh immer der doppelte Preis angeben wird von dem, was es wirklich kostet.

Doch dies steht in keinem Verhältnis zum Korruptionsskandal von Anfang der neunziger Jahre. Um die 700 Millionen Euro Staatsgelder der Kenianischen Zentralbank landeten in privaten Schatullen zahlreicher Regierungsmitglieder und Wirtschaftskapitäne.

Ein eindrückliches Beispiel liefert auch unser Präsident Paul Biya. Vor etwa ein bis zwei Jahren bat er Deutschland eindringlich um Spendengelder. Deutschland spendete daraufhin 800 000 Euro. Einige Monate später erspähte man den Präsidenten mit Frau und Gefolgschaft in einem Schlosshotel in der Schweiz, wo seine Suite oder Etage 80 000 Euro pro Nacht kostete. Er residierte dort zehn Tage. Deutschland hat ihm also dank Spendengeldern Luxusferien bezahlt!

Darüber wurde hier damals in den Nachrichten ausführlich berichtet, es war ein Riesenskandal. Hat es aber Deutschland in irgendeiner Weise wachgerüttelt? Gab es Sanktionen? Ich glaube nicht, und Deutschland wird weiterhin spenden.

Es ist für mich unverständlich, dass so viele Länder einfach in Kauf nehmen, dass ihre Spendengelder gar nicht dort eingesetzt werden, wofür sie bestimmt sind.

Warum soll Afrika etwas ändern, solange es die Spendengelder einfach so bekommt?

Ein guter Anfang für eine sinnvolle Entwicklungshilfe wäre,

wenn Europa und Amerika nur noch unter gewissen Bedingungen spenden würden, damit das Geld nicht mehr zum persönlichen Wohlstand von Präsidenten dienen kann. So würde man die Präsidenten mit der Zeit auch in die Knie zwingen.

Manchmal genügt auch schon eine kleine Unterstützung, um vieles zu bewirken. Mir persönlich liegt es sehr am Herzen, dass hier im Dorf Bametcha eine Schule und eine Kinderkrippe gebaut wird. Selbst die Kleinsten haben einen Schulweg von neun Kilometern zu Fuß zu bewältigen, bei Sonne und bei Regen. Das ist unzumutbar.

Es gibt bestimmt keine generelle Lösung für ganz Afrika. Aber wenn sich jeder und jede ein paar Gedanken darüber macht, werden vielleicht eines Tages praktikable Möglichkeiten gefunden.

Ich lebe hier sehr, sehr intensiv. Ich glaube, ich war dem wahren Leben noch nie so nahe wie hier, dem Glück noch nie so nahe, aber ebenso der Verzweiflung.

Vieles ist im Umbruch, was bringt uns wohl die Zukunft? Was Marcelin und ich gemeinsam erreichen werden oder vielleicht auch nicht, das wird sich zeigen. Ich werde meine Entscheidungen weiterhin so treffen, wie es für mich richtig ist, egal, wohin sie mich führen werden.

Glaube an Liebe, Wunder und Glück,
Schau nach vorn und niemals zurück.
Tu, was du willst und steh dazu,
denn dein Leben, das lebst nur du.

Bangangté, im April 2010
Katharina Paholo

Reisebericht von Rudolf Hänni junior

Im Mai 2009 besuchte ich zusammen mit meiner Mutter und meiner Schwester Hedi zum ersten Mal meine Schwester, Reine Katharina, in Kamerun. Für Hedi und mich war es der erste Aufenthalt in einem afrikanischen Land, was bei uns einen ungeheuren Eindruck hinterließ.

Mein erster allgemeiner Eindruck von dieser Reise

Der Schweizer Schriftsteller Robert Walser sagte einmal: »Man passt dahin, wohin man sich sehnt.«

Wenn man meine Schwester in Kamerun erlebt, dann spürt man ganz deutlich: Sie ist dort integriert und fühlt sich wohl, sie ist wirklich zu Hause angekommen.

Der Hauptgrund für unsere Reise war die Einladung zur großen Totenfeier für unseren im Sommer 2008 verstorbenen Vater. Eine Lungenfibrose, wahrscheinlich ausgelöst durch eine seiner vielen verschiedenen Arbeiten, mit denen er seinen Lebensunterhalt verdient hatte, beendete sein Dasein. »Sei's so!« waren seine letzten Worte, die er bei klarem Verstand noch sagte. Auch wenn's ums Sterben ging, war er der knorrige Mensch, der zwar immer etwas zu meckern hatte, aber auch Gegebenes geduldig hinnehmen konnte.

Weil unsere Mutter bei dieser Feier dabei sein wollte, begleiteten wir sie. Für Mueti war es voraussichtlich das letzte Mal, dass sie nach Afrika reisen konnte. Ihre Beine und manchmal auch ihr Rücken machen ihr mehr und mehr Schwierigkeiten, das Gehen wird immer mühsamer. Ich selbst war aber auch neugierig zu erfahren, wie das Leben in Afrika, beziehungsweise in Kamerun ist und wie der Alltag meiner Schwester dort aussieht.

Bereits am Flughafen zeigte sich zum ersten Mal das für mich typische Verhalten des Afrikaners, wie wir es leider mehrmals erlebten. Ein freundlicher Gepäckträger bot sich für einen fairen Preis an, unser Gepäck nach draußen zu tragen. Er fragte auch kurz, ob wir Euro bei uns haben. Wir bejahten (alle Europäer kommen mit Euro nach Kamerun, da diese hier als Zahlungsmittel genauso anerkannt werden wie Dollar), und er bot uns sofort an, uns so durch den Zoll zu schleusen, dass wir nichts verzollen müssten. Wie viel das denn koste, fragte ich ihn. Für nur fünfzig Euro würde er uns durchlotsen, erklärte er verschwörerisch. Wir verzichteten auf seine Führung und kamen absolut problemlos durch den Zoll.

Sehr eigen war auch der Fahrstil: Es wurde andauernd gehupt! Auf meine Frage, wozu das gut sei, erklärte man mir, dass das eigentlich nur dazu diene, die anderen Verkehrsteilnehmer auf sich aufmerksam zu machen. Der Verkehr war dicht und zähfließend, dauernd schlängelten und quetschten sich Fußgänger zwischen den fahrenden Autos über die Straße. Darunter eine hohe Zahl von einarmigen oder einbeinigen Menschen, viele davon Kinder. Zu meinem Erstaunen werden Ampeln – von denen gibt es einige in der Stadt – einigermaßen respektiert. Der Grund dafür ist folgender, wie mir Marcelin erklärte: Bei praktisch jeder Ampel, oder zumindest in deren Nähe, steht ein Polizist und achtet darauf, dass deren Regeln befolgt werden.

Nach etwa einer halben Stunde waren wir im Hotel angelangt. Für dortige Verhältnisse ist es wahrscheinlich durchaus ein gutes Hotel: Die Tische wackelten zwar, aber die Tischtücher waren relativ sauber. Mein Zimmer war eine kleine Suite mit zwei Räumen und einem großzügigen Bad. Die Qualität ist auch hier relativ zu verstehen: Der Teppich war zerrissen, der Geruch war ziemlich streng und neben der Toilette lag eine riesige, aber immerhin tote Kakerlake. Das Bett sah wenigstens sauber aus, und viel mehr brauchte ich auch nicht. Den anderen ging es mit ihren Zimmern ähnlich, für Kameruner Standards ganz in Ordnung.

Die große Totenfeier für meinen Vater

Am Samstag, dem Tag vor dem eigentlichen Totenfest zu Ehren meines Vaters, waren schon viele Leute anwesend, um den nächsten Tag vorzubereiten. Die Frauen machten sich, nachdem sie das Gelände von Gras und Unkraut befreit hatten, mehrere Feuerstellen zurecht und kochten den ganzen Tag über in großen Töpfen verschiedene Speisen wie Reis, Fleisch von den am Vortag geschlachteten Tieren und ein paar Saucen, von denen gesagt wurde, sie seien scharf, sehr scharf sogar. Und die Männer – ja, die Männer bereiteten sich eher geistig auf das Fest vor. Viele von ihnen kamen denn auch erst am späteren Abend, als die meisten Arbeiten für den nächsten Tag erledigt waren. Auf den Feuerstellen wurde auch abends fleißig weitergekocht und es gab für alle etwas zu essen. Wir, das heißt, Marcelins Familie, Mueti, meine Schwestern und ich, aßen im Haus.

Nach dem Essen gingen wir nach draußen. Einige Männer hatten angefangen, Musik zu spielen, wobei diese Musik nicht ganz unserem Verständnis von Musik entsprach. Außer man ist ein echter Acid-House-Fan. Die gespielten Stücke hatten keine tragende Melodie. Nur zwei relativ leise Instrumente, die Sanzas, unterstützten eher noch die Monotonie der verschiedenen dumpfen Trommeln und Schlaghölzer, die einen leicht in einen hypnotischen Zustand versinken ließen. Besonders faszinierend war ein junger Schwarzer mit kräftigen Oberarmen, der wie besessen mit zwei Harthölzern gekonnt auf ein etwa einmetriges Bambusstück eintrommelte. Männer und Frauen tanzten in einer Art langsamer Polonaise um die Musiker herum, jede und jeder in seinem ganz eigenen Tanzstil. Da wurde gestampft, gesteppt, mithilfe der Arme rhythmisch der Körper geschüttelt – auch ein Hollywoodstreifen stellte es nie besser und intensiver dar. Während die eine auch in einer Disco die beste Figur gemacht hätte, erinnerte der Tanzstil eines anderen eher an das rhythmische Wackeln eines gehenden Pinguins. Aber niemand machte sich über andere lustig, jeder war, wie er war und durfte sein, was er war.

Ich weiß, dass ich kein talentierter Tänzer bin, aber als ich von einer der hübschen Schwestern von Marcelin (oder war's doch eine seiner vielen Schwägerinnen?) dazu aufgefordert wurde, mich in die tanzende Runde einzureihen, machte ich mit. Zusammen mit allen anderen stampfte und tanzte ich langsam in einem Discofox-ähnlichen Stil um die Musiker herum. Etliche Einheimische nickten mir erfreut zu oder klopften mir sogar anerkennend auf die Schulter. Trotz allem war ich nicht sicher, ob ich nicht ab und zu ein eher amüsiertes Grinsen sah. Aber egal: Wenn man erst einmal mitmacht, dann hat diese Tanzerei wirklich etwas für sich. Ich drehte also Runde um Runde mit den anderen Tänzern, bis mir einfiel, dass die Tänzer die Musiker bezahlen. Zum Glück hatte Marcelin uns erklärt, wie das richtig gemacht wird. Während ich also das nächste Mal beim Chef der Musiker, einem blinden, aber echt talentierten Schwarzen, vorbeitanzte, klebte ich ihm eine 500 Francs Note auf die Stirn. Wie von Marcelin versprochen, fiel die Note nicht herunter, sondern blieb so lange kleben, bis einer seiner Kollegen sie mit einem zufriedenen Grinsen abnahm und in ein Körbchen legte.

Meine Schwester, Reine Katharina, erhielt für die Gedenkzeremonie einen speziellen, traditionellen Kopfschmuck, den sogenannten Trauerhut. Wahrscheinlich hatte der Hut mehrere Funktionen. Ich nehme an, die wichtigste war, damit die Musiker zu bezahlen. Der Hut hatte die Form einer riesigen Blüte und die Leute warfen, soweit sie es sich leisten konnten, oben etwas Geld hinein. Erst ganz am Schluss, bevor er abgenommen wurde, nahm Marcelin das Geld heraus und entlohnte damit die Musiker. Ich habe keine Ahnung, wie viel sie schließlich bekamen und wie zufrieden sie mit ihrer Gage waren.

Bekanntschaft mit afrikanischem Essen

Marcelin hatte Wert darauf gelegt, dass wir die afrikanische Küche kennenlernen. Schon während der Busfahrt von Yaoundé nach Bangangté kaufte er bei einem Zwischenhalt etwas für uns zum Probieren. Wegen einer dreistündigen Verkehrskontrolle waren wir bedeutend später dran als geplant und deshalb auch hungrig.

Als der Kleinbus bei einem Markt an der Straße anhielt – diese Märkte fand man praktisch in jedem Dorf entlang der Hauptstraße – , wies uns Marcelin an, in der Nähe des Busses zu warten. Ein paar Minuten später kam er mit einem in braunem Packpapier eingewickelten Etwas zurück. Es war weißes Fleisch und von der Form her wie eine Scheibe von einem Fisch. Die Form erinnerte mich auch an eine dieser circa zwei Zentimeter dick geschnittenen Lachsscheiben, die ein bisschen wie T-Bone-Steaks aussehen. Man hätte es dem Geschmack nach leicht mit Geflügelfleisch verwechseln können. Die Haut außen war etwas zäh, aber durchs Braten auch sehr wohlschmeckend. Der leicht eigene Geruch kam aber, wie ich später herausfand, hauptsächlich vom örtlichen Frittieröl. Meine Mutter, meine Schwester Hedi und ich versuchten zu erraten, was das wohl sein könnte. Als ich dann in Käthis und Marcelins gespannte, aber auch amüsierte Gesichter blickte, war es mir plötzlich schlagartig klar: Wir aßen Schlange!

Wenn man die verschiedenen Fleischsorten von Kamerun kennenlernen möchte, sollte man Schlange unbedingt probieren. Es gilt bei den Einheimischen als Delikatesse.

Ich habe alles versucht, was ich irgendwo zu essen angeboten bekam! Aber nicht nur ich, auch mein Mueti und Hedi haben (beinahe) alles probiert, was ihnen serviert wurde. Marcelin hat das zuweilen auch ausgenützt und sich einige Male einen Spaß daraus gemacht, indem er uns besonders bittere Kräuter oder Blätter zu versuchen gab. Ich erinnere mich ganz speziell an das Anti-Wehen-Kraut für werdende Mütter. Das Kraut zieht einem sogar die Löcher in den Socken zusammen und trocknet den Mund derart aus, dass man das Gefühl hat, man müsse nach der Einnahme mindestens einen halben Liter Wasser trinken, damit der Mund wenigstens wieder etwas befeuchtet ist. So soll man Kinder gebären können?

Marcelin kochte die erste Zeit während unseres Besuches regelmäßig am Abend. Reisgerichte aller Art waren seine Favoriten – und sie waren gut! Marcelin hat wirklich Talent zum Kochen. Am besten schmeckte mir sein Couscous, wahrscheinlich, weil wir es mit einer Fleischsauce als Fingerfood genießen konnten. Apropos Fleisch: Ich bin ein großer Fleischesser. An fleischlosen Tagen habe ich normalerweise abends immer das Gefühl, dass mir etwas fehlt. Nicht so in Kamerun. Ob's die Wärme war, die Art des Kochens oder das häufig und großzügig verwendete Öl: Ich hatte nicht einmal bemerkt, dass es einige Tage hintereinander kein Fleisch gab. Erst als wieder einmal Fleisch auf den Tisch kam, fiel es mir auf.

Marcelin hat auch eine tolle Technik, Mangos zu schneiden, sodass man bequem Fruchtwürfel von der Schale essen konnte. Auch in Sachen Schälen von Ananas kann man noch etwas von ihm lernen.

Meister des Würzens

Von der Würze der Speisen war ich schon eher enttäuscht, dabei sollen Kameruner Meister des Würzens sein. Käthi hatte mich gewarnt, dass die Afrikaner scharf essen, sehr scharf sogar! Ich freute mich darauf, weil auch ich gerne gut gewürzte Speisen mag. Dass die afrikanischen Gerichte aber bei Weitem weniger scharf waren, als ich erwartet hatte, demonstriert folgende Episode:

Am Tag vor dem großen Totenfest zu Ehren meines Vaters hatten die Frauen das Essen vorbereitet. Dazu hatten sie auch Saucen gemacht, die man zum Reis und zum Fleisch nahm. Es gab drei Töpfe mit unterschiedlichen Saucen – meinte ich, denn effektiv waren es nur zwei Saucen: eine »normale« und eine »scharfe«. Die dritte war nur die Basismischung für die anderen zwei, je nachdem, wie stark man sie mit Öl und anderem verdünnte. Ich wusste das nicht, nahm von der Basissauce – und genoss ein Reisgericht, das zwar außerordentlich scharf, für mich jedoch gerade richtig gewürzt war. Ein echter Genuss! Erst als ich die Sauce bei meiner Schwester rühmte, klärte sie mich auf – und staunte, dass ich so etwas esse. Ich konnte nicht glauben, dass die Sauce so scharf geraten sein sollte und gab Marcelin etwas von meiner Reis-Saucenmischung zum Probieren. Seine Reaktion darauf versöhnte mich vollkommen mit den drei oder vier Mal, wo er uns bitterste Nüsse und Blätter zu kosten gab. Den Mund zum schönsten O geformt und mit den Händen davor fächelnd, suchte er einen Teller, wo er die Mischung ausspucken konnte. Das anschließende Glas Wasser war für Marcelin eine Erlösung und für mich ein Genuss…

Ich habe mir noch einen Nachschlag von der Mischung in der Küche zurechtgemacht. Just in dem Moment, als ich die Basissauce über den Reis goss, betrat eine junge Frau die Küche, schaute mich mit entsetzten Augen an und rief nur: »Non, non!« Ich versuchte, ihr zu erklären, dass ich so etwas schon gegessen habe und es gut finde, aber erst meine Schwester brachte sie dazu, mich wieder mit dem Essen aus der Küche zu lassen. Während ich also meine zweite Portion genoss, kam die junge Frau erneut am Esstisch vorbei, um etwas aus der Küche zu holen. Dabei schaute sie mir im Vorbeigehen kurz misstrauisch zu, wie ich »meine« Spezialität esse. Auf ihrem Rückweg bot ich ihr einen Esslöffel voll Reis mit Sauce an und versicherte ihr, dass es eine spitzenmäßige Mischung sei. Obwohl sie der Sache nicht so recht traute, nahm sie doch den ganzen Löffel voll und begann, den Reis zu kauen. Allerdings nur zwei oder drei Mal, dann bekam sie große, kugelige Augen, wedelte wie vorher Marcelin mit der Hand vor dem offenen Mund herum und krächzte irgendetwas. Sie stürzte in die Küche, röchelte und spuckte das Essen in den Ausguss. Sie tat mir zwar leid, aber immerhin halfen ihr meine Schwestern dabei, sich zu erholen.

Als ich später am Abend aus der Wohnung zu den einheimischen Gästen nach draußen ging, wurde es plötzlich merklich stiller. Die Leute musterten mich, als ob ich ein Alien sei. Da wusste ich, dass ich ihnen wohl etwas länger im Gedächtnis bleiben würde…

Handwerkliche Tätigkeiten

Meine Erstausbildung war die eines Mechanikers, heute Polymechaniker genannt. Deshalb erledige ich immer noch sehr gerne manuelle Arbeiten und ich hatte mich auch darauf gefreut, einiges im und um das Haus herum zu erledigen. Eine der ersten Arbeiten, die ich nach meiner Ankunft in Paholos Haus in Angriff nahm, war das Anpassen meiner Zimmertür an den Türrahmen. Die Tür war zu groß für den Rahmen und ließ sich nur schließen, wenn man sie mit dem nötigen Schwung zuknallte. Dann verklemmte sie sich im Rahmen und blieb zu. Wer die »Reporter«-Filme im Fernsehen gesehen hat, weiß, wie mein Vater auf so etwas reagiert hat, und bei solchen Dingen bin ich zugegebenermaßen meines Vaters Sohn. Also nahm ich einen guten Hobel, den mein Vater Marcelin bei einem seiner letzten Besuche überlassen hatte. Ich hängte die Tür aus und hobelte sie oben ein paar Millimeter ab. Nach einer halben Stunde setzte ich die Tür wieder ein und siehe da: sie passte. Dabei stellte ich noch fest, dass der Türriegel schon als Rosthaufen eingebaut wurde und daher völlig unbrauchbar war. Und die Tür schwang jetzt gleich ganz von alleine wieder auf und blieb auf keinen Fall zu. Mein technisches Studium erlaubt mir, solche Probleme systematisch anzugehen. Schon nach kurzer Zeit hatte ich die Lösung: Ich faltete einen dünnen Karton zwei Mal zusammen und klemmte ihn beim Schließen der Tür oben im Rahmen ein. Die Tür klemmte jetzt oben und blieb zu.

Zugegeben: der Erfolg meiner ersten Schreinerarbeit hinterließ ein einigermaßen zwiespältiges Gefühl bei mir. »There's space for improvement«, wie der Engländer sich höflich auszudrücken pflegt.

Einige der Dinge, die ich testen wollte, erforderten die Hilfe eines Fachmannes, allen voran die eines Schreiners. Schon relativ bald, das heißt nach einigen Tagen Aufenthalt bei Paholos, wollte ich versuchen, eine Schweinetränke aus Zement zu gießen. Marcelin verwendete als Tränke für die Tiere einen senkrecht in der Mitte durchgeschnittenen Kunststoffbidon. So konnte er aus einem Bidon zwei Tränken machen. Allerdings hatten diese einige entscheidende Nachteile: Die Schweine zernagten sie, zudem waren sie so leicht, dass sie beim Kampf ums Futter auskippten, und weil sie leicht einrissen, konnte man sie eigentlich auch nicht mit Wasser füllen. Also dachte ich, dass eine aus Zement gegossene Tränke ideal wäre. Meine Idee stieß bei Marcelin auf wenig Begeisterung. Zum einen war er der Meinung, dass die Schweine Hunger und Durst haben sollen, wenn sie nicht lernen, mit den Tränken richtig umzugehen (c'est l'Afrique!) und zum zweiten wollte er den Zement viel lieber für den Hotelbau verwenden. Nach längerer Diskussion über das Wesen von Tieren setzte ich mich schließlich mit dem Argument durch, dass ich diese Testtränke finanzieren werde.

Als Erstes erstellte ich dazu je eine perspektivische Zeichnung von Gusskern und Rahmen. Ich vermaß sie aufs Sorgfältigste, damit ja klar war, welches Maß für welche Teile gültig war. Nach etwa anderthalb bis zwei Stunden war ich mit meinem Werk zufrieden und überzeugt davon, dass nichts mehr schiefgehen könne. Du meine Güte, war ich blauäugig!

Am nächsten Tag war ich mit Marcelin in der Stadt, um eine ganze Liste mit Waren einzukaufen, darunter auch diejenigen für die benötigten Schreinerarbeiten. Ich war bereit, insgesamt rund 100 000 CFA dafür zu investieren. Bis zum Abend hatte ich jedoch von diesem Betrag kaum etwas ausgegeben und war stinksauer, weil Marcelin den ganzen Tag mit mir von einer Bar zur anderen gezogen war. Erst im Nachhinein kapierte ich, dass er mich rundum »vorgestellt« hatte und seinen Schwager – in Kamerun allerdings bin ich sein Bruder; da werden alle sehr schnell sehr eng verwandt – wie ein Prestigeobjekt präsentierte.

Trotzdem: Am Tag darauf fuhr ich mit meiner Schwester nach Bangangté. Dazu benutzten wir Mototaxis, Motorräder mit üblicherweise 125 ccm Hubraum. Wir leisteten uns sogar den Luxus von je einem eigenen solchen Chauffeur, denn üblicherweise sieht man mehrere, manchmal bis zu vier (!) Personen, die sich zusammen auf einem solchen Fahrzeug chauffieren lassen. Bis zum Abend schafften wir es, den besten einheimischen Schreiner zu engagieren. Vor seiner Werkstatt hatte er einige seiner Arbeiten ausgestellt, darunter auch – wie alle Schreiner hier – einige Särge. Sie waren sauber verarbeitet und von der Form her sogar recht nahe an dem, was ich brauchte. Ich radebrechte mit dem Chef der Schreinerei in meinem besten Schulfranzösisch, erklärte ihm, was ich machen wollte, und er versprach mir einen Kostenvoranschlag bis zum nächsten Tag, aufgeteilt nach Material und Arbeit.

Tags darauf machte er mir ein Angebot, das ich einigermaßen fair fand: für das Material rund 20 000 Francs (50 CHF), nachdem ich ihn von 30 000 heruntergehandelt hatte und für die Arbeit 10 000 Francs. Ich war mir sicher, er unterschätzte die Arbeit und appellierte deshalb an sein Gewissen. Keinesfalls wolle ich die Arbeit herunterhandeln, dafür verlange ich aber exakte Arbeit – nicht zu vergessen die geschliffenen Flächen zum Gießen! Er versicherte mir eine saubere Erledigung des Auftrags, ausgeführt innerhalb von drei Tagen. Wie hier üblich, zahlte ich einen Drittel des Endpreises, also 10 000 Francs, für das Material an.

Zwei Tage später ging ich vorbei, um zu schauen, wie weit er war. Das Resultat war recht überraschend: Der innere Kern und der äußere Rahmen waren grob fertig. Aber sogar Titcha, mein Mototaxifahrer, kapierte sofort, dass das Präsentierte überhaupt nicht zusammenpasste. Nicht so der Fachmann: Es brauchte einige Zeit, bis ich ihm verständlich gemacht hatte, dass er ein Außenmaß als inneres Geometriemaß für die Form verwechselt hatte. Dank Titchas Hilfe gelang es mir, den Schreiner davon zu überzeugen, dass er einen Fehler gemacht hatte. Weil der Kern bedeutend aufwendiger war als der Rahmen, einigten wir uns darauf, dass er den Rahmen neu machen würde und den Kern ließ, wie er war. Wir erklärten dem Schreiner noch einmal genau und detailliert, was wir, Titcha und ich, machen wollen (Titcha gehörte schon richtig dazu), und der Meister erklärte, dass er in zwei Tagen bereit sei.

Beim nächsten Besuch präsentierte der Schreinermeister stolz seine Arbeit. Alle Flächen waren zwar noch roh, aber die Form entsprach ungefähr meinen Erwartungen. Allerdings nur, bis ich den Rahmen auf den Kern legte. Der viereckige Rahmen lag auf zwei Seiten schön auf, bei den anderen beiden Seiten war unten ein Spalt von zwei bis drei Zentimetern. Würde ich versuchen, diese Form mit Zement zu füllen, würde er beidseits aus diesen zwei bis drei Zentimeter großen Spalten auslaufen. Der Schreiner hatte offensichtlich überhaupt nicht verstanden, was wir mit den Teilen machen wollten.

Titcha und ich erklärten ihm ausführlich, wo er den Rahmen noch zumachen musste. Der Schreiner war einmal mehr guten Mutes, dass alles laufen würde wie geplant und versprach auch diesmal, saubere Arbeit abzuliefern.

Das Ende der Ferien war jetzt schon bedrohlich nahe und ich wollte unbedingt noch meine Schweinetränke aus Zement gießen. Also ging ich am nächsten Tag noch einmal vorbei und tatsächlich: Mit genügend Silikonmasse sollte die Form durchaus brauchbar sein. Allerdings waren die Oberflächen der Formen immer noch völlig rau, ein Ausformen der gegossenen Schweinetränke wäre so kaum möglich gewesen. Ich habe dem Schreiner diskussionslos den offenen Restbetrag bezahlt, allerdings unter der Bedingung, dass er die Oberflächen der Formen noch glatt schleifen würde. Er versprach, dies innerhalb von zwei Stunden zu erledigen, während wir in einer Bar darauf warteten.

Qualitativ gutes, afrikanisches Holz ist sehr massiv und sehr schwer. Und die Gießform musste aus gutem Holz sein, schließlich wollte ich mehrere Abgüsse machen – und deshalb war sie auch entsprechend schwer. So war ich damit einverstanden, dass Marcelin den Kern im Auto mit nach Hause nahm, während Titcha und ich mit dem Motorrad den Rahmen nach Hause transportierten. Doch Marcelin vergaß den Kern in Bangangté!

Er vergaß ihn auch am folgenden Tag, was wohl auf zwei Ursachen zurückzuführen war: Zum einen war er immer noch nicht begeistert von der Idee einer Schweinetränke aus Zement und zum anderen hatte er vor allem die Organisation der Gedenkzeremonie im Kopf, die ihn offenbar auch dazu zwang, täglich zwei oder drei Biere mehr zu konsumieren als unbedingt gut für ihn waren. Wenn er abends mit federnden Knien nach Hause kam und seine Aussprache leicht zum Lallen neigte, wussten wir, dass er uns wieder erklären würde, welch hohe Ansprüche an einen Prinzen gestellt werden und dass er sie alle zu erfüllen gedenke. Dass ihm erst am Tag vor der Zeremonie einfiel, dass er ausgerechnet den König vergessen hatte persönlich einzuladen, sei nur nebenbei erwähnt. Jedenfalls fuhr ich nach Hause, ohne einen einzigen Versuch zum Gießen einer Schweinetränke gemacht zu haben

Weitere Handwerkerarbeiten

Während des laufenden Geschäftes mit dem Gusskern und -rahmen habe ich noch einen simplen viereckigen Untersatz beim gleichen Schreiner machen lassen: 140 cm lang, 60 cm breit und 17 cm hoch, sodass Käthi in der Küche zwei kleinere Möbelchen nebeneinander darauf stellen kann, die dadurch eine viel funktionalere Höhe haben. Da kann man wirklich nichts falsch machen, dachte ich, und nahm den Rahmen zwei Tage später unkontrolliert mit nach Hause. Dass er die Verstrebungen, die dem viereckigen Rahmen Stabilität geben sollten, völlig falsch angebracht hatte, sah auch Titcha gleich. Es störte mich aber nicht groß, weil der Unterbau aus qualitativ gutem afrikanischem Holz und deshalb recht stabil war.

Damit er in die Küche zu den von Käthi aus der Schweiz mitgebrachten zwei weißen Möbelchen passte, wurde dieser Untersatz noch weiß gestrichen. Zwei Tage später und um zwei Lagen weißer Farbe reicher, wurde er in die Küche gebracht. Der Clou an der Sache: Die Möbel würden gemäß meiner Berechnung mit dem Unterbau genau so hoch sein, dass sie unter das Fenster passen und man Lebensmittel und anderes vor dem Fenster bereitstellen oder durch das Fenster hineinreichen kann. Alles war bestens, bis wir die Möbel daraufhievten: Der Unterbau war zu breit! Der liebe Schreinermeister hatte zwei Latten à 140 cm und zwei Latten à 60 cm zusammengenagelt. Die 60 cm Latten **zwischen** die langen 140er, sodass der Rahmen außen etwa 66 cm breit war und die Möbel genau hätten hineinfallen können – wenn ich nicht noch innen vier Verstrebungen hätte anbringen lassen. So stehen die zwei Möbelchen jetzt auf den Verstrebungen und der eigentlich zu breite Unterbau fügt sich ganz unauffällig in den afrikanischen Stil des Hauses ein: sie passen nicht ganz, aber es funktioniert! C'est l'Afrique!

Ferner hatte ich noch die Rohteile für ein Küchengestell bei diesem Schreiner fertigen lassen. Die Bestellung gab ich auf, noch während die Farbe für den Unterbau am Trocknen war, also vor der Erkenntnis, dass dieser Schreinermeister mit der Herstellung eines maßhaltigen viereckigen Rahmens überfordert war. Dass ich die Teile nicht in Empfang nehmen konnte, wusste ich eigentlich schon bei der Bestellung, hatte aber noch nicht alle negativen Erfahrungen gesammelt. Zurzeit ist es so, dass meine Schwester versucht, die Teile unter Anrechnung meiner Anzahlung zu erhalten. Vielleicht ist es ganz gut, wenn ich seine Arbeit nicht im Detail sehen kann und einbauen muss. Schließlich soll man Sorge zu seinem Herzen tragen.

Maler sind auch ein Thema für sich. Die Küche sollte gestrichen werden. Dummerweise wurde das Geschirr auf dem Abtropfbrett nicht vorher weggeräumt. Man glaubt es kaum: Das störte den Maler überhaupt nicht, er strich kurzerhand einfach drum herum. Dasselbe Bild im Abstellraum: Dort standen noch vier leere Bierkästen. Auch diese wurden nicht extra auf die Seite gerückt, sondern es wurde eben dort gestrichen, wo der Platz frei war, was soll's.

Das Verhältnis zwischen Sachen, Tieren und Menschen

Die Beziehung des Afrikaners zu Tieren ist eine ganz andere als die unserige. Das musste ich beim Besuch meiner Schwester lernen. Tiere sind auf der nahezu gleichen Stufe wie gewöhnliche Dinge. Meistens werden sie zu irgendeinem Zweck gehalten und in etwa gleich behandelt wie Waren. Sie werden mit Vorliebe per Fußtritt irgendwo platziert und es wird erwartet, dass sie ihren Zweck erfüllen, ohne dass man sich groß damit beschäftigt.

Ich habe dabei auch festgestellt, dass Werte für Afrikaner ganz allgemein anders sind als für uns. Meine persönliche Einschätzung des durchschnittlichen Afrikaners zu seiner Umwelt ist die: Der Afrikaner trägt keine Sorge zu Dingen. Egal ob Werkzeuge, Einrichtungen, Bauten oder anderes - nichts wird so behandelt, dass es möglichst lange hält. Massenhaft minderwertige, aus China importierte Ware wird dieser Einstellung gerecht. Der Afrikaner hat überhaupt kein Problem, eine (meines Vaters) hochwertige Wasserwaage neben dem großen Hammer, einigen Sägen, Feilen und Nägeln in der gleichen großen Kiste aufzubewahren und bei Bedarf darin nach Herzenslust herumzustöbern. Mir als altem Mechaniker tut so was im Herzen weh. Einzige Ausnahme sind zuweilen die Fahrzeuge: Autos und Motorräder werden einigermaßen geputzt und gewartet. Nicht, um den Wert oder die Funktion zu erhalten, sondern weil sie Prestigeobjekte sind.

Der Umgang der Menschen untereinander: Auch der ist im Großen und Ganzen geprägt von Lieblosigkeit und Respektlosigkeit. Es gibt für den normalen Afrikaner kaum Wertschätzung. So werden weder Waren und Tiere noch Menschen grundsätzlich geschätzt. Letztendlich zeigt sich diese Einstellung im geringen Wert, den ein Menschenleben in Afrika hat. Sicher, das ist meine Meinung, sie mag im Einzelnen falsch sein, und doch ist es meine allgemeine Überzeugung.

Tiere auf Paholos Farm

Bereits bei der Ankunft begrüßten uns die sechs (!) Hunde der Familie Paholo hocherfreut: Die drei erwachsenen Hunde und die drei Welpen verzichteten auf Gebell und Feindseligkeiten jeglicher Art, als wir ihr Revier betraten. Grandiose Wachhunde! Warum das so war, lernte ich erst im Lauf der Zeit.

Die meisten Hunde hatten keinen Namen. Marcelin hatte sie so nach und nach zusammengekauft oder geschenkt bekommen. Nur der Älteste war mir ein Begriff: Paradis. Dieser Hund war auch deshalb auffällig, weil er aussah, als wäre ein Elternteil ein Fuchs gewesen. Er hatte einen schlanken Kopf mit schmaler Schnauze, Spitzohren und typischen Fuchsaugen. Auffällig war Paradis auch, weil er meist nur auf drei Pfoten hinkte, die rechte Vorderpfote konnte er kaum belasten. Er war vor einigen Wochen mit einer Falle am Fuß nach Hause gehumpelt, einer Falle, wie wir sie nur aus Trickfilmen kennen: Eine große Tellerfalle, mit starken Federn vorgespannt, die beim Drauftreten zuschnappte und ihm beinahe den unteren Teil des Beines abgetrennt hätte. Alle waren davon überzeugt, dass er es verlieren würde, aber die Wunde heilte so weit, dass er bei unserer Ankunft immer wieder versuchte, darauf zu stehen.

Am ersten Abend aßen wir auf der großen Terrasse vor dem Haus. Es war angenehm warm und sehr still. Manchmal, wenn ich in der Schweiz bin und mich an irgendeinem ruhigen Ort aufhalte, versuche ich, einen Moment zu erwischen, in dem weder Auto- oder Flugzeugmotoren, das Brummen eines Kühlschrankes, das Summen einer Harddisk, laute Gespräche noch andere Geräusche die Idylle stören. An jenem Abend war es deshalb so ruhig, weil der Strom unterbrochen war. Ein Luxus, den ich mir später noch des Öfteren zurückwünschen sollte. Aber es lag auch daran, dass das nächste bewohnte Haus etwa fünfhundert Meter weiter unten am flachen Hang liegt und dasjenige hangaufwärts noch viel weiter weg und daher außer Sicht- und Hörweite. An diesem ersten Abend gab's Fisch. Nach Empfehlung meiner Schwester (»Die bekommen das immer!«) fütterten wir die Hunde mit den Fischresten und natürlich auch mit den Fischgräten. Die Hunde nahmen sie sehr gerne; kein Wunder, waren doch die Tiere mager bis auf die Knochen. Häufig schnappten die größeren aggressiv nach den kleinen Hunden, um ihnen einen Bissen Futter wegzunehmen. Aber es war schon später Abend, wir waren müde von der Reise und kümmerten uns nicht groß um die Vierbeiner.

Am nächsten Morgen, noch vor dem Frühstück, konnte ich sie mir etwas genauer anschauen. Sie sahen aus, wie man afrikanische Hunde aus den Filmen kennt: etwa so groß wie ein Appenzeller-Sennenhund, aber viel feingliederiger. Die Farbe des Fells ist braun bis rotbraun, einige gehen eher ins Schwarze. Außer bei einem Hund war das Fell struppig und ungepflegt. Jeder Knochen war spürbar, wenn man sie streichelte. Was, nebenbei erwähnt, nur äußerst selten vorkam, das ungepflegte Fell mit den Parasiten lud nicht gerade dazu ein. Sie hatten wohl die Krätze und man vermied es instinktiv, sie zu berühren, weil man das Gefühl hatte, man könnte sich dabei irgendwelche unerwünschten Tierchen einhandeln. Einige Hunde hatten riesige Zecken an sich, die – so die afrikanische Philosophie – ganz von selbst wieder abfallen, wenn sie genug Blut gesaugt hatten. Einige hatten ganz klare Anzeichen von Räude, was das Streicheln auch nicht gerade angenehmer machte. Vor allem die jungen Hunde hatten schön runde Bäuche, die jedoch nicht voll vom Fressen waren, sondern von Würmern. Der kleinste der jungen Hunde war noch magerer und knochiger als die anderen und hatte eine verschorfte Wunde auf dem Kopf. Diese war etwa so groß wie eine Gurkenscheibe und dauernd voller Fliegen. Sein Bauch war richtiggehend gebläht. Offensichtlich voller Würmer – Parasiten, gegen die die Hunde schon längst hätten behandelt werden sollen. Aber bei Paholos ist das Geld fast immer knapp, und wenn einmal Geld vorhanden ist, gibt es Wichtigeres damit zu tun. Außerdem, so Marcelins Meinung, sind afrikanische Hunde eben so: c'est l'Afrique!

Marcelin hatte an diesem Morgen – wie er es praktisch jeden Morgen machte – die Veranda gereinigt. Trotzdem waren mehrere kleine Pfützen darauf: Offenbar pinkelten die Hunde ganz frei auf die Terrasse! Es lud daher nicht gerade dazu ein, an diesem Ort zu frühstücken. Also nahm ich den Schaber und wischte die Pfützen über den Waschbetonboden der Terrasse hinaus. Aber noch während ich am einen Ende wischte, hatten die Hunde auf der anderen Seite wieder zwei neue Lachen platziert.

Eine gewisse Erbitterung nahm von mir Besitz, die ich auch kundtat, aber meine Schwester meinte, dass dieses Verhalten völlig normal sei! Was soll's! Marcelin bekam es aber mit, dass ich nicht zufrieden war, trat nach dem nächsten Hund und schrie ihn gleichzeitig mit »dégage!« an, sodass die ganze Meute mit eingekniffenem Schwanz davontrottete. Zwanzig Sekunden später waren sie bereits wieder da, und Marcelin fütterte sie mit der Schale von Mangos, die sie sich mangels anderem Fressen gerne schnappten. Noch während sie das Futter aufnahmen, ließ Marcelin ein weiteres »dégage!« hören und trat gleichzeitig wieder nach dem nächsten Hund. Diesmal wunderte ich mich nicht mehr, dass die Hunde keine halbe Minute später wieder um uns herum waren. Sie bekamen immer wieder von Marcelin und Käthi zu fressen, ohne dass sie die Hunde riefen oder sonst ein Zeichen gaben.

Während des Frühstücks an diesem Morgen lernten wir noch etwas: Afrikanische Fliegen lieben afrikanische Hunde. Und zwar deshalb, weil es diese Fliegen fertigbringen, den Schorf, den die Hunde von ihren Kämpfen um die Nahrung davontragen, aufzureißen oder aufzuweichen. Auf alle Fälle sorgten sie dafür, dass Wundwasser und Blut aus den Wunden traten und sie fraßen sich offensichtlich davon voll. Leider gibt es aber viele, viele hungrige afrikanische Fliegen, und die hungrigen afrikanischen Hunde, die jetzt erwartungsvoll um unseren Frühstückstisch strichen, zogen einen Schwarm Fliegen mit sich, die sich auch auf uns zwecks Nahrungssuche niederließen. Unsere Versuche, die Hunde wegzuscheuchen, endeten üblicherweise damit, dass sie sich durch die Ziermauer der Veranda hindurchquetschten und durch die Blumenbeete, die Käthi außen entlang der Terrasse angepflanzt hatte, flüchteten. Eine halbe Minute später kamen sie übcr die Blumenbeete zurück und brachten frische Erde, die an den Pfoten kleben blieb, auf die Veranda. Am besten funktionierte das übrigens bei Regen: Die nasse Erde blieb in ganzen Knollen an Schuhen und eben auch Pfoten kleben und bröckelte auf der Terrasse dann bestens ab. Das Reinigen der Terrasse war damit durchaus mit der Arbeit des Sisyphos zu vergleichen. Man konnte sich den Zeitpunkt zum Reinigen aussuchen, je nachdem, ob die kleinen Urinpfützen oder die Erdknollen mehr störten.

Meine Mutter, meine Schwester und ich waren der Meinung,

dass etwas dagegen unternommen werden musste. Als Erstes wurde die Balkonmauer mit einem grünen Kunststoffgeflecht verbaut, das Hedi eigentlich zum Schutz von Pflanzen und Junghennen mitgebracht hatte. Damit konnten sich die Hunde auf der Flucht nicht mehr durch die Zwischenräume verabschieden und auch ein Zurückkommen war auf diesem Weg nicht mehr möglich. Wenn sie von draußen versuchten, über die Blumenbeete hereinzukommen und sich zuweilen im Geflecht verhedderten, war das für uns recht lustig und für die Hunde lehrreich. Nach zwei Tagen hatten sie kapiert, dass man nur noch an wenigen Orten auf die Veranda kommen konnte.

Damit blieben noch zwei Hauptprobleme übrig: das Pinkeln auf die Terrasse und das um uns Herumschleichen während des Essens. Wir mussten eine Lösung finden, damit die Hunde gar nicht auf »unsere« Seite der Terrasse kommen. Zudem sollten sie lernen zu gehorchen, wenn man sie wegjagt. Ich hatte ihnen in der Zwischenzeit auch eine Wolldecke, die irgendwo unterhalb des Hauses lag, ausgewaschen und als Lager auf die rechte Seite vom Verandaeingang gelegt. Ich wollte, dass die Hunde so etwas wie einen Instinkt für ihr Territorium entwickeln und es dann auch verteidigen würden. Vorerst entwickelten sie aber vor allem eine Taktik dafür, uns zu zermürben: Auf mein betont aggressives »Hau ab!« reagierten sie mit eingezogenen Ohren und der Flucht unter unseren Esstisch oder um ihn herum. Nur zu zweit war es mir und Hedi möglich, die Hunde auf die andere Seite der Terrasse zu scheuchen. Das hielt so für zwei oder drei Minuten an, dann trieben sich die Fliegenträger wieder um den Tisch herum. Wir waren nicht aggressiv zu den Tieren, das hätte sowieso nichts genützt, denn das waren sie gewöhnt. Futter und Tritte gehörten für sie zusammen wie Terrasse und Pinkeln: völlig normal!

Anfangs fragte ich mich auch, warum die Hunde überall, besonders aber auf der Terrasse, ihr Geschäft verrichten. Bald war es klar: Der kleine Sky machte es genauso. Nicht, dass er einfach auf die Terrasse pinkelte, nein, er versuchte gerade, seinen Ausscheidungsmechanismus in den Griff zu bekommen. Meist lief er ohne Windeln herum, oft spürte er rechtzeitig, wenn sich die Blase entleeren wollte und er stellte sich dann an den Terrasseneingang und machte sein Bisi neben die Planke, die als Zugang zur Terrasse diente. Wenigstens, so gut er konnte. Des Öfteren reichte es aber nicht, und das kleine Unglück geschah auf der Veranda. Nicht so schlimm, aber ich glaube, das war eine Markierung für die Hunde, bei deren Verstärkung sie dann fleißig mithalfen.

Wie schon erwähnt, trug Sky keine Windeln. Ab und zu kam es sogar noch vor, dass er sein großes Geschäft vergaß, und unsere Anwesenheit trug sicher dazu bei. Nicht schlimm, dachte ich und rief Skys Mama. Ich hatte, ehrlich gesagt, keine Lust, mich um den Haufen zu kümmern. Käthi kam sofort und tröstete ihren Kleinen, nicht ohne ihm ins Gewissen zu reden, dass er ein bisschen besser auf seinen Körper achtgeben sollte. Sie nahm Sky hoch und wollte ihn gerade ins Haus tragen, um die Kleider zu wechseln, als ich fragte: »Und wie bringt man das weg?« »Kein Problem!«, sagte sie mit einem wissenden Lächeln, spitzte die Lippen und pfiff ein paar Mal. Die Hunde kannten dieses Signal, kamen sofort gerannt und machten sich über den Haufen her. Sie putzten ihn im wahrsten Sinn des Wortes glatt weg! Obwohl noch irgendein Gemüse vom letzten Tag darin zu erkennen war, war ich doch der Meinung, dass das kein Fressen für Hunde sein konnte. »Ach«, sagte meine Schwester, »das machen wir immer so!« Und plötzlich war ich der Überzeugung, ich hätte endlich wirklich kapiert, wie das mit diesen mutierenden Grippeviren im asiatischen Raum, dort, wo Hühner, Schweine und Menschen dicht beieinander leben, funktioniert. Und ich hoffe, dass meine Vorstellungen davon falsch sind.

Wir standen also immer noch vor dem Problem, die Hunde effizient und ohne Quälerei von unserer Seite der Terrasse zu vertreiben. Plötzlich erinnerte ich mich an ein altes Spiel, das wir als Kinder auf dem Bauernhof unserer Großeltern spielten. Die Großeltern hatten ein bis zwei Hofhunde. Diese dienten als Wächter und um die Kühe zu treiben. Wir Kinder hatten manchmal im Sommer Wasserpistolen zum Spielen bekommen. Eines dieser Spiele bestand nun darin, unseren Hund mit der Wasserpistole anzuspritzen, ohne sich von diesem erwischen zu lassen. Sie hassten es, bespritzt zu werden! Wenn ein Hund uns erwischte, opferten wir die Wasserpistole, die er dann zerlegte und zerkaute. Wer sie nicht herausrücken wollte, bekam die Zähne des Hundes zu spüren, wenn er nach der Pistole schnappte. Meistens konnten wir dafür sorgen, dass die draußen aufgestellte Badewanne, in der das Badewasser für den Abend von der Sonne gewärmt wurde, zwischen dem Hund und uns stand und wir sofort um die Badewanne herum flüchteten, wenn der Hund zur Verfolgung ansetzte. Auf gerader Strecke hätten wir keine Chance gehabt, aber um die Badewanne herum war's etwa eine fifty-fifty Chance.

Wie auch immer: Ich hatte Sky zwei Wasserpistolen als Geschenk mitgebracht, sie ihm aber noch nicht gegeben, weil wir dann wahrscheinlich den Part der Hunde hätten übernehmen müssen. Wir liehen uns diese Wasserpistolen aus und versuchten die neue Taktik, als weder Sky (der ist ein fürchterlicher Nachahmungstäter!) noch Marcelin zugegen waren. Nach einem kurzen »Geh rüber!« mit klarem Fingerzeig, wohin sie zu gehen hätten, taten sie, was sie immer taten: Sie flüchteten unter den Tisch, bereit, ein paar Runden mit uns zu spielen. Ein wiederholtes »Geh rüber!« mit nochmaligem Zeigen und gleichzeitigem Wasserspritzen auf die Schnauze zeigte unerwartete Auswirkungen: Sie ergriffen die Flucht wie der Teufel vor dem Weihwasser! Ich ging ihnen hinterher, zeigte nach draußen und befahl: »Hinaus!« Der eine oder andere gehorchte sofort, die anderen jedoch erst, als die kleine Dusche kam. Wie immer, wenn wir sie von der Terrasse gescheucht hatten, stellten sie sich drei Meter vor dem Eingang in einer Reihe auf, um möglichst schnell zurückzukommen. Diesmal hieß der Befehl »Geh weg da!«, was die Hunde aber erst beeindruckte, als es wieder nasse Schnauzen gab. Dass ich nichts geworfen hatte, keine weiteren Gesten oder scheinbar sonst etwas tat, hatte die Hunde offenbar tief beeindruckt. Sie verstreuten sich in alle Richtungen und kamen für längere Zeit nicht mehr zurück.

An diesem Tag brauchten wir die Wasserpistolen noch zwei Mal. Danach gehorchten sie aufs Wort – ehrlich und ohne Übertreibung! Ich bin sicher, dass Marcelin noch heute nicht weiß, wie wir das gemacht haben. Gegen Ende der Ferien hatte ich den Eindruck, dass auch er die neuen Zustände schätzte: Die Hunde fraßen und lagen auf »ihrer« Seite der Veranda, kamen mit ihren Fliegen nicht mehr während des Essens zu uns und hatten »ihren« Teil, den sie deutlich weniger markierten als vorher die ganze Terrasse. Die Anzahl der täglichen Terrassenreinigungen nahm markant ab. Zum Erfolg beigetragen hatte sicher auch, dass unsere Mutter darauf bestand, die Hunde müssten einmal am Tag anständig zu fressen bekommen. Sie bezahlte einen zwanzig Kilo Sack billigen Reis, der als Hundefutter gebraucht wurde. Dadurch waren die Hunde auch weniger gierig, wenn wir am Essen waren. Das Ganze war eine der erfolgreichsten Unternehmungen der ganzen Ferien.

Leider gab es auch einige unerfreuliche und weniger amüsante Geschichten mit den Hunden. Eine davon handelt vom kleinsten, magersten Hund mit einer Verletzung auf der Stirn. Sie rührte daher, dass sich Marcelin zuweilen einen Spaß daraus machte, dafür zu sorgen, dass sich die Hunde um das bisschen Fressen, das sie üblicherweise erhielten, balgten und sich so gegenseitig verletzten. Ohren, Stirn, Flanken: Überall fanden die Fliegen schorfige Stellen, die sie öffnen und sich davon ernähren konnten. Dieser kleinste und magerste Hund war aber auch ein sympathischer Kämpfer. Nicht, dass er sich bei den anderen Hunden durchbiss, dazu war er viel zu klein und schwach. Aber er war frech und wagemutig, getraute sich, wenn andere längst zurückschreckten. Er war ein sympathischer Zwerg. Aber auch durch und durch krank.

Schon relativ früh waren wir, das heißt Mutter, Schwestern und ich, der Meinung, dass er niemals ein großer, kräftiger Hund würde. Käthi hatte darüber schon vorher mit Marcelin gesprochen, der aber auch etwas von einer moslemischen Einstellung in sich hat, die es verbietet, Tiere »einfach so« zu töten. Stattdessen schlug er vor, den kleinen Hund unterhalb des Hauses in einen Brunnenschacht, den sie bei einer erfolglosen Suche nach Wasser hatten graben lassen, zu werfen. Die Grube war etwa einen Quadratmeter groß und hatte eine Tiefe von fünf bis sechs Meter. Sie wurde gebraucht, um allen Müll hineinzuwerfen, der sich ansammelte. Von Zeit zu Zeit wurde dieser dann angezündet und es gab wieder Platz im Brunnenloch. Dort also sollte man den Kleinen hineinwerfen. Auf diese Weise, so Marcelins Überzeugung, würde die Natur schon selbst dafür sorgen, dass das Hundchen sterben würde, und kein Mensch musste ihn umbringen. Dass der Regen und die fressbaren Reste in dem Loch dafür sorgen würden, dieses Sterben wohl einige Tage hinauszuziehen, war für Marcelin nicht wirklich ein gewichtiges Kriterium. Die Familie Hänni war mit dieser Variante überhaupt nicht einverstanden und so wurde das Thema erst einmal vertagt.

Aber der Gesundheitszustand des kleinen Hundes verbesserte sich überhaupt nicht, im Gegenteil: Sein Bauch wurde eher noch runder und die Fliegen auf seinem Kopf immer hartnäckiger und zahlreicher. Bei einer erneuten Diskussion über das Töten, Quälen und langsame Sterben sagte Marcelin zu mir, dass ich den Hund töten dürfe, wenn ich das humaner fände. Ich fand es humaner als seine Alternative und versprach, dies schnell und schmerzlos zu tun.

Am nächsten Tag sammelte ich Geäst und verdorrtes Gras und warf alles Brennbare, das ich fand, in die Grube. Ich wollte den Hund, sobald ich ihn getötet hatte, verbrennen, damit er nicht von irgendwelchen Aasfressern oder sogar von seinem eigenen Rudel gefressen wurde. Die Hunde bekamen in der Zwischenzeit zwar jeden Tag Reis, aber wie eine weitere Geschichte noch zeigen wird, hinderte es sie nicht daran, ihrem Instinkt nachzugeben und alles Fleischige zu fressen, das sie erwischen konnten.

Es gab in diesen Tagen immer viel zu tun und so begann es bereits zu dämmern, bis ich alles vorbereitet hatte. In der Grube waren genügend Geäst und brennbarer Abfall. Direkt neben der Grube hatte ich ein massives, 30 cm breites und circa 80 cm langes, Brett bereitgelegt. Darauf lag auch das Beil, das mein Vater Marcelin bei einem seiner letzten Besuche mitgegeben hatte. Afrikaner arbeiten praktisch nur mit Macheten und deshalb war das Beil noch in bestem Zustand und sehr scharf. Ich wollte den Kleinen möglichst schnell und ohne Schmerzen sterben lassen und das Abhacken des Kopfes schien mir dafür die humanste Variante zu sein.

Ich musste mich also beeilen, wenn ich meine »Arbeit« noch an diesem Tag erledigen wollte. Ich holte zwei Brocken Fleisch von einer unserer vorherigen Mahlzeiten aus der Küche und suchte dann den Kleinen. Er kannte uns in der Zwischenzeit und fürchtete sich nicht vor uns. Er ließ sich auf den Arm nehmen und fraß das erste Stückchen Fleisch. Ich hatte meine genaue Vorstellung, wie ich es machen wollte: das Hundchen seitwärts auf das Brett legen, sodass auch der Kopf schön auflag. So sollte ich ihn am besten treffen. Ich wusste aber auch, dass Hunde diese

Stellung nicht gerade lieben, wenn man sie ihnen aufzwingt: Die Möglichkeit zur schnellen Flucht wird ihnen damit genommen und dagegen wehren sie sich üblicherweise. Während ich mit dem kleinen Hund auf dem Arm zur Bohle ging, jagten mir die seltsamsten Gedanken durch den Kopf: Dass der Hund, gerade wenn ich ihm den Kopf abschlagen will, sich windet und ich mir meinen Daumen abschlage. Dass dem Hund, sobald er geköpft ist, die Würmer aus Darm und Magen zum offenen Hals herauskriechen würden. Dass ich mit dem Beil daneben hauen würde und ihn beim ersten Schlag nur grausam verletze, statt ihn kurz und schmerzlos zu töten. Trotzdem, ich wollte das Ganze möglichst schnell hinter mich bringen und legte ihn flach auf die Seite auf das Brett. Wieder überraschte mich der kleine Hund, denn er ließ es ohne ein Anzeichen von Gegenwehr geschehen. Ich hielt ihn mit meiner linken Hand leicht fest, legte ihm mit der rechten das zweite Stück Fleisch vor die Nase und ergriff das Beil. Der Kleine nahm den Bissen auf. Irgendwie hatte ich das Gefühl, er freute sich darüber. Aber es war schon recht dunkel geworden, und ohne zu zögern schlug ich die scharfe Schneide des Beils zwischen Kopf und Körper. Er gab keinen einzigen Laut von sich, auch kein Zucken durchfuhr das Tier. In der Dunkelheit war ich nicht ganz sicher, ob ich die Wirbelsäule ganz durchtrennt hatte. So schlug ich noch einmal zu, und der Kopf trennte sich sichtbar vom Körper. Der Kleine war entspannt gestorben. Noch während ich das Beil weglegte, sah ich, wie sein Blut sich auf dem Brett verteilte. Natürlich waren da keine Würmer. Ich beeilte mich trotzdem, Kopf und Körper mitsamt dem Brett in die Grube zu werfen. Marcelin hatte mir vorab etwas Petrol gegeben. Ich goss es über ein großes, zu einer Kugel geformtes Stück Stoff, welches ich irgendwo ums Haus herum gefunden hatte. Etwas Petrol schüttete ich noch in die Grube, dann zündete ich das Stoffbündel an. Als es richtig loderte, warf ich das Bündel in die Grube. Das Petrol, das trockene Holz und die verdorrten Büschel brannten sofort lichterloh. Irgendwie war es wie eine Kremierung des kleinen Hundes, und irgendwie fand ich das große Feuer angemessen für ihn. Er war ein tapferer, kleiner Hund. Etwa zwei Stunden brannte das Feuer, dann wurde es von einem Platzregen gelöscht. Ich war froh, dass der Regen nun das Feuer löschte und nicht einem kleinen Hund in der Grube sein Leben und sein Leiden verlängerte.

Eine weitere, durchaus erzählenswerte Episode mit den Hunden begann folgendermaßen: In der Nacht wachten wir auf, weil wir die Hühner aufgeregt gackern hörten. Da es jedoch bald wieder aufhörte, fand ich es nicht notwendig, nachschauen zu müssen. Am nächsten Morgen fehlte ein Huhn. Marcelin war in der Nacht aufgestanden, hatte aber nichts gesehen. Er vermutete aber, der Hund von der Chefferie sei ums Haus herumgestrichen. Wahrscheinlich habe er sich ein Huhn geholt, aber das war kaum zu beweisen. Paholos Hunde hatten auf alle Fälle nicht angegeben.

Zwei Nächte später wiederholte sich die Szene: Die Hühner gackerten aufgeregt, aber diesmal waren wir alle schnellstens auf den Beinen. Marcelin holte seine Pistole hervor, eine kleine Beretta. Er bat uns, im Haus zu bleiben. Dann begab er sich hinaus, um den Hühnerdieb zu stellen. Es ging auf Vollmond zu und die Nacht war relativ hell. Marcelin blieb eine Weile draußen, ohne etwas von sich hören zu lassen. Ich schlich mich ebenfalls leise hinaus, gefolgt von Käthi, die auch wissen wollte, was los ist. Marcelin kam gerade von der unteren Seite des Hauses zurück, ohne dass er etwas entdeckt hatte. Daraufhin lief er noch ans obere Ende des Gebäudes, von wo aus er plötzlich überrascht und aufgeregt nach Käthi rief. Sie eilte sofort zu ihm und sah den Hühnerdieb: Es war Paradis! Obwohl er in den letzten Tagen genügend zu fressen bekam, hatte er innerhalb kürzester Zeit zwei Hühner gerissen. Marcelin schrie den Hund kurz an und schoss dann mit der Beretta auf ihn. Der Hund jaulte auf und flüchtete in die Nacht. Niemand wusste, wie und wo der Hund getroffen war. Aber eines war klar, wenn er konnte, würde er zurückkommen. Marcelin war außer sich vor Wut. Sein eigener Hund tötete seine Hühner, obwohl er genügend zu fressen bekam! Er schwor, den Hund zu töten, sobald er ihn in die Finger bekam. Ich weiß nicht, wie sehr es Marcelin überraschte, dass wir ihm zustimmten. Wir waren alle der Meinung, dass die anderen Hunde dieses Verhalten schnellstens übernehmen würden, wenn Paradis noch einmal ein Huhn reißen konnte. Die Tage von Paradis schienen gezählt.

Waren sie aber nicht: Am nächsten Tag humpelte Paradis zum Haus. Marcelin hatte in seiner Wut nicht sorgfältig gezielt und den Hund in die linke Vorderpfote geschossen. Seine rechte Vorderpfote war von der Tellerfalle noch nicht recht verheilt und jetzt war auch die linke schwer verletzt. Wahrscheinlich hatte die Kugel seine Pfote durchschlagen. Danach war sie auf dem gekachelten Boden abgeprallt und zerfetzte damit die Pfote endgültig. Ich erwartete, dass Marcelin kurzen Prozess mit dem Hund machen würde. Tatsache ist aber, dass Paradis vier Tage später, bei unserer Abreise, immer noch lebte und auf dem Weg der Besserung war. Unserer Warnung, dass die anderen Hunde Paradis' schlechte Gewohnheiten übernehmen könnten, stimmte Marcelin zwar zu, trotzdem unternahm er nichts weiter. Wahrscheinlich widerstrebte es ihm, den Hund zu töten.

Erstaunlicherweise hat Marcelin zu den Katzen so etwas wie ein herzliches Verhältnis. Er fütterte sie ausgiebig, ganz anders als die Hunde. Paholos haben vier Katzen: drei Jungtiere und die Mutter. Die vier Katzen verzogen sich nur einmal, ganz am Ende der Ferien, als die Musik vor und beim Totenfest wahrscheinlich doch zu laut für sie war. Aber bereits am nächsten Tag waren sie wieder zurück und freuten sich über ihren vollen Futternapf. Ich bevorzuge zwar Hunde, aber wenn ich als Tier bei Paholos leben müsste, dann sicher als Katze.

Fünf Schweine gibt es auch noch: eine Muttersau, drei Jungschweine und ein einzelnes Tier, von dem ich gar nicht mehr weiß, warum es separat gehalten wurde. Mir ist auch nicht bekannt, ob fünf Schweine ein besonderer Reichtum sind, aber schlecht ist es sicher nicht.

Das Auffälligste war, wie die Schweine gehalten werden: Es gab eine etwa vier Mal vier Meter große, circa 50 cm über dem Boden gebaute, eingewandete Bretterbühne. Der »Stallboden« war ein Spaltenboden, so wie man sich das vorstellt, wenn man den Begriff Spaltenboden hört: Zwischen zwei Brettern am Boden gab's einen Spalt von etwa zehn bis fünfzehn Zentimetern, mal etwas mehr, mal etwas weniger. Weil die Bretter nicht richtige Bretter, sondern sogenannte Schwartenbretter waren, fielen Kot und Urin relativ problemlos vom Brett durch die Spalten auf die Erde. Erstaunlicherweise stank es kaum, und auch die Insekten – Fliegen und ähnliches Getier – hielten sich stark in Grenzen. Der Stall hatte sogar so etwas wie ein bisschen Dach, aber das war nur so, weil Mueti bei einem der letzten Besuche verlangt hatte, dass die Tiere vor der brütenden Sonne geschützt werden müssen. Müßig zu sagen, wer die Bedachung finanzierte…

Marcelin erklärte mir, dass alle Schweine hier so gehalten werden. Am Anfang der Regenzeit würden einige Gräser wachsen, welche die Schweine nicht vertragen. Wenn sie sie trotzdem fressen, gehen sie dabei jämmerlich ein. Außerdem kämen so weder Schädlinge noch Schlangen an die Schweine heran.

Mir waren die Tiere irgendwie sympathisch, denn im Gegensatz zu unseren Schweinen, die bei der Aussicht auf Futter ohrenbetäubend quiekten, übten sich diese hier in vornehmer Zurückhaltung. Ein erfreutes Grunzen, wenn man kam, aber das war‘s dann auch schon. Sie hatten etwas Aristokratisches an sich.

Das war wahrscheinlich auch der Grund, warum sie mir ein bisschen mehr am Herzen lagen als die meisten anderen Tiere. So besuchte ich sie ab und zu im Verlauf des Tages, um ihnen noch einen Eimer frisches Wasser zu bringen. Marcelin pflegte sie früh am Morgen und meistens auch am Abend mit (gekauftem) Schweinefutter zu füttern und ihnen dann so viel Wasser zu geben, wie die »Tränke« eben fassen konnte. Sooo schlecht ging es ihnen also nicht. Allerdings auch nicht so gut, wie die folgende Episode zeigt: An einem späteren Nachmittag besuchte ich sie wieder einmal. Es war recht warm und etwas frischem Wasser waren sie sicher nicht abgeneigt, dachte ich mir. Als ich mich dem Hochstall näherte, sah ich irgendetwas unten aus dem Spaltenboden herausschauen, was mich irritierte. Als ich näher kam, erkannte ich, dass es die beiden Hinterbeine eines der drei jungen Schweine war. Irgendwie war es nahe an einer Außenwand mit beiden Hinterbeinen gleichzeitig in eine Spalte im Boden gerutscht. Dabei hatte es sich so unglücklich verklemmt, dass es sich nicht mehr befreien konnte. Wie auch? Die beiden zukünftigen Schinken hingen in der Luft, ohne eine Möglichkeit, sich irgendwo abzustützen, und mit den Vorderläufen konnte es sich nicht hochziehen. Bewundernswert: Auch jetzt verhielt sich das Schweinchen ganz ruhig! Dabei war es nicht einmal im Schatten, weiß Gott, wie lange es schon da hing! Ich schaute mich um, ob ich etwas fand, mit dem ich dem wortwörtlich armen Schwein helfen konnte. Da ich auf die Schnelle nichts fand, kniete ich mich unter den Stall und schob das Tier von Hand an beiden Füßen nach oben. Erst zappelte es ein bisschen, merkte dann aber, dass ich ihm helfen will und ließ sich ruhig nach oben heben. Zum Glück war das Schweinchen noch nicht allzu schwer! Dann schritt es ruhig von meinen Handflächen und gesellte sich unaufgeregt zu den andern. Aussi ça, c'est l'Afrique!

Ziegen gehören zu den unscheinbarsten Tieren auf Paholos Farm. Marcelin brachte sie am Morgen in den Busch, band sie mit einem Seil an einem Baum an, wo sie ihres Amtes als Rasenmäher walteten, bis sie am Abend wieder geholt wurden. Jedoch ein Aber muss auch hier angefügt werden: Wenn Marcelin seine zwei Ziegen am Morgen an zwei Bäumen festband, war die Ziegenpflege zur Hälfte schon erledigt. Die Ziege war trächtig und der Bock war einsam. Weil Marcelin aber auf das Zicklein wartete, sorgte er dafür, dass der Bock die Ziege in Ruhe grasen ließ. Deshalb brauchte er zwei Bäume, deren Abstand größer war als die beiden Leinen zusammen! Tagsüber merkte man nicht viel von den zwei Tieren, erst am Abend wurden sie zum Haus zurückgeholt und an einem herangeschleiften Baumstamm direkt an der Hauswand angebunden. Auf der Wetterseite. Die Viecher taten mir jeweils schrecklich leid, wenn der Regen nachts wieder so richtig aufs Dach und die Wände prasselte – aber das sind sie gewohnt (den Regen, nicht mein Mitleid). C'est l'Afrique!

Marcelins Umgang mit den Ziegen war – wie soll ich sagen? – eindrücklich. Er pflegte sie wie Holzklötze durch die Gegend zu schleifen, wenn sie nicht so wollten wie er. Meistens war das gute Gras in der Nähe der Futterstelle schnell abgefressen, vor allem deshalb, weil die Ziegen kreisförmig zu grasen pflegten und dabei einfach nicht erkannten, dass sich ihr Bewegungsradius dadurch permanent reduzierte. So versuchten Ziege und Bock wenigstens auf dem Heimweg noch möglichst viele saftige Gräser zu erwischen und zeigten sich entsprechend störrisch, was bei Marcelin immer einen gewissen Unmut auslöste. Unvergessen das Bild, wie Marcelin eines Abends die Tiere nach Hause brachte. Die röchelnde Ziege zog er mit dem um den Hals gebundenen Hanfstrick hinter sich her, den Bock, laut jammernd, hatte er sich halb auf den Rücken geschultert – mit Zeige- und Mittelfinger hielt er ihn an den Hörnern gepackt und liess ihn locker hängen, wie unsereiner lässig die Sporttasche geschultert hat! Ich habe den Tieren dann oft noch einige gute Gräser gerupft und sie ihnen zu ihrem Liegeplatz gebracht. Nie in meinem Leben habe ich verängstigtere Ziegen erlebt! Aber diese sind hier eben nur Fleischlieferanten.

Unvergessen bleibt mir die Schlachtung am Abend vor der Totenzeremonie zu Ehren meines Vaters: Nachdem zuerst ein Schwein geschlachtet wurde, kam der Bock dran. Auch hier wieder eine Tradition, die uns Europäern das Blut aus dem Gesicht treibt: Als erstes wurden dem Tier bei vollem Bewusstsein die Hoden abgesäbelt und in den Busch geworfen – die Hunde freuten sich darüber. Danach wurde dem jämmerlich schreienden Tier der Hals aufgeschnitten und man ließ es ausbluten. Dabei röchelte und zappelte der Bock noch ein bis zwei Minuten, bis er entkräftet erschlaffte.

Wir sollten uns nicht zu Moralaposteln aufspielen. Auch bei uns ist es nicht so lange her, dass man auf diese Art zu Fleisch gekommen ist. Und gewisse »zivilisierte« Völker machen auch heute noch aus Gründen der Tradition gleiches und schlimmeres. Ich habe großes Mitleid mit solchen Tieren, aber ich respektiere die Traditionen anderer Völker. Die Ziege war, zusammen mit Reis und scharfer Sauce, sehr gut.

Ein Hühner- und Ziegenstall soll gebaut werden

Obwohl wir uns alle recht gut verstanden, gab es auch in diesen Ferien Momente, in denen es mehr als nur ein bisschen knisterte. Häufig ging es dabei um Geld oder um die afrikanische Einstellung, die einen hohen Grad an Fatalismus enthält, nämlich die Einstellung, dass Umstände gegeben sind und nicht verändert werden können. Einmal aber flogen wirklich die Fetzen, es gab Diskussionen, Geschrei und auch Tränen. Und schließlich noch ganz andere Emotionen…

Paholos haben eine stark schwankende Anzahl Hühner auf ihrem Landsitz. Bei unserer Ankunft lag die Zahl bei etwa sechs, plus einem stolzen Hahn. Die Variation hatte immer die gleiche Charakteristik: Ihre Zahl nahm beim Kauf von Junghühnern schlagartig zu und wurde dann im Verlauf der Zeit nach und nach dezimiert. Falls es bei den Hühnern einmal Nachwuchs gab, sorgten die heimischen Raubvögel schnellstens dafür, dass die Küken nicht allzu groß wurden. Das lag sicher vor allem daran, dass die Hühner weder Hühnerhaus noch geschützte Schlafstelle hatten. Bevorzugt setzten sie sich über Nacht auf das Geländer der Veranda, mit Blick in die Weite, und kackten so knapp einen halben Meter breit die Veranda voll. Jede Nacht. Nur der Hahn nicht, der schlief direkt auf der Mauer vor meinem Zimmer. Nahezu jeden Morgen, noch vor Sonnenaufgang, krähte er sein stolzes »Kickerikiiiie« lautstark über die Hügel. Und in mein Zimmer! Ich hegte gewisse Hassgefühle gegen ihn, tröstete mich aber damit, dass er zur Natur und zu dieser Wohngemeinschaft gehörte. Immerhin überlebte er die ganzen zwei Wochen unserer Anwesenheit.

Mueti liegt das Wohl der Tiere besonders am Herzen. Sie, die als Bauernkind aufgewachsen war, weiß um den Wert von Nutztieren. Für sie kommt dieses Wohl vor dem langwierigen Bau eines Bungalows und sowieso vor dem noch längeren eines ganzen Hotels. So war sie denn mit der festen Absicht nach Afrika gekommen, einen Stall für Hühner und Ziegen bauen zu lassen.

Wie üblich, war Marcelin auch hiervon nicht sehr begeistert. Ich nahm es ihm nicht allzu übel, ein Haus nur für Tiere ist in Afrika sicher ein ungewohnter Luxus. Den Ziegen fehlt ein trockener, geschützter Platz zum Nächtigen, wo sie vor potentiellen Räubern und giftigen Schlangen in Sicherheit sind. Bei den Hühnern hofft Mueti, dass sie dann ihre Eier nicht mehr wie bisher über das ganze Grundstück verteilt legen. Zudem sollte der eingezäunte Auslauf mit Hedis Netz überdeckt werden, sobald es Küken gibt. Die Raubvögel vor Ort haben die Küken zum Fressen gerne, zu jeder Tages- und Nachtzeit!

Nachdem klargestellt wurde, dass das Geld entweder für einen Stall oder gar nicht zur Verfügung gestellt würde, war der Fall dann relativ schnell klar: Der Stall wird gebaut!

Auf kariertem Papier wurde der Grundriss für den Stall von den drei Frauen im Maßstab 1:20 aufgezeichnet und auch das Material berechnet: vier mal vier Meter groß, mit einer durchgehenden Trennwand in der Mitte und zwei gegenüberliegenden Türen. Auf der einen Seite würden die Ziegen Unterschlupf finden, auf der anderen die Hühner. Die Wände sollen aus den einheimischen Betonsteinen gebaut werden und damit weitaus dauerhafter sein als irgendwelche Holzwände. Ein guter, sinnvoller Plan. Dann wurde ein »Fachmann« angestellt, der den Bau aufziehen sollte. Als sogenannter »leitender Ingenieur« war ich an den Bedingungen interessiert, zu denen die Leute in Kamerun arbeiten, sprich: zu welchen Tageslöhnen. Eine Hilfskraft im Garten verdient ca. 2000 CFA (5 CHF) pro Tag, ein Fachmann – Maurer, Schreiner, Bauarbeiter – ca. 3000 CFA pro Tag und ein Schwerarbeiter, wie beispielsweise ein Brunnenbauer, bekommt ca. 6000 CFA pro Tag. Marcelin und Käthi vereinbarten einen Lohn von 150 000 Francs für den gesamten Stall – ohne Material, das mussten Paholos selbst noch separat beisteuern. Ich rechnete kurz nach: Bei einem Gesamtpreis von 150 000 Franc und 3000 Franc pro Tag konnte sich der »Fachmann« fünfzig Arbeitstage Zeit lassen, also volle zehn Fünftagewochen! Wer die einheimische Baukunst kennt, weiß, dass das viel zu lange ist!

Ich fragte bei Käthi nach, ob ich richtig gerechnet habe. Eine Schätzung ergab, dass nach etwa zwanzig Arbeitstagen der Stall gebaut sein müsste. Das hieß, es war ein Tageseinkommen von 7500 Francs zu erwarten – ohne Material! Auf meinen Einwand, dass das viel zu viel sei, bekam ich zu hören: »Wir haben schon den billigsten Mann genommen, der zu kriegen war. Dieser half schon beim Hausbau mit, hat aber so krumm gemauert wie kaum ein anderer. Trotzdem gibt es zu diesem Preis keinen besseren.« Ich konnte es nicht glauben, insistierte, argumentierte und versuchte zu diskutieren. Die Debatte wurde immer hitziger, ich kapierte es einfach nicht. Einerseits bestätigte man mir, dass ein Tageslohn von 3000 CFA völlig ausreichend sei und die Arbeiter in der Stadt Schlange stehen, um eine Arbeit zu bekommen, der Bau aber nur für 150 000 CFA zu bekommen sei. Ich bin sehr hartnäckig, wenn ich etwas nicht verstehe. Warum könnte eigentlich Marcelin den Bau nicht selber machen – oder wenigstens einen Teil davon? Einfacher könnten kaum 150 000 Francs gespart werden. Entnervt gab Käthi schließlich auf. Sie erklärte Marcelin unter Tränen: »Ruedi will nicht, dass der Stall gebaut wird.« So viel Französisch verstehe ich noch und berichtigte sofort, dass ich überhaupt nicht gegen den Bau sei, sondern gegen die Kosten! Auch Mueti und Hedi hatten sich in die Diskussion eingebracht, fragten, vermittelten, suchten nach Erklärungen. Ich ließ nicht nach und suchte nach anderen Lösungen. Es flossen noch mehr Tränen, aber an diesem Abend fanden wir keine Lösung.

Am nächsten Morgen kamen wir wieder auf das Thema zurück. Auch diesmal wurde es schnell hitzig.

Das Geschrei ging hin und her, inzwischen weinte auch Mueti und selbst Hedis Beruhigungsversuche nützten nichts mehr. Es dauerte noch mehr als zwei Tage, bis wir uns wieder vollständig beruhigt hatten.

Ich streckte die Waffen, der Stallbau begann schließlich wie geplant. Der Maurer hob am ersten Tag in der Nähe des Schweinestalls den Graben für die Grundmauer aus. Im Schnitt etwa dreißig Zentimeter tief, einmal rundum, also 16 Meter lang. Am zweiten Tag hatte er bereits die ersten zwei bis drei Lagen selbst gefertigter Steine verbaut. Diese bestehen aus viel Sand, wenig Zement und Wasser, alles wird miteinander vermischt, in eine Form gegossen und schon hat man schöne, kubische Bausteine. Dass die Steine häufig schon beim Aufheben auseinanderfielen, weil man mit dem Zement äußerst sparsam umging, störte nicht weiter. Zwei Bruchstücke ergeben auch einen ganzen Stein.

Ich besuchte den Mann häufig, um zu sehen, wie er arbeitet und vorwärtskommt. Hätte ich vom Mauern auch nur den Hauch einer Ahnung gehabt, ich hätte es selbst versucht. Ich muss gestehen: Noch nie in meinem Leben habe ich Zement gemischt, noch nie zwei Backsteine aufeinander gemauert. Trotzdem war ich überzeugt, dass ich die Maurerqualitäten dieses »Fachmannes« sehr schnell erreicht hätte und er eigentlich zu viel für seine Leistung bekam. Wie dem auch sei: Für einen Stall war die Qualität völlig ausreichend.

Allerdings klemmte es mit der Bezahlung des Mannes. In Afrika ist es für solche Arbeiten üblich, am Ende des Tages den Lohn auszubezahlen. Dies ist einzig und allein Sache des Hausherrn. Nur gab es da jedoch zwei Hinderungsgründe: Zum einen hatten Paholos kein Geld im Haus, und zum anderen kam Marcelin immer erst dann nach Hause, wenn das Tagwerk des Maurers längst vorbei und der Mann nicht mehr da war. Drei Tage ließ er sich mit Versprechungen hinhalten. Da ich der einzige Mann im Haus war, wandte er sich jeweils an mich, und ich sicherte ihm zu, er werde sein Geld bekommen.

Am vierten Abend hatte Käthi das Geld. Sie fragte mich, ob sie es ihm geben oder auf Marcelin warten solle. Er hatte wie schon oft versprochen, beizeiten zu Hause zu sein, ließ sich aber nicht blicken. Ich empfahl ihr, den Arbeiter zu bezahlen, schließlich kam das Geld ja von Mueti. Und für Marcelin sollte es eine Lehre sein, dass so eine Bezahlung auch ohne ihn geht.

Als Marcelin nach Hause kam und erfuhr, dass der Maurer bereits bezahlt worden sei, gab's ein Riesendonnerwetter. Nebst Vorwürfen an Käthi, die ich mit seiner Abwesenheit konterte, war er vor allem auf den Handwerker wütend. Marcelin schwor, ihn zu erschießen, wenn er sich noch einmal beim Haus sehen lassen würde! Schon vorher hatte Käthi erzählt, dass sie und Marcelin diesen Mann schwer im Verdacht hatten, der Informant für die Räuber beim großen Überfall in ihrem Haus gewesen zu sein. Marcelin konnte sich kaum beruhigen. Vielleicht auch deshalb, weil er aus Rache im Sinn gehabt hatte, diesen Mann gar nie zu bezahlen, ich weiß es nicht. Es könnte aber durchaus möglich sein, wie ein anderes Beispiel zeigt: Für den Garten hatte Marcelin ein paar Frauen engagiert. Doch er gab ihnen dann am Abend das Geld für ihre Arbeit nicht – mit der Begründung, sie hätten zu lange Pause gemacht. So kamen sie verständlicherweise am nächsten Tag nicht mehr! Marcelin brachte dafür am nächsten Tag für diese Arbeit junge Männer, die er dann bezahlte.

Doch zurück zu jenem Abend: Es war schon längst dunkel und ich blieb mit Marcelin auf der Veranda und versuchte, mit ihm zu diskutieren. Er erzählte vom Überfall, davon, dass er damals seine Familie nicht habe beschützen können und es bei einem nächsten Mal anders sein würde. Ich spürte, wie sehr die damalige Situation immer noch an ihm nagte, ihn beschämte und ihn – in seinen Augen – als schwach erscheinen ließ. Marcelin sprach sich weiter in Rage, holte seine Pistole aus dem Haus, zeigte sie mir und fuchtelte damit vor mir herum. Er war alles andere als nüchtern und so war es mir überhaupt nicht wohl dabei. Immerhin wusste ich, dass die Waffe gesichert war. Marcelin trat mit der Waffe an die Balkonbrüstung heran, schrie und drohte den unsichtbaren Feinden in der Dunkelheit und schließlich – feuerte er einen Schuss in die Nacht hinaus! Ich saß an der Hauswand, direkt hinter ihm und sah nicht, was er an der Waffe hantierte. Nach dem Schuss drehte er sich mit der Waffe in der Hand zu mir um, sprach mit mir, erklärte sich. Der Lauf zeigte immer wieder direkt auf mich! Ich verstand nichts, mir hatten sich die Haare im Nacken gesträubt und ich hatte Angst, nackte Angst.

Ich war mir sicher, er würde nicht absichtlich auf mich schießen, aber er war betrunken und erregt. Ich versuchte, so beruhigend wie möglich auf ihn einzureden und ihn dazu zu bringen, die Waffe aus meiner Richtung zu nehmen. Ich erinnere mich nicht mehr, was dann genau passierte, aber irgendwann nahm er die Waffe beiseite und sprach wieder mit mir. Dies war das einzige Mal, dass ich in Afrika wirklich Angst hatte!

Das Material für den Stall reichte übrigens hinten und vorne nicht, der Stall wurde erst nach unserer Abreise weitergebaut. Mueti ließ genügend Geld dafür zurück.

Was mich erstaunte: Sowohl der Bungalow wie auch das Hühnerhaus sind erst zur Hälfte mit Wellblech abgedeckt. Marcelin sagte mir, das habe nebst dem finanziellen noch einen anderen wichtigen Grund: So könne auch nicht gleich das ganze Dach gestohlen werden!

Was mir sonst noch auffiel

Es gibt leider keine Schränke im Haus. In meinem Zimmer stand, senkrecht aufgestellt, ein Bettgestell. Dieses konnte ich dann zum Aufhängen meiner Kleider benutzen. Wie mir meine Schwester bedauernd sagte, wolle Marcelin keine Schränke. So gibt es auch in ihrem Schlafzimmer keinen Kleiderschrank. Alles muss demzufolge irgendwie gestapelt oder an einem Seil aufgehängt werden.

Was für mich auch gewöhnungsbedürftig war: Es gibt im Gästebadezimmer (noch) kein Spülbecken. Deshalb musste man nach dem Zähneputzen in die WC-Schüssel spucken.

Ferner wunderte ich mich darüber, wie genau Marcelin darauf achtete, dass wirklich sämtliche Fensterläden, sobald es dunkel wurde, geschlossen wurden. Ich wollte natürlich wissen, weshalb. Dafür gebe es mehrere Gründe: Damit das Licht drin nicht gesehen wird und die Geister nicht reinkommen können. Es soll auch niemand Fremdes reinschauen können, damit kein Neid aufkommt. Da die Luft dann nachts im Zimmer so stickig war, habe ich trotzdem meinen Fensterladen geöffnet, zum Glück hat das Marcelin nie mitbekommen.

Das führt mich gleich zum nächsten Punkt: Der tolle Gewürzständer, den Papa für Käthi gezimmert hat, hing meiner Ansicht nach am falschen Ort in der Küche. Ich fand, der müsste doch über der Kochstelle hängen und bot an, dies zu ändern. Doch man winkte sofort mit der Begründung ab, das sei völlig ausgeschlossen, auch wenn es praktischer wäre. Dann würde man ihn nämlich von draußen durchs Fenster sehen können und die Leute damit neidisch machen. Weil sie ihn dann unbedingt haben möchten, müsste damit gerechnet werden, dass er gestohlen würde.

Eine weitere Reise nach Kamerun?

Diese Frage wurde mir oft gestellt. Meine Eindrücke sind zwiespältig und so geht es mir auch mit meinem Interesse für einen erneuten Besuch in diesem Land. Ich halte keine großen Stücke auf die Kameruner, das muss ich zugeben. Berichte über Afrikaner, über ihre Einstellung zum Leben, zur Arbeit und zum Eigentum habe ich oft gehört. Die meisten davon waren negativ, und in der Zwischenzeit kann ich diese Darstellungen leider bestätigen. Es steht für mich fest: Ich werde keine Entwicklungshilfe mehr für Afrika unterstützen. Das betrifft nicht menschliche Tragödien wie in Darfur, wohl aber die sogenannte Aufbauhilfe.

Es war und ist auf dem ganzen Kontinent immer das gleiche: Sobald eine schwarze Regierung ein Land selbständig übernimmt, geht es bergab damit. Das letzte anschauliche Beispiel für mich ist Südafrika: Vom einigermaßen stabilen, wohlständigen Staat ist es zum kriminellsten Land der Erde verkommen. Das liegt nicht daran, dass die Weißen das Land ausgeräumt haben, das ist nur eine billige Ausrede. Die afrikanischen Länder sind nach wie vor reich. Aber kaum jemand ist bereit, für diesen Reichtum zu arbeiten. Man versucht, sich irgendwie durchzumogeln, von anderen zu profitieren. Langfristige Planung ist nicht vorgesehen, meistens sind es lediglich Lippenbekenntnisse. Dazu habe ich meine eigene Theorie: Während die Europäer und andere Völker des Nordens von der Natur gezwungen wurden, sich intensiv mit den Jahreszeiten und der Zukunft auseinanderzusetzen und ihr Überleben zu planen, konnten sich die Afrikaner immer auf die Natur verlassen und auch kurzfristig Nahrung auftreiben. Drei- oder viermonatige Winter, die eine Vorsorge für sich und für die eigenen Nutztiere unumgänglich machten, waren und sind in Afrika unbekannt. Um den Hunger kümmert man sich, wenn man ihn hat und die anderen sollen sowieso schauen, dass sie selbst zurechtkommen. Gegenseitige Hilfe reicht höchstens bis zu den eigenen Stammesangehörigen, die anderen haben auch dann noch zu viel, wenn sie an Hunger sterben.

Am Flughafen wurde ich bei unserer Abreise mindestens drei Mal gefragt, ob ich Schnitzereien dabeihätte. Natürlich nicht. Es ist doch bedauerlich, dass gerade diejenigen Dinge, die ein wichtiger Erwerbszweig sein könnten, nicht ausgeführt werden dürfen. Das Kameruner Grasland ist ja für seine Schnitzereien berühmt.

Auch auf das Wort eines Afrikaners kann man sich kaum verlassen. Unglücklicherweise ist Marcelin ein Paradebeispiel dafür. Egal, ob es um Zeit, Geld oder sonst etwas geht: Nichts, was versprochen wurde, ist sicher. Marcelin hat die mir unangenehme Eigenheit, möglichst nie zu bezahlen, was er vorher versprochen hat. Ob Arbeit oder Ware: Ein vorab ausgehandelter Preis ist für ihn nur die Diskussionsgrundlage für die Endverhandlungen. Mit dem Argument, dass die Ware nicht die zu erwartende Qualität habe, also minderwertig und daher den Preis nicht wert sei. Dieses Verhalten liegt sicher auch an der Einstellung, dass eben jeder den anderen über den Tisch zu ziehen versucht. Diese Eigenheit ist sicher nicht königlich, aber dafür eben typisch afrikanisch.

Nein, die Afrikaner in ihrer Gesamtheit haben meine Sympathie nicht!

Aber das Land ist riesig, fruchtbar und voller Möglichkeiten. Wer die Natur, die Gegebenheiten und die Möglichkeiten zu nutzen weiß, hat großartige Aussichten. Oder, besser gesagt: hätte großartige Aussichten! Ich bin sicher, dass jeder, der in Afrika einigermaßen zu Wohlstand kommt, seinen Tribut an die Regierung und die Stammesfürsten abgeben muss. So viel, dass es sich nicht mehr lohnt weiterzumachen. Der Staat mit seinen korrupten Mitgliedern wird den erfolgreichen Betrieb übernehmen und dem Volk »zurückgeben«. Und damit ist der Untergang eingeläutet: Niemand wird sich seriös um das Unternehmen kümmern. Paradebeispiele sind all die enteigneten Großgrundbesitzer, die ihr Land an die Bevölkerung »zurückgeben« mussten, um dann zuzusehen, wie es verkommt. Weil keiner daran interessiert ist, mehr als unbedingt nötig zu arbeiten. Die einzigen, die wirklich profitieren, sind die Leute an der Macht: Sie scheffeln mit Korruption Millionen und die Bevölkerung schaut zu. Die einfachen Leute geben offen zu, dass auch sie es so machen würden, wenn sie die Möglichkeit dazu hätten.

Trotzdem würde ich wieder hingehen, gerade weil Afrika diese gewaltigen Möglichkeiten bietet. Weil man eine gewisse Art Freiheit hat, die bei uns nahezu unbekannt geworden ist. Weil man sich auf Werte zurückbesinnt, die hierzulande in der Menge der Möglichkeiten versinken. Das Leben wird einfacher, Ursache und Wirkung liegen dichter beieinander. Diese vierzehn Tage, meistens ohne Strom, Radio und Fernseher, ohne Tageszeitungen, gehören zu den intensivsten Ferien meines Lebens. Man ist konzentriert auf sich und seine Handarbeit, die Resultate sind mehr oder weniger direkt zu sehen! Wie weit das von meiner täglichen abstrakten Arbeit entfernt ist, kann nur jemand erahnen, der wenigstens einmal 14 Tage in einer einsamen Alphütte gewohnt hat. In einer, die nicht fertig ist und nur darauf wartet, dass sie von jemandem vorangebracht wird. So fühlte es sich für mich an, in Afrika zu sein!

Bei meiner Schwester Hedi überwogen die negativen Eindrücke derart, dass für sie ein zweiter Besuch in Kamerun keinesfalls infrage kommen wird.

Ich weiß nicht, ob sich meine Frau und die beiden Töchter für dieses Afrika begeistern könnten. Nein, das stimmt eigentlich so nicht: Ich weiß, dass sie es – zumindest jetzt – noch nicht könnten. Körperpflege bei Petroleumlampenlicht, WC mit Wassereimerspülung und stromloses Wohnen: Ich glaube nicht, dass sie darauf erpicht wären. Viele andere auch nicht. Ich aber schon! So werde ich wahrscheinlich eines Tages wieder nach Kamerun reisen. Ohne meine Familie, aber mit großen Erwartungen, um zu sehen, was sich alles geändert hat.

Kamerun gestern und heute

Das Land Kamerun gibt es als modernes Staatsgebilde mit seinen aktuellen Grenzen erst seit 1961.

Kamerun hat momentan schätzungsweise um die 18 Millionen Einwohner, nur gerade 36 pro Quadratkilometer. Am dichtesten besiedelt sind das Grasland der Bamiléké, die Küstenprovinz um Douala und das Gebiet um Yaoundé. Demgegenüber sind die Mitte und der Südosten des Landes kaum bewohnt.

Kamerun liegt in der Bucht des Golfes von Guinea und hat die Form eines Dreiecks, dessen Basis nördlich des Äquators den 2. Breitengrad entlangführt und an dessen Spitze der Tschadsee liegt. Dieses Dreieck ist begrenzt durch Nigeria und den Atlantischen Ozean im Westen, durch Äquatorialguinea, Gabun und die Republik Kongo im Süden und durch die zentralafrikanische Republik Tschad im Osten. Mit seiner Fläche von 475 442 km² ist das Land etwas über zehnmal größer als die Schweiz.

Geografisch ist Kamerun in vier Großräume eingeteilt, nämlich Norden, Küste, Westen und das Zentrum, das auch den Osten und Süden umfasst.

Durch seine Nord-Süd-Ausdehnung findet man in Kamerun verschiedenste Vegetations- und Klimazonen. Wegen seiner geografischen Vielfalt wird Kamerun auch als »Miniaturafrika« bezeichnet, gibt es doch nebst Palmenstränden und Küstenebenen mit Mangrovensümpfen auch vulkanisches Bergland sowie dichte Regenwälder, weite Savannen im Norden und Steppen mit Wildtieren in Nationalparks.

Ursprünglich bezeichneten die Römer das Gebiet um Karthago als »Afrika«. Dies entspricht ungefähr dem heutigen Staat Tunesien.

Der Karthager namens Hanno berichtet über seine Seereise (um 525 v.Chr.) durch die Straße von Gibraltar und an der westafrikanischen Küste entlang. Als Hanno den Golf von Guinea erreichte und den damals aktiven, Feuer speienden Mount Cameroun sah, nannte er ihn den »Götterwagen«. Dies ist die älteste überlieferte Darstellung über das Gebiet des heutigen Kamerun. Vor und nach diesen ersten Entdeckungen lag die Geschichte Kameruns für uns Europäer lange Zeit im Dunkeln, da sie nur durch mündliche Überlieferungen von Geheimbünden, Notabeln und Häuptlingen weiterlebte. Bekannt ist, dass das Gebiet des heutigen Kamerun schon sehr früh besiedelt war, nämlich seit 5000 v.Chr. Die Geschichte ist vor allem durch Völkerwanderungen der letzten 500 bis 1000 Jahre geprägt.

Im 17. Jahrhundert eröffneten die Holländer Handelshäuser im Küstengebiet. Später wurden sie von den Portugiesen vertrieben, denen ihrerseits durch die Engländer dasselbe Schicksal widerfuhr.

1841 gründeten protestantische Missionare der Londoner Baptisten-Mission die erste Niederlassung in Kamerun, ein paar Jahre später fand im Fluss Wouri die erste Taufe statt.

1846 kamen auch die ersten Missionare der »Basler Mission« nach Douala. Da gegen Ende des Ersten Weltkrieges die meist deutschen Missionare das Land verlassen mussten, übergab die Basler Mission die Arbeit im französischen Mandatsgebiet der Evangelischen »Mission de Paris«. Die Katholiken kamen erst später ins Land.

Den Missionaren kommt eine bedeutende Rolle in der Entwicklung und den Emanzipationsbestrebungen einiger ehemals unterdrückter Völker zu. Die Missionare standen nicht selten mit den Kolonialbeamten auf Kriegsfuß, da diese erst im Lauf der Zeit merkten, wie wichtig wenigstens eine gewisse Bildung für die Entwicklung ihrer »Schutzbefohlenen« werden sollte. Da die Missionare erst recht spät im Norden des Landes auftraten, zeigte sich ein gewaltiger Entwicklungsunterschied zwischen den islamisch geprägten Gegenden und den Regionen südlich des Adamaoua-Hochlandes.

Die Deutschen unterzeichneten 1884 mit den beiden Douala-Königen Akwa und Rudolf Manga Bell sowie weiteren Volksoberhäuptern einen Schutzvertrag. Daraufhin hisste der deutsche Afrika-Forscher Dr. Gustav Nachtigal die Flagge des Deutschen Reiches an der Küste von Kamerun.

Rudolf Manga Bell wurde zum Verhängnis, dass bei ihm eine Geheimbotschaft an den großen Graslandhäuptling Njoya von Bamoun gefunden wurde, in welcher er diesen aufforderte, die deutsche Kolonialherrschaft abzuschütteln. Rudolf Manga Bell wurde daraufhin auf Befehl des deutschen Gouverneurs 1914 gehängt.

Auf Einladung des deutschen Reichskanzlers Bismarck fand vom 15.11.1884 bis 26.2.1885 im Reichskanzlerpalais in Berlin die Kongo-Konferenz statt. Sie sollte die Handelsfreiheit im Kongo und am Niger regeln. Die sogenannte Kongo-Akte bildete die Grundlage für die Aufteilung Afrikas in Kolonien. Während dieser Konferenz wurden auch die ersten Grenzen Kameruns festgelegt. Bis zur Jahrhundertwende kontrollierten die Deutschen neben dem Küstenstreifen lediglich die Route nach Yaoundé.

1885 wurde Jesko von Puttkamer, der bei den Kamerunern wohl berühmteste der deutschen Gouverneure, zum Kaiserlichen Gouverneur ernannt.

1901 wird die Hauptstadt von Douala nach Buea verlegt. Das an den Hängen des Kamerunberges auf 900 Meter Meereshöhe stehende Gouverneurshaus mit seiner immer noch funktionstüchtigen Turmuhr erinnert heute noch an diese Zeit und ist eine der Residenzen des kamerunischen Staatschefs.

Das Hauptziel der deutschen Kolonialpolitik war die wirtschaftliche Nutzung ihres kolonialen »Besitzes«, was immer wieder zu Aufständen durch die Bevölkerung führte, die sich dagegen wehrte, zu Trägerdiensten oder zum Plantagen- und Eisenbahnbau gezwungen zu werden. 1911 wurde mit dem Bau der Eisenbahnstrecke Douala – Nkongsamba begonnen, kurz darauf mit Douala – Yaoundé. Die Architektur des Bahnhofs von Douala ist typisch wilhelminisch.

Der Straßenbau begann erst in den letzten Jahren vor dem Ersten Weltkrieg. Die Brücke bei Bipindi ist ein Relikt aus der deutschen Kolonialzeit. An einen Häuptling namens Lolo und die deutsche Verwaltung erinnert der 1890 gegründete Ort Lolodorf. Auch der Bismarck-Brunnen in Buea und die Kirche in Kribi geben noch Zeugnis von der deutschen Vergangenheit.

Durch den am 28. Juni 1919 im Spiegelsaal des Schlosses von Versailles unterzeichneten Versailler Vertrages wurde die Kolonie

Kamerun Deutschland aberkannt und ging offiziell in den Besitz des Völkerbundes über. Dieser wiederum gab Kamerun im Mandat zur Verwaltung an Großbritannien und Frankreich ab. Bei dieser Aufteilung erhielt Frankreich vier Fünftel. Das kleine Gebiet, das an Großbritannien überging, befindet sich an der Grenze zu Nigeria. Die letzten Deutschen flüchteten bereits 1916 nach Rio Muni (Spanisch-Guinea).

Während der Zeit des Zweiten Weltkrieges (1939–1945) wurde Kamerun mittels UNO-Mandat regiert.

1957 bildete sich die erste kamerunische Regierung mit der Forderung, die Mandatsverwaltung aufzuheben. Diese wurde 1958 anlässlich der Sitzung der Generalversammlung der Vereinten Nationen gebilligt.

Am 1. Januar 1960 erlangte Kamerun die Unabhängigkeit.

Die Wiedervereinigung der bis dahin unter britischem und französischem Mandat stehenden West- und Ostteile Kameruns erfolgte am 1. Oktober 1961 und kann somit als Geburtsstunde des Bundesstaates Kamerun bezeichnet werden. Englisch und Französisch wurden offizielle Landessprachen.

Nach Reformen im Jahr 1972 heißt das Land nun Vereinigte Republik Kamerun.

Kamerun ist seit der Verfassungsänderung von 1984 in zehn Provinzen aufgeteilt, denen jeweils ein Gouverneur vorsteht. Dieser und die Provinzialverwaltung sind direkt dem Innenministerium untergeordnet. In jeder Provinz arbeitet eine Reihe von sogenannten Délégations für alle wichtigen Bereiche des öffentlichen Lebens, die als Kontrollorgane der Präsidentialverwaltung angesehen werden können.

Die Provinzen wiederum sind in insgesamt 56 Départements gegliedert, denen jeweils ein Präfekt vorsteht. Die Départements sind ihrerseits weiter unterteilt in Arrondissements mit Unterpräfektur und Distrikten, deren Verwaltung einem Distriktchef obliegt.

Die Westprovinz Kameruns ist in acht Departemente unterteilt. Bangangté gehört zum Departement Ndé. Der Begriff Ndé ist eine rein geografische Bezeichnung, wird aber gerne als Abkürzung für »**N**oblesse«, »**D**ignité« und »**E**légance« betrachtet.

Die Bevölkerung Kameruns gliedert sich in 286 verschiedene Ethnien, geprägt durch unterschiedliche Kulturen, Religionen, Traditionen und entsprechend viele klar voneinander zu unterscheidende Sprachen.

Nicht nur im anglophonen Westen, sondern auch an der Küste um Douala und im Bamiléké-Land spricht man Pidgin. Wer aber glaubt, sein Englisch würde ausreichen, um Pidgin zu verstehen, liegt völlig falsch. Pidgin wird oft fälschlicherweise als eine verballhornte Form des Englischen angesehen, dabei ist es eine eigenständige und neue Verkehrssprache, und das Vokabular setzt sich nicht nur ausschließlich aus englischen Bestandteilen zusammen, sondern man findet darunter auch etliche Wörter aus dem Spanischen und Portugiesischen.

Wie bei fast allen afrikanischen Sprachen, gibt es kaum jemanden, der Pidgin schreiben könnte. Bei »Hau nau?«, »Wie geht's?«, mag man das englische Original noch erkennen, aber wie steht es bei »Ya nem na weti?«, »Wie heißt du?« So existiert auch keine Zeitung auf Pidgin. Interessanterweise kamen die ersten Missionare, die die »Frohe Botschaft« ins Pidgin übersetzen wollten, aus der deutschsprachigen Schweiz!

Viele Menschen aus dem Norden Kameruns leben im Bamiléké-Land. Deshalb hört man sehr oft neben Medumba auch Pidgin.

Was den Analphabetismus anbelangt, ist das Gefälle zwischen Süden und Norden noch sehr groß, im Süden ist rund jeder Vierte davon betroffen, bei den Frauen ist die Rede von ungefähr 70%, während im Norden diese Zahlen noch wesentlich höher liegen. Die Kindersterblichkeit ist mit etwa 11% nach wie vor sehr hoch.

Der geschätzte Altersaufbau für das Jahr 2004 zeigt folgende Zahlen: Der Anteil der Bevölkerung von 0–14 Jahren betrug 42%, derjenige von 15–64 Jahren 54,8% und Menschen ab 65 Jahre waren noch mit 3,2% in der Statistik vertreten. Allerdings gibt es auch heute noch viele ältere Menschen, vor allem im Norden des Landes, die ihr Alter gar nicht kennen. In Bangangté hatte der frühere König von sich aus bestimmt, wann seine Frauen geboren wurden.

Immerhin um die 36% der Bevölkerung arbeiten im Dienstleistungssektor, in der Industrie sind circa 20% beschäftigt. Wenn man liest, dass 44% in der Landwirtschaft tätig sein sollen, dann muss man sich allerdings vergegenwärtigen, dass solche Angaben nicht vergleichbar sind mit Statistiken, wie man sie üblicherweise kennt, denn dazu zählen auch Selbstversorger und solche Menschen, die ums nackte Überleben kämpfen, zu denen auch die Familie Paholo gehört. Eine prozentuale Angabe von Arbeitslosen gibt es nicht, sie sind nirgends registriert.

Erst rund 10% der landwirtschaftlichen Produktion wird mittels moderner Methoden erwirtschaftet. Eine Selbstversorgung des Landes mit eigenen Anbauprodukten ist gesichert, lediglich der Weizen, der für das inzwischen zum Alltag gehörende Stangenbrot gebraucht wird und somit zum Grundnahrungsmittel zählt, wird aus den USA importiert.

Beim Export steht mit 35% Erdöl an der Spitze, gefolgt von Kakao und Kaffee mit je circa 8%. Kamerun ist eines der führenden afrikanischen Exportländer für Kaffee z. B. der Sorte Arabica, in erster Linie aber für Robusta-Sorten (rund 80%).

Zu den weiteren Ausfuhrgütern zählen Holz, Aluminium, Bauxit und Baumwolle. Auch Kautschuk, Bananen, Palmprodukte und Fischereierzeugnisse stehen weiter hinten auf der Liste der Exportgüter. Der größte Abnehmer für Exportwaren aus Kamerun ist Frankreich – kolonialgeschichtlich bedingt –, gefolgt von Spanien, den Niederlanden, Italien und Deutschland. Jedoch auch die USA, Japan und afrikanische Länder sind bedeutende Handelspartner. Die wichtigsten Einfuhrgüter sind chemische Erzeugnisse und Rohstoffe (Eisen, Gusseisen, Stahl), Ausrüstungsgüter (Maschinen, mechanische und elektrische Geräte) sowie Kraftfahrzeuge.

Über Jahre hinweg gehörte die kamerunische Wirtschaft zu den erfolgreichsten in ganz Afrika. Dank seiner wirtschaftlichen Stabilität hatte das Land sogar den Ruf eines afrikanischen »Musterstaates«.

Eine wirtschaftliche Krise Mitte der 1980er Jahre wurde durch eine Reihe von Faktoren ausgelöst, hauptsächlich durch den massiven Rückgang der Rohstoffpreise für Kaffee, Kakao und Öl. Der Wert von Kameruns Exporten sank um 60 %. Dazu kamen aber auch wirtschaftspolitische Fehlentscheidungen der Regierung. Während der Boomjahre war beispielsweise die Zahl der

Staatsangestellten sowie deren Einkommen überproportional angestiegen. Zudem wurde viel Geld in Prestigeobjekte investiert. Dazu kam Misswirtschaft und Korruption. Zwar unterzog sich auch Kamerun, wie viele andere afrikanische Länder seit 1988 einem von der Weltbank und dem IWF (Internationaler Währungsfond) entwickelten Strukturanpassungsprogramm zur Stabilisierung der Staatsfinanzen und einer ausgeglichene Handelsbilanz, doch die Maßnahmen und ihre Effekte sind umstritten. Den Staatsangestellten kürzte man die Gehälter um 50% und viele wurden entlassen, was zu einer Remigration in ländliche Gebiete führte.

1994 wurde die Abwertung des CFA um 50% beschlossen, was Exporte auf dem Weltmarkt billiger und Importe teurer machte. Nach Einführung des Euro in Frankreich ist der CFA an den Euro gebunden und Kamerun quasi Mitglied der Europäischen Währungsunion.

Was sich heute nordöstlich von Yaoundé, im Dorf Ndioré und in der Stadt Nanga Eboko am Ufer des Sanaga abspielt, kann man ruhig als eine Art Kolonialismus des 21. Jahrhunderts bezeichnen, gehören doch dort die Chinesen längst zum Alltagsbild. Der chinesische Landwirtschaftskonzern IKO baut dort seit drei Jahren auf 14 000 Hektar Land Mais, Soja und vor allem 38 Sorten Reis an, die riesigen Maniokfelder wurden dafür kurzerhand plattgewalzt. Inzwischen wurde bereits eine Fabrik zur Verarbeitung der Ernte errichtet.

Die chinesische Delegation hat mit der Regierung vereinbart, dass sie über das Land kostenlos verfügen kann. Dafür sicherten die Chinesen zu, Gemüse und Getreide in Massen zu produzieren und auf den lokalen Märkten zu bezahlbaren Preisen anzubieten.

Bei der armen Bevölkerung wurden die Chinesen anfangs wie Retter aufgenommen. Doch früher waren die Bauern dort Selbstversorger, heute müssen sie für die fremden Herren auf ihren einstigen Feldern arbeiten. Und das für 1000 CFA, also einem Franken pro Tag! Dazu können sie Produkte von minderer Qualität günstig beziehen. Was der Landbevölkerung aber vor allem zu denken gibt: Im chinesischen Wachstum gehen mit der Industrialisierung in China stetig mehr Anbauflächen verloren und dadurch werden immer mehr chinesische Bauern arbeits- und landlos. In nächster Zeit sollen bis zu 3000 chinesische Arbeiter nach Kamerun auswandern. Es wird befürchtet, es könnten aber auch Millionen von Chinesen werden, die dann afrikanische Äcker bebauen! Die internationalen Hilfsorganisationen sind bereits aufgeschreckt und kritisieren, dass, wenn es so weitergeht, demnächst die ganze Kette der Nahrungsmittelerzeugung in Kamerun von den Chinesen dominiert werden wird. Dieser Ausverkauf der Flächen der armen Staaten könnte bedeuten, dass sie ihre Eigenständigkeit der Nahrungsmittelerzeugung auf lange Sicht komplett verlieren werden.

Leider bleibt das Land auch nicht vor Umweltkatastrophen verschont. Im Jahre 2003 wurde die größtenteils unterirdische, 1070 Kilometer lange Pipeline von Komé im Tschad nach Kribi in Kamerun in Betrieb genommen. Das Schweröl dient in erster Linie dazu, den Ressourcenhunger der westlichen Welt zu stillen und die Gewinne der beteiligten Konzerne zu steigern. Der größte Teil der Pipeline befindet sich in Kamerun, das Durchleitungsgebühren erhält, die sich an der Menge des transportierten Rohöls bemessen, was in etwa 1,8 Million US-Dollar pro Monat entspricht. Wohin dieses Geld fließt? In beiden Ländern war bisher keine Verbesserung der Lebenssituation der Menschen festzustellen, es überwiegt nach wie vor eher die Sorge über eine schleichende Verschlechterung.

Durch den Bau dieser Pipeline wurden auch wertvolle Teile des Urwaldes zerstört. Das Land fasziniert durch eine ganze Palette verschiedener Wälder: Bergwälder, atlantische Küstenwälder und tropische Urwälder. Experten schätzen allerdings, dass in 10 bis 15 Jahren die ökonomisch wertvollsten Baumarten verschwunden sein werden, denn seit mehr als dreißig Jahren sind internationale Holzfirmen unaufhörlich daran, durch Abholzung der Urwälder diese Vielfalt endgültig zu zerstören. Innerhalb Afrikas ist Kamerun zudem der größte Tropenholz-Exporteur.

Im Januar 2007 ereignete sich vor Kribi ein Ölunfall, bei dem circa 100 bis 150 Barrel Öl durch ein Leck im Verladeterminal eines ehemaligen umgebauten Tankers ins Meer flossen. Leider bestätigte sich, dass es noch keinen Katastrophenplan gibt.

1986 ging die Tragödie am Nyos-See durch die ganze Weltpresse. Etwa 1,6 Millionen Tonnen Kohlenstoffdioxid traten in einer riesigen Fontäne aus dem See aus. Durch das ausströmende Gas verloren bei dieser Katastrophe 1800 Menschen und Tausende von Tieren aus den umliegenden Dörfern im Umkreis bis zu 37 Kilometern ihr Leben. Der Nyos-See ist einer von weltweit nur drei Seen, von denen bekannt ist, dass sie mit Kohlenstoffdioxid gesättigt sind. Der zweite, der Manoun-See, liegt nur etwa hundert Kilometer entfernt. Der dritte, der Kiwusee, liegt zwischen Ruanda und der Demokratischen Republik Kongo. Bislang ist der Auslöser für diese Katastrophe nicht bekannt. Die meisten Geologen vermuten, dass es sich um einen vulkanischen oder geologischen Ursprung handelt.

Eine weitere Gefahr besteht darin, dass der natürliche Damm in den nächsten Jahren brechen und dabei gleichzeitig wieder eine Gas-Explosion ausgelöst werden könnte, die das nur hundert Kilometer entfernte Nigeria erreichen würde. Es müsste in diesem Fall mit schätzungsweise 10 000 Opfern gerechnet werden. Man hofft, durch ein Millionen-Projekt, das allerdings noch nicht finanziert ist, diese Gefahr rechtzeitig bannen zu können.

Das moderne Kommunikationszeitalter hat auch in Kamerun Einzug gehalten. Nicht nur in den Metropolen, selbst in vielen Dörfern schießen Internet-Cafés wie Pilze aus dem Boden. Afrika sei derzeit der »weltweit am schnellsten wachsende Markt der Kommunikationsindustrie«, schreibt die Internationale Telekommunikations Union (ITU) in einem Bericht. Das Internet ermöglicht den Afrikanern einen Quantensprung in der Entwicklung, den selbst Milliarden an Entwicklungshilfe nicht leisten können. So brauchen Schulen statt ganzer Bibliotheken nur noch ein paar Secondhand-Computer, um den Lernenden Zugang zum gesammelten Wissen der Welt zu verschaffen. Auch die Bamiléké haben bereits ihre eigene Plattform. Kunsthandwerker benötigen so nur noch eine Webseite, um ihre Produkte auf dem ganzen Globus anbieten zu können. Indes lassen die Internet-Verbindungen noch sehr zu wünschen übrig, da besteht nach wie vor großer Nachholbedarf. Dadurch hat das Internet im Alltag der Bewohner noch keine so große Bedeutung. Zudem fehlt eine stabile Stromversorgung. Immerhin war für die Entstehung dieses Buches über zwei Kontinente hinweg das Internet unerlässlich.

Seit 1982 regiert Paul Biya das Land. Im Jahr 2011 stehen die nächsten Präsidentschaftswahlen an. Allerdings ist weit und breit kein Nachfolger für Paul Biya in Sicht. Das Volk sieht diesen Wahlen mit gemischten Gefühlen entgegen, wenn nicht sogar mit Angst. Wird es zu heftigen Unruhen kommen, wie bei den letzten Wahlen? Man befürchtet, dass im Vorfeld die Menschenrechtsverletzungen zunehmen werden. Wird es Veränderungen geben? Das wird leider kaum anzunehmen sein.

Was kostet wie viel in Kamerun

Die Kurse unterliegen natürlich kleinen Schwankungen. Die Preise für Nahrungsmittel ändern sich je nach Saison.

(CFA = Franc de la Coopération Financière en Afrique Centrale)

100 CHF =	40 000 CFA
100 Euro =	60 000 CFA
50 CHF =	20 000 CFA
25 CHF =	10 000 CFA
20 CHF =	8000 CFA
10 CHF =	4000 CFA
5 CHF =	2000 CFA
2 CHF =	800 CFA
1 CHF =	400 CFA
50 Rp.=	200 CFA……

Es gibt Münzen zu 1, 2, 5, 10, 50, 100 und 500 Franc.
25 Rp. = 100 CFA
Diejenige zu 1 Franc wird aber nicht mehr benutzt.

1 Pariser Stangenbrot	200 CFA
2 große Toastbrote	1000 CFA
1 Yoghurt	250 CFA
1 Bund Batôns de Manioc	100 CFA
1 Ananas	500 CFA
1 Papaya	300 CFA
1 Bund Bananen	50 CFA (4–5 Stk.)
5 Stk. Mangos	200 CFA
5 Stk. Prunes	200 CFA
Kartoffeln (Eimer zu 15 l)	1200–2500 CFA

Süsskartoffeln ca. 1 kg	ab 200 CFA
Tapioka 1 kg	600 CFA
Njam-Wurzel ab 4 kg	ab 2000 CFA
Taro-Wurzel ca. 1 kg	ab 200 CFA
Makabos-Wurzel ca. 1 kg	ab 2000 CFA
Spinat (Bund)	200 CFA
Würfelzucker 1 kg	700 CFA
Salz 200 g	150 CFA
Salz 18 kg	2500 CFA
Teigwaren, Paket zu 250 g	250 CFA
1 Flasche Öl 1 l	1200 CFA
1 Flasche Palmöl rot	700 CFA
1 Flasche Mineralwasser (1,5 l)	400 CFA
Bier Kamerun Fl. 6 dl	500 CFA
Bier Import Fl. 6 dl	700–1000 CFA
Cola, Fanta, Fl. 3 dl	250 CFA
Cola, Fanta Fl. 6 dl	350 CFA
Cola, Fanta 1,5 l	1000 CFA
Rotwein in Tetrapak 1 l	1000 CFA
Kleine Fleischspießchen ab Grill (pro Spießchen)	100 CFA
Grillfisch	300–1200 CFA
Kernseife (Palmseife)	300 CFA
Benzin 1 l	600 CFA
Petrol für Lampe 1 l	400 CFA
Holzgestell für Bett 1,40 x 1,90 m	40 000 CFA
Holzgestell für Kajütenbett 1,20 x 1,90 m	45 000 CFA
Öffentliche Busfahrt Douala – Bangangté	3000 – 4000 CFA
Öffentliche Busfahrt Yaoundé – Bangangté	2500 – 3500 CFA
Autotaxi Bangangté – Bametcha	500 CFA

Mototaxi	
Bangangté – Bametcha	500 CFA
Stromkosten pro Monat	4000 – 6000 CFA
1 Std. Internet zu Hause oder im Internetcafé	300 CFA
Tageslohn für Gartenarbeit, Beete machen	2000 CFA
Tageslohn für Steppengras schneiden	2000 CFA
Tageslohn auf der Tomatenplantage	2500 CFA
Hausmädchen 7–15 Uhr/ 5-Tagewoche pro Monat	15 000 CFA
Polizist pro Monat	120 000 CFA
Gewöhnlicher Arbeiter pro Tag	1500 CFA
Schwerarbeiter pro Tag	6000 CFA ca.
Kleider/Schuhe aus Altkleidersammlung Europa:	
Herrenschuhe	4000 – 8000 CFA ca.
T-Shirt	50–200 CFA
Pullover	200–400 CFA
Hosen (Jeans)	1000–4000 CFA

Raubkopien von Musik-CDs
und DVDs 400–600 CFA

Das Jahres-Pro-Kopf-Einkommen betrug im Jahre 2004 780 Euro!

Bei den Wohnungsmieten sieht es folgendermaßen aus:

Der Einfachheit halber sind hier die Wohnungen beispielhaft dargestellt, die bereits im europäischen Stil gebaut sind. Man kann aber auch Häuser mieten, die mit Erdsteinen gebaut sind. Diese sind natürlich viel billiger, haben dann meistens auch keinen Strom- und Wasseranschluss.

Die Wohnungen, die hier aufgeführt sind, haben Strom- und

Wasseranschluss im Haus. Diese sind daher natürlich meistens eher zentral gelegen.

Strom und Wasser gehen zu Lasten des Mieters und sind NICHT in der Miete enthalten.

Jedes Haus oder jede Wohnung hat einen Strom- und Wasserzähler.

1-Zimmer Wohnung mit Küche und Bad
10 000 CFA pro Monat (25 CHF)
Kaution zwei Monatsmieten

2-Zimmer Wohnung mit Schlafzimmer, Wohnzimmer, Küche und Bad
15 000 CFA pro Monat (37 CHF)
Kaution drei Monatsmieten

3-Zimmer Wohnung mit zwei Schlafzimmern, Wohnzimmer, Küche und Bad
30 000 CFA pro Monat (75 CHF)
Kaution drei Monatsmieten

4-Zimmer Wohnung mit drei Schlafzimmern, Wohnzimmer, Küche und Bad
45 000 CFA pro Monat (112 CHF)
Kaution drei Monatsmieten

Infos

Meine Website: www.reinepaholo.ch
Meine E-Mail-Adresse: reinepaholo@gmail.com
Meine Adresse: Reine Paholo Katharina, B.P. 9902,
Bangangté/Cameroun

Meine Webalben:
http://picasaweb.google.com/SkyPaholo
http://picasaweb.google.com/reinepaholo

Es ist mir ein persönliches Anliegen, hier eine Schule und eine Kinderkrippe zu bauen. Auf Facebook habe ich deshalb eine Interessensgemeinschaft **»L'espoire Bametcha/Zukunft Bametcha«** gegründet.

Wir sind dankbar für jede Spende auf das dafür eingerichtete Postcheckkonto.

In der Schweiz:
30-691412-1
IBAN CH 830900 0000 3069 1412 1
Rudolf Hänni
Stöckliweg 6c
3604 Thun

Aus dem Ausland:
Postcheckkonto: IBAN CH 830900 0000 3069 1412 1
BIC/SWIFT Code POFICHBEXXX
Finanzinstitut: Swiss Postfinance

Rudolf Hänni
Stöckliweg 6c
3604 Thun

Mehr Infos dazu auf www.Facebook.com
E-Mail: espoirebametcha@gmail.com

Webalbum der zukünftigen Projekte:
http://picasaweb.google.com/espoirebametcha

Links
www.hanspeterbaeni.ch

Verein Afrika Solidarität Hellbrunner Straße 14
(Tchouta Faustin)
5020 Salzburg
Tel: 0699-10246727
http://www.afrika-solidaritaet.com/
E-Mail: afrika-solidaritaet@gmx.at
Tchouta Faustin ist auch im »Facebook« zu finden.

Gisela Towa, die in Douala ein Heim für geistig und körperlich behinderte Kinder leitet:

Fédéme »Le Caméléon«
Fondation pour l'éducation des déficients mentaux
B.P. 4759
Douala/Cameroun
E-Mail: fedemecameleon@yahoo.fr

Weitere Adressen von im Buch genannten Personen, Institutionen o. ä. entnehmen Sie bitte meiner Website.

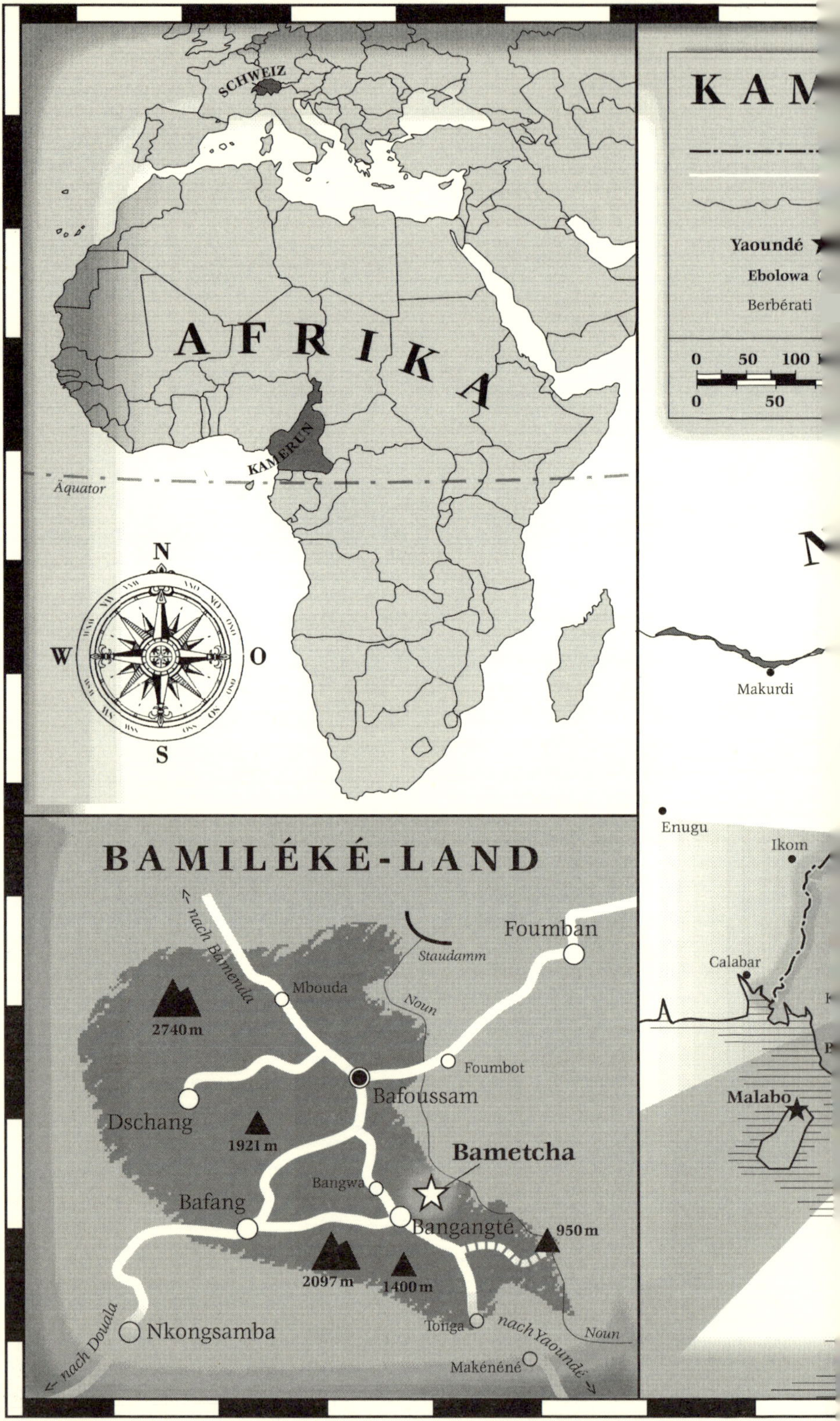

AFRIKA
SCHWEIZ
KAMERUN
Äquator
N
W
O
S
KAM
Yaoundé
Ebolowa
Berbérati
0
50
100
0
50
Makurdi
Enugu
Ikom
Calabar
Malabo
BAMILÉKÉ-LAND
nach Bamenda
Staudamm
Foumban
Mbouda
Noun
2740 m
Foumbot
Bafoussam
Dschang
1921 m
Bametcha
Bangwa
Bafang
Bangangté
950 m
2097 m
1400 m
Nkongsamba
nach Douala
Tonga
nach Yaoundé
Noun
Makénéné